한류와 경영

한류와 경영

초판 1쇄 발행 2016년 9월 9일

지은이 고정민

펴낸이 김선기
펴낸곳 (주)푸른길
출판등록 1996년 4월 12일 제16-1292호
주소 (08377) 서울시 구로구 디지털로 33길 48 대륭포스트타워 7차 1008호
전화 02-523-2907, 6942-9570~2
팩스 02-523-2951
이메일 purungilbook@naver.com
홈페이지 www.purungil.co.kr

ISBN 978-89-6291-364-4 93320

*이 도서의 국립중앙도서관 출판예정도서목록(CIP)은 서지정보유통지원시스템 홈페이지(http://seoji.nl.go.kr)와 국가자료공동목록시스템(http://www.nl.go.kr/kolisnet)에서 이용하실 수 있습니다.(CIP 제어번호: CIP2016020529)

한류와 경영

고정민 지음

푸른길

머리말

해외여행을 할 때 외국인들이 한국 드라마나 가수에 대해 우리보다 더 잘 알고 있는 것을 보고 놀란 경험이 있을 것이다. 한국의 드라마를 보거나 K-POP을 듣는 외국인이 의외로 많다는 사실에 놀란 경험도 있을 것이다. 여기에 그치지 않고 한류의 후광으로 외국에서 한국 화장품이 인기이고, 한국 드라마를 보기 위해 한글을 배우는 외국인도 많아지고 있으며, 한류는 한국의 이미지를 높이는 데도 많은 기여를 하고 있다. 과거에 한국 하면 떠오르는 이미지가 한국전쟁이었다는 사실을 생각하면 격세지감을 느끼게 한다.

그러나 정작 한류에 대한 우리의 기본적인 지식은 부족하다. 한류라는 단어는 많이 사용되지만 한류가 무엇이고, 그 범위 및 한류와 관련된 영역은 무엇인지를 되돌아볼 필요가 있다. 그동안 논의되었던 연구와 논문은 어떠한 것들이 있는지를 파악하는 것도 필요한 실정이다. 따라서 이 책에서는 한류현상을 체계적으로 분석하기 위해 한류가 무엇이고 이론적 측면에서는 어떠한 영역이 있는지 살펴보고, 한류의 발전과정과 경제효과, 지속화 방안 등 한류의 기본이론을 망라하여 정리하였다.

그러나 한류현상을 이해하는 것보다 좀 더 중요한 것은 한류를 통해 우리가 얻을 수 있는 시사점과 기업이 배워야 할 것들이다. 현재 우리나라의 주력 제조업은 중국 등에 밀려 총체적인 위기 상황에 처해 있다. 과거 제조업의 수출 분야에서 한국의 경제 기적을 이뤄 낸 것처럼 이제 우리의 미래는 서비스 산업의 수출에 달려 있다. 그러나 우리나라의 서비스 산업 가운데 해외에 진출해서 성공한 분야는 거의 없다. 서비스 산업은 특성상 제조업처럼 표준품의 대량생산이 어렵고, 서비스 장벽이 존재하기 때문이다. 즉 서비스 산업은 국가마다 시스템과 관행이 달라 표준화된 서비스 제품을 대량생산하여 수출하는 데에 한계가 있다. 또한 서비스 산업에는 대인 서비스가 많아 언어 등 문화적인 장벽이 교역의 걸림돌로 작용하며, 문화 보호, 국가적인 기밀 보호, 자국 산업 보호 등을 내세워 무역장벽을 만들어 놓았다.

그런데 한류는 서비스 산업이면서도 성공을 거두었다. 이는 국내 서비스 산업의 수출 성공 가능성을 보여 준 것으로, 서비스 산업의 수출에 벤치마킹할 수 있다. 서비스 기업뿐만 아니라 다른 기업들도 한류의 성공요인과 경험을 통해 많은 점을 배울 수 있을 것이다. 이 책은 전략적 차원에서 한류의 성공요인을 분석하여 이를 서비스 산업 등의 일반 기업에 응용하기 위해 기획되었다. 한류가 어려운 환경 속에서도 해외진출에 성공한 전략들을 밝히고, 여기에서 서비스 기업을 포함한 일반 기업이 어떠한 시사점을 얻고 전략에 활용할 수 있을지를 살펴보고자 한 것이다.

이 책은 다음과 같은 내용으로 구성되었다. 먼저 제1장에서는 한류의 정의와 범위를 알아보고, 제2장에서는 한류와 관련된 영역을 탐색해 보았다. 한류에 대한 연구는 지금까지 연구자의 입장에 따라 어느 특정 분야에서 접근하는 경우가 많았다. 어떤 현상이든 한 분야로만 분석하면 문제의 본질을 제대로 파악하지 못하고 편향된 연구가 될 수 있다. 따라서 여기에서는 선행 연구를 참고하여 한류를 보는 관점에 따라 경영학적 관점, 인문학적 관점, 산업경제학적 관점, 사회심리학적 관점, 문화적 관점, 법적 관점 등 6가지로 나누어 살펴보았다.

또한 제3장에서는 나라별, 장르별로 과거부터 현재까지 한류의 동향에 대해 알아보았다. 제4장에서는 한류와 비슷한 해외사례를 분석하였다. 하나의 문화가 글로벌화 과정을 거칠 때 국내 유행, 지역화, 글로벌화 등 세 단계를 거친다. 이러한 단계에 따라 일류, 발리우드, 할리우드, 텔레노벨라, 홍류 등을 살펴보았다. 지금 한류는 국내 유행 단계에서 벗어나 지역화 단계에서 글로벌화로 전진하는 중이다. 이러한 분석은 한류와의 비교를 통해 한류의 미래 경로와 방향성을 설정하는 데 도움을 줄 수 있을 것이다. 제5장에서는 경제 한류라고 하는 한류의 파급 효과 등을 살펴보았다. 한류는 콘텐츠 수출을 통해 나타난 결과이지만 화장품, 일반 상품 등 많은 제품 수출에 영향을 준다. 이러한 경제적 효과와 함께 한글, 외교, 국가 이미지 등에 미치는 비계량적 효과를 통계와 사례들을 통해 살펴보았다.

제6장에서는 이 책의 주요 내용으로서 한류의 사례를 통해 우리의 산업, 특히 서비스 산업이 해외진출을 위해, 또한 경영 전략을 위해 어떠한 전략을 세우고 추진해야 하는지를 살펴보았다. 여기에서는 한류가 글로벌 비즈니스에서 성공한 전략, 즉 현지화 전략, 틈새시장 전략, 융합 전략, SNS 활용 전략, 캐치업 전략, 자발적 팬 전략, 리더십 전략, 스토리텔링 전략, 체계적 트레이닝 전략 등 9가지의 전략을 설명한다. 이러한 벤치마킹을 통해 해외진출 시 우리 기업이 어떠한 전략을 세워야 하는지에 관한 시사점과 방법을 제시하였다.

최근 한류가 주춤하고 있다는 인상을 지울 수 없다. 한류가 지속되어야만 파급 효과도 있고 성공 사례 벤치마킹도 할 수 있을 것이다. 따라서 마지막 장에서는 한류가 앞으로도 지속적으로 유지·발전되기 위해 어떠한 정책이나 기업 전략이 필요한지를 살펴보았다.

지금까지 한류와 관련된 책은 한류의 동향을 설명하는 것이 주를 이루어, 실제로 기업경영에 도움이 되는 전략과 관련된 책은 거의 없었다. 일부 한류 리더들의 경영에 대해 인터뷰를 하거나 산업적인 차원에서 한류를 다룬 경우는 있으나, 전반적으로 한류의 현상에 대한 해석과 한류를 통해 한국 기업들의 해외진출을 위한 전략을 제시한 책은 찾기 힘들다. 따라서 이 책이 해외에 진출하고자 하는 제조 기업과 서비스 기업의 해외진출에 도움을 주고, 아울러 대학의 교재나 연구용으로도 활용될 수 있을 것이라고 본다.

마지막으로 이 책이 나오기까지 직간접적으로 많은 도움을 준 한국창조산업연구소의 박지혜 연구원을 비롯한 연구원들에게 감사하다는 말씀을 드려야 할 것 같다. 아울러 홍익대학교 문화예술경영학과 전공 학생들에게도 감사의 말씀을 전한다.

2016년 9월

고정민

차 례

제1장

한류란 무엇인가?

1. 한류의 정의

한류(韓流)란 무엇인가? 한류는 어떻게 정의될 수 있을까? 그간 한류에 관한 논의는 많았지만 정작 한류의 정의에 대한 합의는 없었던 것 같다. 한류가 지속될 것인지에 대한 논란도 이와 궤를 같이한다.

한류라는 말은 1999년 중반 중국의 『북경청년보(北京青年報)』에서 '한국의 유행이 밀려온다'는 뜻으로 처음 사용되었다. 당시에 한국인이 운영하는 중국 라디오 방송에서도 한류라는 말을 사용하기도 했다. 과거에는 한류를 해외에서 한국의 방송이나 음악을 좋아하는 일회성 현상으로 이해했으나, 이러한 인기가 장기간 계속되고 다양한 지역으로 확산되자 한류에 대한 해석과 연구가 필요하게 되었다. 이에 따라 한류에 대한 다양한 정의가 논의되어 나왔다. 즉 한류는 '한국 문화에 대한 열풍', '한국 대중문화 바람', '한국 대중문화 열기', '한국 대중문화 붐', '한국의 대중문화를 뜻하는 것', '중화권에서 유행하는 한국 대중문화 열풍' 등 다양한 의미로 정의되고 있다.

이를 종합해 보면 한류는 '외국인들이 한국 대중문화 및 순수문화를 좋아함으로써 나타나는 사회·경제·문화적 현상'이라고 할 수 있다. 정의와 연결해서 한류의 범위는 지역적으로는 전 세계, 분야로는 대중문화와 순수예술, 연예인 등이 포함되고, 한

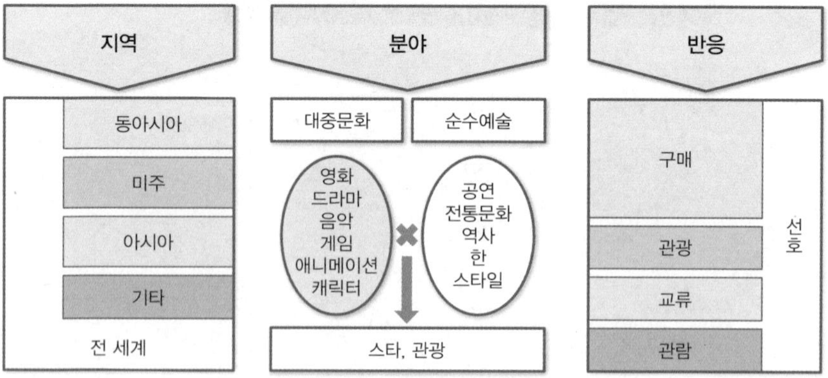

그림 1.1 한류의 범위

류에 대한 반응으로는 소비·관광·관람·교류 등을 포함한다. 좀 더 자세히 보면 한류와 관련된 분야에는 영화, 음악, 방송 프로그램, 게임, 뮤지컬, 모바일 콘텐츠, 애니메이션, 캐릭터, 출판 서적, 만화 등 한국의 대중문화와 공연, 순수음악, 독립영화, 미술 등의 순수예술을 비롯하여 한식, 한글, 패션 등의 한류 파생 상품 등이 있다. 지역적으로 보면, 한류는 과거에는 동남아와 중국 중심이었지만 K-POP이 유행한 이후에는 해외로 그 범위를 넓혔다. 분야로 보면 대중문화가 중심이지만 순수문화 예술도 포함되어 있으며, 한식이나 한글 등 한류와 연관된 부문으로 확산되고 있다. 소비자들의 반응 측면에서 보면 물건을 구매하는 것뿐만 아니라 관광, 교류, 관람 등을 포함한다. 따라서 한류를 통한 한류 관광, 국제문화교류 등도 한류의 범위에 속한다고 할 수 있다.

이와 같이 한류의 범위를 언급했지만 실제로는 더 많은 분야에서 한류라는 단어가 사용된다. 신문 방송 등 매스컴에서는 한국인이나 한국인의 활동, 한국 제품 등이 해외에서 인기 있는 현상을 모두 한류라는 이름을 사용하여 그 범위를 확대 적용하는 경우가 있다. 즉 대중문화뿐만 아니라 스포츠, 의료 건강, 바둑, 휴대폰 등 다양한 분야에 한류라는 단어를 사용한다. 그러나 한류는 대중문화의 인기에 따라 해외에서 붐이 형성된 것이므로, 본래의 의미에서 크게 벗어나는 정의는 혼동을 야기할 수 있다. 한류를 지나치게 넓은 의미로 해석한다면 해외에서 한국의 위상을 높인 것을 모두 한류라고 부르게 되므로 본래의 의미를 희석시킬 수 있다.

'한류(韓流)' 단어에는 한국이라는 의미의 대한민국 한(韓)이 포함되어 있고, 영어로도 'Korean Wave'라고 번역되어 역시 한국이라는 의미가 들어 있다. 따라서 한류라는 말에는 영화, 드라마, 음악 등 콘텐츠가 부각되는 것이 아니라 한국이라는 말이 부각되어 상대국의 반감을 살 우려가 있다. 언론사 타임스(The Times)의 서울 특파원이었던 영국의 마이클 브린(Michael L. Breen)은 한류가 형성된 것은 한국이 좋아서가 아니라 한국 가요가 좋아서이기 때문에 한국, 즉 Korea를 너무 강조하면 이는 곧 반감으로 돌아올 것이라고 지적하고 있다.[1] 문화라는 것은 국가의 정체성과 연결되기 때문에 국적을 지나치게 강조해서는 안 된다는 것이다. 한류는 지나치게 민족주의적인 의미를 내포하고 있어 외국에서 한국의 대중문화가 자국의 문화를 침범한다는 의식을 불러일으킬 소지가 다분하기 때문에 다른 용어로 대체하자는 것이다. 즉 한류의 붐은 사실 각각의 한국 콘텐츠를 좋아하는 것이지 한국을 좋아하는 것이 아니며, 이렇게 한국과 콘텐츠가 연관되는 순간 그 콘텐츠는 인기를 잃을 것이라는 주장이다.…[2]

그런데 아이러니하게도 한류라는 말은 우리나라에서 나온 것이 아니다. 앞서 말했듯이 한류는 1999년 중반 중국에서 먼저 언급되어 일반화된 용어이다. 아마 의도하지도 않았는데 자연스럽게 나타난 현상이 한류이다 보니, 우리가 인지하기 전에 해외에서 먼저 한국 대중문화의 인기를 표현한 한류라는 말이 생성된 것 같다.

더구나 현시점에서 보면 한류라는 말은 이미 보편적으로 전 세계 사람들에게 받아들여지고 있는 하나의 브랜드이고 세계 문화의 한 흐름으로 자리잡고 있어, 지금 와서 이 말을 바꾼다는 것은 많은 경제적 희생과 부작용을 초래할 수 있다. 따라서 현재 한류라는 용어를 그대로 사용하되, 한류의 민족주의적인 색채를 가급적 최소화하면서 오히려 한류라는 용어를 브랜드화하여 긍정적인 이미지를 형성시킴으로써 그 가치를 높일 필요가 있다.…[3]

2. 한류의 성격

한류는 유행인가, 트렌드인가? 한류는 일시적으로 끝날 것인가, 아니면 지속될 것인가? 이는 한류가 시들해질 때면 항상 거론되는 논제였다. 그러나 한류가 생성된 지 20여 년이 지난 현재까지 이어져 온 것을 보면 최소한 일시적인 유행은 아닌 것으로 평가해도 될 것 같다.

---

1. 마이클 L. 브린, 2011, 문화강국 코리아를 위한 제언, 한류 콘텐츠 글로벌 진출 활성화 컨퍼런스.
2. 한국문화산업교류재단, 2010, 한류—아시아를 넘어 세계로.
3. 같은 책.

그렇다면 장기적으로 유지되어 온 한류의 성격에는 어떠한 것이 있을까? 장기적으로 유지되고 있는 한류를 알기 위해서는 동아시아에서 나타난 사회문화적 현상으로서 한류의 성격에 관해 이해할 필요가 있다. 한류의 성격을 학문적으로 규명하기 위해서는 다양한 요소가 고려되어야겠지만 여기에서는 대상 분야, 지역적 범위, 문화현상적 특성 등을 중심으로 알아보기로 한다.[4]

유행이란 비교적 짧은 기간 동안 받아들여지고 곧 소멸하는 경향을 가진 공통의 집단 행위를 의미한다. 한마디로 일시적인 경향을 뜻하는데, 유행에는 '새롭다'는 의미와 '일시적인 습관'이라는 의미가 내포되어 있다. 여기에서 새롭다는 것은, 기존과 동일한 것은 유행으로 정의되기 어렵고, 일시적인 습관이란 시기상으로는 단기간이며, 사회적 행동으로서 습관적인 특성을 가져야 한다는 것을 의미한다. 또한 유행은 다수가 이를 추종했을 때 나타나기 때문에 대중행동의 한 현상으로 해석된다. 유행을 따르는 대중들의 심리적인 측면을 들여다보면 유행은 자신이 남보다 앞서 있다는 자기현시욕이나 만족감을 느끼는 우월성과, 사람들이 동일하게 행동할 때 한 집단에서 제외되지 않았다는 안심감을 얻는 동시성의 발로이다. 특히 이 동시성의 특성 때문에 유행에 종속적인 집단이 존재한다. 유행은 이러한 우월성과 동시성이 번갈아 순환하면서 확대되는 현상이라 할 수 있다.

유행을 표현하는 단어로는 특성에 따라 패드(fad), 크레이지(craze), 보그(vogue), 붐(boom) 등 여러 가지가 있다. 패드는 일시적인 소집단의 유행을 의미하는데, 매우 짧은 기간 동안의 유행을 표현할 때 주로 사용한다. 크레이지는 열광적인 몰입과 유행을 뜻하고, 보그는 신기한 점을 강조한 유행이다. 붐은 처음에는 경제에서의 활황현상을 표현하는 단어였지만 지금은 일시적으로 인기를 끄는 현상의 의미로도 사용된다.

이에 비해 트렌드(trend)는 일정한 방향이나 경향, 추세를 의미한다. 따라서 트렌드는 일시적인 변화가 아닌 지속적이고도 강력한 흐름을 형성하고 있는 사회현상을 말

4. 같은 책.

하는 것으로, 역으로 해석하면 사회의 변화는 트렌드의 연속이라 할 수 있다. 하나의 트렌드가 형성되어 사회적 영향력을 갖게 되면 또 다른 사회적인 현상들에 영향을 주어 기존의 사회를 변화시키며 미래를 만들어 간다. 그러나 현재의 상황에 큰 영향을 미치고 있는 트렌드라 하더라도 그 트렌드가 무한정 지속되지는 않으며, 그로 인해 미래 사회 역시 기존의 사회를 연장하는 방향으로 지속되지는 않는 특징을 가진다. 트렌드와 유행의 관계를 보면, 트렌드는 장기간 계속되는 유행이라고 할 수 있을 것이다. 유행은 구전효과(口傳效果)에 의해 확대재생산되고, 이 유행이 반복되면 하나의 트렌드를 형성하게 되는 것이다.

그렇다면 한류는 유행인가, 트렌드인가? 1990년 중반 한류가 막 시작되었을 때에는 일시적인 유행으로 해석되는 경향도 있었지만, 3기에 걸쳐 발전하면서 이제 한류는 하나의 트렌드로 정착되고 있다. 물론 하나의 장르나 콘텐츠로 보면 일시적인 유행이라고 할 수 있으나, 이러한 유행이 축적되어 지속되면서 한류라는 트렌드가 형성된 것이다.⋯5

한류는 광범위한 소비자가 전제되는 대중문화를 대상으로 한다. 순수예술을 포함하기는 하지만, 한류는 대중문화가 그중심이 되고 소비자도 대중을 대상으로 한다. 만약 순수예술을 중심으로 했다면 현재와 같은 대중적인 유행이나 트렌드가 형성되지는 않았을 것이고, 소수의 문화예술을 좋아하는 사람들에게만 인기가 있었을 것이다. 한류는 많은 해외 사람들에게 한국의 대중문화가 노출되면서 형성되었기 때문에 대중문화가 중심이 되는 것이다.

지역적으로 보면 초기 한류는 주로 중국이나 일본, 동남아 시장에 머물렀다. 그러나 K-POP 한류가 시작된 2008년경부터는 유럽을 비롯한 전 세계로 확산되고 있다. 한류는 과거에는 지역문화의 성격을 가지고 있었지만 신한류 이후 전 세계를 대상으로 하는 문화현상으로 부각되고 있다.

결국 한류는 문화현상, 소비자, 지역 등을 고려해 볼 때 '글로벌 대중문화 트렌드'라

---

5. 같은 책.

명명할 수 있을 것이다. 지역적으로는 '글로벌', 소비자는 '대중', 문화현상으로는 '문화트렌드'적인 성격을 갖는 것이다. 물론 글로벌 대중문화 트렌드가 한류만 있는 것은 아니다. 그러나 한류가 글로벌 대중문화 트렌드 중의 하나로 편입될 수 있는 최소한의 자격을 갖추었다는 것이다.

일반적으로 글로벌 대중문화 트렌드는 어떠한 조건을 가져야만 형성될 수 있을까? 이에 대한 답은 최근 K-POP이 왜 이와 같이 인기를 끌고 있는지에 대한 단초를 제공해 줄 것이다. 글로벌 대중문화 트렌드가 형성되기 위해서는 콘텐츠, 공급, 수요 등 3가지 측면에서 일정한 조건을 갖추어야 한다.

첫째, 콘텐츠 면에서는 먼저 차별성이 있어야 한다. 콘텐츠가 매력적이고 독특하며 이전의 것과 차별적이어야 한다. 기존의 것과 비슷하거나, 기존의 제품보다 경쟁력에서 뒤지고 독특한 면이 없으면 새로운 유행이 나타나지 않는다. 또한 글로벌 보편성을 가지고 있어야 한다. 즉 콘텐츠를 보고 공감대를 형성하면서 쉽게 동화될 수 있어야 하고, 콘텐츠 내용은 국가 간 장벽을 해소할 수 있는 글로벌 보편적인 내용이어야 한다. 마지막으로 스타성을 가지고 있어야 한다. 스타가 동반되면 글로벌 문화트렌드는 고착화되고 장기화될 수 있으며, 스타와 콘텐츠는 선순환을 유지하며 확대될 수 있다.

둘째, 공급적인 측면에서는 먼저 대량으로 유통할 수 있는 유통 채널이 존재하는지의 여부이다. 대량으로 유통된다는 것은 유행의 조건 중에 동시성을 충족시키면서 대중에 대한 노출 증가로 인기나 유행의 형성이 촉진된다는 것이다. 다음으로는 글로벌 기업의 존재 유무이다. 글로벌 기업이 존재하면 해외진출을 위한 노력이 진척될 것이고, 이는 곧 해외에서 자국 문화콘텐츠의 노출이 증가함을 의미한다. 한류와 같은 글로벌 대중문화 트렌드는 문화콘텐츠의 해외수출로부터 나타난 것이기 때문에 글로벌 기업의 유무가 중요하다. 마지막으로 현지화이다. 현지화를 통해 나라 간 문화적 장벽을 낮출 수 있어, 현지화의 노력이 필요하다. 이는 글로벌 기업의 전략과도 연결되고, 콘텐츠의 보편성이나 대중성을 높이기 위한 공급적인 차원에서의 기업전략이라 할 수 있다.

셋째, 수요적인 측면에서는 먼저 선도적 소비자의 존재 유무가 관건이다. 유행은 선도적으로 소비하는 그룹이 존재하고 이들이 구전을 통해 정보를 유포시킨 데에서 시작된다. 글로벌 대중문화 트렌드가 형성되기 위해서는 해외문화를 잘 받아들이고 유행에 민감한 소비자의 존재가 필요하다. 다음으로는 대중성이다. 시장의 규모가 크고 소비자가 많아야만 유행이 형성되기 용이한 데 반해, 시장이 작으면 마니아를 중심으로 유행이 형성되지만 그 규모는 작을 수밖에 없다. 따라서 수요 면에서의 대중성은 글로벌 대중문화 형성의 조건이 되는 것이다. 마지막으로는 접근성이다. 소비자들이

표 1.1 글로벌 대중문화 트렌드 형성 조건으로 본 K-POP 한류

콘텐츠		수요		공급	
차별성	• 한국의 가요와 미국의 팝이 융합되어 독특한 장르 형성 • 댄스음악을 중심으로 선택과 집중	선도적 소비자	• K-POP을 좋아하는 극성 팬들이 존재 • SNS를 통해 전 세계 얼리어댑터(early adapter)가 구전을 함으로써 K-POP 인기 확산	대량유통	• 오프라인 음악의 경우 CD 등의 상품이 수출되어 대량유통이 가능 • 온라인상의 음악은 거리나 장소와 관계없이 해외에 대량유통 • 대량으로 온라인을 통해 불법복제가 가능하여 해외에 광범위하게 유통
글로벌 보편성	• 음악 장르 자체가 대중문화 산업으로 대중성을 태생적으로 보유 • 반복되는 후렴구, 따라 부르기 쉬운 음률 등으로 대중적 동화성 확보 • 서양의 음악을 가미함으로써 글로벌 보편성 확보	접근성	• 대중음악이라는 장르는 매스컴이나 인터넷, 모바일 등에서 쉽게 접촉 가능 • SNS 등은 오프라인 유통의 장벽 없이 전 세계 공통적으로 유통 • 시간과 장소를 크게 구애받지 않고 소비할 수 있는 특징	글로벌 기업 유무	• SM엔터테인먼트 등 해외진출을 위해 노력하는 중견 기업 존재 • 국내시장 한계로 기업들 해외시장을 겨냥
스타성	• 가수들의 스타성은 매우 높은 편 • 아름다운 외모, 패션 등으로 스타성 확보	대중성	• 음악은 대중적인 성격을 가지고 있어, 음악을 좋아하는 소비자 수가 많음 • 음악시장 규모는 큰 반면, 음악의 가격이 낮아 개인당 접촉하는 음악의 곡수가 많음	현지화	• 현지시장 진출을 위해 현지 유통업체와 제휴하고, 현지인 가수를 그룹에 편입 • 현지시장에 적합한 음악을 작곡하기 위해 현지 작곡가 고용

출처: 한국문화산업교류재단, 2012, 한류포에버-세계는 한류스타일.

콘텐츠에 쉽게 접근할 수 있는 조건이 필요하다. 콘텐츠에 대한 소비자의 접근성이 시간과 장소에 제약을 받지 않을수록 트렌드 형성이 용이한 것이다.

3. 콘텐츠와 스타

한류가 과연 스타에 의한 것인지, 콘텐츠에 의한 것인지는 궁금거리 중의 하나이다. 그도 그럴 것이 음악공연을 보면 외국 관람객들이 스타를 보러 오는 것인지, 노래를 들으러 오는 것인지 모호한 면이 있다.

스타의 인기는 먼저 콘텐츠에 의해 생성된다. 콘텐츠가 성공해서 팬들에게 알려진 이후에 스타에 대한 인기가 뒤따라온다. 이후에는 스타 자신이 인기를 유지해 나가지만, 즉 스타의 매력은 스타 개인에 의해 결정되지만, 시간이 지날수록 콘텐츠에 의해 뒷받침되지 않는 한 스타의 매력도는 감소한다. 따라서 스타의 인기를 유지하기 위해 매니지먼트사가 스타를 관리하게 된다. 매니지먼트사는 연예인들을 조직적으로 관리하고 인기를 유지하도록 돕는다. 대부분의 한류 스타들도 콘서트 기획이나 방송 출연의 계획을 잡고 해외진출 전략 등에 대한 매니지먼트사의 도움을 받고 있다.

콘텐츠 분야별로 스타성의 정도는 다르다. 음악에서의 가수가 스타성이 가장 높고, 게임이나 소설은 등장하는 연예인보다는 콘텐츠 자체의 매력도가 더 중요하다. 게임, 애니메이션, 캐릭터, 출판 서적 등은 스타성이 없을 것 같지만 콘텐츠 내용에 등장하는 가공의 주인공이나 캐릭터가 스타가 될 수 있다. 게임의 경우에는 e-스포츠에 의해 스타가 탄생하기도 한다. 스타는 마니아 팬들에 의해 일정량의 수요가 확보된다는 점에서 한류가 안정적으로 유지되는 데 중요한 역할을 한다.

콘텐츠와 스타는 한류의 원천으로서 서로 연관성을 가지고 있다. 콘텐츠와 스타 모두 소비자에게 매력이 있을 때 붐이 형성되고, 이들의 매력도가 높을 때 장기적인 문화사회적 트렌드가 형성되지만, 붐이 일시적일 경우에는 유행으로서 곧바로 소멸된다. 콘텐츠의 성공으로 스타가 탄생하지만, 스타가 나온다고 해서 반드시 흥행에 성공하는 것은 아니다. 영화의 경우를 보면 스타가 영화 흥행에 영향을 미치는 정도는 일반적으로 한국에서는 '관계없음', 미국에서는 '관계있음' 등 엇갈리는 결과가 나오기도 한다. 스타가 아닌 신인을 채용하여 성공하는 경우도 많고, 이들이 스타 대열에 합류할 수도 있다. 다만 스타가 출연한 콘텐츠가 계속 성공하여 강한 스타덤이 형성되어 있는 경우 작품력에 관계없이 스타에 의해 콘텐츠가 성공하기도 한다. 제작비 차원에서 스타덤이 형성된 스타는 출연료가 높아져 제작비 상승의 주요인으로 등장하고 있으나, 스타는 어느 정도 흥행을 보장해 주기 때문에 투자사들에서는 안정적인 투자 회수를 위해 스타의 캐스팅을 선호하는 편이다. 결국 스타와 콘텐츠는 매우 밀접한 관련성을 보여 준다.

한류에서 스타와 콘텐츠는 모두 중요한 역할을 한다. 먼저 콘텐츠에 의해 한류가 형성되었으나 이러한 한류를 지속적으로 이어 가는 동력은 콘텐츠이지만 스타도 될 수가 있다. 신규 지역과 신규 분야로 한류를 개척해 가기 위해서도 콘텐츠의 진입이 우선되어야 하지만,⋯6 콘텐츠의 매력으로 현지에서 인기를 끌면 이후 스타덤이 형성될 수 있다. 이미 한류가 형성되어 있는 기존 지역에서는 콘텐츠뿐만 아니라 한류의 유지를 위해 스타도 중요하다. 스타는 고정적인 팬층을 형성하여 한류 콘텐츠가 침체에

표 1.2 한류에서의 콘텐츠와 스타의 특성

	콘텐츠	스타
매력도	작품성, 상업성, 연예인	스타 개인 매력
지속 기간	장기	장기
시장 규모	大	中
소비자 수	大	小
소비자 몰입	중간	깊음
생성 시기	선	후

출처: 한국문화산업교류재단, 2012, 한류포에버-세계는 한류스타일.

6. 물론 이와 반대로 스타가 널리 알려져 스타의 인기부터 시작되는 경우도 있으나 그 영향력은 콘텐츠가 먼저 인기를 끄는 것보다는 작다.

아바(ABBA)

아바는 950만 명이 사는 스웨덴이라는 조그만 국가에 엄청난 부를 가져다준 장본인이다. 아바는 1972년부터 1982년까지 활동한 남성 두 명과 여성 두 명으로 구성된 스웨덴 출신의 전설적 혼성그룹이다. ABBA라는 이름은 아그네사(Agnetha Fältskog), 비요른(Björn Ulvaeus), 베니(Benny Andersson), 애니프리드(Anni-Frid Lyngstad) 등 멤버 네 명의 머리글자인 A, B, B, A를 딴 것이다. 아바는 1974년 유로비전 송 콘테스트에서 '워털루'로 우승하여 두각을 나타내면서, 세계적인 스타로 떠올랐다. 아바의 앨범은 지금까지 약 4억 장 이상이 팔렸고, 당시 스웨덴이 자랑하는 자동차 회사인 볼보 다음으로 해외수출이 많았다. 일개 음악그룹이 대기업과 맞먹는 수출을 했다는 사실은 아바가 해외에서도 얼마나 인기가 있었는지를 짐작케 해 준다. 더구나 볼보와 같은 제조업은 수출에 대한 마진이 적지만, 음악과 같은 서비스업은 강력한 '규모의 경제효과'로 마진폭이 일반 제조업보다 훨씬 크다. 따라서 아바가 스웨덴 경제에 효자 노릇을 했다는 것은 과장된 말은 아닐 것이다.

그들은 영어권 국가들(영국, 미국, 캐나다, 아일랜드, 호주, 뉴질랜드 등)의 차트에서 꾸준히 상위그룹에 랭크된 최초의 유럽 출신 팀이다. 1974년부터 1982년까지 이 스웨덴 슈퍼스타는 영국에서만 19개의 톱텐(Top Ten) 싱글에 기록되었고, 이 중에서 1위 곡이 9개나 된다. 또한 같은 기간에 43주 동안 앨범차트 1위를 차지하기도 하였다. 음반 판매 기록만으로 보면 비틀스, 엘비스 프레슬리, 마이클 잭슨에 이어 역대 4위이다. 더욱 흥미로운 것은 2000년대 이후에도 음반 판매량이 매년 300만 장 이상 된다는 사실이다. 세대를 초월하는 인기 덕분이다. 아바가 해체된 지 10년이 지난 1992년에는 아바의 인기곡만을 모아 만든 골든앨범이 전 세계에 2,600만 장, 미국에서만 1,000만 장 이상이 팔렸다. 마치 꺼지지 않는 램프와 같다.

2008년에는 '맘마미아'라는 이름으로 영화가 제작되었는데, 메릴 스트리프 주연의 이 영화는 전 세계적으로 3억 7,000만 파운드를 벌어들였다. 이 영화는 영국에서 최고의 인기를 끌었으며, DVD로도 최단 시간 내에 가장 많이 팔려 4가구당 한 개의 DVD를 보유했을 정도였다. 이외에도 박물관 겸 테마파크 '아바월드'가 개장되고 박물관도 최근에 설립되었다.

빠지더라도 일정 기간 동안 더 이상의 침체를 막는 완충작용을 한다. 기존의 팬층이 존재하므로 히트 콘텐츠가 나오기 전까지의 공백을 보충해 주는 역할을 한다.

마이클 잭슨, 비틀스, 톰 크루즈 등 세계적인 스타는 장기적인 인기를 유지하고 있다. 마이클 잭슨은 사후 4개월 동안 음악으로만 1,000억 원을 판매 기록하여 슈퍼스타의 파워를 보여 주고 있다. 해외에서 슈퍼스타들은 그 자체가 흥행 보증수표이다.

콘텐츠의 뒷받침이 있었지만 일단 슈퍼스타 대열에 오르면 인기는 장기간 유지될 수 있다.

4. 보편성과 고유성

'한국적인 것이 세계적이다'라는 말이 있다. 한류에는 한국 고유의 고유성이 있어야 하고, 한국적인 것을 가지고 붐을 만들어야 한다고 말한다. 그런데 한국적인 것만이 한류인가? 콘텐츠를 보고 국적을 알 수 없을 정도로 모호하거나 한국적인 요소가 없을 경우에는 이를 한류라고 말하기 어려울지도 모른다. 그러나 이를 단순하게 말할 수는 없고, 보편성과 고유성을 들어 설명해 보자.

K-POP의 경우 걸그룹이나 보이그룹의 노래는 한국적인 음악이라기보다는 해외에서 인기 있는 일렉트로닉, 록, 랩 등의 다양한 글로벌 음악의 형태를 가지고 있다. 소녀시대의 노래는 세계적인 팝스타 브리트니 스피어스와 구분이 안 될 정도이다. 이것이 과연 한류인가라는 의문이 든다. 가수 보아가 처음 일본에서 활동했을 때의 경우는 더욱 그렇다. 보아는 일본에서 활동할 때 무대에서 일본식 매너와 유창한 일본어 구사력 등으로 일본 사람들도 보아를 일본인으로 생각할 정도였다. 한국 고유의 것만을 한류라고 한다면 보아를 한류 스타라고 할 수 있을지 의문이 든다.

그러나 반드시 한국적인 것만을 한류라고 할 수는 없다. 한국 대중문화가 처음 형성될 때에는 한국인의 정서에 맞추기 위해 한국적인 요소가 자연스럽게 내포되어 있었다. 한류가 점차 글로벌로 확장하면서 글로벌 보편성에 맞추어 콘텐츠의 스토리를 구성하게 되었고, 좀 더 재미있는 콘텐츠를 만들기 위해 해외의 콘텐츠 형식과 내용을 혼합하면서 한류는 국적 없는 모호한 형태를 띠게 되었다. 현재 한국의 대중문화는 대부분 외국의 문화와 혼합되어 혼종, 하이브리드 문화적 요소를 가지고 있다.

이는 한류의 보편성과 고유성에 대한 논란의 연장선상에서 이해될 수 있다. 문화의 보편성이란 작품에 국제적으로 통용되는 주제와 스토리를 포함하는 경우인 반면, 고유성이란 한국 고유의 것이 포함되어 있는 것으로 해석할 수 있다. 쉽게 설명하자면 보편성은 작품만 보고서는 콘텐츠의 국적이 한국이라는 것을 느끼지 못하는 반면, 고유성은 콘텐츠가 한국의 독특한 내용으로 구성되어 있어 한국 국적임을 알 수 있는 경우를 말한다. 보편성을 내세우면 외국인들이 한국의 콘텐츠를 더 잘 이해할 수 있고, 기업은 많은 소비자들을 확보할 수 있다. 반면 지나치게 한국적인 것은 대중성을 확보하기가 어렵다. 보편성을 가지지 않는 고유성은 문화적 할인율이 높아 해외 사람들이 한류를 이해하고 접근하는 데 문화적 장벽을 느끼게 한다. 이런 점에서 한류는 해외에서의 대중적인 붐이므로 보편성을 가지고 탄생한 것이라고 할 수 있다.

이는 한류의 대상 분야가 무엇인지와 연관되는 주제이기도 하다. 한국의 전통문화나 순수문화의 경우 한국적 고유성을 가지고 있으나 세계적 보편성이 부족한 경우가 많다. 따라서 한국의 전통문화나 순수문화, 나아가서 한국에서만 통용될 수 있는 대중문화는 한류 붐을 조성할 수 없다. 한류는 어차피 대중들이 좋아하는 현상이다. 현재 한류가 많은 국가에서 폭발적으로 인기를 얻고 있는 것은 대중성이 있기 때문이다. 따라서 한류는 해외의 대중들이 좋아하는 보편성을 가진 한국의 대중문화에서 나온 것이다. 전통문화나 순수문화 분야는 대중을 대상으로 하는 영역이 아니라 일부 소수의 사람들을 대상으로 하는 영역이다. 이것을 좋아하는 해외 소비자들도 분명 존재하고 대중문화보다 더 열광할 수 있겠지만, 이들은 소수이기 때문에 대중적 붐을 형성시키기에는 한계가 있는 것이다. 순수예술이나 전통예술과 같이 보편성이 낮고 고유성을 가지고 있는 분야를 통해 일으킨 붐은 파도가 아니라 찻잔 속의 잔잔한 물결로 볼 수 있다.

그러나 이를 일반화하는 것은 위험한 발상이다. 한국적인 것 중에 세계적 보편성을 가진 것이 있을 수 있고, 전통문화나 순수문화에도 대중적인 인기를 끌 만한 보편성을 가질 수 있기 때문이다. 그렇게 된다면 한류가 한국적인 것을 대외에 알리면서 대중적 인기를 끌 수 있으므로 금상첨화이다. 따라서 한국적인 것을 찾아서 보편성 있는 세계적인 것을 만드는 것도 중요하다.

더구나 콘텐츠가 오랫동안 소비자에게 노출되면서 문화적 할인율이 낮아져 소비자가 익숙한 것처럼 문화를 받아들일 수 있다. 할리우드 콘텐츠가 우리에게 익숙해진 것은 분명 우리의 문화나 정서와 다르다고 하더라도, 거대한 제작비를 투입하여 흥행성을 높인 면도 있지만, 오랫동안 우리에게 노출되다 보니 여기에 익숙해진 면도 무시할 수 없다. 과거 콘텐츠 제작 능력이 부족한 국가들이 할리우드 콘텐츠를 수입하여 오랫동안 유통하다 보니 어느덧 이제는 익숙해진 것이다.

또한 이들 분야는 독특하기 때문에 외국인들에게 어필할 수 있다. 소재가 한국적인 독특한 면을 가지고 있으면 외국인이 호감을 가질 수 있다. 주제는 보편성을 갖되 소재로는 얼마든지 한국 고유의 것들을 사용할 수 있다. 한국적인 소재를 사용할 경우 그 독특함 때문에 해외 사람들이 좋아할 수 있는 것이다. 드라마 〈대장금〉이 그러한 예라고 할 수 있다. 소재는 한국 전통의 것을 활용하고 보편성이라는 큰 틀에 맞추어 작품을 만든다면 드라마는 언제든지 킬러 콘텐츠가 될 수 있다.

이런 점에서 고유의 전통문화, 순수예술의 역할도 크다. 전통문화에는 우리 민족의 혼이 어려 있기 때문에 해외에 널리 한국을 알리고 한국의 독창성을 홍보하는 것은 필요하다. 더구나 유럽 등지에서는 자신과 다른 문화에 관심이 많고 수용력도 높으므로 이러한 국가를 대상으로 전통과 고유 문화를 알리는 것은 국가적인 차원에서 당연히 해야 하는 일이다. 또한 이러한 전통문화를 산업화와 연결시킨다면 대중적인 콘텐츠를 만들 수 있고, 해외에서 붐을 일으킬 수 있는 것이다. 결국 한류는 보편성과 고유성을 모두 가지고 있어야 한다.

5. 분야별 한류의 영향력

문화콘텐츠 산업 수출에서 게임 수출이 차지하는 비중은 50%를 넘어설 정도로 매우 높다. 해외에서 한국의 온라인 게임은 매우 인기리에 팔리고 있고, 지금도 해외의 많은 게이머들이 한국 온라인 게임으로 게임을 한다. 그렇다면 게임을 통한 한류가 한류에 대한 가장 영향력 있는 분야이고, 해외에서의 게임 붐을 한류라고 할 수 있을까?

한류에는 드라마, 음악, 영화, 게임, 순수예술, 애니메이션 등 매우 다양한 분야가 포함되어 있다. 이 가운데에서 한류에 대한 영향력은 앞에서 언급한 보편성과 고유성의 기준을 가지고 평가할 수 있다. 다시 말해 상품 자체의 특성과 해외 사람들에 대한 한류의 노출 정도 등 다양한 기준을 가지고 가늠해 볼 수 있다. 상품 자체의 특성에 '한국적'이라는 요소가 내포되어 있고, 지속성, 대중성, 문화장벽 등의 특성을 가지고 있으면서 해외에서의 노출도 많아야 한다.

이와 같이 상품 자체의 특성과 한류의 해외 노출 정도 등을 동시에 고려해서 장르별 한류의 영향력을 평가해 볼 때 한류로서의 특성을 가장 잘 나타내고 있는 것은 드라마와 음악이고, 이어서 영화나 게임, 순수예술의 순이라고 할 수 있다. 상품 자체의 특성으로서 대중성, 문화성, 스타의존성, 지속 기간, 문화장벽 등을 고려하고, 해외 노출 정도로서 수출 규모[7]를 고려하면 현재 한류 중에서 어느 분야가 가장 영향력이 있는지를 가늠할 수 있다. 결국 한류라는 색채가 강하고 그 영향력이 큰 분야는 드라마와 음악으로, 과거 한류의 궤적을 보아도 이 두 분야가 한류를 주도해 온 것이 사실이다.

게임도 대중문화에 속하기 때문에 정의상 한류의 하나라고 할 수 있다. 그러나 게임

표 1.3 분야별 한류 영향력

	상품 자체 특성					상품 자체 영향력	한국의 경쟁력	종합 영향력
	대중성	문화성	스타의존	지속 기간	문화장벽		수출 규모	
드라마	◎	□	◎	□	○	매우 높음	○	매우 높음
영화	□	□	◎	◇	○	높음	◇	높음
음악	□	□	◎	□	□	매우 높음	◇	매우 높음
게임	◇	◇	◇	○	◎	낮음	◎	높음
순수예술	△	◎	○	◎	◇	높음	△	낮음

주: ◎〉□〉○〉◇〉△

7. 물론 불법 다운로드, 방송에서의 한류 상품 노출 정도 등도 포함되어야 더 정확하게 판단할 수 있다.

의 수출 규모는 타 분야에 비해 비교할 수 없을 정도로 매우 크지만, 게임의 한류적인 특성은 아무래도 드라마나 음악에 비해서 낮다. 한류는 한국 대중문화에 대한 열기라고 할 수 있는데, 게임은 대중문화이긴 하지만 한국이라는 정체성(고유성)이 약하다. 즉 온라인 게임은 콘텐츠만 보고서는 한국적인 것인지를 알기 어렵다. 온라인 게임은 가공의 인물이나 사물이 나와 게임의 특성에 맞게 전개되는 것이므로 기업 입장에서도 구태여 한국적인 요소를 내보일 필요가 없다. 따라서 온라인 게임은 보편성을 가지고 있지만 한류로서의 고유성이 약하다고 할 수 있다. 결국 한국적인 문화성이나 문화적인 요소 등으로 볼 때 한류에 대한 게임의 영향력은 낮다고 할 수 있다.

6. 반한류의 정서

한류가 심화될수록 반(反)한류도 심화된다. 2000년대 중반 한류가 상승곡선을 탔을 때 해외에서 반한류가 심해졌다가, 한류가 정체되면서 반한류도 가라앉았다. 그러다가 2010년대 한류가 상승하자 다시 반한류가 심화되고 있다.

반한류란 해외에서 한류에 반대하거나 싫어하는 현상을 말하는 것으로 한류와는 반대되는 개념이다. 반한류는 여러 가지 용어로 사용되는데, 반한류 외에도 혐(嫌)한류, 항(抗)한류 등이 있고, 초기 중국에서는 한류(韓流)라는 말을 매서운 찬바람이 불어온다는 한류(寒流)로 사용…[8]하기도 했다.

혐한류는 일본에서 한국에 대한 역사 왜곡 및 독도영유권 등 정치적·사회적·문화적 이슈를 담은 『만화 혐한류』가 출판되면서 사용되기 시작했다가 점차 독도 문제 등으로 한일관계가 경색되면서 일본 우익을 중심으로 한 반한의 감정이 한류에까지 확장되는 현상을 보이고 있다. 항한류는 중국에서 방송되던 한국 TV 프로그램이 역사적 사실을 왜곡하여 스토리를 구성했다는 이유를 들어 정부와 언론으로부터 '항한(抗

8. 이는 한류를 경계하라는 의미에서 붙인 이름이다.

韓)'이라는 표현이 쓰이며 확산되었다. 중국에서는 제도적으로나 법적으로 외국의 콘텐츠 수입을 제한하는 형식으로 나타나는 것이 항한류라 할 수 있다. 즉 중국 방송의 프라임 타임대에 외국 방송물 방영을 금지하고, 외국 영화의 수입을 제한하는 쿼터제를 운영하는가 하면, 게임물에 대한 강한 규제를 가하는 것 등이 중국에서의 항한류에 해당한다.

유럽 언론에서는 K-POP의 인기를 기사화하지만 그 예술성이나 음악성에 관한 언급은 가능한 한 자제하는 분위기이다. SM타운(SMTOWN) 파리 공연 직후 프랑스의 양대 일간지인 『르몽드』와 『르피가로』는 "프랑스를 찾은 K-POP 아이돌 그룹은 연예기획사가 기획하고, 한국 정부가 지원하는 문화수출 정책의 후원으로 탄생한 그룹들"이라며 비판적 시각을 보여 준 적이 있다. 또한 영국의 공영방송 BBC도 "K-POP의 성공신화는 이른바 '노예계약'으로 불리는 장기간의 불평등 전속계약의 토대 위에서 일궈 낸 것"이라고 평가절하하고, "아이돌 그룹당 10억 원 이상 소요되는 투자금 회수가 저가의 국내(한국) 음원시장에서는 불가능하기 때문에 해외시장 공략에 적극적으로 나서고 있다."라고 지적한 바 있다.

현재 유럽의 경우에는 반한류 정서가 거의 없지만 일본에서는 한일 정치외교적인 문제와 맞물려서 여전히 강하고, 중국의 경우에도 드라마 〈별에서 온 그대〉가 인기를 끌자 일부 사람들이 반한류의 발언을 하기도 했다. 혐한류나 반한류는 한국 연예인들에 대한 부정적인 영향뿐만 아니라 한국이나 한국인에 대한 이미지를 추락시키고 왜곡된 인식을 가지게 하며, 한국 제품 불매운동으로 발전하는 경우가 있어 그 심각성을 더해 주고 있다.

반한류가 나타나는 원인은, 첫째, 한류를 일방적인 문화침투로 인식하는 데 있다. 문화제국주의 이론을 근거로 상대국의 문화가 침투하여 자국의 문화를 말살시키고 종속시키려 한다는 생각에서이다. 이러한 현상은 문화적 자존심이 높거나 민족주의가 강한 나라일수록 강하게 나타난다. 문화는 일반 상품과 달리 국가의 정체성과 연결되기 때문에 문화의 종속을 매우 심각하게 인식하는 것이 일반적이다. 그런데 한국은 상대국의 문화에 대해서는 배타적이면서 한국 문화만 일방적으로 수출하려 한다

문화상품 세계화에 대한 반발

사실 문화상품의 세계화에 대한 각국의 반발은 한류에 국한된 것은 아니다. 미국 할리우드 영화의 세계 진출, 일본 만화나 애니메이션의 게제니출에서도 비슷한 과정을 겪었다. 제1차 세계대전 이후 미국 영화산업은 스튜디오 시스템의 독과점 체계를 형성하여 강력한 배급력과 투자력으로 세계 영화시장을 석권하였다. 그러자 많은 나라에서는 영화배급사의 독점적 배급 체계, 정치문화적 오해의 소지가 있는 내용묘사, 미국 문화의 급격한 유입 등을 이유로 할리우드 영화에 대한 반발이 일어났고, 이것은 문화제국주의의 상징인 것처럼 거론되었다. 또한 재패니메이션(Japanimation)으로 일컬어지는 일본 만화와 애니메이션은 세계시장에서 점유율을 높이자 일본과의 역사적 갈등을 겪은 국가들을 중심으로 일본 문화에 대한 무조건적인 거부감을 갖거나 내용의 폭력성, 일본 문화에 대한 경계심 등을 비난하고 자국 문화의 보호를 위한 조치들을 취하기도 하였다.*

* 출처: 이윤경, 2009, 반한류 현황분석과 대응방안 연구, 한국문화관광연구원.

는 것이다. '차이나타운이 없었던 유일한 나라', '국수주의가 강한 나라' 등 한국을 배타성이 강한 나라로 인식하고 있다.

둘째, 일부 뿌리 깊은 반한 감정과 보수우경화 등에 따른 것이다. 특히 일본의 경우 혐한류가 일본 우익과 연관성을 가지고 있는 것은 사실 일본에서의 반한 감정이 혐한류라는 수단을 통해 표출된 것이기 때문이다. 심지어는 반한이라는 단어를 반한류로 잘못 사용하는 경우도 있다. 한류와 직접적으로 관련된 내용이 아닌데도 정치적 이슈 때문에 한류가 피해를 보는 경우도 많다. 한일 간에 외교적인 문제가 발생할 때마다 일본에서 반한류 데모가 나타나는 것도 이와 무관치 않다. 일본 언론의 반한류 관련 내용도 정치·사회적 문제와 연계되어 있다. 즉 반한류의 내용은 한류 스타나 문화콘텐츠 내용에 국한되지 않고 주로 역사 및 영토분쟁, 재일 한국인 문제 등 정치·사회적 문제로 확대되는 경향이 있으며, 오히려 문화비판은 거의 없는 것으로 나타난다.[9] 또한 과거 대만에서의 태권도 관련 반한류[10]나 일본에서의 혐한류 만화 등은 사실

9. 이윤경, 2009, 반한류 현황분석과 대응방안 연구, 한국문화관광연구원.

반한의 감정이 반한류에 투영된 것이라 할 수 있다.

셋째, 한국 스타나 기업에 대한 신뢰 상실을 들 수 있다. 한국 스타들이외국에서 콘서트, 팬사인회 등 이벤트를 할 때 약속을 지키지 않거나 파기해서 현지 팬들에게 실망을 안겨 주는 경우도 있다. 특히 이들 팬은 여론을 주도하는 주체이므로 심각한 영향을 줄 수 있다. 연예인이 나오기로 되어 있는데 타산이 맞지 않는다고 행사를 취소하거나, 행사에 참여한 연예인이 성의 없이 팬들을 대하는 등 상업성만 내세운 한류 마케팅이 반한류를 일으키기도 한다. 이러한 근시안적인 행동은 장기적으로는 한류의 인기를 떨어뜨려 상업적으로도 손해를 보게 되는 부메랑 효과로 돌아올 수 있다.

넷째, 매스컴의 과다한 한류 보도와 인터넷에서의 과도한 반응도 반한류의 요인이다. 한류에 대한 과장된 보도나 지나친 언론 노출은 상대국의 반발을 불러일으킬 우려가 있다. 한국 매스컴의 한류 보도는 상대국에 직간접적으로 기사화되고, 이를 본 상대국의 국민들은 한류에 대해 피해와 심각성을 감지하게 되는 것이다. 또한 외국에서의 반한류에 대한 국내 온라인상의 감정적 대응은 오히려 사태를 더욱 악화시키는 요인이 될 수 있다. 예를 들어 한국과 일본 모두 비공식적 인터넷 채널을 통해 반한·반일 감정을 표출하는 경우가 많은데, 공식 언론매체가 아닌 인터넷 게시판이나 개인 블로그에서 표출한 감정적 반응이 언론에 의해 확대재생산되는 경우가 발생한다. 일본 언론에서 보도하는 반한류 관련 기사는 추측성 보도이거나, 일부 극우 세력에 의한 댓글들이 확대해석되며 부정적으로 전달되는 경우가 많다. 이런 기사는 한국의 인터넷 및 언론에 의해 '반일'적으로 보도되고, 이는 다시 일본에서 '반한'적으로 보도되면서 악순환적 과정이 반복되는 것이다.

마지막으로 정부의 지나친 개입도 반한류의 원인이 될 수 있다. 한류에 대해 정부 차원에서의 육성방안이나 관심 및 개입은 오히려 상대국의 반감을 살 우려가 있고 현지에서 위기감을 불러일으킬 수 있다. 일본의 한 신문기사에서 유튜브의 K-POP 클

---

10. 2010년 광저우 아시안게임에서 대만의 여자 태권도 선수 양수쥔(楊淑君)이 1회전에서 한국 심판에 의해 실격패당하자 반한류가 나타났다.

릭수가 많은 것에 대해 정부가 개입해서 클릭수가 높아졌다고 보도한 것도 이와 맥을 같이한다.

제2장

한류의 학문적 영역

한류라는 말이 처음 중국에서 거론된 이후 한국에서도 한류를 하나의 문화현상으로 인식하기 시작하면서 연구가 시작되었다. 1990년대 말 당시 연구는 한류 현상을 어떻게 해석할 것인지, 그리고 한류의 원인이 무엇인지를 규명하는 것이었다. 이후 한류의 규모가 커지고 그 영향력이 타 분야에까지 파급되자 산업경제적 분석이 나타나기 시작했고, 한류를 통해 성공한 기업들이 등장하면서 2000년대 중반부터는 경영학적 연구도 가세했다. 한류가 성장하고 한류에 대한 관심이 증가하는 것에 비례하여 많은 한류 연구가 쏟아져 나왔다. 한류현상에 대한 설명, 한류의 경쟁력에 대한 분석, 한류의 라이프사이클적인 분석, 한류 미디어적 연구, 한류 장르에 대한 변화 연구, 한류의 침체원인, 한류 성공기업의 사례분석 등 다양하다.

그러나 이러한 분석과 연구는 연구자의 입장에 따라 어느 특정 분야에서 접근하는 경우가 많았다. 즉 인문학자는 한류를 인문학적 관점에서, 경영학자는 경영학적 관점에서 보는 등 타 분야를 모두 포함한 종합적인 접근은 많지 않았다. 어떤 현상이든 한 분야로만 분석하면 문제의 본질을 제대로 파악하지 못하고 편향된 연구가 될 수 있다. 다양한 관점에서 보면 좀 더 객관적인 분석이 가능한데도 하나의 관점만을 견지한다면 분석에 따른 대안이나 대응방법도 편향될 수밖에 없다는 것이다. 예를 들어 해외에서 한류가 인기를 끄는 이유를 산업경제적으로는 콘텐츠의 수출로 보고, 경영학적으로는 경쟁우위의 이론으로 설명할 수 있고, 인문학적으로는 스토리의 우수성으로 평가하며, 사회심리학적으로는 스타에 대한 팬덤 때문이라고 분석할 수 있다. 마찬가지로 싸이의 해외 성공 이유를 노래 부르는 스타일에 초점을 맞추기도 하고, SNS 등의 마케팅에 의한 영향이라고 분석하는가 하면, B급 문화라는 문화적 측면을 강조할 수 있다. 따라서 다양한 관점에서의 한류가 해석되어야만 이에 대한 대책도 객관적일 수 있기 때문에 종합적인 관점 분석이 요구된다. 한류를 다양한 관점에서 분석하고 다양한 접근방법을 강구하기 위해서는 한류에 대한 접근방법으로 어떠한 것이 있는지를 먼저 파악해야 한다. 즉 한류에 대한 학문적 접근방법의 형태와 방법들을 망라해서 살펴볼 필요가 있다.

1998년부터 2008년까지의 한류 관련 학술논문 중 다수의 논문은 한류의 발생요인과 한류 현황에 관한 내용이 매우 많았고, 한류의 미래에 관해 제작자나 수출입업자, 정책결정자 등을 위한 제언을 포함하고 있다. 또한 학문 분야에서는 신문방송 등 미디어 관련 분야의 연구가 86편(34.4%)으로 가장 많은 비중을 차지했으며, 관광(39편, 15.6%), 경영·경제(26편, 10.4%) 분야의 연구가 뒤를 이었다.…[1] 비중이 높은 미디어 분야에는 한류의 현황이나 원인 분석 등 일반적인 한류 분석이 포함되어 있어 미디어 이론을 기반으로 하는 연구라기보다는 미디어 전공자들의 논문이 많았다고 이해할 수 있겠다. 또 다른 연구에서 한류에 대한 기존 연구의 접근방법은 산업적 관점, 문화인류학적 관점, 문화제국주의 관점 등 크게 3가지로 구분된다고 하는가 하면,…[2] 한류 원형에 대한 인문학적 연구, 한류 마케팅과 산업콘텐츠 관점에서의 연구, 지식재산권의 연구 등으로 분류하는 경우도 있다.

이와 같이 논문이나 분석자료 등을 중심으로 구분한 것과는 달리 신문기사의 프레임 분석에서는 주로 한류 작품의 소개나 연예인들의 동향 및 경제효과 등이 많아 논문과 조금 다른 결과를 보여 주고 있다. 신문기사는 일반 독자가 관심을 가질 만한 내용을 중심으로 스폿성 내용을 주로 다루는 특징상 문화적 흥미나 경제적 관점이 가장 많다.…[3]

이상에서 볼 때 지금까지 논문에서 살펴본 한류의 연구 영역이나 관점은 주로 산업경제학적 관점, 인문학적인 관점, 문화적 관점 등이었다. 그러나 한류는 경영학적인 관점에서 한류의 성공요인과 한류 기업의 성공전략 등을 연구할 필요가 있고, 일부 그러한 연구가 진행되고 있다. 또한 한류는 국제 간 문화교류로 해석할 수 있으며, 소비자들의 심리적 변화와도 밀접하게 연결되어 있다.

따라서 여기에서는 선행연구를 참고하고, 한류에서 필요하다고 판단되는 여러 분

1. 손승혜, 2009, 학술 논문의 메타 분석을 통해 본 한류 10년: 연구 경향과 그 정책적 함의에 대한 탐색적 연구, 성곡언론문화재단, 언론과사회, 17(4), 122-153.
2. 고정민, 2005, 한류 콘텐츠의 경쟁원천에 대한 연구, 문화산업연구, 5(2), 5-18.
3. 유세경·이석·정지인, 2012, 중국 일간지의 "한류" 보도에 나타난 프레임 분석: 2001~2010년 기간에 보도된 기사 분석을 중심으로, 한국언론정보학보, 57, 202-226.

표 2.1 한류의 6가지 학문적 영역

분류	내용
경영학적 관점	• 국제화 이론, 마케팅 이론, 경쟁력 이론, 가치사슬 이론
인문학적 관점	• 한류의 기본 사상, 스토리텔링, 역사적 관점
산업경제적 관점	• 경제효과, 수요공급 이론
사회심리학적 관점	• 팬덤현상, 문화의 적응 과정
문화적 관점	• 문화수용, 문화교류
법적 관점	• 저작권법

야를 추가하여 경영학적 관점, 인문학적 관점, 산업경제학적 관점, 사회심리학적 관점, 문화적 관점, 법적 관점 등 6가지로 분류하였다.…→4

1. 경영학적 관점

1) 국제화 이론

이 이론은 한류를 문화콘텐츠 산업의 수출, 기업의 국제화를 통해 나타난 현상으로 보고 기업 관점에서 국제화를 연구하는 영역이다. 국제화란 한 나라가 경제·환경·정치·문화적으로 다른 여러 나라와 교류하는 것을 의미하지만, 기업 차원에서의 국제화는 모든 부가가치의 창출 활동이 기업의 경영 범위를 국내시장에만 국한하지 않고 국제시장으로 확장하는 것을 말한다.…→5 기업이나 산업의 국제화와 관련된 이론으로는 제품수명주기 이론, 독점적 우위 이론, 국제화 단계 이론, 네트워크 이론, 국제화 동기 이론 등 매우 다양하다. 한류 콘텐츠 산업은 규모의 경제가 작용하고 문화적인

4. 고정민, 2014, 한류현상을 접근하는 연구영역에 관한 연구, 한류비즈니스연구, 1(1)을 참조하였다.
5. 고정민, 2012, 한국 문화콘텐츠 산업의 국제화에 관한 연구, 인문콘텐츠, 27, 143-154.

요소가 중요하다는 특성과 국내 문화콘텐츠 산업의 발전 라이프사이클 등을 고려해 볼 때 국제화 이론 중에 국제화 과정, 국제화 동기, 글로컬화(glocalization) 혹은 현지화 이론 등이 한류와 관련된다고 볼 수 있다.

첫째, 국제화 단계 이론[6]은 기업의 해외시장 진입이 보편적으로 점진적 과정을 거친다는 것으로, 처음에는 수출과 같이 상대적으로 위험부담이 낮은 방법에서부터 시작하여 경험이 쌓이고 해외진출 역량이 축적되면 높은 위험을 요하는 해외직접투자도 가능해진다는 것이다. 물론 이러한 과정이 모든 기업들에게 일률적으로 적용되는 것은 아니다. 일반적으로 국제화 단계는 수출, 라이선싱(licensing), 전략적 제휴, 인수합병, 현지 기업 설립 등으로 되어 있다. 국내 문화콘텐츠 산업의 경우 처음에는 국제시장을 중심으로 성장하다가 점차 해외시장에 진출하면서 수출과 라이선스, 직접투자 등의 과정을 거치는 과정을 보여 주고 있으며, 온라인 게임 등 일부 기업의 경우 처음부터 해외진출의 비중이 매우 높은 본글로벌(born global) 기업의 특징을 보이고 있음을 알 수 있다. 본 글로벌 기업은 '사업 초기부터 지식기반의 경영자원을 활용, 여러 나라에 초기에 진출하여 해외시장에서 매출성과를 올림으로써 뛰어난 국제경영의 성과를 모색하는 기업'으로, 설립 연수 20년 이내의 신생 벤처기업을 지칭한다.[7][8]

좀 더 자세히 살펴보자. 국내 문화콘텐츠 산업의 수출은 하청생산(OEM)부터 시작되었다. 특히 애니메이션은 저렴한 인건비와 숙련된 노동자를 강점으로 하여 하청생산 부문에서 우리나라가 세계 최대 수출국이었던 적도 있다. 그러나 하청생산의 비중은 줄어들고 2000년대부터는 완제품 수출, 라이선싱 수출 등 다양한 형태로 수출이 확대되기 시작했다. 현재는 국내 문화콘텐츠 산업의 해외진출은 완제품 수출의 형태

---

6. 해외시장 진입과정 이론이라고도 한다.

7. Knight, G. A. & S. T. Cavusgil, 1996, The Born Global Firm: A Challenge to Traditional Internationalization Theory, In S. T. Cavusgil and T. Madsen, *Advances in International Marketing*, 8, 11–26.

8. Nordman, E. R. & S. Melén, 2008, The Impact of Different Kinds of Knowledge for the Internationalization Process of Born Globals in the Biotech Business, *Journal of World Business*, 43(2), 171–185.

표 2.2 콘텐츠 산업 해외진출 형태

(단위: %)

해외진출 형태	2008년	2009년	2010년	2011년	2012년	2013년	2014년	전년비 증감률
완제품 수출	45.9	37.2	39.9	40.8	39.7	40.6	44.4	3.8
라이선스	31.5	44.4	45.2	46.1	47.2	44.7	40.0	-4.7
OEM 수출	19.7	15.3	12.7	11.1	10.7	11.5	13.4	1.9
기술서비스	2.8	2.5	1.9	2.0	2.4	2.7	2.3	-0.4
기타	0.1	0.6	0.3	-	-	0.7	0.0	-0.7
합계	100.0	100.0	100.0	100.0	100.0	100.0	100.0	

출처: 한국콘텐츠진흥원, 2016, 2015 콘텐츠 산업통계.

와 라이선스 수출 형태가 주종을 이루고 있다. 〈표 2.2〉에서 보면, 국내 라이선스 방식의 수출은 2008년 이후 증가하고 있는 반면 OEM 수출은 같은 해 이후 지속적으로 감소하는 추세를 보이고 있다.[9] 이는 국내 콘텐츠 산업의 수출이 하청에서 순수 창작물 위주로 전환되고 있음을 시사한다.

완제품 수출의 경우 국내 문화콘텐츠 산업의 수출에서 차지하는 비중이 약 40% 정도로 높은 편이나 정체 혹은 하락하는 추세이다. 반면 라이선스 수출은 캐릭터 상품, 온라인 게임 등을 중심으로 이루어지고 있는데, 라이선스 수출이 활발한 것은 국내 문화콘텐츠 수출의 절반을 차지할 정도로 급속하게 성장한 온라인 게임의 수출이 라이선스를 통해 이루어지고 있기 때문이다. 라이선스 유통의 방법은 분야마다 다르다. 국내 캐릭터 업체들은 해외 라이선싱 전시회에 적극적으로 참여하여 수주를 하거나 국내 라이선싱 전문 에이전트를 통해 해외에 진출하고 있다. 온라인 게임의 경우 국내 개발사는 온라인 게임을 개발한 후 게임의 운영과 마케팅을 담당하는 유통사에 전 세계 게임 판권을 양도하고 그 대가로 일정액의 계약금과 로열티를 계약 기간 동안 지급받는 형태이다.

9. 2013년, 2014년에는 OEM 수출이 증가했는데, 이는 라이선스 수출이 많은 게임 수출의 상대적인 하락에 따른 영향이다.

결국 국내 문화콘텐츠 산업의 국제화 단계는 과거에는 OEM과 같은 하청수출이 중심을 이루었지만 점차 완제품 수출과 라이선스 수출로 변화되고 있음을 알 수 있다. 그러나 이보다 한 단계 진전된 전략적 제휴, 현지 자회사 설립 등의 형태는 중국 지사의 설립, 중국과의 제휴 등 일부 있으나 아직 많지 않다. 즉 국내 문화콘텐츠 산업의 국제화 단계는 초기 단계를 벗어나고 있으나 글로벌 미디어 기업들과 같은 완숙한 단계에까지 도달하지 못한 것으로 나타나고 있다.

한편 본 글로벌 기업은 국제화 이론 중에서 비교적 최근 이론이지만 우리나라에서는 활발하게 나타나는 형태라고 할 수 있다. 특히 온라인 게임 콘텐츠는 문화적 할인율이 낮고 시장의 특성에 따라 제품의 설계 및 제작이 쉽게 변경 가능하기 때문에 법인설립 초기 일찍부터 해외시장에 진출하는 경향이 있으며, 빠른 현금 유입이 가능하고 시장성이 큰 국가에 먼저 진출하여 네트워크를 형성하고 있다.

둘째, 국제화 동기[10]로 한류를 분석하는 것이다. 일반적으로 국제화 동기는 저렴한 임금에 의한 노동력 확보, 세제상 편의나 혜택 보장, 정부의 과도한 간섭 회피, 물류체제 유통과정 단축 및 일원화, 이익환수의 효과성 등이 있으나 경영경제적인 관점에서는 시장 확대, 투자수익률 제고, 규모의 경제 실현, 지역적인 이점 등을 들고 있다.[11] 특히 국내시장이 성숙 단계에 접어든 산업의 신생 벤처기업은 높은 국제화 경향을 보이며,[12] 국내시장의 규모가 협소할수록 신속한 국제화를 시도한다는 특징이다.[13][14] 아울러 기술기반산업 및 지식기반산업에 속한 대다수의 신생 벤처

---

10. Hitt, M. A., Ireland, R. D. & Hoskisson, R. E., *Strategic Management: Competitiveness and Globalization*, Cincinnati: Thompson Learning.
11. 같은 책.
12. Chetty, S., 1999, Dimensions of Internationalization of Manufacturing Firms in the Apparel Industry, *European Journal of Marketing*, 33(1/2), 121–142.
13. Chen, R. R. & Martin, M. J., 2001, Foreign Expansion of Small Firms: The Impact of Domestic Alternatives and Prior Foreign Business Involvement, *Journal of Business Venturing*, 16(6), 557–574.
14. Madsen, T. K & P. Servais, 1997, The internationalization of Born Globals: An Evolutionary Process, *International Business Review*, 6(6), 41–62.

기업은 높은 초기 투자비용(기술개발, 제품제작 등)을 신속하게 회수하고자 하며, 국내의 시장경쟁이 치열할수록 기업의 존속을 위해 빠르게 국제시장에 진출한다.

국내 문화콘텐츠 산업은 성숙화 단계에 접어들고 있고, 시장 규모의 한계성으로 해외시장에 적극적으로 진출하지 않으면 안 되는 시장구조이다. 국내 문화콘텐츠 산업은 〈그림 2.1〉에서 보는 바와 같이 내수시장만을 중심으로 보면 성장곡선이 산업생명주기(industry life cycle)에서 마지막 성숙기에 해당하는 곡선에 접어들고 있다. 영화의 경우에도 국내시장은 가격상승에 의한 요인을 제거하면 해외수출이 활발하지 못해 성숙기로 판단되고 있다. 일인당 연간 극장관람 횟수가 4회 정도로, 한국 영화와 외국 영화의 선호 차이는 있지만 극장관람객 시장의 파이는 크게 증가하지 않고 있다. 심지어 매년 매출이 크게 증가하는 게임의 경우에도 국내 내수시장만을 보면 이미 경쟁이 치열하고 가격 압박이 심한 성숙화 단계에 접어들어 국제화하지 않으면 상황이다. 또한 제작비가 상승하면서 국내시장만으로는 제작비의 회수(recoup)가 어려

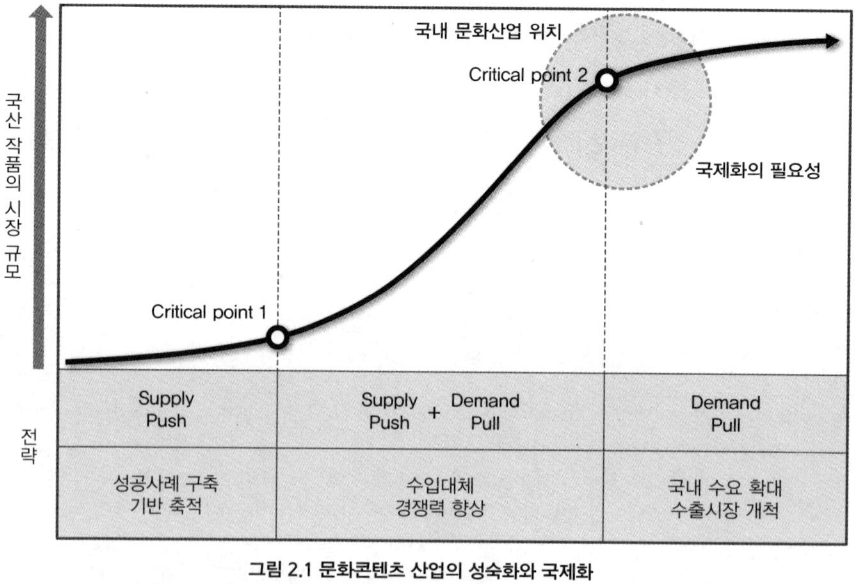

그림 2.1 문화콘텐츠 산업의 성숙화와 국제화

출처: 고정민, 2009, 융합시대의 문화콘텐츠 글로컬전략, 제7회 전국 문화산업정책 워크숍 발표자료.

워짐에 따라 국내기업들은 해외시장에서의 매출 확대를 통한 규모의 경제 실현으로 수익성을 확보하기 위해 노력하고 있다. 이러한 이유로 영화, 드라마, 게임 등 국내 문화콘텐츠 기업들은 국내시장이 성숙되면서 그동안 축적한 경쟁력을 기반으로 다양한 형태의 국제화를 진행하고 있다.[15]

국제화의 동기 중에는 인건비가 낮은 지역에 제작시설을 설치하여 제조원가를 낮추거나, 시장에 인접한 지역에 지사를 설치하여 현지시장을 공략하는 데 유리한 입지를 확보하는 경우도 있다. 또한 지역마다 프린트나 컴퓨터 그래픽 비용 등 제조원가상의 차이가 있어 현지 기업에 제작을 의뢰하는 경우가 있다. 실제로 미국 할리우드 영화사들이 영화 프린트 제작을 태국에 맡기거나 컴퓨터 그래픽을 캐나다에 의뢰한 것은 모두 제작비 절감이라는 국제화 동기에서 나온 것이다. 그러나 우리나라의 경우 이러한 지역적 이점이나 원가적 이점은 아직 고려하고 있지 않다.

셋째, 현지화 이론으로 한류를 분석하는 것이다. 현지화는 현지 국가·지역별로 시장요구에 맞는 제품을 차별화하고 국가·지역별 권한위임을 통해 현지 경쟁력을 강화시켜 나가는 방향을 의미한다.[16] 지역문화에 더 친숙함을 느끼는 수용자들의 취향과 지역 미디어 기업과의 치열한 경쟁에 대응하기 위해 글로벌 미디어 기업은 장르, 소재 및 내용, 캐스팅 등에서 현지화를 적극적으로 추진해 왔다. 현재는 대부분의 기업에서 글로벌화와 현지화가 동시에 진행되는 글로컬라이제이션(glocalization)[17]의 특징이 뚜렷하게 나타나고 있다.

2) 마케팅 이론

경영학의 마케팅 이론은 최근 문화예술 분야에서 많이 연구되고 있는 분야이다. 미

---

15. 고정민, 2012, 앞의 글.
16. Hitt, M. A., Ireland, R. D. & Hoskisson, R. E., 2001, *Strategic Management: Competitiveness and Globalization*, Cincinnati: Thompson Learning.
17. globalization과 localization이 합쳐진 용어

국마케팅협회(American Marketing Association, AMA)의 정의에 따르면, "마케팅이란 개인 및 조직의 목표를 충족시키는 교환을 창출하기 위해 아이디어, 재화, 용역의 개념, 가격, 촉진 및 유통을 계획하고 수행하는 과정"을 말한다.

전통적 마케팅 전략 수립과정은 일반적으로 환경분석, STP 과정, 그리고 4P 전략으로 되어 있다. 먼저 환경분석은 자사가 처한 환경을 이해하고 상황을 철저히 분석하여 전략적 대안을 마련하는 것이다. 환경분석이 끝나면 이를 토대로 STP(Segmentation-Targeting-Positioning)를 설정해야 한다. 다양한 방법으로 획득한 고객 관련 데이터를 분석하여 공통적인 특성을 갖는 여러 개의 집단으로 분할하는 고객 세분화(Segmentation)를 하고, 고객 및 시장 세분화가 완료되면 이어서 목표시장(Targeting)을 선정해야 한다. 몇 개의 세분시장에 진출할 것인지, 어떤 세분시장을 중점적으로 공략할 것인지를 결정해야 한다. 세분시장에 대한 목표가 결정되었다면 다음은 그 세분시장에서 어떤 위치를 확보할 것인가를 포지셔닝(Positioning)해야 한다. 시장에서의 위치(Position)란 구매자가 경쟁 제품이나 서비스와 비교하여 당해 제품 또는 서비스의 중요한 속성에 대해 마음속에 생각하는 위치를 말한다. STP가 결정되면 실행전략에 들어가야 하는데, 이 단계는 전통적으로 4P를 중심으로 전개되어 왔다. 4P, 즉 제품(Product), 가격(Price), 유통(Place), 촉진(Promotion)을 마케팅 전략의 핵심요소로 규정하고, 이들의 조합(Mix)을 통해 최상의 마케팅 효과를 얻고자 하는 단계이다. 다시 말해 어떠한 제품을, 어느 가격으로, 어떠한 유통채널을 통해, 어떠한 광고 및 홍보 전략으로 마케팅할 것인지를 결정해야 한다.

한류와 관련한 마케팅 연구는 마케팅 전체 과정만이 아니라 소비자 관련, 세분화, 포지셔닝 등 다양하다. 즉 해외 소비자들을 대상으로 하는 환경분석, 기회와 위협요인 분석, 시장 세분화, 타깃팅, 포지셔닝에 이어 가격, 프로모션, 유통채널, 제품전략 등 일련의 마케팅 전략 과정을 한류 콘텐츠의 해외진출에 초점을 맞추거나 이와 관련된 연구들이다.

한류는 해외진출에 있어서 마케팅 기법을 분석하고 활용하는 국제마케팅과 연관이 깊다. 국제마케팅이란, AMA의 마케팅 정의를 확장하여 정의한다면 "개인과 조직의 목표를 충족시켜 주는 교환을 창출하기 위해 하나 이상의 해외시장을 대상으로 제품, 아이디어 및 서비스의 개발, 가격 촉진 및 유통에 대한 계획을 수립하고 이를 실행하는 과정"이라고 할 수 있다. 국내마케팅이건 국제마케팅이건 간에 근본적으로는 마케팅의 기본원리가 양자에 그대로 적용된다. 즉 고객지향, 통합적 노력, 이윤지향으로 집약되는 마케팅 개념은 마케팅 대상으로서의 고객이 국내 고객인가 외국 고객인가의 차이일 뿐 기본적인 마케팅의 일반 원리는 양자에 모두 적용된다는 뜻이다.

국제마케팅을 한류에 적용하는 분야는, 첫째, 각국마다 서로 다른 문화적 환경을 이해하는 연구이다. 글로벌 기업이 해외에 상품을 판매하기 위해 현지의 문화적 환경을 이해하듯이 문화콘텐츠의 해외진출을 위해서도 현지의 문화를 알아야 한다. 따라서 이와 관련된 연구들이 많은데, 주로 문화인류학이나 국제마케팅 분야에 집중되어 있다.

둘째, 소비자들의 마케팅 태도에 대한 연구이다. 드라마, 음악, 영화 등에 대해 각국의 소비자들 간의 콘텐츠에 대한 인식, 수용 정도, 구매의도, 타 산업과의 연계관계, 이미지 제고 등 중국과 일본, 동남아 한류 소비자들의 차이와 한류에 대한 인식 차이 등이 마케팅 태도 연구의 주를 이룬다. 한국 문화를 좋아하는 각국 소비자들의 특징과 한류를 좋아하는 원인을 파악하여 이들 국가에 대한 마케팅 전략을 세우는 전략 차원의 분석으로 이어지고, 아울러 각국의 한류 확산단계가 다르다는 점을 감안하여 라이프사이클별 마케팅 전략을 연구하기도 한다. 동일한 콘텐츠로 다양한 국가에 분포된 한류 소비자를 개척하기는 어려우므로 시장별 특성을 반영해 콘텐츠를 차별적으로 활용하는 맞춤식 마케팅에 대한 연구들이다.[18]

셋째, 한류의 지역별 마케팅 전략에 대한 연구이다. 이러한 연구는 일반적으로 전략을 도출하는 것을 최종 목표로 한다. 먼저 국가별로 한류 확산단계를 고려하고, 한류의 소비국가가 확산되고 국가마다 선호하는 콘텐츠도 다양해짐에 따라 지역별로 한류시장을 세분화한다. 이어서 신흥 및 선진 시장의 특성을 반영하여 한류 콘텐츠를

---

18. 삼성경제연구소, 2013, 新한류 지속발전을 위한 6大전략, 제899호.

차별적으로 활용하는 마케팅 전략을 제안하는 것이 일반적이다.

넷째, 한류 마케팅 전략 중의 하나로 최근 등장한 SNS 활용에 대한 연구도 있다. 입소문이 빠르게 확산되는 소셜미디어의 전염성에 힘입어 해외진출 과정에 소요되는 비용과 시간을 절감할 수 있게 됨에 따라, 기획사는 소셜미디어를 K-POP 소비의 핵심 플랫폼으로 인식하여 유통채널로서 적극 활용하고 이에 적합한 콘텐츠를 제작하는 데 주력한다. 소셜미디어를 실시간으로 모니터링하는 전담 직원을 두어 자사 가수에 대한 인기와 여론을 파악하며, 앨범 발매 전 신보 뮤직비디오의 티저 영상을 먼저 공개하여 이슈를 생성하고 팬들의 관심을 유도한다.…[19] 이와 같이 한류에서의 SNS 역할과 활용전략, 그리고 구전효과 등에 관한 연구들이 많이 나오고 있다.

다섯째, 방송에서의 노출 현황 및 광고홍보 등과 관련된 연구이다. 해외 방송매체에서의 한류 콘텐츠 방송 현황과 노출 빈도, 방송에 대한 규제, 국별 한류방송의 보도 태도 등과 관련된 연구로서 주로 방송, 커뮤니케이션 영역이다. 신문방송이나 인터넷상의 한류에 대한 각국의 보도가 국별로 어떠한 차이가 있고 어떠한 경향을 보이는지를 연구한 논문들은 반한류 등의 연구도 병행하는 것이 일반적이다. 또한 해외에서 타제품의 홍보를 위해 한류 스타를 활용하거나 한류 콘텐츠에 PPL 형식으로 한국제품을 간접광고하는 이른바 한류 마케팅에 대한 연구도 있다.

3) 경쟁력 이론

한류의 경쟁력은 어디에서 오는 것인지를 연구한 것이다. 초기에는 한류의 성공요인을 연구모형이 없이 나열식으로 연구하는 경우가 많았는데, 점차 방법론을 보강한 심화된 연구가 나오고 있다.

먼저 무역과 연관된 경쟁력 분석이다. 한류는 콘텐츠 수출과 같은 무역을 통해 나타난 결과로서 국가 간의 무역이 발생하는 이유도 무역을 통해 서로가 이익을 얻을

---

19. 삼성경제연구소, 2012, K팝의 성공요인과 기업의 활용전략, 제841호.

수 있기 때문이다. 이를 체계적으로 설명한 이론으로는 애덤 스미스(Adam Smith)의 절대우위론(theory of absolute advantage)과 리카도(David Ricardo)의 비교우위론(theory of comparative advantage)이 대표적이다. 스미스에 의하면 두 나라가 생산에서 각각 절대우위를 가지는 상품이 있는 경우에만 무역이 이루어진다고 한다. 이는 어느 한 나라가 다른 나라보다 두 상품을 생산하는 데 모두 절대우위에 있다면 무역이 이루어지지 않는다는 것을 의미한다. 즉 한 나라가 두 상품 생산에서 절대우위를 가지고 있고 다른 나라는 절대열위에 있으면 두 국가 간에는 무역이 이루어지지 않는다는 것이다.

그러나 리카도에 따르면 이 경우에도 두 나라가 무역을 하면 두 나라 모두 이익을 얻을 수 있다고 한다. 한 나라가 다른 나라에 비해 두 상품 생산에서 절대우위를 가지고 있더라도 두 국가 간에 상대적인 생산비율을 고려하면 비교우위가 있게 되고, 따라서 무역을 하는 것이 이익이 된다고 하였다. 이렇게 리카도는 어느 국가가 상품의 생산에 절대열위에 있다고 하더라도 비교우위의 상품생산이 있게 마련이므로 국제무역은 각 국가 간에 이익을 가져다준다는 논리를 제시함으로써 국제무역 이론의 초석을 다졌던 것이다.

이와 관련해서 한류의 성공요인에 대한 분석은 매우 많다. 한류에 관한 자료 가운데 한류의 성공요인에 대한 자료가 많은데 그 분석방법은 다양하지만 경영학적 관점에서 보면 국제경쟁력과 관련되어 있다. 한류가 발생한 이유는 우리나라의 한류 콘텐츠가 해외의 콘텐츠에 비해 비교우위를 가지고 있기 때문이라고 해석하는 이론이다. 과거에 홍콩 영화가 큰 인기를 끌었으나 지금은 시들해졌다. 이것 역시 경쟁력으로 해석할 수 있다.

이와 같이 한 지역에서 문화의 인기는 그 문화산업의 경쟁력과 밀접한 관련이 있다. 물이 위에서 아래로 흐르듯 문화도 경쟁력이 높은 나라에서 낮은 나라로 이동한다. 한류도 동아시아에서 강한 우리나라의 드라마, 댄스음악, 영화 등을 중심으로 형성되어 있고, 일본류(日本流)는 애니메이션, 만화, 콘솔게임 등에서 경쟁력을 유지하고 있기 때문에 여전히 살아 있다.

한류의 경쟁력을 마이클 포터(Michael Porter)의 다이아몬드 모델을 통해 분석하거나 한류의 성공요인이 무엇인지를 규명하는 연구도 있다. 마이클 포터의 이론을 적용하여 한류가 해외에서 경쟁력을 가지는 것은 기본적으로 한국민의 역동성, 문화자원, 인적 자원, 통신 인프라의 우수성, 한국 정부의 콘텐츠 지원, 콘텐츠 기업의 해외진출 의지와 전략 등 다양하다는 분석도 있다.[20][21]

4) 가치사슬 이론

한 산업을 가장 빨리 이해하는 방법은 가치사슬(value chain)을 파악하는 것이다. 가치사슬은 그 산업에 속한 기업과 기업의 활동, 이들의 물적 및 서비스 흐름 등을 이해하는 데 유용한 툴이라 할 수 있다.

기업의 가치사슬과 산업의 가치사슬은 약간 다르다. 기업의 가치사슬은 고객에게 가치를 제공함에 있어 부가가치 창출에 직간접적으로 관련된 일련의 활동, 기능, 프로세스의 연계를 의미한다. 간단하게 말해 기업에서 부가가치가 창출되는 단계를 구분한 것이다. 이 개념은 1985년 미국 하버드 대학교의 마이클 포터에 의해 정립된 이후 광범위하게 활용되고 있다. 한편 산업의 가치사슬은 산업활동상에서 부가가치가 생성되는 과정을 단계로 설명한 것이다. 일반적으로 제품을 생산하는 단계와 유통하는 단계로 나누어지지만, 산업마다 서로 다른 특징을 가지고 있어 가치사슬도 산업별 차이가 크다.

한류의 가치사슬별 성공요인을 분석한 연구는 주로 최근에 이루어졌다. K-POP의 해외 진출 성공으로 그 가치사슬별 분석이 주를 이루고 있다. 가치사슬별 성공요인의 분석결과를 보면, 기획 단계에서부터 세계시장을 겨냥하여 아이돌 그룹의 실력을 연마하고, 캐스팅부터 프로모션에 이르는 전 제작 프로세스를 시스템화한다. 이어서 트

---

20. 고정민, 2005, 한류 콘텐츠의 경쟁원천에 대한 연구, 문화산업연구, 5(2), 5-18.
21. 이장우, 2007, 한류 드라마 콘텐츠의 국제경쟁력과 해외진출 전략, 경영학회지, 36(6), 1419-1447.

레이닝 단계를 거치는데, 전문가로 구성된 전담팀이 노래와 춤뿐 아니라 연기, 외국어 등을 맨투맨으로 집중 교육하며 인성교육 및 심리상담도 함께 시행하고 있다. 프로듀싱 단계에서는 창작작업의 글로벌 소싱(global sourcing)을 한다. 마지막으로 프로모션 단계에서는 현지 파트너의 네트워크를 활용한다.[22] 이러한 가치사슬별 연구는 게임이나 영화 등에서도 진행되고 있다.

2. 인문학적 관점

1) 한류의 기본 사상

한류가 한국의 정서를 담고 있다는 주장은 많은 논문에서 발견되고 있다. 한류는 한국인의 심성, 민족적인 자존심, 가족적 가치, 유교적 정서 등을 표현하고 있다.[23] 이러한 정서들은 불교와 유교를 중심으로 하고 있는 아시아권에서 동질감을 형성하고 있다. 유교를 바탕으로 한 인본주의는 한국 드라마의 특징으로 꼽히며, 한국 사회의 가족주의 및 가정윤리도 한국 드라마의 특징으로 분석되고 있다. 한국 드라마는 대부분 사랑, 가정, 우정을 주제로 성실함, 순종, 화목함으로 스토리를 구성하여, 해외 시청자들은 드라마 속 인물을 통해 '효'와 '따스함' 등의 감정을 느낀다. 한국 드라마에서 보이는 강한 유교사상과 가족주의는 한국의 전통을 지키면서 우리의 문화가 쉽게 동남아에까지 전파될 수 있는 근거가 되었다.[24] 유교문화에 뿌리를 둔 한국의 문화콘텐츠에는 이러한 유교사상이 자연스럽게 녹아 나타나고 있으며, 유교적인 문화적 근접성을 가진 아시아 국가들에서 드라마 등의 한류가 쉽게 퍼져 나가며 소비될 수 있었다.

---

22. 삼성경제연구소, 2012, 앞의 책.
23. 서은숙, 2009, 다문화시대 한류의 정체성과 방향, 인문콘텐츠, 14, 157-184.
24. 김기덕·이동배·장제윤, 2012, 한류 드라마에 나타난 가족주의, 문화콘텐츠연구, 2, 7-29.

외국인 대상의 한류 조사에서 핵심키워드를 추출하면 항상 '가족주의'와 '효'가 등장한다.[25] 한류 드라마의 커다란 발자취를 남긴 〈가을동화〉, 〈겨울연가〉 등의 드라마에서도 결혼을 반대하는 부모와 부모의 뜻을 거부하지 못하는 주인공의 갈등과 시련의 과정이 그려진다. 드라마 속 스토리 라인에는 '가족주의'와 '효'가 녹아 들어가 있기 때문이다. 이처럼 한류의 내면에는 '가족', '효', '예'와 같은 유교적인 문화유전자가 기반이 되고 있다는 점에서 미국과 서구의 콘텐츠와는 확연한 차별성이 존재한다.

또한 한류 콘텐츠에는 인간의 기본적인 이야깃거리인 남녀 간의 사랑이 담겨 있다. 여자를 향한 남자의 세심한 배려, 여자의 순수하고도 진실한 사랑 등을 그린 내용이 인기를 얻었고, 남녀 간에 사랑을 발전시키며 표현되는 장면들이 주목을 받고 있다. 한국에서 드라마에 표현된 남녀 간의 사랑은 중국 등 공산권 국가와 동남아시아 국가들과는 다른 애틋하고 섬세한 사랑의 모습을 보인다. 예를 들어 기념일에 선물을 주고받는 것, 둘만의 특별한 날을 만들어 사랑을 확인하는 것, 그리고 특별한 이벤트를 준비하여 이를 통해 사랑을 표현하는 장면들이 이에 해당된다.[26]

음악의 경우에도 사랑을 담은 가사가 인기를 끌고 있다. 1998년 그룹 '클론'의 중국 공연을 시작으로 한국의 대중가요가 인기를 얻기 시작했다. 한국의 대중가요에는 한국적인 흥과 정서가 녹아 있으며, 가사 또한 섬세하면서도 정서적인 표현이 많다. 발라드곡의 경우 남녀 간의 사랑을 표현하는 데 낭만적인 가사와 섬세하고 애절한 감성을 담고 있으며, 댄스곡의 경우는 이를 접하는 사람들의 마음에 카타르시스를 느낄 만큼 흥을 불러일으킨다는 점이 있다. 또한 한국의 대중가요에는 사랑 외에도 외로움, 기다림, 헤어짐 등 한국적인 정서를 담고 있는 노래들이 많다.[27]

한류에는 전통문화를 현대적으로 표현한 법고창신의 사상이 있다. 전통문화 콘텐츠를 법고창신[28]의 정신으로 재창조하고, 한국적 독창성과 세계적 보편성을 퓨전

---

25. 김기덕·문만기, 2008, 동아시아 역사 소재 디지털게임의 세계관 분석 시론, 인문과학논총,46, 1-19.
26. 서은숙, 2009, 앞의 글.
27. 같은 글.
28. 법고창신(法古創新)이란 옛것에 토대를 두되 그것을 변화시킬 줄 알고 새것을 만들어 가되 근본을 잃지

화해 새로운 문화융합 상품으로 만들어 내는 것이야말로 진정한 한국 문화의 세계화라 할 수 있을 것이다.[29] 비서구 국가들이 서구의 이념이나 제도와 같은 문명의 일정한 부분을 수용하는 과정에서 서구적 가치와 아시아적인 가치를 선별적으로 취사선택하여 자신들에게 적합한 것을 창안해 낸 혼종의 문화인 것이다.[30] 한국이 미국과 일본으로부터 받은 문화적인 충격으로 자본주의 문화를 중개하게 되면서, 기존에 가지고 있던 유교문화가 더해져 친숙하고 서양문화에 비해 자극적이지 않은 모습을 가질 수 있었다는 것을 알 수 있다. 즉 서구적인 문화요소를 표현하면서도 유교를 바탕으로 하는 '한국적' 모습을 아시아적 정서에 맞게 세련되게 가공한 것이다.[31]

2) 스토리텔링

이야기(story)는 이성이 아니라 감성에 호소한다. 따라서 이를 소비자들이 감동적이고 재미있게 감상하게 하려면 스토리텔링(storytelling)이 필요하다. 스토리텔링의 기저에는 서사(敍事)가 자리 잡고 있다. 형식적으로 스토리텔링은 사건과 인물과 배경이라는 구성요소를 가지고 시작과 중간과 끝이라는 사건의 시간적 연쇄로 기술되는 특징이 있으며, 화자와 주인공 같은 인물의 형상을 통해 사건을 겪은 사람의 경험을 전달한다는 점에서 단순한 정보와 구별된다.[32] 최근에는 다양한 매체의 등장으로 인해 스토리텔링의 역동성은 급격하게 증가하고 있다.

인간의 마음속에 있는 투쟁 심리가 스토리텔링 속에 극적 갈등을 불러일으키는 중요한 요인이 되며, 따라서 스토리텔링의 본질은 인간의 삶 속에 있는 갈등이다.[33]

않아야 한다는 원칙이다.

29. 신승일, 대한민국, 국가 브랜드를 높일 때다, 한겨레, 2006년 4월 14일자.
30. 강정인 · 김현아 외, 2005, 난 몇 퍼센트 한국인일까, 책세상, 198; 정인화, 2008, 한류에서 본 서구중심주의, 인문학연구, 12, 175-196을 재인용.
31. 김민자, 2005, 청소년을 파고드는 한류의 마력-동아시아의 한류, 전예원, 95.
32. 이인화 외, 2003, 디지털 스토리텔링, 황금가지.
33. 유수열, 2009, 한류의 화두는 스토리텔링(Story-Telling)이다, 한국엔터테인먼트산업학회지, 창간호,

이러한 갈등은 아주 매력적인 것이어서 모든 형태의 프로그램, 드라마, 스포츠, 퀴즈와 게임 프로그램, 다큐멘터리, 심지어는 광고에서도 나타나며 갈등을 통해 이들이 더 흥미로워진다. 이러한 스토리텔링을 구성하는 것은 갈등을 어떻게 배치하느냐가 관건이다. 문화콘텐츠가 한류를 일으킬 수 있었던 힘은 이러한 갈등을 통한 재미와 감동을 이야기로 풀어내는 능력에서 기인한 것이라고 할 수 있다.[34] 따라서 한류 콘텐츠의 스토리텔링에 대한 연구는 서사구조, 갈등, 인물관계 설정, 표현방식, 심지어는 온라인 게임 등에서의 디지털 스토리텔링 등 다양한 방면에서 인문학적인 논문들이 다수 등장하고 있다.

3) 역사적 관점

한류의 변화를 역사적으로 고찰하거나 주변국과의 역사적 문화교류를 고전한류로 해석하고 한류의 영역을 확장하려는 시도이다. 이러한 한류의 역사적 관점은 미래 한류가 어떻게 진전될 것인지 예측하고 정책대응을 하는 데 도움을 줄 수 있다.

우리나라는 역사적으로 많은 외국과의 문화교류가 있었는데, 이를 고전한류라 할 수 있다. 삼국시대부터 일본과 우리나라 사이에는 문화의 교류가 있었다. 고구려 왕인의 한자 일본 전수, 백제문화의 일본 아스카 문화에의 영향 등은 모두 고전한류에 대한 내용이다. 백제기악의 일본 전파도 최초로 고대에 한국 문화가 해외에 전파된 사례 중의 하나이기 때문에 고전한류에 속한다고 할 수 있다.[35] 우리나라에서 일본으로의 문화이동은 우리나라가 일본보다 문화적으로 앞섰기 때문으로, 문화이동 원인으로 보면 현대 한류와 큰 차이가 없을 것이다.

48-60.

34. 이코노믹리뷰, 2012년 2월 17일자, 이재웅 전 한국콘텐츠진흥원장 인터뷰 내용 중 발췌(http://www.econovill.com/archives/38299).

35. 고정민, 2012, 한류 확산과 백제기악 일본전파 유사점과 상이점에 대한 연구, 충청학과 충청문화, 15, 181-193.

삼국시대에 이루어진 문화 전파로, 538년 백제가 왜국에 불교를 전하면서 한류 붐이 본격화되어 삼국의 수준 높은 불교미술, 학문, 각종 기술 등이 아스카 문화에 전파되었다. 이는 한학·불교·천문·지리·의학·음양·음악·공예 등과 같이 학문과 기술 및 예술을 포괄하는 전범위적 문화 전파라고 할 수 있었다. 백제 외에도 고구려는 불교 전파와 천문관측 기술, 복식문화, 고려악과 춤을 전파하였으며, 신라는 조선술과 신라악, 그리고 저수지 축조 등의 기술을 전파하였다. 당시 일본인들은 한반도 제품을 '카라모노(韓物)'로 부르며 삼국의 문화를 '선진문화'로 여겼다.[36] 즉 일본의 고대국가 문명의 탄생과 전개과정에서 삼국은 단순히 외교적인 문화교류를 넘어서 일본 고대국가 문화 창조의 힘을 불어넣었으며, 이를 '한류'의 최초 원류로 볼 수 있는 것이다.[37]

조선시대에는 조선통신사 행사가 있어 일본과 우리나라의 문화교류가 활발했다. 일본 무로마치 막부는 무역이익을 위해 조선·명과 국교를 수립하여 상호 평화와 우호를 유지했으며, 이러한 교류의 일환으로 1607년부터 1811년까지 조선에서 일본으로 선린외교사절을 파견했다. 1942년 세종에 이르러 파견한 사절단을 '통신사'라 부르게 되었다. 임진왜란과 정유재란을 거치면서 조선과 일본 사이에 조선통신사 파견이 일시적으로 중지되었으나 이후 일본의 사무라이 시대가 문치시대로 바뀌면서 교류가 재개되었다.[38] 이전의 조선통신사가 수교 사절단으로서의 역할을 했던 것과 달리 이때부터는 평화유지의 수단으로서 보다 문화적으로 선진문물의 전달창구로서의 역할이 강화되었다. 이에 의학, 한시, 서예, 회화, 음악, 춤, 도공기술 등 문화교류를 위한 다양한 분야의 인재가 선발되어 문화사절단의 역할을 수행했다. 당시의 조선통신사의 삼사(三使)는 당대 조선의 최고 지식인으로 구성되었고 수행원들도 유능한

36. 장팔현, 2005, 한류분석 '아스카'에도 시대에도 한류 붐 있었다', 월간 말, 58-63.
37. 문화콘텐츠닷컴(Kocca), 문화원형 라이브러리_백제와 일본(http://www.culturecontent.com/content/contentView.do?search_div=CP_THE&search_div_id=CP_THE007&cp_code=cp0518&index_id=cp05180152&content_id=cp051801520001&search_left_menu=,)
38. 장팔현, 2005, 앞의 글.

미마지와 한류

역사를 자세히 들여다보면 작은 걸음이지만 문화이동과 교류는 많았다. 그중의 하나가 백제기악의 일본 전파이다. 일본의 고대 역사서인 『일본서기(日本書紀)』에는 그 내용을 다음과 같이 기록하고 있다. "백제인 미마지가 귀화했다. 그는 오(吳)에서 배워서 기악무를 출 수 있다고 했다. 그래서 사쿠라이에 살게 하여…. " 이는 백제기악이 일본에 전래된 과정을 설명한 것인데 최근 한류가 전 세계에 확산될 때 나타났던 현상과 유사한 점을 가지고 있다.*

첫째, 백제기악과 K-POP은 모두 문화의 확산현상이다. 백제기악은 일본에 전파되어 일본 기악의 뿌리를 형성하며 발전했다. 그뿐만 아니라 백제와 고구려의 가무(歌舞)가 남북조시대 남조 최초 왕조였던 송(宋, 420~478)의 궁중 기악에 반드시 포함되었다는 기록이 있다. 백제와 고구려의 가무는 당나라 측천무후 시기에 25곡 정도가 궁정에서 수시로 연주될 정도로 성행했다고 한다. 또한 노래하고 춤추기 위해 필요한 악기·의복·말(言) 등이 함께 건너가 중국 궁중문화 속에 우리 문화를 각인시켰다. 이처럼 고구려와 백제의 가무는 수나라와 당나라에 이르러 중앙아시아 및 인도 음악과 더불어 중국에서 가장 성행했던 외국 가무로 자리매김했다.

둘째, 백제기악과 K-POP은 해외에서 건너온 문화와 한국 고유문화가 혼합된 하이브리드 문화라는 것이다. 『일본서기』에서 백제인 미마지가 기악무를 오(吳)국에서 배웠다는 기록이 나오는데, 오국의 위치에 대해서는 의견이 분분하나 백제 자신의 것이 아니라 다른 선진 외국에서 문화를 받아들인 것으로 해석해도 틀린 것은 아닐 것이다. 초기 기악이 불교의 행사, 의식과 밀접하게 관련되어 있으므로 불교 전래 루트인 인도, 중국, 한국, 일본으로 이어지는 전파과정을 거쳤다고 볼 수 있다. 즉 중국 남조 오나라에서 시작된 것이 아니라 멀리 서역에서 시작되어 실크로드를 따라 중국과 한국에 전해졌으며, 미마지가 이를 일본에 전했을 것이라고 추론된다. 이들 지역에서 이를 받아들여 백제 고유의 문화가 혼합되고 재해석되어 백제기악이 탄생했을 것이다.

셋째, 백제기악과 K-POP은 춤이나 노래의 형태가 비슷하다는 것이다. 백제기악에 나오는 오공거리, 바라문거리, 무덕악거리 등 여러 가지 형태의 춤은 K-POP의 춤, 노래와 비슷하다. 재현된 백제기악의 춤 중에 오공거리는 오공이 부채를 들고 춤을 추며 등장하고 마지막에는 연희자 일동이 나와서 춤을 추는 것이다. 그리고 바라문거리의 경우 바라문은 오녀의 환심을 사기 위해 멋진 춤도 춰 보이고 비단뭉치도 주지만 뜻대로 되지 않자, 돈 한 꾸러미를 주고도 다섯 곱절을 더 주기로 하고 접근하지만 끝내 성사를 이루지 못하고 비단과 돈만 뺏기고 쫓겨 나간다는 내용인데, 여기에서도 역시 춤이 등장한다. 무덕악거리의 경우에는 연희가 끝나면 춤꾼들이 모두 나와서 합동춤을 추고 관객과 어울려 뒤풀이로 즐긴다는 내용이다.

넷째, 백제기악과 한류는 독특한 훈련시스템(트레이닝 시스템)을 가지고 있다. 백제기악의 경우 『일본서기』에 따르면, "미마지가 귀화하여 사쿠라이에서 소년들을 모아 기악무를 가르쳤다. 그때 마노노오비도 데시와 이마기노아야히도사이몬의 두 사람이 춤을 배워 전수했다. 이것이 지금의 오오치노오비도, 사기다노오비도 등의 선조이다."라고 기록하고 있다. 이와 같이 백제기악은 일정한 훈련과정을 거쳐 완성도 높은 기악이 탄생된다는 것을 시사하고 있다. 백제기악 역시 관객이 존재하고 기악의 수준을 관객들로부터 평가받게 되어 있어 많은 훈련을 통해 데뷔를 하였을 것이고, 이는 고전의 기록에서 확인할 수 있다.

다섯째, 현지화이다. 백제기악의 경우 일본으로 건너가 정착한 것은 현지화가 진전되어 새로운 문화로 정착했다는 것이다. 미마지가 일본에 기악을 전래한 이후 일본 조정의 후속조치를 보면 이를 알 수 있다. 스이코 여왕의 섭정이었던 성덕태자**는 큰 사찰 여러 곳에 악호를 설치하게 하고, 여러 가문의 자제들을 모아 기악을 배우게 했다. 기악을 일생의 전업으로 삼는 이들에게는 과역을 면해 줄 정도로 기악을 우대했는데, 이 이후 기악은 사찰의 법악으로 정착하게 되었다. 이러한 정착과정을 거쳐 기악은 일본 연극사를 포괄하는 일본 예능사의 시발점이 되었고, 뒤이어 부가쿠, 사루가쿠, 노오 등으로 변화 발전하게 된다. 이는 백제기악이 일본에서 현지화과정을 거쳐 일본의 새로운 음악으로 정착되었음을 보여준다.

* 출처: 고정민, 2012, 한류 확산과 백제기악 일본전파 유사점과 상이점에 대한 연구, 충청학과 충청문화, 15, 181-193.

** 일본 역사에서 가장 훌륭한 인물 중의 한 사람으로 추앙받고 있다.

학자들이 많이 선발되어 큰 관심을 받았으며 이들을 만나고자 하는 일본인들이 끊이지 않았다.⋯39 이렇듯 조선통신사가 일본에 선진 지식과 문물을 전래해 주는 중요한 통로가 되면서 일본에서는 자연스럽게 다시 한류 붐이 형성되었다. 즉 조선통신사는 약 200여 년에 걸쳐 통신사를 막부로 보내 유학과 시, 회화, 기예 등을 전파하여 일본 지식 사회에 한류 붐을 일으켰던 것이다.⋯40

이후 현대에 들어와서는 예전부터 일본 등지에서 활동한 연예인들이 많다. 일본에서 한류가 '가시화된 작지만 의미 있는 흐름'으로 주목받기 시작한 것은 1970년대로 거슬러 올라갈 수 있다. 이성애, 조용필, 계은숙, 김연자 등과 같은 트로트 계열의 가

39. 중앙일보, 2007년 5월 14일자, '조선통신사 400년' 역사의 그 길 다시 걷다 ③-"조선 문물 배우자" 학자·문필가들 몰려들어(http://article.joins.com/news/article/article.asp?ctg=13&Total_ID=2702777).

40. 장팔현, 2005, 앞의 글.

수들이 일본 시장에 진출해 눈부신 활약을 보인 것이 그것이다. 한국의 콘텐츠가 아니라 실연자(實演者)인 가수에 의해 촉발된 붐이었는데, 지금의 한류와는 달리 이들 모두 한국인 가수가 일본어 노래를 불렀다. 지금도 조용필의 '오모이데 마이코(思いで迷子)', '부산고에 가에레(釜山港へ帰れ)', 계은숙의 '유메온나(夢女)' 등과 같은 노래는 일본의 가라오케 등에서 인기가 있다.[41] 이와 같이 한류가 시작된 1997년 이전에도 한국의 문화가 해외에 건너가 문화를 형성한 역사적 사실을 연구하는 분야도 넓게 보아 한류의 영역에 속한다고 할 수 있다.

3. 산업경제학적 관점

1) 경제효과

(1) 직접적 경제효과(계량적 효과)

한류의 경제적 효과 중에서 직접적으로 연관된 효과를 분석하는 연구로 수출, 서비스 수지, 경제효과의 산출, 저작권 보호[42] 등의 내용이 다루어지고 있다.

한류는 문화콘텐츠 수출과 밀접한 연관을 가진다. 한류는 문화콘텐츠 수출의 결과이기 때문에 수출에 대한 분석은 한류의 장르나 지역별 붐을 분석하는 지표가 될 수 있다. 문화콘텐츠 수출이 증가하면서 그동안 문화수지 적자에 허덕였지만 이제는 흑자로 돌아서는 현상도 나타나고 있다. 이러한 서비스 수지상의 분석은 국가 간 문화산업에서의 경쟁력이나 경쟁우위의 현상을 분석할 수 있는 기준도 된다.

또한 문화콘텐츠의 수출에 대한 연구는 한류의 확산에 비례해서 해외시장 내 한국 콘텐츠의 불법이용이 증가하고 있는데, 이는 콘텐츠 기업 해외진출을 저해하는 요소

41. 한국문화산업교류재단, 2009, 한류포에버-한류 현주소와 경제적 효과분석.
42. 물론 저작권 보호는 법적인 영역이라고도 볼 수 있으나 한류의 경제적 효과를 제한하는 요소로도 해석할 수 있다.

로 작용하고 있다. 이러한 불법복제와 관련된 연구들은 중국, 동남아 등지에서 한류가 확산되어 있음에도 불구하고 불법복제로 인해 실제 수출액은 많지 않고 이익을 내기도 어려워 해외저작권 보호가 필요하다는 인식에서 나온 것이다.

(2) 간접적 경제효과(비계량적 효과)

한류는 타 부문에도 영향을 미치는데, 이러한 효과는 후광효과, 원산지효과, 배양효과, 동일시이론 등으로 연구되고 있다. 한류의 간접적인 경제효과는 제조업, 서비스업, 관광, 한글, 한식, 국가 브랜드 등 타 산업에 미치는 영향 등이 중심이다.

거브너(Gerbner)는 특정 대중매체에 장시간 반복적으로 노출될 경우, 그 매체가 담고 있는 폭력, 성차별 등과 같은 가치체계까지 습득하게 됨을 지적하고 이를 '배양효과(cultivation effect)'라고 칭했는데, 한류도 대중매체에 노출되면서 한국에 대한 이미지에 영향을 주고 이것이 한국 제품 구매와 연결될 수 있다는 것이다.…43 이와 비슷하게 한국에 대한 긍정적 이미지가 한류 드라마에 등장하는 배경이나 인물들에 대해 막연하면서도 설명하기 어려운 호감을 불러일으키는 경우가 바로 후광효과가 작동하는 사례라고 말할 수 있다.…44 한류를 통해 한국을 좋아하게 되고 한국 제품, 메이드인 코리아에 대한 선호도가 높아지는 원산지 효과도 한류에 적용될 수 있다는 많은 논문들이 나와 있다. 또한 한국의 대중문화가 확산되면서 한류 스타의 패션을 모방하고자 하는 문화적 양상을 띠는 것도 동일시현상이라 할 수 있다.…45

한류에 의해 강한 영향을 받는 분야는 한류의 이미지와 밀접한 관련을 갖는 화장품, 성형, 패션, 관광산업, 한식과 같은 제조업과 서비스업이고, 한글과 같은 전통적인 한국 문화, 국가 브랜드, 국가 이미지와 같은 무형적인 요소도 포함되어 있다. 나아가서

---

43. Gerbner, G., 1998, Cultivation Analysis: An Overview, *Mass Communication & Society*, 1(3/4), 175-195.

44. 김장현, 2012, 한류를 통한 국가이미지 제고방안, 제주평화연구원.

45. 변미연·이인성, 2008, 한류 스타 이미지가 중국 상해지역 여대생 패션에 미치는 영향, 한국디자인문화학회지, 14(4), 217-226.

는 스마트폰이나 자동차와 같은 제품의 매출도 원산지 효과 등에 의해 영향을 받을 것으로 본다.

이러한 효과를 계량적으로 측정하기 위한 방법론으로는 한류의 경제효과를 한국은행의 산업연관표에 의해 분석하는 방법,→46 중력모형을 기초로 양국의 문화상품 수출량과 소비재 수출량과의 관계 및 견인 효과를 추정→47하는 방법 등 다양한 방법론들이 동원되고 있다.

2) 수요공급 이론

경제학의 기본 이론에는 수요와 공급 법칙이 있다. 수요와 공급이 일치하는 곳에서 가격이 결정된다. 일시적으로 공급초과가 되면 물건은 잘 팔리지 않고 가격은 하락하며, 경쟁력이 없는 기업은 시장에서 퇴출된다. 반면 수요초과 상태이면 물건은 잘 팔리고 가격도 상승하며, 기업이 신규 진입한다.

이러한 수요공급의 법칙에 의해 아시아 시장에서의 한류 생성에 대한 해석이 가능하다. 먼저 아시아 지역의 콘텐츠 수급 상황에 의해 초기 한류가 생성되었다는 이론이다. 과거 아시아 시장에서 드라마 등 문화콘텐츠는 수요초과, 공급부족이었다. 케이블 TV, 위성방송 등 다매체, 다채널의 뉴미디어의 등장으로 방송 프로그램의 수요가 크게 증가하였다. 과거 방송의 주류였던 공중파는 단일 채널이지만 새롭게 등장한 케이블 방송, 위성방송 등은 100여 개 이상의 다채널이기 때문에 많은 프로그램이 필요하다. 그러나 콘텐츠의 수요증가에 비해 자국 내 프로그램 공급은 크게 부족하였다. 아시아 국가들은 자국의 프로그램으로 수요를 충당하지 못하자 일본, 한국 등 프로그램이 풍부한 나라로부터 콘텐츠를 수입한 것이다. 아시아 지역의 소득 증가로 콘텐츠 수요가 많았던 데 비해 자국의 공급이 적었기 때문에 방송만이 아니라 한국 문

46. 고정민, 2009, 드라마 대장금의 경제적 효과에 대한 연구, 문화산업연구, 9(1), 19-35.
47. 한국수출입은행, 2012, 한류수출 파급효과 분석 및 금융지원 방안, 중점연구 2012-1.

화콘텐츠에 대한 수출 수요가 나타난 것이다.⋯48

온라인 게임의 경우도 마찬가지인데, 유무선 통신망의 발달로 게임 등 인터넷 및 모바일 콘텐츠의 수요가 크게 증가하였다. 많은 네티즌들이 동시에 접속하여 인터넷 콘텐츠를 사용할 수 있는 초고속 정보통신망과 대용량의 무선콘텐츠를 즐길 수 있는 차세대 무선망이 정비되면서 온라인 게임, 모바일 콘텐츠 등 새로운 콘텐츠의 수요가 증가하였다. 그러나 이에 대한 자국 공급이 없었기 때문에 현지에서 한국 콘텐츠를 수입한 것이다. 이는 초기 중국에서 한국의 온라인 게임의 시장점유율이 95%였다는 사실로 알 수 있다.

4. 사회심리학적 관점

1) 팬덤현상

한류가 해외에서 붐을 일으키면서 개인이나 집단적으로 어떠한 사회심리적 요소가 게재되었는지를 연구하는 영역으로, 한국 한류 스타에 대한 팬덤(fandom)현상이 대표적이라 할 수 있다. 팬덤이란 특정한 인물이나 분야를 열성적으로 좋아하는 사람들 또는 문화현상을 말한다. 텔레비전의 보급과 함께 대중문화가 확산되면서 나타난 현상으로 팬덤의 영향력이 강화되면서 팬덤문화가 형성되었다.

한국의 대중음악에서 아이돌 시스템은 아이돌, 기획사, 산업자본 등이 주요 구성요소이지만 팬덤도 중요한 한 축을 담당하고 있다. 팬덤의 활동은 초기 아이돌의 인지도 구성과 그 유지에서 결정적인 역할을 한다. 팬들의 음반 및 음원 구매는 직접적인 수익을 창출하고 복합적인 방식으로 가치를 생산하며, 팬들은 대중매체 속 교환가치 시스템을 이해한 상태에서 적절한 시기에 맞춰 구매력을 행사한다. 이에 따라 음반의

48. 고정민, 2005, 한류 콘텐츠의 경쟁원천에 대한 연구, 문화산업연구, 5(2), 5-18.

예약주문, 한정판의 매진 등으로 음악이 공개되기도 전에 아이돌 그룹의 지상파 방송 1위를 예약하는 현상을 일으키고 있다.

특히 인터넷의 발달은 국외 팬덤이 능동적으로 활동할 수 있는 배경을 마련하였다. 과거 팬 커뮤니티는 개인 홈페이지나 가입형 팬카페 등에 한정되어 있었으나, 이제 팬들이 개방된 인터넷 공간을 통해 자료를 공유하면서 일반대중들도 진입장벽 없이 이를 소비할 수 있게 되었다. 팬들은 자료 공유과정에서 유튜브 등 초국가적 영상 공유 미디어와 트위터 등 소셜 네트워크 서비스(SNS)를 활용하며 팬덤의 국제적 확장을 가져왔다. 유럽과 중동, 라틴아메리카까지 한국 대중문화의 전달과 공유의 범위를 넓히며 초국가적 팬 네트워크를 형성하기에 이른 것이다.⋯49 이를 적용하여 기업에서는 팬 텍스트가 먼저 초국가적 네트워크를 통해 확산되어 초국가적 팬덤이 형성된 후 진출하는 소비자(팬) 중심의 전략을 추진하기 시작하였다.

2) 문화의 적응 과정

한류가 해외 소비자들에게 어떻게 심리적인 영향을 주고 이들이 어떠한 과정을 통해 한류를 받아들이는지에 대한 영역이다. 지금까지 이 분야에 대해서는 많은 연구가 있지 않았지만 해외지역의 소비자들이 타 문화를 받아들이면서 나타나는 심리적 변화를 통해 한류를 분석할 수 있다. 여기에는 문화적응, 문화변용(acculturation) 등의 이론이 있다.

어떠한 문화권에 살면서 새로운 문화가치를 습득하게 되는 과정을 문화변용 현상이라고 한다.⋯50 문화변용은 한 문화권에서 일차적인 학습을 마친 사람이 다른 문화권에서의 특징적인 태도, 신념, 믿음, 가치관 등의 생활 방식을 습득해 나가는 다차원

---

49. 김호영·윤태진, 2012, 한국 대중문화의 아이돌(idol) 시스템 작동방식: 아이돌 문화 생산·소비의 이중적 구조에 대한 탐색적 연구, 방송과 커뮤니케이션, 13(4), 45-81.
50. 문성준, 2008, 미디어 효과와 문화변용: 시카고 한인타운에서의 미디어 효과와 문화가치, 방송통신연구, 66, 161-185.

표 2.3 문화적응 전략 2차원 모델

2차원 \ 1차원		문화적 정체감과 특성을 유지할 것인가	
		Yes	No
주류사회와 관계를 유지할 것인가	Yes	통합 (Integration)	동화 (Assimilation)
	No	분리 (Segregation)	주변화 (Marginalization)

출처: Berry, J. W., 1997, Immigration, Acculturation, and Adaptation, *Applied Psychology: An International Review*, 46, 5-68.

적 과정이다.

베리(Berry)···51는 문화변용은 문화적 접촉이 동반하는 문화적 심리적 변화의 과정이라고 정의하고 있다. 문화적 변화는 한 집단 내의 관습, 경제적·정치적 삶의 방식의 변화 등을 의미하며, 심리적 변화는 개인들이 자신의 문화적 정체성과 문화변용에 대해 갖게 되는 태도의 변화를 의미한다. 문화변용이 이주 집단의 고유문화에 대한 문화적 유지(cultural maintenance)와 이민사회의 주류문화화에 대한 방향성이라고 할 수 있는 접촉과 참여(contact and participation)라는 두 개의 축으로 구성된다는 다차원적 접근방법을 제시하고 있다. 나아가 그는 문화변용이 개인의 고유문화를 유지하느냐와 이주사회의 주류문화에 적극적으로 참여하고 관계를 유지하느냐에 따라 동화(Assimilation), 통합(Integration), 분리(Segregation), 주변화(Marginalization) 4가지 유형으로 구분할 수 있다고 주장한다.

구체적으로 살펴보면 주류사회와의 관계를 유지하면서 동시에 고유문화의 문화적 정체감과 특성도 유지하는 문화변용 전략은 통합유형으로 분류하며, 개체가 주류사회와 관계는 유지하지만 기존의 고유문화의 문화적 정체감과 특성을 포기하는 경우는 동화유형으로 분류한다. 또한 주류사회와의 관계는 유지하지 않고 고유문화가 문

51. Berry, J. W., 1997, Immigration, Acculturation, and Adaptation, The American Society of Missiology, *Applied Psychology: An International Review*, 46, 5-68.

화적 정체성과 특성을 유지하는 분리, 주류사회와의 관계도 유지하지 않으며 동시에 고유문화와의 접촉도 거부하는 주변화 유형을 제시한다.

문화변용 과정에서 사람들은 본국의 문화가치와 새로운 문화가치의 충돌에서 발생하는 혼동을 겪는다. 주로 이민자 등에게서 겪는 현상을 연구한 것이지만 아시아 지역으로 확산된 한류현상은 문화적응의 현상으로도 볼 수 있다. 한류로 인해 한국에 대한 지식이 없던 외국인들이 한국의 대중문화가 전파됨으로써 문화가치에 대한 변화가 생기고 적응하는 과정을 거칠 것이다. 이는 한류에 노출된 소비자들이 이민자와 같은 강한 충격은 아니더라도 외래문화와의 접촉을 통해 자신이 가지고 있는 문화와의 적응을 통해 한국 문화에 동화되고 변용되는 과정을 거칠 것이라는 가정에서 나온 것이다.

5. 문화적 관점

1) 문화수용

한류는 해외의 사람들이 한국의 문화를 수용하는 현상이므로 문화수용의 관점에서 한류를 볼 수 있다. 한류는 한 국가의 영토적 경계를 넘어서 일어나는 문화의 생산과 수용과정으로서 전통적인 국제커뮤니케이션에 대한 이론적 틀을 가지고 있다.[52] 문화의 글로벌화, 문화제국주의, 문화의 지역화, 혼종문화 등이 문화의 확산과 수용과 관련된 이론들이고, 한류에 대한 반감을 가지는 반한류의 정서도 문화수용에서 부작용으로 거론되는 영역이다. 앞 장에서 설명한 문화의 적응과정과의 차이점은 앞에서는 개인적인 차원에서의 적응에 대한 이론이고 여기에서 설명하는 문화수용은 사회 전체를 대상으로 하는 것이다.

52. 문상현, 2005, 문화생산과 수용, 그리고 한류의 의미, 방송문화, 285, 12-15.

한류의 문화제국주의 이론은 자본주의 문화의 글로벌화 과정에서 중국 등 후발국에서 겪고 있는 문화적 정체성의 혼돈상태를 한국의 대중문화가 파고들었다는 이론이다. 『파이낸셜타임스』가 "현재 한국의 문화콘텐츠 산업은 이웃 아시아 국가에 확산됨으로써 문화 제국주의의 한국적 형태를 띠고 있다."···▸53라고 말한 것도 이와 맥락을 같이한다.

문화제국주의란 부와 권력을 갖춘 발전된 자본주의 국가와 상대적으로 힘이 약한 저발전국가 사이의 지배와 종속의 이론, 즉 제국주의 이론이 문화에도 적용된다는 견해이다. 발전된 자본주의 국가의 콘텐츠, 상품, 유행 등의 문화가 저발전국가로 유입되고, 종속국가의 시장이 지배국가의 문화에 대한 수요와 소비를 불러와 지배국가의 문화에 예속되고 종속된다는 것이다. 이러한 이론은 특히 미국의 할리우드 문화가 제3세계에 수출되어 그 나라 고유의 문화를 축출하고 할리우드 문화가 대신하는 것을 크게 우려한 데서 나온 것이다.

한류의 문화제국주의 논쟁은 한류가 대중문화 분야에서 동남아시아 등 저개발국가에 유포되어 그들의 문화를 종속하고 이를 영구화하려 하는가에 대한 논쟁이다. 실제로 한국의 드라마, 음악, 영화 등 대중문화가 해외에서 인기를 끌자 상대국에서 이를 경계하여 한국의 대중문화 수입을 규제하는 현상이 나타나고 있는데, 이는 한류문화제국주의에 대한 우려에서 나온 것일 것이다. 중국에서 프라임 타임대에 한국을 겨냥해서 외국 드라마를 방영하지 못하도록 하거나 영화 스크린쿼터제를 강력하게 적용하는 것 등이 여기에 해당된다.

그러나 문화제국주의 이론은 현재 많은 비판을 받고 있으며 일반적으로 받아들여지는 이론은 아니다. 한류의 경우에도 문화제국주의 이론보다는, 문화산업 경쟁력이 높은 국가에서 낮은 국가로 이동하는 경제적 비교우위의 관점에서 보아야 할 것이다. 교역의 환경이나 경쟁력이 바뀌면 언제든 수입과 수출국이 바뀔 수 있으며, 따라서 문화제국주의의 당사자 간 입장도 반대가 될 수 있는 것이다. 일본과 한국의 예를

53. Financial Times, Feb-08-2002, "Seoul music strives for a global audience", 12.

들면 과거 애니메이션, 게임, J-POP 등 일본의 문화가 한국에 득세했지만, 이제는 한국의 대중문화 경쟁력이 높아져 대중음악이나 드라마 등 한류가 일본에서 더 인기를 끌고 있다. 더욱이 이러한 교역을 통해 더욱 세련되고 경쟁력 있는 문화가 탄생할 수 있는 부수적인 효과도 있다. 과거에는 한국시장도 할리우드에 의해 지배당했으나 이제는 이러한 서양 문화와 한국 고유의 문화가 융합하여 새로운 한류 스타일을 만들어 냈다는 사실도 이를 뒷받침해 준다. 한류가 하이브리드 문화, 혼종의 문화라고 하는 이유도 바로 여기에 있다.

문화제국주의의 비판 이론 중의 하나로 문화의 지역화 현상을 들 수 있다. 문화가 일정지역을 중심으로 발전되어 경제블록과 같이 지역화되어 있다는 것이다. 중국, 홍콩 등의 화교문화권, 이집트를 중심으로 한 아랍문화권, 그리고 인도를 중심으로 한 동남아시아 문화권 등이 그 예라 할 수 있다. 문화지역화 현상은 문화의 근접성을 기반으로 한다. 문화근접성은 영상물 등 문화콘텐츠 산업의 수입국의 수용자는 다른 조건이 같을 때 언어나 사회적 공감대가 같고 문화적 장벽에서 자유로운 지역의 영상물을 선택한다[54]는 이론에서 출발하여, 한 가지 문화권에서 발원한 영상물이 그 문화권 시청자들을 끌어들이는 반면, 문화권 밖의 수용자들에게는 효과가 감소된다는 것을 문화적 할인율을 가지고 설명하고 있다.

한류 콘텐츠도 국제화 과정에서 문화적인 근접성이 높은 국가에서부터 수출이 시작되었다. 먼저 중국이나 동아시아 등 문화와 정서가 비슷한 국가에서부터 수출이 시작됨으로써 이들 국가에서 한류가 형성되었다. 〈사랑이 뭐길래〉라는 드라마도 가족과 유교라는 한중 간의 문화적 공감대가 있었기에 중국에서 인기를 끈 것이다. 이후 일본에서 겨울 연가, 중앙아시아에서의 사극 등은 모두 문화적 유사성에서 비롯된 것이라 할 수 있다. 따라서 문화적인 근접성이 크게 작용하는 드라마의 경우 동남아, 동아시아 등 아시아 지역을 크게 벗어나지 못하는 한계점을 보여 주고 있다.[55] 즉 한

---

54. Straubhaara, J. D., 1991, Cultural Diversity; Beyond Media Imperialism: Assymetrical Interdependence and Cultural Proximity, *Critical Studies in Mass Communication*, 8(1), 39–59.
55. 고정민, 2012, 한국 문화콘텐츠 산업의 국제화에 관한 연구, 인문콘텐츠, 27, 143–154.

류는 유교, 가족주의 등 동아시아적 동질성을 반영하는 문화의 동아시아화 과정에서 나타난 트렌드라고 볼 수 있는 것이다. 과거 지배적 할리우드 문화를 배격하고 이제는 각 지역 및 권역의 문화가 자립화하면서 나타난 현상들 중의 하나가 바로 한류라 할 수 있다. 따라서 이는 문화제국주의적인 한류가 아니라 동아시아가 공유될 수 있는 문화가 탄생한 것이며, 언제든 다른 나라에 의해 주도될 수 있는 것이다. 최근 중국의 대중문화가 빠르게 발전하고 있는 것을 보면 또 한 번의 변화 가능성이 있음을 보여 주는 것이라 하겠다.

문화적 근접성을 측정하려는 시도 중의 하나인 문화적 거리이론으로 홉스테드(Hofstede)의 이론이 있다. 국제 경영환경에서 문화적 차이를 발견하려는 노력은 인류학자와 국제경영학자들에 의해서 이루어졌으나, 홉스테드의 연구는 특히 경영환경에서 각국의 문화적 차이를 실증적으로 보였다는 점에서 선구적 연구결과로 평가받고 있다. 홉스테드는 IBM의 40개국의 10만 명에 달하는 직원들의 성향을 분석한 결과 문화적인 차이에 따라 크게 권력거리(power distance), 개인주의와 집단주의적 성향(individualism vs collectivism), 불확실성 회피(uncertainty avoidance), 남성다움과 여성다움(masculinity vs femininity) 등 4가지 차원이 있다는 것을 발견하였다.[56][57]

한류의 문화제국주의 논란이 일고 있는 것은 우리나라가 일방적으로 상대국에게 문화콘텐츠를 수출하고 상대국의 문화를 무시하려는 데 있다. 문화제국주의는 한 국가의 문화가 다른 국가의 문화를 말살시키고 종속을 영구화한다는 것인데, 이러한 우려를 해소하기 위해서는 한국 문화가 해외국가에의 일방적인 침투를 지양하고 쌍방이 윈윈할 수 있도록 쌍방향 교류와 같은 상호 호혜적인 문화교류가 필요하다. 이렇게 되었을 때 비로소 상대국의 문화가 공존하면서 한류도 지속될 수 있을 것이다.

한류와 관련된 문화수용이론 중에 문화혼성화 이론이 있다. 피터스(Jan Neder-

---

56. Hofstede G., 1984, *Culture's Consequences: International Differences in Work-related Values*, Newbury Park, CA: Sage Publications.
57. 1984년 홉스테드는 유교주의(Confucian dynamism)를 추가하여 5가지로 나누고 있다.

veen Pieterse)에 의하면 세계화의 문화적인 결과는 혼성화(hybridization)로서, 세계화로 인해 문화는 혼성화된다는 것이다.⋯58 혼성화는 세계적인 것과 지역적인 것이 뒤섞이고 서구적인 것과 비서구적인 것이 뒤섞여 새로운 문화를 만드는 것이다. 한류 현상은 한국 고유의 문화와 서구의 문화가 혼성화되어 나타난 현상이라 할 수 있다. K-POP이나 드라마가 한국 고유의 것이라 말하기 어려우며, 한국 문화가 글로벌화되는 과정에서 서구 문화와의 혼성을 통해 나타난 것이다. K-POP의 경우에도 원래 서구에서 장르가 생겨날 당시의 사회문화적 기원과 그것을 받아들이는 한국적 상황이 혼합되면서 새로운 양식과 내용이 만들어지면서 혼종양식이 된 것이다.⋯59

한국 음악에 한정하여 보면, 수입음악의 혼성화되는 단계는 크게 4단계로 나뉜다. 1단계는 모방(mimicry) 단계로서, 이 단계에서는 서구의 새로운 음악적 요소의 흡수가 시작된다. 2단계는 서구화(westernization) 단계로, 모방을 통해 새로운 형식의 음악이 시작된다. 3단계에서는 비로소 토착화, 혼성화 또는 문화변환(indigenization, hybridization or transculturation)이 시작되며 이 단계에서는 수입된 서양 음악적 요소와 토착적인 음악전통이 국경을 넘어 결합되는 쌍방향의 과정이 이루어진다. 마지막으로 4단계는 절충과 혼합(eclecticism)의 단계로서 이 단계에서는 글로벌화에 따른 음악 장르의 분화 및 다양화와 후기포디즘(post-Fordism)적 소량생산이 특징으로 부각되며, 세계 각지로부터 유입된 다양한 음악적 요소의 창조적 혼합과 절충의 가능성을 보여 주게 된다.⋯60

마지막으로 반한류에 대한 영역이다. 여기에는 반한류의 원인과 상호 호혜적 교류가 필요하다는 분석들이 주를 이루고 있다. 그동안 일본은 시장도 크고 저작권이 보장되어 있기 때문에 한류의 수익원으로서의 역할을 해 왔다. 그러나 정치적·외교적

---

58. Pieters, J. N., 2004, *Globalization and Culture: Global Melange*, Oxford: Rowan & Littlefield Publishes INC, 67-68.
59. 이수안, 2012, 유럽의 한류를 통해 본 문화혼종화: K-POP 열풍을 중심으로, 한독사회과학논총, 22(1), 117-146.
60. 같은 글.

인 이유로 일본에서의 반한류는 강하다. 중국도 각종 규제를 통해 한국의 콘텐츠 수입을 규제하고 있고 동아시아 지역은 한류의 중심지라는 점에서 이들 지역에서의 반한류는 그만큼 타격이 큰 것이다. 이러한 반한류에 관한 연구는 앞으로 한류가 더욱 확산되면서 논의가 확대될 전망이다.

2) 문화교류

한류를 문화교류 관점에서 연구하는 것은 한류가 기업의 수출을 통한 이익창출이라는 경제학적인 접근에 대한 반성에서 나온 것이다. 문화교류는 상업적인 목적보다는 순수한 문화적 교류활동을 의미하지만, 이익이 목적이라 하더라도 상업적 교역과정에서 결과적으로 직간접적으로 일어나는 모든 문화교류 형태를 포함한다.

국가 간에 일어나는 문화교류인 국제문화교류는 '모든 주체들이 문화콘텐츠 등을 통해 타 국민과 상호관계를 맺는 활동으로 개인 차원에서는 타 문화 이해와 창조적 자극을 얻고, 사회와 국가 차원에서는 문화적 발전을 성취하며, 전 지구적 차원에서는 문화다양성의 지속과 확산에 기여하는 활동'을 말한다.…→61

국제문화교류는 과거에는 자국홍보의 수단에서 시작되었으나 이제는 세계문화의 이해로 변화되고 있다. 글로벌화의 추세에 따라 공공부문의 각 부문별 국제교류 활동이 증대하고 있는 가운데, 오늘날 정부와 민간 구분 없이 다양한 주체들에 의해 문화교류가 진행되고 있다. 특히 디지털화의 가속화로 오프라인에서 온라인 중심의 국제교류로 전환되고 있는 추세이다. 전 세계 스마트폰과 인터넷 보급률은 2000년대 들어와 가속화되며 디지털과 모바일 기반의 교류가 확대되고 있고, 소셜 네트워크 서비스(SNS)와 인터넷은 개인 간의 교류를 활성화시키며 민간 중심의 교류활동을 증가시키고 있다. 인터넷, 휴대전화, 디지털 미디어를 사용하는 전 세계 모든 소비자는 다양한 문화경험을 원하며, 문화메시지의 수동적인 수용자라는 입장에서 점차 문화콘텐츠의

---

61. 정정숙, 2012, 국제문화교류 진흥방안, 한국문화관광연구원.

공동창조자로 그 역할이 변모되고 있다.

국제문화교류는 주로 공연, 시각예술, 순수음악 등 순수예술에서 일어나고 있지만 한류가 확산되면서 대중문화의 국제교류에 대한 의미가 부각되고 있다. 한류의 장르가 드라마, 영화, 음악 등에서 한식, 한국어, 패션, 예술 등으로 확대되고, 지역도 동아시아에서 중앙아시아, 중남미, 유럽, 중동으로 확산되는 등 장르·지역의 다변화를 통해 외연을 확장하고 있어 한류의 국제문화교류 역할이 더욱 강화되고 그 범위도 크게 확장되고 있는 것이다.

비상업적인 국제문화교류는 한국의 문화를 해외에 알리는 기능이 중심이 되어 왔다. 정부나 문화단체, 지자체 등에서 무료로 해외에 문화콘텐츠를 보급하거나 상호 문화행사 등을 통해 문화교류를 활성화시키고 있다. 또는 해외문화원을 통해 교류가 미진한 국가의 문화를 소개하는 문화행사 개최, 재외공관 예술전시 사업과 문화협정 체결을 통한 문화교류 증진 사업을 진행하고 있으며, 한국국제교류재단은 민간 문화예술 단체의 해외진출, 국가의 문화적 이미지 제고를 위한 계기성 문화 행사와 해외 박물관 한국관 전시 등을 진행하고 있다. 또한 인적 교류, 한국어 보급사업 등 다양한 사업들은 모두 국제문화교류, 문화외교와 관련되어 있다.

국제문화교류와 문화외교는 약간의 차이가 있는데, 국제문화교류는 '국가를 홍보하고 자국 문화를 이해시키는 노력'이라고 할 수 있고, 문화외교는 '특정 국가의 정부기구 또는 그 정부기구의 지원을 받는 특정단체가 자국의 문화적 국가이익을 대외적으로 실현하기 위해 벌이는 일련의 활동'이라 정의된다.[62] 따라서 국제문화교류는 순수하게 문화예술의 교류에 목적이 있다면 문화외교는 외교적인 목적과 국가이익을 위한 국가 간 문화활동이고, 방식상에서도 국제문화교류는 비공식적, 문화외교는 공식적인 것이 많다. 그러나 실제로 진행되는 문화활동에는 큰 차이를 보이지 않는다.

---

62. 김명섭, 2003, 프랑스의 문화외교: 미테랑 대통령집권기(1981-1995)를 중심으로, 한국정치학회보, 37(2), 343-363.

6. 법적 관점

법적인 관점에서의 한류는 저작권에 대한 것으로서, 저작권은 경제적인 수익을 창출한다는 점에서 경제적인 관점과도 밀접한 관계가 있다. 국내저작권은 최근 전문가도 많아지고 연구도 다수 발표되고 있으나 한류의 해외 저작권에 대한 논문은 그리 많지 않고, 그마저 주로 해외 콘텐츠의 불법복제의 실태조사 등에 초점이 맞추어져 있다.

지적재산권은 인간의 지적 활동의 성과로 얻어진 정신적 산물로서 재산적 가치가 있는 것을 말한다. 이러한 지적재산은 크게 정신문화와 물질문화 발전에 기여하는 두 가지로 나누어 볼 수 있다. 정신문화는 음악, 미술, 문학 등을 의미하고, 이러한 정신문화 발전에 기여하는 것에 대한 권리를 저작권(copyright)이라고 한다. 물질문화의 발전에 기여하는 것에 대한 권리를 산업재산권 또는 공업소유권(industrial property)이라고 하며, 이것은 새로운 발명, 고안 등을 의미한다.⋯[63] 저작권은 문화콘텐츠 산업에 적용되는 것으로 국내에서의 저작권은 많은 이슈가 있지만, 여기에서는 한류와 연관된 해외저작권, 특히 불법복제를 대상으로 한다.

한류 콘텐츠가 해외에서 불법 유통되는 이유는, 첫째, 정품과 불법목제 제품의 현저한 가격 차이이다. 복제품의 경우 다운로드 가격이 무료이거나 저렴하고, 월정액으로 특정사이트에 가입하면 무제한 다운로드가 가능하다. 둘째, 출판물 심의기간의 비신속성이다. 현지정부의 심의기간이 장기간이기 때문에 해외 콘텐츠를 빨리 감상하고자 하는 현지인들이 불법복제를 하고 있다. 셋째, 사전 검열에 의한 삭제 및 편집이다. 정품이 시중에 출시되어 있어도 삭제되지 않은 원판의 복제품을 구매 이용하는 경우가 있다. 넷째, 현지 정부의 자국산업 보호정책이다. 이런 이유로 불법복제품에 대한 단속이 형식적으로 이루어지고 있는 경우가 있다.

한류에 대한 불법복제의 영향은 한류 라이프사이클의 단계에 따라 달라진다. 일반

63. 윤선희, 2005, 지적재산권법(7정판), 세창출판사, 1-4.

적으로 신제품이 시장에 출시될 때 불법 다운로드는 시장을 확대시키고 소비자들을 그 제품에 락인(lock-in)시키는 효과가 있다. 일반적으로 기업은 시장에 침투할 때 신규제품을 무료, 혹은 저가격으로 제공함으로써 초기 사용자를 확보하는 전략을 추진한다. 이에 따라 많은 사용자들이 그 제품을 사용하게 되면서 그 제품에 익숙해지고 다른 제품으로의 전환이 어려워진다. 특히 소프트웨어나 콘텐츠와 같이 네트워크 외부효과가 큰 산업의 경우에는 더욱 그렇다. 따라서 기업들은 무료로 신제품을 나누어 주고 후에 단속하는 전략을 구사하고 있다. 예를 들어 마이크로소프트가 MS-DOS로 초기시장에 진입할 때 불법 다운로드를 방조한 사례가 있다. 그러나 소비가 어느 정도 궤도에 오르자 불법 다운로드의 단속을 철저하게 함으로써 무료 사용자를 유료 사용자로 전환시켰다. 이처럼 마이크로소프트는 자사의 소프트웨어가 시장을 장악한 이후, 사실상의 표준이 되었을 때 불법 다운로드 단속을 철저하게 시행한 것이다.

한류의 경우도 불법 다운로드를 통해 무료 콘텐츠가 해외에서 대량으로 유통되면서 초기 한류 형성에 영향을 끼쳤다. 동남아, 중국 등 저소득 국가에서 초기에 정가로

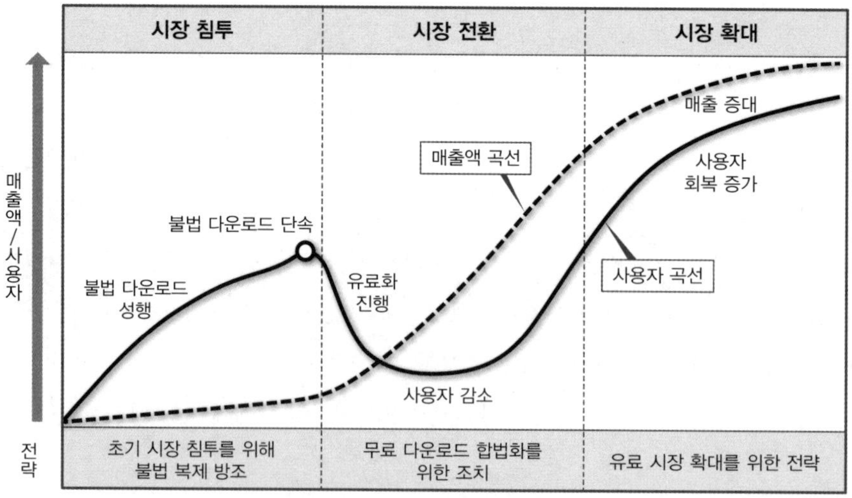

그림 2.2 불법 다운로드와 한류의 확산

판매했다면 많은 사용자를 확보하기 어려웠을 것이다. 초기 불법 다운로드로 해외의 다수 사용자가 한류 콘텐츠를 접하게 됨으로써 이들이 한류 콘텐츠에 낙인되는 효과가 있었다.

그러나 지금은 이미 많은 한류 소비자들이 형성되어 있어, 해외 저작권 보호와 이용환경의 조성이 필요한 시점이다. 불법 다운로드의 임계점을 넘어가 무료 다운로드의 단속과 합법적인 사용자의 확보가 중요한 것이다. 해외 한류 소비자들의 한류 소비가 합법적인 시장으로 연결되어야 하지만, 현재 한류가 기업 수익으로 연결된 지역은 일본을 제외하고 제한되어 있다. 특히 중국, 동남아 지역에서는 한류 콘텐츠의 유통량이 많지만 기업 수익은 미미한데, 이는 지적재산권이 이들 지역에 제대로 작동되지 않기 때문이다. 동남아시아에서 유통되는 한국 영화, 드라마, 음악의 불법유통 비중이 80%나 된다고 한다. 불법복제가 한류의 발목을 잡고 있는 것이다.

더구나 스마트폰, 스마트 TV, N 스크린 등 새로운 디지털 유통환경 변화로 인해 해외 불법 다운로드 및 유통은 더욱 심각해지고 있다. 새로운 디지털 환경으로 한류의 확산 속도는 빨라졌지만 동시에 불법 다운로드가 확대되고 단속도 어려워졌다. 스마트 기기 보급 확산과 함께 디지털 환경 변화에 따라 해외에서의 저작권 체계가 복잡해지고 이를 보호하기도 어려운 상황으로 변화되고 있다는 것이다.

제3장

한류의 현황

1. 한류의 발전과정

1) 3단계 발전과정

한류는 3단계에 걸쳐 발전하였다. 제1단계는 한류 생성기로서 1997년부터 2000년 초기까지 한류 콘텐츠가 해외 소비자들에게 첫선을 보여 강한 인상을 주었던 시기이다. 이 시기에는 중국 등 사회주의 국가에서 보지 못했던 드라마와 댄스 음악을 중심으로 한 한국 음악이 중국, 대만 등지에서 인기를 끌었다.

제2단계는 한류 심화기로서 2000년 초기부터 2000년대 중반까지 한류 드라마가 크게 부각된 시기이다. 2단계 초반인 2002년부터 2003년까지는 1단계의 붐을 이어받지 못하고 침체국면이었으나, 〈겨울연가〉가 일본에서 크게 히트하면서 한류 붐은 다시 이어졌다. 〈겨울연가〉는 일본 중년 여성층에게 젊은 시절의 향수를 불러일으키며 배용준 신드롬을 탄생시켰다. 〈겨울연가〉 이후에 〈대장금〉은 전 세계로 한류를 확산시키는 데 기여하였다. 〈겨울연가〉가 일본에서 높은 인기를 얻었다면, 〈대장금〉은 중국, 홍콩, 동남아에서 시작하여 이후 중앙아시아, 아프리카, 동유럽 등 전 세계로 퍼지면서 이들 국가에 한국 드라마의 우수성을 알리고 한류 붐을 글로벌로 격상시키는 데 중요한 역할을 하였다.

제3단계 한류는 2000년대 중반 이후 현재까지 진행 중으로 K-POP이 중심이다. 3단계에서는 동남아에서 한국 아이돌 가수들이 부각된 후 일본에 동방신기와 걸그룹이 진출하여 일본 팬들의 압도적인 인기를 차지하였다. 일본 매스컴에서는 이러한 현상을 '신한류'라 명명하면서 한국 걸그룹의 활동을 분석적으로 보도하였다. K-POP은 일본에 이어 유럽에 진출하여 프랑스에서 K-POP 가수의 공연을 보려하는 팬들이 모여 플래시몹(flash mob) 시위를 하는가 하면, 남미에서는 커버 공연을 통해 K-POP 따라부르기 대회가 열렸다. 또한 3단계는 한국 음식, 화장품, 한글 등 한스타일과 같은 한국 문화가 세계시장에 진출하면서 한류의 외연을 한층 확장시킨 시기이기도 하다.

	한류 1기	한류 2기	한류 3기(신한류)
키워드	한류 생성	한류 심화	한류 다양화
기간	1997~2000년 초	2000년대 중반	2000년대 말
주요 지역	중국, 대만, 베트남	일본, 중국, 동남아시아	중앙아시아, 유럽, 남미, 미국
대표 콘텐츠	<사랑이 뭐길래>, HOT, NRG	<겨울연가>, <대장금>	K-POP, 싸이

그림 3.1 한류의 발전단계

출처: 한국문화산업교류재단, 2009, 한류, 아시아를 넘어 세계로.

이어서 싸이는 빌보드 차트 2위까지 오르며 한류를 미국으로까지 영역을 확장시켰다. 싸이의 '강남스타일' 뮤직비디오는 52일 만에 1억 뷰를 돌파하며 유튜브 동영상 조회수 5위를 기록하였고, 4개월 동안 5억 건 이상, 1년 만에 17억 뷰를 기록하였다. 2014년에는 20억 뷰를 넘겨 최단 시간에 20억 뷰를 달성한 기록을 가지게 되었다.

한류 3기 이후에 〈별에서 온 그대〉와 〈태양의 후예〉가 인기를 끌어 K-POP의 인기를 잇고 있다. 한국의 드라마는 과거부터 인기 있는 한류 장르 중의 하나로서 K-POP에 이어 한류 4기를 주도할 가능성을 엿보이게 한다. 이러한 발전은 한류가 포트폴리오적인 지속성을 가지고 있다는 점에서 긍정적이다. 즉 3단계의 각 단계마다 킬러콘텐츠가 등장하여 한류를 이어 왔다. 특히 킬러콘텐츠는 한류가 위기에 봉착할 때마다 구원군으로 등장하였다. 한류 1기 이후 2000년대 초 한류의 지속성에 대한 우려를 〈겨울연가〉와 〈대장금〉이 불식시켰고, 2000년대 말 다시 위기가 찾아왔을 때 K -POP이 등장하였다. 특히 〈대장금〉은 유럽과 미국을 제외한 많은 나라에서 좋아하는 대표적인 드라마로 자리매김했고, 싸이는 세계적 스타로 등극하였다.

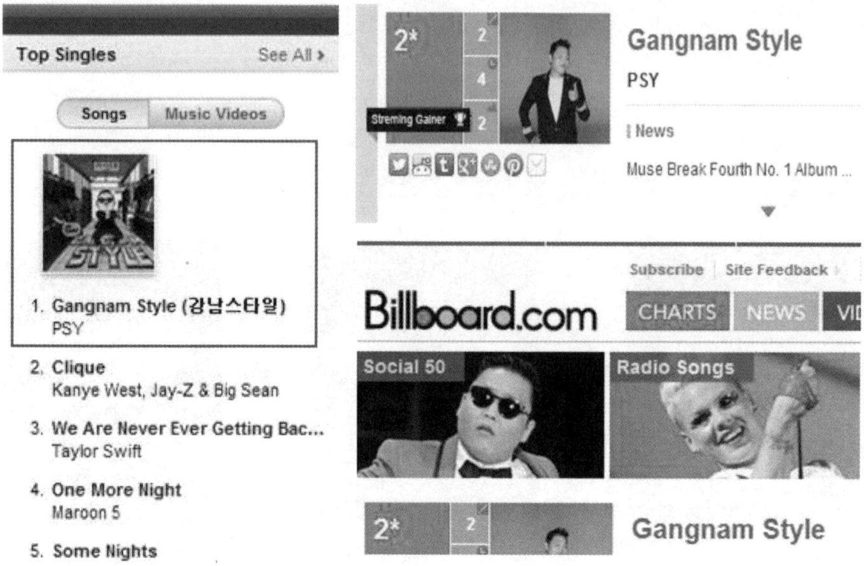

그림 3.2 미국 아이튠즈 차트 1위와 빌보드 차트에 오른 '강남스타일'

한류의 원조 태권도

태권도는 1950년대 이후 해외에 적극적으로 진출하여 한국의 문화와 정신, 그리고 한국의 인지도를 높이는 데 크게 기여하였다. 태권도의 수련 인구는 200개국 7,000만 명 이상이고, 전 세계 태권도 유단자만도 800만 명에 이른다. 해외에서 태권도의 붐은 한류가 전 세계에 확산되기 이전에 나타난 것으로 태권도가 한류의 원조라고 해도 과언은 아니다.*

태권도는 미국 → 남미 → 유럽 → 동남아 등으로 확산되었는데 선진국부터 시작된 점이 특징이다. 선진국에서는 상대적으로 동양의 무술에 대해 관심을 가지고 있었던 차에 동양적인 무술을 가지고, 진출함으로써 확실한 경쟁우위를 확보할 수 있었다. 태권도는 누구나 건강을 위해 반드시 해야 할 운동이고, 누구나 지켜야 할 건강과 연관되어 있으며, 누구나 쉽게 할 수 있는 운동이다. 특히 유치원생이나 초등학생들에게 체력단련을 위한 스포츠로서 널리 각광을 받았다.

태권도는 한류와 마찬가지로 민간 차원에서 먼저 시작되었다. 초기에 태권도 보급은 유학/초청/이민으로 이루어졌는데, 이민의 경우 1965년 이민법 개정으로 한국인 사범의 진출이 늘어났다. 초기 시장 개척 이후 해외 제자들이 한국의 태권도 사범을 초빙하였고, 제자가 많아지면 도장이 많이 생기고 사범이 더욱 필요하게 되었다.

일리노이 주 상원의원이었던 2001년 태권도에 입문해 청띠(5급)를 획득한 오바마 대통령

이후 주로 중남미 지역 국가의 파견 요청에 따라 국가 주도 태권도 해외 확산이 활발해졌다. 국기원이 설립되고(1972년), 세계태권도연맹이 창설(1973년)되는가 하면, 올림픽 경기 종목으로 채택되면서 태권도는 국제스포츠의 하나로 도약하게 되었다.

그러나 태권도가 이와 같이 보급된 데에는 태권도 초기 진출자들의 개척정신을 빼놓을 수 없다. 당시 우리나라는 전쟁 이후 가난한 삶에서 벗어나지 못했던 때로, 해외에 진출하여 헝그리 정신, 개척 정신으로 어려운 환경에서 생존하기 위한 정신력이 태권도 보급의 원동력이 된 것이다. 이는 국내시장의 한계로 해외시장을 열심히 개척했던 초기 한류 기업가와 비슷하다.

태권도는 수련과정 및 공식 경기에서 차렷, 경례, 시작, 그만 등과 같은 한국어로 된 용어를 사용하고 태권도장과 도복에는 태극기가 달려 있어, 수련자들은 자연스럽게 한국을 알고 한국 문화를 접할 기회를 가지게 된다. 과거 국가 인지도가 낮았던 시기에 외국에서 보도되는 태권도 관련 기사나 사진을 통해 교류가 없었던 국가를 대상으로 홍보하는 큰 효과가 있었다는 점으로 볼 때 태권도는 한류의 원조라 해도 지나치지 않을 것이다.

* 출처: 국기원 홈페이지(http://www.kukkiwon.or.kr/front/pageView.action?cmd=/kor/index_kor_intro) 참조.

물론 한류가 형성되기 이전에도 조용필 등이 일본에 진출한 적이 있고, 태권도의 경우 한류 형성 이전에 한류와 유사하게 발전하였다는 점에서 한류의 원조로도 평가받고 있다.

2) 한류 3.0

문화체육관광부에서는 한류의 발전과정을 한류 1.0, 한류 2.0, 한류 3.0으로 구분하고 있다. 콘텐츠의 내용, 시점, 주요 소비자, 그리고 진출지역을 고려하여 단계를 구분하였는데, 이는 K-Culture를 강조하여 앞으로 한류의 바람직한 진화단계를 염두에 둔 것이라 하겠다. 즉 한류 3.0에서는 K-Culture라는 의미로 한국적인 면을 강조하여 한류를 확산시키자는 뜻이 내포되어 있다. 한류 1.0은 1997~2000년대 중반까지 드라마 중심에서, 한류 2.0은 2000년대 중반에서 2010년 초반까지의 K-POP 중심의 한류, 2010년 초반 이후의 K-Culture 중심의 한류 3.0으로 나뉘었다. 한류 열풍은 이제 K-POP을 넘어 음식·주거양식·언어 등으로 확산되고 있다. 한류 3.0이란 새로운 흐름이 형성되고 있는 것이다.

표 3.1 한류의 발전과정

	한류 1.0	한류 2.0	한류 3.0
시기	1997~2000년대 중반	2000년대 중반~2010년 초반	2010년 초반 이후
특징	한류의 태동 영상콘텐츠 중심	한류의 확산 아이돌 스타 중심	한류의 다양화
핵심장르	드라마	K-POP	K-Culture
장르	드라마, 영화, 가요	대중문화 일부 문화예술	전통문화, 문화예술, 대중문화
대상국가	아시아	아시아, 유럽 일부, 아프리카, 중동, 중남미, 미국 일부	전 세계
주요 소비자	소수의 마니아	10~20대	세계시민
주요 매체	케이블 TV, 위성 TV, 인터넷	유튜브, SNS	모든 매체

출처: 문화체육관광부, 2012, 한류백서.

3) 한류의 외연 확장

한류는 지속적으로 확장되어 왔는데, 이러한 확장과정에서 나타난 특징을 보면 다음과 같다. 첫째, 한류 장르의 확대이다. 아직도 가장 큰 영향력을 보이는 것은 드라마, 음악, 영화지만 애니메이션, 만화, 문학 등으로 지평을 넓히고 있다. 국내 창작 뮤지컬이 일본 진출을 통해 좋은 성과를 거두며 뮤지컬 한류의 가능성도 보여 주고 있다. 〈빨래〉, 〈쓰릴 미〉, 〈광화문 연가〉 등 많은 뮤지컬 작품이 일본에 진출하여 뮤지컬 한류를 이끌고 있으며, 일본 관객들에게 한국 작품의 독창성과 완성도를 인정받고 있다. 한국 문학 역시 일본에 수출되며 문학 한류를 이끌고 있다. 일반적으로 연간 50여 종 안팎의 한국 도서가 번역되어 일본에 출판되고 있다. 일본에 수출되는 주된 분야는 한류 스타 관련 서적과 어학, 한국 문화 관련서가 주류이다. 또한 『엄마를 부탁해』가 미국에서 영문으로 번역되어 주목을 받음으로써 문학 한류의 발전 가능성을 보여 준 바 있다. 또한 소설가 한강은 2016년 『채식주의자』로 맨부커상(Man Booker Prize)을 수상했는데, 이는 한국 작가는 물론 아시아 작가 중에서도 처음 있는 일로 한국 문학의 위상을 높이고 한류의 영역을 확장시킨 예이다.

디지털 및 모바일 콘텐츠 한류도 주목되고 있다. 범세계적으로 스마트 기기의 사용률 증가에 따라 국내 모바일 콘텐츠 업체와 모바일 앱서비스의 해외진출이 증가하고

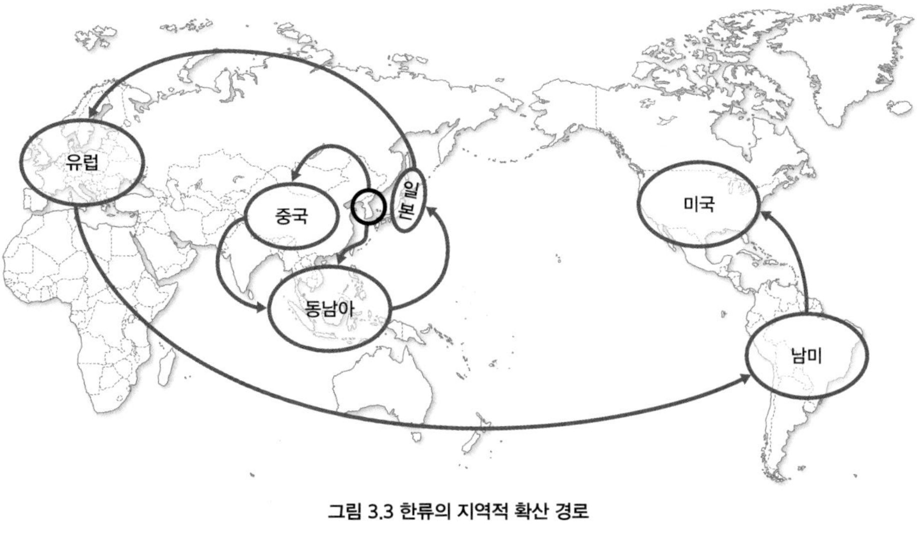

그림 3.3 한류의 지역적 확산 경로

있는 가운데, 대표적인 모바일 콘텐츠인 카카오톡과 라인은 일본과 동남아 진출에 이어 북미, 유럽 등 해외시장에 진출하고 있다. 카카오톡과 라인은 게임 플랫폼을 형성하여 연관 모바일 게임콘텐츠 또한 해외진출이 본격화되고 있다.

음식, 한글 등으로도 한류는 확대되어 한류 3.0을 이어 가고 있다. 특히 한국 음식은 〈대장금〉 등으로 전 세계인의 관심이 높아진 데다가 한식의 세계화운동 등 민관의 노력으로 한류의 하나로 부각되고 있다. 한글의 경우에는 드라마의 영향을 받아 한국어를 배우겠다는 외국인이 늘면서 외국 현지 대학에서 한국어가 하나의 과로 승격되는가 하면, 한국어를 가르치는 대학도 늘어나는 추세이다. 한국어와 한식은 물론 한국에 대한 관심이 미미했던 유럽과 미주, 남미 지역에서 한국인의 라이프사이클을 소개하는 외신과 방송 프로그램도 증가하고 있다.

둘째, 한류 지역의 다변화이다. 지역적으로 한류가 중국, 일본, 동남아의 편중에서 벗어나 중앙아시아, 유럽, 남미, 미국 등으로 확대되고 있다. 특히 신한류가 형성된 3단계 한류부터는 문화적 장벽이 높은 유럽과 남미 지역까지 확대되고 있다. 일본과 중국, 동남아시아 지역이 주요 한류 영향권 내에 있는 국가였다면, K-POP을 중심으로 한 신한류는 한류의 영향권을 중앙아시아를 비롯하여 미국과 유럽, 중남미까지 확대되고 있는 것이다.

셋째, 한류 소비자층의 다양화이다. 〈겨울연가〉가 히트할 당시 일본의 중년여성들이 주소비자층을 형성했으나, K-POP은 10대와 20대 초의 청소년들이 한류 소비의 주역이다. 또한 〈주몽〉, 〈태왕사신기〉 등 역사 드라마물의 수출이 증가하고 액션, 재난 등 한국 영화의 장르가 다양화되면서 해외의 남성 고객층이 한류 콘텐츠에 관심을 보이기 시작하였다.

넷째, 한류 진출방식의 다양화이다. 과거 해외진출 방식은 주로 한류 콘텐츠의 수출에 의존하는 형태였으나 수출에서 라이선스, 연예인들의 해외시장 직접 진출, 해외 작품에 대한 한국 자본의 직접투자, 해외유통에의 진입 등 다양하게 나타나고 있다.

4) 문화콘텐츠 수출 현황

한류는 한국 콘텐츠의 해외수출과 밀접한 관련성을 가지고 있어, 문화콘텐츠 수출을 보면 지역별, 연도별 한류 붐이 어느 정도인지 개략적으로 알 수 있다.

2010년부터 2014년까지 문화콘텐츠 수출을 보면 매년 13.4%씩 성장했다. 2014년 수출액은 52억 7,400만 달러로 2013년에 비해 7.1% 증가한 것으로 나타났다. 한국의 문화콘텐츠 수출이 크게 증가하고 있다는 것은 한류가 해외에서 상승하고 있음을 말해 주는 것이다.

산업별 수출비중을 살펴보면 게임 산업이 29억 7,380만 달러로 전체의 56.4%를 차지하는 압도적인 규모를 보이고 있다. 그 외 캐릭터 산업이 4억 8,923만 달러, 방송 3억 3,602만 달러, 영화산업 2,638만 달러, 음악 3억 3,565만 달러(4.3%)로 나타났다.

지역별로 보면 일본이 가장 많고, 중국, 동남아의 순으로 되어 있다. 전 지역 모두 게임의 수출비중이 높고, 상대적으로 중국은 방송과 캐릭터의 비중이 높은 반면, 일

표 3.2 국내 콘텐츠 산업 수출액 변화 추이

(단위: 천 달러, %)

분야 \ 연도	2010	2011	2012	2013	2014	CAGR ('10~'14)
출판	357,881	283,439	245,154	291,363	247,268	-8.8
만화	8,153	17,213	17,105	20,982	25,562	33.1
음악	83,262	196,113	235,097	277,328	335,650	41.7
게임	1,606,102	2,378,078	2,638,916	2,715,400	2,973,834	16.7
영화	13583	15,829	20,175	37,071	26,380	18.1
애니메이션	96,827	115,941	112,542	109,845	115,652	4.5
방송	184,700	222,372	233,821	309,399	336,019	16.1
광고	75,554	102,224	97,492	102,881	76,407	0.3
캐릭터	276,328	392,266	416,454	446,219	489,234	15.4
지식정보	368,174	432,256	444,837	456,911	479,653	6.8
콘텐츠 솔루션	118,510	146,281	149,912	155,201	167,860	9.1
합계	3,189,074	4,302,012	4,611,505	4,923,100	5,273,519	13.4

출처: 한국콘텐츠진흥원, 2016, 2015 콘텐츠 산업통계.

표 3.3 지역별 수출액

(단위: 천 달러, %)

분야 \ 지역	중국 (홍콩 포함)	일본	동남아	북미	유럽	기타	합계
출판	38,514	60,584	29,456	66,189	13,956	38,541	247,268
만화	1,241	7,015	4,871	3,947	8,054	434	25,562
음악	52,798	235,481	39,548	1,058	4,778	1,987	335,650
게임	957,331	910,064	540,665	204,468	120,340	240,966	2,973,834
영화	10,961	4,474	3,660	3,097	1760	2,426	26,378
애니메이션	1,848	20,169	125	62,490	26,541	4,479	115,652
방송	109,629	79,017	37,257	9,232	1,685	19,458	256,278
광고	102,233	30,233	52,158	131,592	105,214	67,804	489,234
캐릭터	42,356	199,543	219,874	9,801	4,102	3,977	479,653
지식정보	24,287	50,887	29,813	19,546	24,910	18,417	167,860
콘텐츠 솔루션	1,341,225	1,597,467	957,428	511,420	311,340	398,489	5117,369
합계	26.2	31.2	18.7	10.0	6.1	7.8	100.0

출처: 한국콘텐츠진흥원, 2016, 2015 콘텐츠 산업통계.

본은 음악의 비중이 높다.

콘텐츠 산업의 수출액은 2007년 이후 지속적으로 증가하고 있는 반면, 수입액은 지속적으로 줄어들고 있어 매년 무역수지 흑자가 이루어지고 있다. 앞으로 해외시장 진출 확대를 위해 국내 에이전시 활성화와 해외마켓 참여 등 다각적인 정책이 지속된다면 콘텐츠 산업의 무역수지 흑자는 계속될 것으로 예상된다.

5) 한류지수

각 지역별·분야별 한류의 인기 정도를 지수화한 것이 한류지수(Korean Wave Index, KWI)[1]이다. 한류지수는 해외에서의 한류 현 수준, 한류 콘텐츠의 인기 정도를 지수화한 것이다. 한류는 문화적인 현상이면서 동시에 경제적인 현상으로서 다면

1. 지수(指數, index)란 일정한 방향이나 목표를 가지고 어떤 현상이나 사물을 측정할 수 있는 수단이다.

표 3.4 2010년 지역별 한류지수

분야 \ 지역	중국	일본	대만	베트남	태국	분야 한류지수
영화	☂	☂	☀	⛅	☀	☂
방송	☀	☀	☀	☁	☂	⛅
음악	☀	☀	☀	☂	☂	☀
게임	⛅	☀	⛅	⛅	☁	⛅
지역 한류지수	⛅	☀	☀	☁	☁	⛅

☂ : 95 이하　☁ : 96~99　⛅ : 100~105　☀ : 106 이상

출처: 한국문화산업교류재단, 2011, 한류포에버-일본편.

적인 성격을 가지고 있다. 따라서 한류지수는 문화적인 측면과 경제적인 측면을 모두 반영해야 할 것이다. 좀 더 구체적으로 보면, 한류지수는 문화적인 측면에서 해외 소비자들의 한국 대중문화를 좋아하는 현상 즉 호감도를 나타내는 지표와, 경제적인 측면에서 해외에서의 문화콘텐츠 산업의 경제적 실적, 즉 수출 및 해외소비 등의 지표를 포함한 것이다.

한국문화산업교류재단에서 발표한 2010년 한류지수는 103.27로 2008년 100을 기준으로 상승했다.[2] 2010년 지역별 한류지수의 특징을 보면 일본에서의 한류가 두드러지는 반면, 대만과 태국은 약간 하락하고 있다. 중국, 일본, 대만의 경우에는 음악 한류지수의 상승에 의해 국가 한류지수가 상승했으나, 태국과 베트남의 경우에는 음악 한류가 뒷받침되지 못해 지수가 하락한 것으로 보인다.

분야와 지역을 동시에 보면 중국, 일본, 대만에서 음악 한류가 높고, 중국과 일본에

2. 한국문화산업교류재단, 2011, 한류포에버-일본편.

서의 영화 한류가 급락했음을 보여 주고 있다. 음악은 베트남과 태국을 제외하고는 모두 높게 나타나고 있고, 게임 한류는 일본에서 높게 나타나고 있다. 영화는 대만, 베트남, 태국은 약간 상승했으나 일본과 중국에서 크게 하락했다. 방송은 일본, 대만, 중국에서 상승했으나 태국과 베트남에서는 하락했다.

2. 지역별 한류 현황

1) 중국

(1) 특징

중국은 한류가 가장 먼저 나타난 곳이다. 드라마 〈사랑이 뭐길래〉 이후 NRG 등이 중국에서 한류 붐을 이어 갔으며, 〈대장금〉과 같은 드라마와 영화 〈엽기적인 그녀〉, 동방신기와 같은 K-POP 등이 한류를 이어 왔다. 이후 〈별에서 온 그대〉, 〈태양의 후예〉가 뒤를 잇고 있다.

중국은 국가적인 차원에서 자국의 문화를 보호하려는 의식이 강하고, 중국 고유의 미풍양식을 해치는 외래문화를 배척하고 있어 중국의 한류는 많은 부침을 겪고 있다. 자국의 정서와 맞지 않는 문화콘텐츠 내용에 대한 규제 등 매우 많은 정부규제가 존재한다. 게다가 중국은 막대한 시장을 배경으로 자국에서 규모의 경제를 실현하고 이를 기반으로 해외시장에 진출하고 있다. 게임의 경우 비약적으로 발전한 중국 게임업체가 저가격의 이점을 살려 주변국, 특히 중국 문화권에 진출하여 한국 온라인 게임을 축출하고, 한국 게임 기업을 인수하는 등 온라인 게임의 종주국 한국을 크게 위협하고 있다. 결국 중국 자체의 문화콘텐츠 경쟁력이 높아지면서 한국 콘텐츠에 대한 수요도 감소하고, 이에 따라 한류도 위축될 우려가 있다.

더구나 한류 열풍에 대한 중국인들의 정서적인 반발도 일어나고 있다. 중국은 자국 문화에 대한 자부심이 높아, 대외 문화종속에 대한 거부반응으로 반한류 정서가 매우 강하다고 볼 수 있다. 특히 중국은 영향력 있는 문화인들이 반한류를 주도하고 있어, 그 파급력이 크고 국가정책과 연결되는 경우가 많다. 그럼에도 불구하고 중국 시장은 매우 크고 지속적으로 성장하고 있어 무시할 수 없는 중요한 한류 시장이라 할 수 있다. 즉 중국은 한류에 있어서 계륵과 같은 존재로 중국 시장의 확대는 우리에게 기회이면서 위협인 것이다.

(2) 분야별 현황

방송

중국 내 한류 열풍은 TV 드라마와 K-POP이 주를 이루었으며, 특히 드라마의 경우 한류 초기부터 꾸준한 사랑을 받고 있다. TV 드라마 〈질투〉가 1993년 CCTV에 최초로 방영된 이후 〈사랑이 뭐길래〉, 〈목욕탕집 남자들〉, 〈보고 또 보고〉가 시청률 1위를 기록한 바가 있다. 특히 1997년 한국 드라마 〈사랑이 뭐길래〉는 중국에서 외화사상 두 번째로 높은 4.3%의 시청률을 기록하였고, 2005년 중국에서 방영된 〈대장금〉은 후진타오 중국 국가주석까지 즐겨 보았을 정도로 중국 내 큰 인기를 얻으며 한류를 이끌었다.[3]

2006년 한국관광협회의 한류 여론조사에 따르면 응답자 99%가 한국 드라마를 시청한 경험이 있으며, 그들 중 대다수는 10~50편의 한국 드라마를 보았다고 응답하였다. 한국 드라마의 중국 수출은 2006년 이후 지속적으로 하락해 왔으나 2009년 이후 〈풀 하우스〉, 〈아내의 유혹〉 등의 인기가 높아지며 다시 증가 추세를 보이기 시작했다.[4]

이처럼 한국 드라마의 인기가 지속되면서 중국 정부는 외화 콘텐츠에 대한 규제를 강화하기에 이르렀다.[5] 중국 사회 내부에서도 맹목적인 한류에 대한 경계와 자성을

---

3. 유신일, 2013, 중국에서의 한류, China 연구, 14, 333-354.
4. 한국콘텐츠진흥원, 2013, 국가별 한류 콘텐츠 수출동향과 한국 상품 소비인식 분석.
5. 김범송, 2008, 중국의 한류 열풍과 혐한류 현상에 대한 담론, 한중인문학회, 25, 337-361.

촉구하는 목소리가 높아지면서 정부도 한류가 자국의 문화시장을 침해한다는 경계감으로 의도적인 규제강화의 움직임을 보였다. 자국의 문화보호를 위해 해외 드라마 황금시간대(19~22시) 방영 제한, 외화수입 연 50편 제한을 실시하고 있다.

더 위협적인 것은 중국 문화산업의 경쟁력 강화로 한류가 자국 콘텐츠로 대체되는 추세이다. 정부의 지원에 따라 중국 드라마는 양적·질적으로 빠르게 성장하고 있으며, 수입다변화 정책으로 중국의 대중문화 소비자들의 안목도 상승하고 있다. 2012년 중국은 자국의 문화산업 발전을 위한 중국의 문화발전 계획인 '125시기 문화개혁발전계획강요'를 발표하여 자국 문화산업을 육성하기 위해 문화콘텐츠의 생산과 보급 등 문화산업 발전에 관한 정책을 추진하였다.

이러한 다양한 조치에 의해 중국 내 TV에서의 한국 드라마 방영시간이 2010년부터 조금씩 감소하고 있지만, 인터넷 동영상 채널에서의 한류 드라마는 여전히 인기를 지속하였다. 동영상 제공 채널인 소후, PPTV가 한국 드라마 전용코너를 개설하여 한국 드라마를 제공하고 있는데, 인터넷 방송국 중 하나인 PPTV는 자국 드라마의 35%와 한국 드라마의 90%, 대만 예능 프로그램 50% 이상의 방영권을 보유하고 있어 풍부한 콘텐츠를 통해 인기를 얻었다.

그림 3.4 드라마 〈별에서 온 그대〉 포스터

중국 인터넷 방송에 노출된 〈별에서 온 그대〉의 인기는 콘텐츠 중국의 경제에까지 영향을 미치며 중국은 물론 세계 언론에서도 한류의 경제적 효과에 주목하였다. 정부의 견제로 주춤했던 중국에서의 한류가 〈별에서 온 그대〉를 통해 맥을 이어 가게 된 것이다.

그러나 이후 인터넷에서의 동영상 제공에 대해서도 규제를 가하기 시작했다. 인터넷상의 동영상으로 방송되던 한국 드라마조차도 심의 대상이 된 것이다. 이에 따라 국내 동영상 방송 드라마의 수출단가는 크게 하락하고 〈별에서 온 그대〉는 반짝경기로 끝나게 되었다. 그러나 공동제작과 같은 협력은 늘어나게 되었다. 중국의 문화산업이 급성장하고 경쟁력이 강화되면서 한국과 중국의 협력에 의한 드라마가 만들어졌고, 그 대표적인 작품이 〈태양의 후예〉, 〈신사임당〉 등이다.

중국의 수입제한 조치는 한국 방송 프로그램의 포맷 수출이라는 새로운 방식의 교류를 확대시키게 되었다. 중국판 〈나는 가수다〉는 호남위성에서 포맷을 수입하여 수도권 시청률에서 4.34%를, 전국 기준 시청률에서 2.38%를 기록하며 동시간대 1위를 차지하였다.⋯[6] 중국의 소셜미디어 웨이보에서 〈나는 가수다〉 관련 댓글 수가 1억 건을 넘겼고, 동영상 사이트 텐센트(Tencent)의 영상 클릭 총 횟수는 2억을 넘겼으며, 〈나는 가수다〉에 출연한 중국 가수들의 출연료가 3개월 사이에 10배 이상 올랐고, 특히 중국 무명가수 황치산의 10여 년 전 앨범이 온라인상에서 1,000위안 이상으로 거래되는 등 큰 인기를 얻었다.⋯[7] 또한 CJ E&M의 채널 온스타일은 국내 인기 뷰티 프로그램 〈겟잇뷰티〉의 노하우를 담은 중국판 〈겟K뷰티〉를 제작해 중국에 선보였으며, 〈슈퍼스타K〉의 포맷으로 CJ E&M과 호북위성은 〈슈퍼스타 차이나〉를 공동제작하였다.

K-POP

한국의 대중음악은 TV 드라마와 함께 중국 내 한류를 이끈 주요 콘텐츠이다. 1998년 클론에 이어 H.O.T.의 앨범이 중국에 유통되면서 당시 폭발적인 인기를 얻었다. 이후 H.O.T.의 콘서트가 크게 성공하며 NRG, 신화, 이정현, 장나라 등 한국 가수가 대거 중국에 진출하게 되었다. 10대 청소년을 대상으로 기획된 한국 아이돌은 중국의 10대와 20대 층을 사로잡으며 한국의 대중가요가 유행하게 된다.

드라마와 댄스가요를 중심으로 형성된 한류는 이어 K-POP을 중심으로 한 신한류로 다시 확대되었다. 중국 내 K-POP은 하나의 음악 장르로 자리잡으며 디지털 방송

6. 헤럴드경제, 2013년 4월 17일자.
7. 주간무역, 2013년 5월 3일자.

과 인터넷 사이트를 통해 K-POP 가수의 컴백 및 활동소식을 실시간으로 전달하고 있다.

영화

영화 분야는 2001년 〈엽기적인 그녀〉가 개봉하여 크게 성공하면서 한류 열풍에 기여하였다. 〈엽기적인 그녀〉는 중국인들의 문화에 잘 부합되는 데다가 재미 요소가 풍부하여 인기를 끌었다. 당시 배우 전지현은 중국 내 스타로 떠올랐다.

그러나 영화의 경우에도 외국산에 대한 규제가 강하다. 중국 정부는 자국의 영화산업을 육성하기 위해 외국 영화의 수입에 강경한 입장을 보이고 있다. 영화업계 규제정책을 담당하는 주요 기관인 광전총국은 '외국 영화 수입쿼터제도'를 시행하고 있으며 검열을 통한 일부 장면 삭제 및 내용 조정 등의 규제를 가하고 있다. 다만, 2013년 한중 영화공동제작 협정문이 체결되어 한국과 중국 합작영화가 중국 내에서 자국영화로 인정받으면서 쿼터제에 제한을 받지 않게 되어 한국 영화의 중국 시장 진출이 증가하고 있다.

2013년 중국에서 개봉한 영화 〈이별계약〉은 한중 문화산업 협력의 성공사례로 꼽히고 있다. 한중 합작영화 사상 최고의 성적이자 역대 중국 로맨스 영화 중 8위에 해당하는 성과를 거두었다. 개봉 첫날 1,600만 위안(한화 약 29억 원)을 기록하면서 역대 중국 로맨틱 코미디 최고 흥행작인 〈실연 33일〉(개봉 첫날 1,500만 위안)의 스코어를 넘어섰고, 제작비 3,000만 위안(한화 약 54억 원)을 이틀 만에 회수하는 등의 기록을 세웠다. 이러한 성공은 초기 제작단계인 마케팅 조사와 사전제작, 배우 섭외 등까지 중국 측과 협조하면서 흥행으로 이어진 것이다.

한국어

중국에서는 한류 열풍으로 한국어 강좌 개설이 급증하고 있다. 광저우의 경우, 2000년대 초반부터 대학가에서는 한국어 개설 붐이 일면서 10개 이상의 대학에서 강의가 이루어졌다. 한국 드라마와 K-POP으로 인해 한국어를 배우는 한류 팬과 더불어 한국 기업의 중국 진출이 확대되면서 한국어를 배우는 중국인들이 더욱 늘어나게 되었다. 중국의 한국어 능력시험 응시생은 1997년 2,274명이었으나 2015년에는 1997년에 비해 약 70배가 늘어났다.

불법유통

중국에서는 인터넷과 스마트폰 사용 인구의 급증으로 주요 포털사이트에서 한국 드라마 채널을 다루는 등 한류가 지속적으로 인기를 끌지만, 저작권 문제로 인해 직접적인 수익으로 연결되지 않고 있다. 중국 포털사이트를 통해 과거 방송된 한국의 드라마뿐만 아니라 현재 방송되고 있는 드라마까지 대부분 무료로 볼 수 있다. 그러나 국내에서 제재를 가할 수 있는 법적 방안이 없어 국내 콘텐츠의 불법유통을 막기는 어려운 실정이다.

음악콘텐츠 역시 피해를 보고 있다. 중국의 음악시장에서 가장 큰 비중을 차지하고 있는 온라인 시장은 광고를 기반으로 하는 무료 다운로드 유통이 성행하고 있고 해적판 CD와 DVD 등을 쉽게 구입할 수 있다.[8]

2) 일본

(1) 특징

일본 한류의 특징은 높은 산업적 매력을 가지고 있다는 점이다. 일본은 지적재산권이 보장된 나라이므로 일본으로의 수출은 그대로 한류 기업의 매출로 잡힐 수 있다. 동남아, 중국 등에서는 한류 붐이 높다고 하더라도 높은 불법 다운로드 때문에 수익으로 연결되지 못하지만, 일본의 경우에는 합법적인 시장이 형성되어 있기 때문에 일본 내 한류 붐은 수익과 직결되는 것이다. 또한 엔터테인먼트 시장규모가 커서 일본 시장에서의 시장 점유율이 미미하더라도 그 규모는 매우 크다.

8. 한국콘텐츠진흥원, 2013, 앞의 책.

그러나 일본 한류는 항상 한일관계의 특수성에 따른 반한류가 형성될 수 있는 잠재성을 내포하고 있다. 한일 간에는 일본의 강점, 독도 문제, 위안부 문제 등 다양한 갈등요소가 있어 이러한 갈등이 한류의 확산에 장애요인으로 작용하고 있는 것이다. 일본에서는 배용준의 인기가 지속되는 가운데 일본에 진출한 카라, 소녀시대 등의 콘서트 등으로 음악 한류가 나타났다. 이러한 K-POP의 인기는 2010년 이후 지속되다가 2012년 후로 일본과의 정치적·외교적인 이유 때문에 반한류가 형성되어 한류 붐이 식어 가고 있다.

(2) 분야별 현황

K-POP

일본에서의 음악 한류는 1980년대 가수 조용필 등의 활동 이후 산발적으로 나타났다가 보아의 활동으로 맥을 이어 갔다. 보아의 일본 활동은 초기에는 국내에 잘 알려지지 않았으나 오리콘 차트에서 1등을 하는 등 활동이 두드러지면서 일본에서의 음악 한류 주역으로 부각되었다. 그러나 보아의 경우 한국에서 먼저 인기를 끌면서 해외에 진출한 대부분의 한류 전파과정과는 다르고, 현지화를 철저하게 하여 한국적인 특징이 보이지 않는다는 이유로 한류의 범주에 넣지 않는 사람도 있다. 그러나 보아의 활동은 분명 한국 가수가 외국인들에게 인기를 끈 것이므로 한류라고 보아도 무방할 것이다. 다시 2010년 카라와 소녀시대의 인기에 이어 2PM, 씨엔블루, FT아일랜드, 비스트, 샤이니, 동방신기, EXO 등 남성그룹의 인기가 상승하였다. 일본은 한국 음악 수출액의 약 80%를 차지하고 있으며, 독도 영토분쟁이나 반한류적 현상에도 불구하고 일본 내 대형 공연과 아레나 투어 등에 대해 일본 소비자들은 지속적인 관심을 보이고 있다.

K-POP 아티스트의 진출형태는 점차 다양화되었다. 초기 일본에 진출한 한국 가수들은 J-POP을 그대로 노래하며 인지도를 높여 갔으나, 이제는 한국에서 히트한 노래를 한국어로 그대로 부르거나 일본어로 바꾸어 부르는 형태로 변화하였다. 또한 음반

발매 없이 라이브 콘서트만을 중심으로 일본에서 활동하는 아티스트도 다수 등장하였으며, A-PEACE, KINO, SOS 등과 같이 한국이 아닌 일본에서 먼저 데뷔하는 아티스트들도 증가하였다.

K-POP 붐은 2010년부터 점화되어 2011년에 최고점을 찍었으며, 2012년 이후로 다소 진정국면에 접어들었다. 일본에서의 한류는 외교적 마찰에 의한 반한류의 영향과 함께 K-POP에 대한 열풍이 잦아드는 시기가 맞물리며 한류 스타 관련 상품의 소비는 줄어들고 화장품과 같은 소비재 상품으로 전환되기 시작하였다.

드라마

일본 한류의 정점은 〈겨울연가〉이다. 〈겨울연가〉는 일본 중년여성들이 좋아하여 팬들이 생겨나면서 한류 붐을 본격적으로 심은 드라마이다. 이를 계기로 일본 사람들이 한국과 한국인을 다시 보게 되는 등 한국의 이미지 제고에도 기여하게 되었다. 드라마의 경우 장근석, 카라, 소녀시대를 비롯한 K-POP 가수들의 인기로 음악과 함께 상승효과가 발생하였다. 드라마 〈화려한 유산〉, 〈미남이시네요〉 등 젊은 층을 타깃으로 한 드라마가 인기를 얻었으며, 배우 '장근석'이 '배용준'의 뒤를 이으며 한류 스타의 세대교체가 일어났다.

한국 드라마가 높은 인기를 얻자, 일본으로 유통되는 한국 드라마의 진출형태가 다변화되었다. 기존에 패키지로 유통되던 형태에서 국내 엔터테인먼트의 직접적인 일본 진출이나 일본 자금의 유입으로 기획단계부터 관여하는 형태가 증가하였다.

그림 3.5 드라마 〈겨울연가〉 포스터

그러나 방송 부문의 한류는 예전 같지 않다. 일본의 우경화와 반한감정에 따른 한일 관계 악화로 일본의 각 방송사들이 한국 드라마 편성을 줄이고 있기 때문이다. 한국문화산업교류재단에 의하면 2013년 2월 NHK, TBS, TV아사히, TV도쿄의 한국 드라마 방송 편수는 5편에 불과하다. 2014년 이후에는 그 편수마저도 급격히 감소하고 있다.

출판

연간 50종 안팎의 한국 도서가 번역되어 일본에서 출판되고 있다. 종수만 따져 보면 한국에서의 일본 서적 번역과 비교해 100분의 1 수준이지만, 『엄마를 부탁해』와 같은 국내 베스트셀러 작품이 일본에서도 인기를 얻고 있다. 2009년의 경우, 배용준의 『한국의 아름다움을 찾아 떠난 여행』이 8억 원의 선인세 계약으로 일본에 수출되었고, 신경숙의 『엄마를 부탁해』가 상대적으로 고가의 번역출판 계약으로 일본에 소개되었으나 아직 판매량은 많지 않은 편이다.

2003년 이후 지속되고 있는 한류 드라마 및 최근의 K-POP 붐의 영향으로 한국 현대소설 시장에 기대가 높아지고 있다. 하지만 일본 내에서 '교양 한류'에 대한 호의적인 환경이 구축되고 있음에도 한국 현대소설 분야에서 〈겨울연가〉와 같은 킬러콘텐츠는 아직 부재한 실정이다.…[9]

뮤지컬

일본에서 한국 뮤지컬이 본격적으로 소개되기 시작한 것은 2001년 〈지하철 1호선〉부터라 할 수 있다. 〈지하철 1호선〉은 일본국제교류기금의 해외 우수공연 초청프로그램으로 선정되어 도쿄, 오사카, 후쿠오카 등지에서 공연하며 호평을 받았다. 이후 한국의 창작뮤지컬인 〈사랑은 비를 타고〉가 라이선스 계약을 통해 일본으로 유입되면서 한국 뮤지컬에 대한 인지도를 넓히게 되었다.…[10]

---

9. 김영덕, 2013, 한국콘텐츠진흥원 일본사무소 내부자료.
10. 장지영, 일본의 한류뮤지컬 특집_뮤지컬 한류의 변화, 국민일보.

그림 3.6 뮤지컬 〈모차르트〉와 〈빨래〉

쿨재팬 전략

한류가 일본과 중국, 아시아 전역에 확산되는 현상을 보이자, 일본은 자국의 문화산업을 해외로 확산시키기 위해 '쿨재팬(Cool Japan)' 전략을 추진하였다. 2011년 경제산업 성장과 일본의 문화상품 해외진출 지원을 위한 '쿨재팬 해외전개 지원사업'을 발표한 이래로 자국 문화 브랜드를 세계에 알리기 위한 노력을 지속하고, '차이나타운'과 같이 '재팬타운'을 전 세계에 조성하려는 작업에 착수하였다.

쿨재팬의 일환으로 일본 외무성은 문화교류를 담당할 조직을 일원화해 일본의 애니메이션과 패션, 음악 등 문화산업 전반의 홍보를 강화하였다. 또한 일본은 중국을 중심으로 한류에 대항하여 J-POP과 드라마를 유행시켜 일류(日流)를 진흥하고자 중국에서 관민합동 이벤트를 개최하여 지명도가 높은 소니뮤직 소속 아티스트들의 공연을 펼치는가 하면, 일본에서 가장 인기 있는 남성 그룹인 '스마프'와 여성 아이돌 그룹 'AKB48'도 중국 공연으로 팬층을 확대하고자 했다. 또한 일본 정부는 '쿨재팬 펀드'를 조성하여 한류와 같이 일본의 소프트파워를 강화하기 위해 애니메이션, 영화, 게임 등 문화콘텐츠를 홍보하고 수출하기 위한 지원을 하고 있다.

K-POP의 인기와 함께 한국의 뮤지컬을 찾는 일본인들이 증가하였다. 한국을 방문한 일본인 관광객들이 동방신기, 슈퍼주니어, 소녀시대 등 K-POP 가수들이 출연하는 뮤지컬을 관람하면서 한국의 뮤지컬이 한류 콘텐츠로서의 가능성을 보이기 시작하였다. 동방신기의 시아준수가 출연한 뮤지컬 〈모차르트〉는 일본에서 '한국 뮤지컬

관광 투어'가 나올 만큼 팬덤을 형성시켰다.

2011년 이후에는 일본 원작을 각색한 작품이나 드라마로 이미 인지도가 높은 작품 위주로 일본에 진출하기 시작하였다. 일본 만화를 원작으로 한 〈미녀는 괴로워〉, 일본에서 인기리에 방영된 〈궁〉, 〈커피프린스 1호점〉과 같은 지명도가 높은 작품이 진출하여 뮤지컬 한류를 이끌었다.

2012년 〈빨래〉가 〈사랑은 비를 타고〉에 이어 두 번째로 라이선스 계약을 통해 일본으로 진출하였다. 〈빨래〉의 일본 공연은 한국 연출가가 연출을 맡아 일본 배우들과 호흡을 같이하였으며, 극장의 요청으로 재공연을 하는 등 큰 호평을 받았다. 〈빨래〉에 이어 많은 창작 뮤지컬이 일본으로 진출하였고, 일본과 한국이 뮤지컬을 공동제작하는 등 다양한 방식으로 일본에 진출하게 되었다.[11]

한식

한류는 일본인들의 한식에 대한 관심을 증가시키며 식품 분야에서도 인기상품이 등장하였다. 한류 스타 카라와 장근석을 광고모델로 기용한 홍초와 막걸리가 대표적이다. 걸그룹 카라를 광고모델로 한 '마시는 홍초'가 큰 인기를 얻었다. 또한 국내 제과업체 식품인 '마켓오 리얼 브라우니'는 일본인 관광객들의 입소문을 통해 한국의 여행선물로 인기가 높았으며 일본 내에서의 판매도 급증하였다. 이처럼 한류 스타의 이미지로 한국 제품의 호감도 및 브랜드 인지도가 상승하면서 일본 내 기업의 매출 증대와 연결되었다.

3) 동남아시아

(1) 특징

동남아시아는 비교적 일찍부터 한류 콘텐츠가 인기를 끈 지역이다. 베트남, 태국,

---

11. 같은 글.

미얀마, 대만, 인도네시아, 말레이시아, 홍콩 등은 한류 붐이 높았던 지역으로 과거에는 일본의 문화가 강세였으나 한류가 이를 대체하고 있다. 특히 한국의 드라마와 음악이 이들 지역에서 인기가 매우 높아, 그 후광으로 한국을 방문하고 싶어 하는 잠재 한류 관광객도 매우 많다.

그러나 이들 지역은 불법복제가 많고 콘텐츠 가격이 저렴하여 우리나라 한류 콘텐츠 수출액은 적은 편이다. 오프라인이나 인터넷을 통한 불법복제와 불법거래가 성행하고 있어, 한류에 대한 소비자는 많지만 수출액은 적다. 다만 K-POP 가수들의 콘서트와 온라인 게임 등에서 수익을 창출하고 있는데, 향후에는 이들 지역의 경제성장이 빠르고, 합법적 다운로드가 많아질 것으로 보여 미래 유망지역이라 할 수 있다.

이들 지역은 서구사회를 동경하지만 서구사회와는 문화적·지역적으로 거리감이 있어 자신들과 비슷한 문화와 정서를 가지면서 경제개발의 모델로서 한국을 선호하고 있다. 최근에는 인터넷을 통해 한국과의 유행시차가 줄어들어 한국의 문화콘텐츠에 대해 즉각적인 반응을 보여 주고 있으며, 소비자들의 한류에 대한 선호도가 높다. 또한 한류 소비자층이 젊은 층이어서 한국 드라마의 패션이나 외모, 스타일 등을 모방하려는 경향이 강하며, 한국 문화상품의 브랜드 이미지도 고급으로 포지셔닝되어 있어 한류 소비시장으로서 매우 중요하다. 요약하면 동남아 지역은 비록 현재 경제적 시장가치는 낮지만 한류 글로벌화의 전진기지 역할을 하고 있으며 미래 잠재력이 매우 높다고 할 수 있다.

(2) 분야별 한류

K-POP

한류가 드라마 중심에서 K-POP으로 이동하면서 동남아시아 등지에서도 K-POP이 현지 가요 차트 상위권에 지속적으로 랭크되고 있다. 가수들의 안무를 그대로 모방해 표현하는 커버댄스가 동남아시아 일대에 유행하며 K-POP 댄스는 발레, 힙합처럼 하나의 댄스 장르로 자리매김하였다. 이를 반영하여 태국에서는 한국인이 세운

K-POP 댄스학원, 연예인 양성학원 등이 성행하기도 하였다. 필리핀에서는 2009년 원더걸스의 'Nobody'를 기점으로 K-POP 열풍이 불기 시작하였다. Nobody는 필리핀 대선 캠페인 노래로 쓰이기도 하였을 정도로 큰 인기를 얻었다. 필리핀에는 30개가 넘는 공식 K-POP 팬클럽이 있으며, K-POP 커버댄스 등 다채로운 행사를 진행하고 있다.[12]

인도네시아에서는 아이돌 보이/걸 그룹이라는 개념이 존재하지 않았으나 슈퍼주니어, 소녀시대 등 K-POP 아이돌의 인기로 인도네시아 자생형 아이돌 그룹들이 생겨나 팬층을 넓혀 가고 있다. 인도네시아뿐만 아니라 다른 동남아시아 국가에서도 한국의 영향으로 현지 아이돌 그룹이 출현하기 시작하였다.

방송

태국, 인도네시아, 말레이시아, 필리핀, 미얀마, 싱가포르, 베트남 등 대부분의 동남아시아 지역에서 한국 방송콘텐츠는 지속적인 인기를 얻고 있다. 최근에는 드라마뿐만 아니라 시트콤, 버라이어티쇼, 음악방송 등 다양한 장르의 방송도 인기이다.

태국에서의 한류는 2002년 iTV를 통해 방영된 드라마 〈가을동화〉로 시작되었다. 이후 개봉된 영화 〈엽기적인 그녀〉의 흥행으로 한류 열풍이 일어났으며, 한국 드라마와 영화는 태국 내에서 고정팬을 확보하게 되었다. 베트남의 경우 일찍이 한국의 드라마가 양국 방송사의 합작교환 프로그램을 통해 시청자에게 소개되었다. 1998년 베트남에 수입된 외국 TV 프로그램에서 한국 드라마가 56%를 차지하였다. 드라마뿐만 아니라 〈도전 골든벨〉, 〈비타민〉 등의 예능 프로그램도 인기가 있다.[13]

동남아시아의 드라마 한류는 〈가을동화〉로 인해 촉발된 후 〈꽃보다 남자〉로 인해 한류가 다시 재점화되었다고 볼 수 있다. 〈꽃보다 남자〉와 〈상속자들〉에서 주연을 맡은 배우 이민호는 중국을 비롯하여 동남아시아 전역에서 큰 인기를 얻고 있다.

---

12. 한국문화산업교류재단, 2012, 김자연 통신원.
13. 한국문화산업교류재단, 2012, 한류 포에버_세계는 한류 스타일.

그림 3.7 동남아시아에서 인기 있는 예능 프로그램

말레이시아에서는 1990년대 말까지 남미의 텔레노벨라와 인도, 홍콩의 영화가 최고의 인기를 누렸으나 대만, 태국, 일본, 싱가포르의 틴(teen)드라마가 인기를 얻으면서 2001년부터 한국 드라마도 유입되기 시작하였다. 2002년 방영된 〈가을동화〉는 당시 높은 시청률을 기록했고, 〈윈터소나타〉라는 제목으로 방영된 〈겨울연가〉는 본격적인 한류를 이끌었다.⋯[14] 최근에는 예능 프로그램이 인기를 얻으며 다양한 프로그램이 방영되고 있다.

영화

싱가포르에서 한국 영화에 대한 인식의 전환을 가져온 영화는 2001년 〈쉬리〉가 극장에 개봉되면서부터이다. 〈쉬리〉는 홍콩 액션영화를 좋아하는 싱가포르인들의 큰 호응을 얻었으며, 이후 〈공동경비구역 JSA〉, 〈엽기적인 그녀〉가 개봉하며 좋은 평가를 얻었다. 2003년 개봉한 〈여우계단〉은 11일 동안 약 38만 달러를 벌어들여 역대 개

---

14. 방송통신위원회, 2008, 한류 확산을 위한 로드맵 구축에 관한 연구.

봉 한국 영화 중 가장 좋은 흥행성적을 기록했다.[15]

관광

대만에서의 한류 흥행으로 한국을 찾는 관광객 수가 증가하였다. 2014년 한국을 찾은 대만 관광객은 46만 7,000여 명, 2015년에는 37만 2,000여 명에 이른다. 한때 침체됐던 한식당의 상권이 한류 열풍으로 살아나면서 떡볶이와 김치, 라면 등 한국 음식의 인기가 상승하는 등 한류가 연관산업에도 긍정적인 영향을 미치고 있다. 태국 TV에서 한국 드라마의 방영 편수가 늘어난 다음 해에는 어김없이 한국을 방문하는 관광객도 비례해서 증가하는 현상도 나타나고 있다.[16]

한국은 특히 말레이시아, 인도네시아, 태국 등 동남아시아인들의 겨울 여행지로 각광을 받고 있다. 겨울이 없는 동남아시아 국가들은 겨울을 체험하기 위해 스위스 등 유럽과 일본으로의 여행을 선호하였으나, 한류 붐으로 인해 한국으로 겨울 여행지를 선택하는 동남아 사람들이 늘고 있다. 더욱이 2011년 일본 대지진 이후 일본을 대신하여 한국을 선택하는 사람들이 늘어나고 있는 것으로 보인다. 특히 드라마 〈겨울연가〉의 인기가 한국과 겨울이라는 이미지를 한류 팬층에 심어 주면서 겨울 체험을 목적으로 한 관광객이 한국으로 유입되고 있다.

한국어

한류로 인해 한국어에 대한 관심이 높아지면서 동남아에서 한국어를 공부하려는 사람들이 증가하고 있다. 한국에서도 세종학당을 설립하여 이들의 한국어 교육을 돕고 있다. 태국의 경우 학생들은 제2외국어로 중국어와 일어, 한국어를 가장 선호하는 것으로 조사되었다. 2012년 태국기초교육위원회(OBEC)에 따르면, 태국 전역의 700여 개 학교에서 30만여 명의 학생들이 제2외국어로 중국어를 선택하였으며, 일본어

---

15. 같은 책.
16. 2015년 메르스로 관광객이 감소하였다.

의 경우 34,000여 명, 한국어는 12,000여 명이 선택하였다.[17]

3) 미국

(1) 특징

미국은 아직 한류라고 이야기할 정도의 붐은 형성되지 않았다. 미국 시장은 워낙 벽이 높고 진입하기 어려워 원더걸스, 소녀시대 등 K-POP 가수들이 여러 차례 미국 시장을 두드렸으나 성과를 거두지 못했다. 그러나 싸이가 SNS에 힘입어 미국의 NBC방송사에 출연하는 등 비교적 활발한 활동을 벌였다. 미국의 한류는 남미의 텔레노벨라가 그렇듯이 현재까지는 한국의 이민자나 동양계 사람들이 주소비자층이고 점차 그 범위를 넓히고 있다.

미국 시장은 자국 콘텐츠의 점유율이 매우 높아 외부 문화가 침투하기 어렵다. 그러나 일단 미국에 진출하면 세계에서 가장 큰 시장규모를 가지고 있어 많은 수익을 기대할 수 있을 뿐 아니라 세계시장 진출에도 유리한 위치를 점하게 된다. 한류 콘텐츠의 해외진출 종착역은 미국이라고 할 수 있을 정도로 매우 중요한 시장으로서, 싸이를 비롯한 일부 콘텐츠의 진출사례를 계기로 성공 가능성을 보여 주고 있다.

(2) 분야별 한류

영화

한국 영화는 '코리안 뉴웨이브'라 불리는 1980년대를 지나 2000년대에 접어들어 〈접속〉, 〈쉬리〉, 〈공동경비구역 JSA〉 등 작품이 제작되면서 한국 영화의 르네상스 시기의 작품들이 미국 시장에 진출하기 시작하였다. 1999년 〈텔미썸딩〉을 시초로 2000년 초반 〈시월애〉, 〈달마야 놀자〉, 〈가문의 영광〉, 〈공동경비구역 JSA〉 등이 미국 할

---

17. 연합뉴스, 2012년 4월 24일자, "泰, 외국어로 중국어 일어 한국어 선호".

그림 3.8 할리우드에 진출한 한국 배우

리우드 시장에서 한국 영화의 리메이크 붐을 일으켰다. 〈올드보이〉, 〈시월애〉, 〈장화 홍련전〉은 미국에서 리메이크되어 크게 호평을 받기도 했다.

이후 한국 영화는 감독과 배우를 중심으로 미국에 진출하며 한국 영화의 인지도를 높였다. 박찬욱, 김지운, 봉준호 감독, 정지훈, 이병헌, 배두나 등 영화인의 진출이 활발하다. 박찬욱 감독의 할리우드 진출작 〈스토커〉, 봉준호 감독의 〈설국열차〉는 미국 내 호평을 받으며 성공적인 진출로 평가받고 있다.

배우 역시 미국에 활발히 진출하고 있다. 2004년 배우 김윤진이 드라마 〈로스트〉에 출연한 것이 한국 배우가 미국에 진출한 시초라고 볼 수 있다. 영화로는 정지훈(비)의 〈스피드 레이서〉(2008), 〈닌자 어쌔신〉(2009), 이병헌의 〈지아이조1〉(2009), 〈지아이조2〉(2013), 〈레드: 더 레전드〉(2013), 배두나의 〈클라우드 아틀라스〉(2012)에 이어 최근 김수현이 마블의 〈어벤저스2〉에 캐스팅되는 등 한국 영화배우의 할리우드 진출이 증가하는 추세이다.

K-POP

SM, JYP 등 국내 대표 연예매니지먼트사는 미국 진출을 위해 끊임없는 시도를 하였다. SM의 보아는 일본에 이어 미국으로의 진출을 시도하였다. 이후 JYP에서도 원더걸스의 국내 성공 이후 미국으로 무대를 옮겨 한국의 K-POP을 미국 시장에 진출시키기 위한 노력을 하였다.

SM엔터테인먼트는 미국에 SM USA라는 법인을 설립하고 미국 현지 대형 레코드사인 인터스코프와 비즈니스 파트너를 맺음으로써 미국 진출의 기반을 다졌다. 인터스코프는 레이디 가가, 에미넴, 블랙아이드피스 등 인기가수들이 소속된 대형 회사로 한국 가수로는 최초로 소녀시대가 인터스코프와 함께 'The Boys' 앨범을 미국에 발매한 바 있다. 그러나 이와 같은 대형 기획사의 노력에도 불구하고 미국 시장에서 한류라고 일컬을 만한 붐은 일어나지 않았다.

그러나 2012년 싸이의 '강남스타일'에 의해 미국 진출이 불가능한 것만은 아니라

빌보드 차트의 과거 기록

빌보드 싱글 차트에서 1위를 가장 많이 차지한 가수는 비틀스로서 모두 20곡이 1위에 올랐다. 비틀스는 1964년 4월 4일 싱글 차트의 1위부터 5위까지 모두 차지하는 진기록도 세운 바 있다. 가장 오랜 기간 1위를 차지한 곡은 머라이어 캐리와 보이즈 투 멘이 함께 노래한 '원 스위트 데이(One sweet day)'로 16주 연속하여 1위를 차지하였다. 핑크 플로이드가 1973년에 발표한 '다크 사이드 오브 더 문(Dark Side of the Moon)'은 최장 기간(총 741주) 앨범 차트에 오른 음반으로 기록되기도 하였다.

아시아 가수로 빌보드 메인 차트에서 1위를 차지한 것은 1963년 일본 가수 사카모토 큐의 '스키야키(Sukiyaki)'이다. 엔카(演歌) 가수인 사카모토 큐는 '스키야키'라는 곡으로 3주간 빌보드 싱글 차트 1위에 올랐다. 이 노래의 원제목은 1961년 발표된 '위를 보고 걷자(上を向いて歩こう)'이지만 발음하기 쉬운 일본어이자 일본 음식인 '스키야키'로 제목을 바꿔 미국 시장에서 인기를 끌었다. 2010년 10월에는 재미교포 제이 스플리프가 소속된 파이스트무브먼트가 '라이크 어 지식스(Like A G6)'로 1위를 차지한 적이 있지만, 미국에서 제작 발매된 앨범이라 순수 아시아권 음악으로 분류하기엔 무리가 있다. 1위는 아니지만 상위에 올랐던 기록은 메인 싱글 차트인 HOT 100 차트에서는 필리핀의 프레디 아귈라가 1979년 '아낙'으로 5위에 올랐고, 필리핀 출신 채리스 펨핀코는 2010년 발표한 데뷔앨범으로 앨범 200차트 8위에 랭크된 적이 있다.

우리나라의 싸이는 5주 연속 빌보드 2위가 되면서 아시아 기록 중의 하나로 이름을 남기게 되었다. 싸이의 기록은 해외 팬들을 염두에 두고 영어로 제작한 음악이 아니라, 순수 한국어로 만들어진 노래로 빌보드 메인 차트에 진입했다는 점에서 의미가 있다.

는 것이 증명되었다. 유튜브를 통해 전 세계인이 '강남스타일' 뮤직비디오를 접하면서 싸이는 자연스럽게 미국에 진출하였다. 싸이의 '강남스타일'은 미국 '아이튠즈 1'위와 '빌보드 차트 2위'라는 기록을 세우며 국내는 물론 전 세계에 큰 이슈가 되었다. 한국 가수 최초로 미국 아이튠즈 세계음원 차트에 1위를 기록하였으며, 빌보드 싱글 차트 'HOT100'에서 7주 연속 2위를 기록하였다. 또한 미국뿐 아니라 캐나다, 아르헨티나, 체코, 네덜란드, 뉴질랜드, 노르웨이, 리투아니아, 파라과이, 페루, 슬로바키아, 홍콩, 말레이시아, 필리핀, 싱가포르, 타이완, 타이 등 30개국에서 1위에 오르는 기록을 세웠다.

한국어

미주에는 한류 열풍에 힘입어 한글을 배우려는 사람들이 증가하고 있다. 미국 LA 한국문화원의 세종학당 초기 수강생은 75%가 재외동포였으나 현재 외국인 수강생이 74%를 차지하고 있으며, 미국 학교 내의 한국어반 개설이 점차 늘어나고 있는 추세이다. 캐나다의 경우 브리티시컬럼비아 주에서는 2006년 9월부터 한국어를 고교 내 정규과목으로 채택하였고, 한국어 과목을 채택하는 학교가 증가하고 있다.

한식

2012년 이후 한류에 힘입어 한식에 대해 관심을 갖기 시작하였다. 뉴욕 한식업계 관계자들은 한식당을 찾는 사람들 중 현지인의 비중이 높아졌으며, 특히 뉴욕 맨해튼 32번가에 위치한 코리아타운(Korea Town)에서는 한식당에서 저녁을 먹기 위해 기다리는 현지인들이 쉽게 목격되고 있다. 싸이의 미국 진출 이후 한국의 문화에 대한 관심이 높아지고 일본, 중국, 이탈리아, 프랑스 음식에 식상함을 느낀 미국인들이 새로운 아시안 푸드를 찾기 시작하며 한식을 찾는 현지인들이 증가한 것으로 파악되고 있다.[18]

18. KOTRA, 2013, 고일훈 뉴욕 무역관 리포트.

미국 공영방송 PBS가 2010~2012 한국 방문의 해를 기념해 〈김치연대기〉와 〈캐서린의 한국 부엌(Kathlyn's Korean Kitchen)〉을 방영하면서 유명 식료품점에서 김치를 취급하는 곳이 늘어나고 있다. 또한 미국 로스앤젤레스 비벌리힐스에는 비빔밥 전문점 2호점으로 '비비고(bibigo)'가 문을 열었으며, 미국 최고 버거를 뽑는 콘테스트에서 '비빔밥 버거'가 미국 최고의 버거로 선정된 바 있다.

5) 중남미

(1) 특징

중남미는 아직 한류의 미개척지라 할 수 있다. 이 지역은 유튜브 등 온라인을 통해 K-POP을 접하며 한류 콘텐츠를 소비하는 초기 수용자층이 형성되었다고 볼 수 있다. 한류는 아직 마니아 수준에 그치고 있어 대중문화로 발전되기까지는 상당한 노력이 필요할 것으로 보인다. K-POP 아이돌 팬클럽의 중남미 회원들은 아이돌들의 가족관계 등 신상정보는 잘 알고 있지만 실제 한국이 어디에 위치하고 있는지 아는 이들은 많지 않다. 지역별로 보면, 특히 브라질과 아르헨티나 등 서양계 남미 국가에 비해 페루, 볼리비아, 칠레 등의 지역에서 오히려 한류가 인기를 끌고 있다.

(2) 분야별 한류

K-POP

남미에서는 10대들 사이에서 K-POP이 빠른 속도로 확산되었다. 칠레, 브라질, 아르헨티나 등 남미 국가에서는 젊은 층을 중심으로 K-POP의 인기가 상승하여 K-POP 콘테스트, K-POP 댄스스쿨 등 다양한 공연과 이벤트가 개최되고 있다. 멕시코, 브라질 등 중남미 국가에서는 인터넷에 익숙한 10~20대 젊은 층들이 K-POP을 인터넷으로 접하고, 온라인 활동을 통해 자신이 좋아하는 K-POP과 아이돌 가수에 대한 정보를 공유하며 한글을 직접 공부하는 등 한류가 인기이다. 브라질의 대표적인

K-POP 사이트인 '사랑인가요'에는 하루 방문자 수가 최소 3,000여 명에 이른다고 한다.

싸이의 '강남스타일'은 중남미에서도 큰 인기를 얻으며 K-POP을 이 지역에 확산시키는 데 큰 역할을 하였다. 싸이의 세계적인 성공과 최근 중남미에서 연이어 펼쳐진 K-POP 공연으로 한류에 대한 현지 언론들의 관심이 높아졌으며, 한류와 함께 한국의 경제성장에 관해 분석하는 기사도 나오고 있다. 2012년 한국 이민 50주년을 기념하기 위해 80여 명의 한국 전문 공연팀과 150여 명의 무용수들이 삼바카니발의 개막 특별공연 퍼레이드를 펼쳤는데, 이는 삼바카니발에서 한국의 전통문화를 보여 주어 브라질 사람들에 의한 축제라는 전통과 틀을 깬 사례로 기록되고 있다.

드라마

방송의 경우 중남미 지역에는 텔레노벨라가 강하여 한국 드라마가 침투하기에는 한계점을 보여 주고 있다. 특히 글로부와 같은 거대 방송사들을 거치지 않고서는 현지 방송을 하기 어렵다. 그럼에도 불구하고 SBS 〈천국의 계단〉이 중남미와 미국 내 히스패닉(중남미계 미국인)을 위한 문도 폭스(Mundo Fox) 채널에서 방영되며 인기를 얻었고, 파라과이에서 방영된 〈아가씨를 부탁해〉는 방송국 전체 프로그램 중 시청률 2위를 기록한 적도 있다.

1998년 중남미 최초로 〈별은 내가슴에〉가 멕시코 공영방송에서 방영된 이후 〈이브의 모든 것〉, 〈겨울연가〉 등이 방영되었다. 또한 2009년 한국과 브라질 수교 50주년을 기념하는 의미로 2008년 〈내 이름은 김삼순〉, 〈대왕세종〉, 〈대장금〉 등 세 편의 한류 드라마가 브라질 최초로 공식적으로 소개되었다. 이후 2010년부터 한국 KBS, MBC, SBS를 포함한 공중파 방송과 60여 개의 케이블 방송을 IPTV를 통해 브라질에서 볼 수 있는 서비스를 제공한 바 있다.

6) 유럽

(1) 특징

유럽 시장은 문화적 할인율이 높아 진출이 어려운 지역 중의 하나로 인식되었다. 그러나 K-POP이 유럽에서 인기를 끌면서 이 지역도 한류의 대상지로 부각되었다. K-POP의 유럽 공연 이후 한류는 유럽에서 주춤하는 분위기이나, 순수예술에서의 한류는 일부 계층을 중심으로 꾸준하게 이어 오고 있다.

대중문화가 아닌 순수예술이나 독립영화 등의 분야에서 오히려 한국 문화상품에 대한 관심이 높다. 최근에는 한국의 문학작품들도 과거와는 다른 질 높은 번역에 힘입어 인기를 끌고 있다. 유럽은 자국 문화에 대한 자부심이 강하지만 외국의 문화에 대해서도 개방적이고 호의적이어서 우리나라의 콘텐츠가 경쟁력을 가지고 있다면 진출이 가능한 곳이다.

(2) 분야별 한류

K-POP

2011년 6월 'SM TOWN 파리콘서트'의 개최로 유럽 내에서 한류가 주목받기 시작하였다. 이 공연의 티켓이 판매 15분 만에 매진되면서 두 번째 공연을 원하는 플래시몹 시위가 루브르 박물관 앞에서 진행되어 국내뿐 아니라 현지에서도 유럽에서의 한류현상을 주목하였다. 이 공연은 유럽 언론의 관심을 높이는 데 중요한 역할을 하였다.

2012년 싸이의 '강남스타일'이 미국뿐 아니라 유럽을 강타하면서 한국 문화에 대한 유럽의 관심을 더욱 불러 모았다. '강남스타일'은 영국 UK 차트에서 1위를 기록하였으며, 독일에서 열린 MTV '유럽 뮤직어워드'에 후보로 오르는 등 유럽 각국의 음반순위에서 상위권을 차지하며 인기를 얻었다. 이후 유럽의 유력지들은 한국의 경제력과 문화, 서울과 강남거리, 한식 등 한국 문화를 조명하는 글을 기재하기 시작하였으며,

한류현상이 아시아를 넘어 유럽과 전 세계에 퍼져 가고 있음에 주목하였다.

영화

2000년 '제53회 칸 영화제'에서 임권택 감독의 〈춘향뎐〉이 한국 영화로는 최초로 장편 경쟁부문에 오르며 한국 영화가 유럽에 소개되기 시작하였다. 이처럼 K-POP을 중심으로 한 신한류가 있기 이전에 이미 한국 영화를 통해 유럽인들은 한국의 문화콘텐츠를 접하고 있었다. 그러나 한국 영화의 경우 영화제를 통해 유통되는 형태로, 대중적으로 인기를 얻기보다는 일부 마니아층에서 소비되는 단계에 그치고 있었다.

이후 박찬욱, 봉준호, 김지운, 홍상수 감독 등 한국 영화를 대표하는 감독들이 등장하며 한국 영화의 인지도 확산에 긍정적인 영향을 미쳤다. 그러나 한국 영화는 대중적인 흥행보다는 영화제 중심으로 예술성을 인정을 받으며 위상을 높여 가고 있었다. 2004년 칸 영화제 심사위원 대상을 수상한 〈올드보이〉, 2011년 칸 국제영화제에서 각본상을 수상한 〈시〉, 2012년 베니스 국제영화제에서 황금사자상을 수상한 〈피에타〉 등의 수상 성적을 기록하며 상업영화보다는 예술영화 강국으로서 이미지를 구축하고 있다.

그림 3.9 칸 영화제 수상작 〈올드보이〉와 베니스 국제영화제 수상작 〈피에타〉

애니메이션

우리나라 유아용 애니메이션이 유럽 지역에서 인기를 얻고 있다. 〈뽀롱뽀롱 뽀로로〉는 2003년 EBS에서 처음 방영된 이후 유럽 등 80여 개국에 수출되어 해외에 널리 알려졌다. 특히 프랑스, 독일 등 유럽에서 국내 유아용 애니메이션이 큰 인기를 얻었다. 프랑스 애니메이션 방송에서 가장 영향력이 있는 공중파인 TF1에서 47.1%라는 놀라운 시청점유율을 기록한 바 있다.[19]

디즈니 계열사인 제틱스와 공동제작한 〈뿌까〉도 영국을 시작으로 프랑스, 이탈리아, 독일 등지에서 방영을 진행하였다. 또한 유료 방송사인 카날플뤼스(CANAL+)의 유아 애니메이션 전문채널 PIWI+에서 〈로보카 폴리〉와 〈카오카〉가 방영되면서 큰 성공을 거두었다. 〈뿌까〉는 각종 캐릭터 상품으로 프랑스에 진출하여 청소년층에서 인기 있는 캐릭터로 자리를 잡았으며, 〈로보카 폴리〉 역시 파리 시내 일반 완구점에서 쉽게 찾아볼 수 있을 정도로 좋은 반응을 얻고 있다.

애니메이션 〈마당을 나온 암탉〉은 이탈리아에서 큰 호평을 받았다. 〈마당을 나온 암탉〉은 이탈리아 수도인 로마를 비롯하여 제노바, 토리노, 밀라노, 피렌체 등 총 17

그림 3.10 유럽에서 인기 있는 국내 애니메이션 및 캐릭터

19. 최돈일, 2008, 한국애니메이션의 사례분석을 통한 성공전략 연구, 한국컴퓨터게임학회논문지, 13, 93-98.

개 도시에서 개봉되었다. 극장 70개관에서 개봉되었는데, 이는 중간급 규모로 이탈리아에서 근래 한국 영화가 개봉된 적이 극히 드물었던 점을 감안할 때 한국 애니메이션으로서는 괄목할 만한 성과로 볼 수 있다.

출판

경쟁력을 갖춘 어린이 도서의 유럽시장 수출이 증가하고 있다. 한국 아동도서 산업이 발전하면서 한국 도서가 아동도서의 노벨상 격인 볼로냐 라가치상(Bologna Ragazzi Award)을 2004년, 2006년, 2009년 연이어 수상하여 해외에서의 한국 아동도서 위상이 한층 높아졌다. 2013년 5월 체코 프라하에서 열린 도서박람회 'Svet Knih 2013'에서 체코 출판사 이데알(Ideal)사가 선보인 한국 동화책이 베스트셀러로 선정되었다. 한국의 높은 교육수준과 문화로 한국 교육용 도서와 아동용 도서의 높은 관심이 예상되고, 교육용 도서는 제3의 한류 콘텐츠로 성장할 것으로 예상되고 있다.

아동문학만이 아니라 일반 소설도 주목을 받고 있다. 2016년 소설가 한강은 『채식주의자』로 세계 3대 문학상 중 하나인 영국의 맨부커상(Man Booker Prize)을 수상하였다. 이번 수상은 한국문학의 세계적 경쟁력을 입증한 것으로서 유럽인들의 보는 시각을 변화시켰다.

그림 3.11 체코에 소개된 한국 도서

출처: KOTRA

제4장

글로벌 대중문화 사례

위성방송과 케이블방송의 확산, 방송통신의 규제 완화 등으로 대중문화의 글로벌화가 진전되는 가운데 미국을 중심으로 한 할리우드 문화가 세계시장을 주도하고 있다. 그러나 지역 문화콘텐츠의 경쟁력이 강화되고, 최근 디지털화에 의해 온라인 기술환경의 변화, 글로벌 플랫폼의 등장에 따른 콘텐츠의 국제 대량유통, SNS에 의한 지구 커뮤니케이션의 확대 등으로 문화는 전 세계적인 동질화 현상이 나타나고 있다. 국가 단위의 콘텐츠 시장도 점차 인터넷의 발달과 전통 미디어의 국제화에 따라 국가의 경계는 의미가 없어지고 어디에 있든 소비자들을 찾아서 유통하는 상시연결(always connected) 구조로 바뀌고 있다. 이에 따라 점차 미국의 주도 문화에서 벗어나 독자적인 권역하에서 문화의 집단이 신규 매체를 통해 노출됨으로써 감추어져 있던 지역의 문화가 부상하고 있다.

국가 간 문화의 확산은 '국내유행', '지역화', '글로벌화' 등 세 단계를 거친다. 첫째, 문화의 국내유행 단계는 국내의 문화상품이나 문화현상이 자국 내에서만 인기 있는 경우로, 해외로 문화상품이 수출되지 않는 대부분의 나라가 여기에 해당된다. 시장에서 경제규모가 안 되어 한 국가가 자국에 통용될 수 있는 작품을 만들지 못했을 경우에는 해외의 유행 문화나 콘텐츠가 이를 대신한다. 둘째, 문화의 지역화 단계는 한 국가에서 유행하던 문화가 인근의 유사한 문화와 정서 및 언어를 가진 나라로 파급되는 단계이다. 문화적으로 인접한 나라에서 문화상품의 교역을 통해 문화를 공유하는 현상으로 한류, 텔레노벨라 등이 대표적이다. 셋째, 문화의 글로벌화 단계는 인근 지역뿐만 아니라 전 세계에 퍼져 세계문화로 발전하는 단계이다. 일본의 애니메이션 및 게임, 할리우드 문화 등과 같이 막강한 제작비와 인류보편적인 스토리로 세계적 지배력을 가지는 경우이다.

한류는 국내유행 단계에서 벗어나 지역화 단계에서 글로벌화로 전진 중이다. 한류가 형성되기 이전에는 주로 국내유행 단계로서 해외진출을 위한 내부 경쟁력 강화를 통한 역량을 강화하였다. 이 기간 동안에는 국내유행 단계로서 영화, 음악, 공연, 게임 등의 분야에서 해외의 대중문화가 국내시장을 점령하였다. 영화는 직배를 통한 할리우드 등의 해외 영화가, 음악은 팝송 등의 외국 음악이 높은 국내시장 점유율을 기록

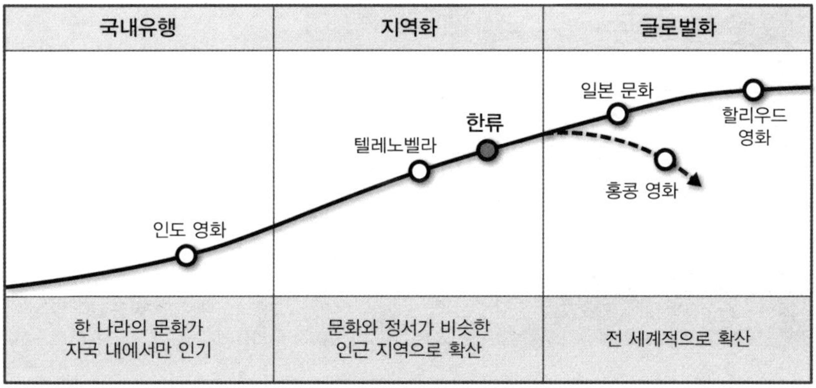

그림 4.1 문화의 확산 단계

하였으나, 국내 대중문화는 이런 외국 문화산업과의 경쟁을 통해 경쟁력을 축적하였다. 한류가 형성된 이후에는 국내 문화콘텐츠가 국내시장을 주도한 데 이어 이를 토대로 인근 해외 지역으로 확대되었다. 이 기간은 한국 영화, 가요, 온라인 게임 등이 국내시장에서 점유율을 높이기 시작하면서 해외시장을 확대하는 기간이다. 해외시장 중에서도 일본, 중국, 동남아 등 유사한 인근 지역으로 확산되었다. 현재는 인근 지역을 벗어나 세계시장으로 확대되고 있다.

1. 일류

1) 개요

일본 문화는 19세기 말부터 일본 '우키요에'[1]의 영향으로 '자포니즘(Japonism)',

---

1. 우키요에(浮世繪)는 에도시대 초기부터 막부시대 말까지 교토를 중심으로 한 서민의 풍속 및 생활, 자연 풍경 등을 사실적으로 묘사한 그림(민화)이다.

그림 4.2 '빨간 후지'로 널리 알려진 우키요에 작품 '개풍쾌청'(凱風快晴)

'일본풍(日本風)', '일류(日流)'[2], '화류(和流)'[3] 등으로 불리며 세계 각지에 확산되었다. 1867년 프랑스 파리 만국박람회에서 일본 도자기를 감싼 포장지로 쓰였던 우키요에가 인상파 화가 모네에게 발견되면서 '자포니즘'이 탄생하였다. 우키요에의 선명한 색, 참신한 구성, 유려한 선은 서양인들을 흥분시켰고, 프랑스 비평가들이 '자포니즘'이라고 명명한 트렌드가 크게 유행하였다. 고흐, 로트레크, 마네, 드가 등 인상파 화가를 비롯해 수많은 예술가들이 자포니즘의 영향을 받았다.

20세기 초에는 일본의 침략전쟁과 함께 아시아 지역에 일본 문화가 유입되었다. 우리나라를 비롯해 일본의 침탈을 받은 아시아 지역에 대중문화, 생활양식, 언어, 사상 등 포괄적인 일본 문화가 대거 유입되었다. 이 시기에 나온 일본의 영화나 가요가 해방 후에도 우리나라 대중문화에 지대한 영향을 끼쳤다. 20세기 중반 이후 들어서는 일본 문화가 아시아, 유럽, 북미 등 전 세계에 확산되었다. 유럽의 경우 1980년대 언론들이 일본 문화를 대거 보도하기 시작하면서 일본 문화 붐이 형성되었다. 1980년대 대만 등 아시아 지역에 일본 드라마 열풍이 일기도 했으나 고가격정책을 고수하는 바람에 1990년대 들어 그 열기가 소멸되었다.

---

2. 일본류(日本流)의 줄임말로 초기에는 화류(和流)로도 불렸다.
3. '화류'는 일본풍, 일본식 대중생활 문화, 스타일, 유행 등을 포괄하는 개념으로 일본인들이 스스로 쓰는 말. 일본의 다른 이름이자 특유의 풍물을 가리킬 때 사용되는 야마토(大和)의 화(和)와 트렌드/유행을 의미하는 유(流)가 합쳐진 말로 니폰필 등과 유사한 의미이다.

현재 애니메이션, 만화, 가요 등 일본 대중문화는 '아니메(Anime)', '재패니메이션(Japanimation)', '망가(Manga)', 'J-POP' 등의 용어가 통용될 정도로 세계시장에서 높은 인기를 얻고 있다. 전 세계에서 방영되는 TV 애니메이션의 50% 이상이 일본산이고, 〈포켓몬스터〉, 〈헬로키티〉, 〈하울의 움직이는 성〉 등은 세계적인 히트를 기록한 작품들로 매년 막대한 수익을 올리고 있다. 각국의 청소년들이 일본의 만화, 게임 잡지 등을 보기위해 일본어를 학습하는 현상도 나타나고 있다.

대중문화뿐만 아니라 일본 스타일의 패션과 디자인, 상품, 음식 등도 세계적인 유행을 선도하며 각지에 확산되고 있다. 패션·인테리어 잡지 등은 발간 직후 세계 각지로 보급되어 유행을 선도하였다. 일본풍 디자인의 상품뿐만 아니라, 이자카야(居酒屋) 등 일본식 주점과 음식점들이 성행하고 초밥, 생선회 등 일본 음식도 높은 인기를 모으고 있다.

일본 문화가 이와 같이 확산된 배경에는 세계시장에서 통할 수 있는 경쟁력을 보유하고 있다는 점이다. 일본은 미국, 중국과 함께 세계 3대 문화콘텐츠 산업 강국으로 세계 최고 수준의 경쟁력을 가지고 있다. 아울러 독특한 고유문화를 바탕으로 다른 나라와 차별화되는 경쟁력도 겸비하고 있다. 19세기 말 유럽 예술계에 자포니즘이 유행한 것도 선명한 색, 참신한 구성 등 우키요에가 지닌 독특함이 신선한 매력으로 작용했기 때문이다. 대중문화도 일본 고유의 문화와 스타일이 반영되어 미국 등 서양의 작품과는 차별화된다. 일본 대중문화 캐릭터들은 큰 눈, 사무라이 스타일의 머리밴드 등 독특한 스타일을 보유하고 있으며, 〈센과 치히로의 행방불명〉 등 대중문화에는 토속신앙 등 일본 고유의 문화가 녹아들어 있는 것이다.

일본 정부와 기업의 적극적인 문화마케팅도 일본 문화 확산에 기여하였다. 제2차 세계대전 후 일본의 문화재단과 기업들은 조직적으로 일본 문화 전파를 위한 활동을 시작했고, 이는 1960년대 이후 일본의 문화와 스타일이 세계적으로 붐을 일으키는 계기가 되었다. 세계를 대상으로 한 일본 기업들의 적극적인 문화마케팅의 예를 들면, 1991년과 1992년 뉴욕 링컨센터에서 열린 '모짜르트 서거 200주년 기념 연주회'에 도쿄은행, 히다치, 일본항공 등 10개의 일본 기업이 컨소시엄을 구성해 100만 달러를 지원하는 등이었다. 또한 일본의 침략전쟁을 계기로 아시아 지역에 일본의 문화가 확산되었다. 특히 오랜 기간 일본의 식민지로 있었던 우리나라의 경우 생활양식, 언어, 사상 등에 이르기까지 폭넓게 일본 문화가 침투하였다.

2) 패션

니폰필(Nippon Feel)은 '일본'의 일본식 발음인 니폰(日本)과 감각을 의미하는 영어단어 'feel'이 합쳐져 만들어진 인터넷 신조어이다.…4 이는 넓게는 일본풍이나 일본 느낌이 나는 생활문화를, 좁게는 일본 스타일, 일본풍이라고 해석할 수 있는 개성적인 스트리트 패션(street fashion)과 헤어스타일, 화장법을 의미한다. 일본풍의 패션은 세계 주요 도시에 퍼지면서 기존에 세계 대중패션을 지배해 온 미국식 패션과 '스트리트 패션'이라는 차별점을 둔 새로운 스타일로 전파되었다.…5 일본의 스트리트 패션은 동서양의 스타일을 독특하게 재조합하여 세계적인 디자이너들에게 영감의 원천이 되었고, 인터넷 사이트나 잡지 등을 통해 세계 패션리더들에게 막강한 영향력을 주었다.

일본 패션은 우리나라를 제외한 아시아 시장에서 먼저 주목받았다. 특히 대만과 홍콩 등의 젊은이들에게 인기를 끌며 유행하기 시작하였고, 한국의 경우 1990년대 들어 일본 패션 상품의 구매가 늘면서 일본의 패션 문화가 국내에 대중화되었다.…6 2000년대 초반까지 한국의 명동, 신촌, 이대 앞, 압구정동에는 '하라주쿠 패션'이나 '신주쿠 패션', '시부야 패션'으로 불리는 일본 스타일의 패션을 쉽게 찾아볼 수 있었으며, 이러한 스타일을 총칭하여 '니폰필'로 지칭하였다.…7

4. 윤진아, 2007, Nippon Feel 패션이 우리나라 스트리트 패션에 끼친 영향, 패션과 니트, 5(2), 35-45.
5. 류민화, [패션 in 패션] "도쿄패션 세계를 누빈다", 동아일보, 2003년 11월 13일자.
6. 윤진아, 2007, 앞의 글.
7. 이희승·조규화, 2002, 韓國 新世代 패션에 關한 硏究: 日本大衆文化의 影響을 中心으로, 한국패션비지니스학회, 6(1), 83-101.

이러한 일본풍의 패션은 먼저 한국 연예인들의 패션 스타일에 많은 영향을 미쳤다. 서구 스타의 이미지보다 거부감이 적고 체형이 유사한 일본 스타의 이미지를 모방하는 연예인이 많아지면서, 연예인의 스타일을 모방하는 일반인에게 이러한 일본풍의 패션이 대중화되었다.[8] 일본풍의 패션 스타일인 레이어드룩(layered look), 스쿨걸 스타일(school-girl style), 빈티지 스타일(vintage style), 갸루 스타일 등이 유행하면서 '루스삭스(loose socks)'나 스키니 진(skinny jean), 레깅스(leggings)와 같은 의류 상품들도 널리 대중화되었다. 이러한 일본풍의 의류는 부산에서 선보인 후 서울의 동대문 쇼핑몰에서 팔렸으며 온라인 쇼핑몰을 통해서도 붐을 일으켰다.[9] 2005년도 전후로는 일본풍 의류가 가장 유행하며 높은 매출을 보였다.

더불어 서점에서는 일본 패션잡지를 손쉽게 구할 수 있었으며, 인터넷에서는 일본 스타일 동호회 카페가 1,000개가 넘으며 인터넷 동영상으로 니폰필 헤어스타일을 교육하는 콘텐츠까지 등장했다.[10] 이에 더불어 'DHC', '갸네보', '슈에무라', 'RMK', 'SKⅡ', '시세이도'와 같은 일본 화장품 브랜드는 세계적으로 인기를 끌며 높은 매출을 보이고 있다.

일본의 패션 스타일은 해외 패션 전문가들에게 '믹스 앤드 매치(Mix&Match)'와 '레이어링(layering)'에 대한 창의적인 감각으로 인정받았고, 서구 유명 디자이너들에게 영감을 주며 현재까지도 유럽이나 미국 패션계에 영향을 주고 있다.[11]

3) 일식

해외에서 한식당은 찾기 어렵지만 일식당은 어디에 가도 쉽게 찾을 수 있다. 그만큼 일식은 세계화되어 있다는 것이다. 얇은 생선회 조각인 사시미, 식초로 양념한 적은

---

8. 같은 글.
9. 류민화, 2003, 앞의 글.
10. 김청중, [和流] "니폰필"스타일 거리를 누빈다, 세계일보, 2005년 3월 3일자.
11. 류민화, 2003, 앞의 글.

양의 밥 위에 생선 조각을 얹은 스시는 세계적으로 널리 알려진 일본 음식이다. 사케, 즉 일본 정종은 '라이스 와인'이라 하여 외국에도 잘 알려져 있다. 술 이외에 많은 발효식품이 있는데, 대표적으로 된장인 미소(みそ)는 콩에 누룩곰팡이를 발효시켜 만든 것이다. 일본 각지에는 고장마다 특유의 미소(된장)가 있다.[12]

오늘날 쇼유(醬油)는 전 세계에 보급되어 쓰이고 있다. 프랑스 요리나 미국에서 유행하고 있는 데리야키(照焼)의 소스로도 쓰일 뿐만 아니라 여러 곳에서 여러 용도로 사용되어 오래된 요리에 신선한 맛을 주고 새로운 재료의 탄생을 촉진시킨다. 스키야키·생선회·튀김·스시 같은 외국에서 인기가 있는 일본 요리의 품목들 모두가 쇼유(しょうゆ) 없이는 탄생하지 못하였을 것이다.[13]

특히 스시(초밥)는 1950년대 서구사회에 소개되었을 당시 날 생선을 사용하는 조리법 때문에 '야만적 음식'으로 평가되어 서양인들에게 큰 인기를 끌지 못했다. 그러나 현재 스시는 일본을 대표하는 국제음식일 뿐 아니라 동시에 고급문화를 상징하는 음식이 되었다.[14]

스시 세계화의 성공요인은, 첫째, 생선회의 신선한 맛을 유지하는 표준화 시스템을 구축한 것이다. 일본은 스시의 일정한 맛을 내기 위해 스시 5cm의 쌀알 개수, 쌀의 세척 횟수, 수분함량, 부피까지도 표준화를 시도하였으며, 스시의 지속적인 세계화 정책을 위해 꾸준한 인적·물적 관리를 해 왔다.[15] 일본 초밥종사자협회는 전 세계 외국인을 대상으로 스시에 대한 교육을 실시하고 있으며, 각국 실정에 맞게 스시의 표준조리법, 제조 및 식품안전기준을 제정하도록 하고 있다.

---

12. 네이버 지식백과, 일본의 음식문화(일본의 사회와 문화, 2011.2.28, 제이앤씨)(http://terms.naver.com/entry.nhn?docId=1833092&cid=3278&categoryId=3781)
13. 같은 글.
14. KOTRA 해외비즈니스정보포털, global window(2005-03-11), 현재 미국은 '日流' 붐, 조은범(http://www.globalwindow.org/gw/overmarket/GWOMAL020M.html?BBS_ID=10&MENU_CD=M10103&UPPER_MENU_CD=M10102&MENU_STEP=3&ARTICLE_ID=2084381).
15. 장세길·김시백·변혜진, 2013, 전통문화의 산업화·세계화, 표준화가 먼저다: 전통문화산업 표준화의 의미와 필요성, 추진방향과 활용방안, 전북발전연구원 이슈브리핑, 110.

둘째, 스시를 파는 식당을 작은 일본으로 만들어 음식과 일본 문화를 판매했다는 점이다. 독특한 장식과 색감, 음악, 인테리어와 같은 일본 문화가 덧붙여져 스시는 서구 사회에서도 고급음식, 트렌디한 음식으로 이미지를 구축했다. 일본 술, 도자기, 실내 장식, 정원, 꽃꽂이, 다다미방, 기모노, 종업원의 예절, 청결 제일주의 등 일본 문화 전체를 일본 식당에 집약시켰으며, 이렇게 만들어진 이미지를 세계 상류층 고객들에게 각인시켰다.[16] 이러한 일본 붐을 통해 젠이나 스시 등으로 대표되는 일본 문화는 미국 상류층 문화의 하나로 자리 잡았으며, 젓가락 사용능력이 고상함을 의미하게 되는 등 그 뒤로도 명맥을 유지해 나가고 있다.[17]

셋째, 일본 정부와 기업이 함께 손잡고 외식산업실과 외식산업 관련 연구재단을 설립하여 세계시장 조사 및 소비자 반응을 통한 메뉴 개발, 인력 양성, 식자재 유통조달 시스템 개발 등에 지원한 점이다. 일식을 세계화하기 위해 산학이 함께 체계적으로 필요한 조치와 정책을 만들어 갔다는 것이다. 이와 함께 세계화를 위한 단계별 전략 수립(세계시장 진입→정착→확산→유지)을 하고 회전스시, 스시벤또, 캘리포니아 롤 등 다양한 메뉴 개발을 통해 대중화에 힘쓰고 있으며, 스타 요리사 및 스타를 내세워

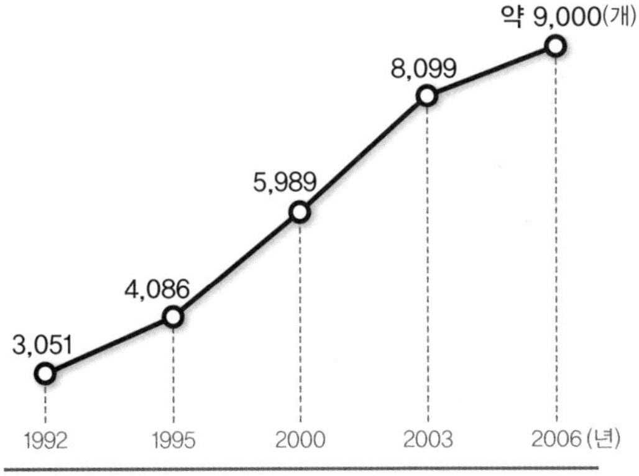

그림 4.3 미국 내 일식당 수 추이
출처: 미국 아라마크(급식업체)

16. 조선일보, 2009년 4월 13일자, "日 스시는 왜 강한가".
17. KOTRA 해외비즈니스정보포털, global window(2005-03-11)(http://www.globalwindow.org/gw/overmarket/GWOMAL020M.html?BBS_ID=10&MENU_CD=M10103&UPPER_MENU_CD=M10102&MENU_STEP=3&ARTICLE_ID=2084381)

적극적으로 홍보에 주력했다.[18]

이외에도 전 세계적으로 건강에 대한 관심이 높아지면서 '저지방, 저칼로리'라는 스시의 장점이 부각된 점도 크게 영향을 미쳤다. 공원 벤치에서 햄버거로 점심을 때우던 미국인들이 최근에는 스시 가게에 줄을 섰으며, 파리에서도 건강식품으로 각광받고 있다.[19] 한편 스시에 대해 거부감을 갖는 서양인의 입맛에 다가가기 위해 초밥 주위에 김을 두른 롤 형태를 중심으로 주재료도 아보카도, 새우튀김, 스노크랩 등 사시미 이외의 재료로 만든 '캘리포니아 롤'을 개발하여 거부감을 줄이는 노력을 기울이기도 했다. 더불어 쇼유와 같은 조미료 등이 국제적으로 친숙한 재료가 되었다는 것, 그리고 장인의 칼 솜씨와 같이 그 과정을 즐길 수 있는 쇼(Show) 요소가 있다는 점 등이 세계적으로 스시가 인기를 끌게 된 원인이라고 할 수 있다.[20] [21]

4) 일본 만화

지구상의 출판만화 중 약 70%가 일본산으로 일본 만화는 세계 70여 개국에 30개 언어로 번역 출판되어 있다. 일본 만화는 망가(まんーが, manga)라고 지칭되며 미국 만화인 코믹스(comics)와 다르게 구분되는 독특한 하나의 장르로 인정받고 있다.[22] 문화적 요소가 비슷한 아시아는 물론 유럽 등에서도 인기를 끌고 있다. 일본은 만화 대국이라 할 수 있다. 일본 만화산업의 전성기였던 1993년에는 22.5억 권이 발행되었는데, 이는 일본 전체 출판시장의 40%를 차지할 정도였다. 이후 2005년 발간된 신

---

18. 장세길·김시백·변혜진, 2013, 앞의 글.
19. 박병곤, [금요칼럼] '스시'와 비빔밥, 입맛 전쟁, 부산일보, 2007년 3월 2일자(http://www.busanilbo.com/news2000/html/2007/0302/040020070302.1030110748.html).
20. 임희윤, [이사람] "스시 생명은 요리사의 기술·정신", 헤럴드경제, 2010년 5월 26일자(http://news.heraldcorp.com/view.php?ud=20100526000090&md=20100526115407_BC).
21. 동아일보, 2006년 12월 11일자, 日 "해외 일식당 요리 인증" vs 美 "초밥맛 떨어지는 소리"(http://news.donga.com/3/all/20061211/8383482/1).
22. 네이버 지식백과, 일류[日流](한류와 아시아류, 2012, 커뮤니케이션북스)(http://terms.naver.com/entry.nhn?docId=1625257&cid=3873&categoryId=3881).

간만화는 총 1만 종 이상, 판매부수 13억 권으로 1995년을 기점으로 점차 감소하고는 있으나 일본 출판만화는 일본 문화산업의 핵심이라 할 수 있다.

일본 만화산업을 시기별로 보면 초창기는 1920년대 유럽 시사풍자 만화의 영향을 받아 만화가 다수 등장한 시기이다. 1930년대에는 장편만화가 등장하여 전쟁선전의 도구로 이용되었다. 발전기는 1950년대부터 1995년까지 일본 만화산업이 호황을 보여 준 시기이다. 1950년대 들어 정부의 규제가 완화되면서 내용면에서 다양성을 갖추고 텔레비전의 등장으로 만화산업이 폭발적으로 발전하였다. 당시에는 독자층이 소년에서 소녀로, 다시 청년층으로 확대되었다. 1980년대에는 오락의 틀을 벗어나 정보를 제공하는 만화가 등장하였고, 만화잡지도 호황(월 100만 부 이상 출판하는 잡지 다수 등장)을 구가하였다. 그러나 1995년 이후로 출판만화는 정체, 감소하는 추세를 보인 반면, 온라인 및 모바일 만화시장이 급속하게 성장하고 있다.

독서량이 많은 일본인들의 문화적 특성에 따라 일본의 만화책 소비시장 규모는 매우 크고 일본 대중문화 콘텐츠가 상당부분 만화를 바탕으로 하고 있어 그 파급력도 크다. 실제로 일본의 만화산업이 발전하면서 애니메이션과 캐릭터, 게임 산업도 급성장하였다. 만화를 즐겨 보는 일본인들의 문화가 반영된 만화영화, 즉 애니메이션이 일본에서 발전하였고, 1960년대에는 TV 애니메이션 산업이 크게 성장했다.⋯→23

더불어 미국, 한국, 대만 등의 여러 나라에서는 일본의 만화를 원작으로 하는 영화나 드라마를 제작하고 있다. 대표적인 예로 1992년 일본에서 연재를 시작한 일본 인기 만화인 『꽃보다 남자(花より男子)』는 일본에서 1995년 영화로, 1996년 TV 애니메이션으로 제작되어 흥행에 성공한 것이다. 이후 원작 수출로 대만에서 TV 드라마 〈유성화원(流星花園〉(2001)과 〈유성화원 Part 2〉(2002)로 제작, 방영되어 큰 인기를 얻었을 뿐 아니라 일본과 한국 등으로 다시 수출되었다. 이러한 흥행에 힘입어 일본에서도 〈꽃보다 남자〉(2005)와 〈꽃보다 남자 리턴즈(花より男子 Returns)〉(2006)가 제작, 방영되었고 역시 아시아권 국가들에서 큰 인기를 얻었다. 이어서 2009년에는

23. 같은 글.

한국에서도 〈꽃보다 남자〉라는 제목으로 TV 드라마가 제작되어 방영되었는데, 이는 대만, 일본판의 내용을 모두 포함한 버전이었다. 결국 일본의 인기 만화가 대만으로 수출되어 일류(日流)를 형성하여 드라마로 제작되었는데 이것이 일본으로 역수출되어 일본에서 방영, 대류(臺流)를 일으켜 일본에서 다시 제작되었고, 이후 한국에서도 제작되어 한류 콘텐츠로 해외에 재수출되는 등의 과정을 거쳤다. 이처럼 아시아 문화의 유행이 서로 교류하고 발전하는 중심점 중의 하나로 일본 만화가 자리 잡고 있는 것이다.

일본 만화는 해외시장에서도 인기를 끌었는데, 미국 시장의 경우 애니메이션과 게임의 후광으로 1980년대 중반부터 주로 여성 독자층에 인기를 얻어, 미국 내 일본 만화 독자층의 60%가 여성이다. 프랑스 시장의 경우 1980년대 『드래곤볼 Z』의 TV 상영으로 처음 알려진 일본 만화는 1990년에 프랑스에서 잡지 형태로 발간된 『아키라』가 12만 부 판매되어 선풍적 인기를 끌었다. 프랑스에서 초기 시장진입에 성공한 이유는 프랑스 만화의 2분의 1 이하 가격으로 판매하는 저가격정책과 일본 애니메이션과 만화를 연계하는 연계전략을 추진하였다는 데에 있다. 아시아 시장에서는 저작권이 보장되지 않는 시장으로서 초기에는 해적판 만화를 묵인하고, 다양한 미디어 믹스 전략과 각국 출판사와의 적극적인 제휴를 통해 시장개척을 한 것이다.

5) 재패니메이션

일본은 문화콘텐츠의 대표적 영역의 하나라 할 수 있는 애니메이션 산업에서 세계적인 입지를 가진 나라이며,…24 일본 만화와 같이 전 세계적으로 높은 평가를 받고 있다. 〈센과 치히로의 행방불명〉, 〈하울의 움직이는 성〉, 〈붉은 돼지〉, 〈이노센스〉 등을 비롯한 수많은 일본의 애니메이션 작품들은 세계 각국에서 열리는 영화제에서 노

---

24. 성미나, 2011, 일본 애니메이션 산업의 경쟁력 분석: 제작위원회 방식과 미디어구스를 중심으로, 글로벌 문화콘텐츠, 6, 101-137.

미네이트와 수상 실적을 거두는 등 각종 영화제에서 수상하였고, 해외에서는 '아니메(anime)'라는 용어가 일본어 그대로 통용될 만큼 세계적으로 인정받고 있다.⋯→25

일본 애니메이션 시장의 규모는 1960년대 이후부터 순조롭게 확대되어 Original Vedio Animation(OVA) 등 패키지형 사업전개가 시작된 1985년에서 1995년 사이에 급성장을 이루었다. 일본의 애니메이션 업계가 고도로 성장한 기간은 세 번이 있었는데 각 시기를 견인하는 대표적인 히트작품이 존재했다. 제1기에 해당하는 1963~1960년대 말에는 〈우주소년 아톰〉이 인기를 끌었다.⋯→26 〈우주소년 아톰〉은 한국에서는⋯→26 1970년대에 방영했고, 영미권에서는 두 번째 시리즈가 〈아스트로 보이(Astroboy)〉라는 제목으로 방영되어 큰 인기를 끌었다.⋯→27 이외에도 〈황금박쥐〉, 〈마징가 Z〉, 〈독수리 5형제〉, 〈캔디캔디〉, 〈은하철도 999〉 등의 TV 애니메이션이 인기를 얻었다. 이후 제2기의 1977~1991년에는 〈안녕 우주전함 야마토〉가 애니메이션 시청자 층의 확대에 공헌하였으며, 1995년부터 현재까지 제3기는 〈신세기 에반게리온(극장판 시리즈)〉, 〈포켓몬스터(극장판 시리즈)〉, 〈원령공주〉, 〈센과 치히로의 행방불명〉, 〈원피스〉와 같은 대형 히트작품들이 다수를 이루었다. 또한 작품당 흥행수입 면에서도 이전의 시기와는 전혀 다른 시기를 맞았다. 특히 1990년대 이후에는 어린이부터 성인에게까지 소비자층을 확대시키면서 성인을 대상으로 한 애니메이션 분야도 발전하였다.⋯→28 일본의 애니메이션이 미국 애니메이션과 관객층에서 차이를 보이는 점은 미국 애니메이션의 경우 주된 관객층이 아동인 것에 반하여, 일본의 애니메이션은 아동부터 어른까지 관객층이 분포되어 있어 성별, 연령별로 세분화된 타깃층을 보유하고 있다는 점이다.⋯→29

---

25. 백승혁, 2010, 일본 애니메이션 산업의 비즈니스 모델에 관한 조사연구, 한국콘텐츠진흥원, KOCCA 포커스, 21(http://www.kocca.kr/knowledge/publication/focus/1310256_4445.html).
26. 같은 글.
27. 두산백과, 우주소년 아톰(Mighty Atom, 宇宙少年―)(http://terms.naver.com)
28. 네이버 지식백과, 일류[日流](http://terms.naver.com/entry.nhn?docId=1625257&cid=3873&categoryId=3881).
29. 日本ℓ動画協会, 2010, 日本Tのアニメの海外展開, 日本@動画協会.

1960년대부터 일본 애니메이션을 수입한 한국, 대만, 태국, 베트남 등 일본 주변 아시아에서는 일본 애니메이션 문화권이 형성되어 있다. 심지어 미국, 캐나다, 프랑스, 영국, 독일, 스페인 등 구미 대륙을 위시해 중동, 인도, 러시아, 호주, 중남미에 이르기까지 일본과 문화정서가 판이한 세계 모든 지역에서 예외 없이 일본제 애니메이션이 폭발적인 인기를 끌고 있다. '재패니메이션(Japanimation)'이라 불리는 일본제 애니메이션의 파워는 세계 도처에서 어렵지 않게 감지되고 있다. 한국 등 아시아 지역에서의 일본제 애니메이션의 위력은 두말할 나위가 없고, 유럽 TV 애니메이션의 80% 이상이 일본 애니메이션이며, 디즈니의 아성으로만 여겨졌던 난공불락의 미국 시장에서도 폭발적으로 재패니메이션 붐이 일고 있다.

미국 시장에서 일본 애니메이션 진출을 자세히 살펴보자. 미국에서 일본의 애니메이션이 최초 방송된 것은 〈아톰〉이다. 1962년에서 1963년 사이에 방송된 〈아톰〉은 NBC 영화사에서 판권을 미국으로 들여왔다. 미국판으로 번역된 〈아톰〉, 즉 〈아스트로보이(우주소년)〉는 사람들에게 익숙한 피노키오와 비슷한 줄거리 및 판타지와 우주공간을 적절히 배합한 서구식 테마가 어울려 미국 시청자에게 잘 맞았다. 이 시리즈가 성공하자 1960년대에 일본 만화영화 시리즈 7편이 미국 텔레비전 방송사에 더 팔렸고, 주로 오후에 방영되었다. 그러나 1960년대 말에 미국 애니메이션과의 심한 경쟁과 갈수록 강화되는 아동용 프로그램에 대한 심의 때문에 미국에서의 배급이 부진하였다. 그 결과 1967년에서 1977년 사이에 미국 텔레비전에서 새로운 일본 아니메는 방송전파를 타지 않았다.

그러나 1980년대는 미국 시장에서 일본 애니메이션의 전성시대라 할 수 있다. 1970년대 후반, 메카라는 일본 애니메이션의 새로운 장르가 탄생하면서 부활했기 때문이다. 메카는 인간이 조종하는 커다란 로봇이 등장하는 만화로, 주인공이 위기에 처한 지구를 구하기 위해 싸우는 내용이다. 이 장르는 〈스타워즈〉의 미국 내 SF 성공에 힘입어 주목을 받았다. 초기 메카물로는 〈마징가 Z〉, 〈독수리 오형제〉, 〈기동전사 건담〉 등이라 할 수 있다. 〈우주전함 야마토〉의 극장판이 일본에서 개봉되었고, 1980년대 일본 내에서 애니메이션의 붐을 이루는 촉매작용을 하였다. 이 시기에 재패니메이션 마니아가 형성되었는데, 팬클럽은 재패니메이션의 수집과 번역, 공유, 정보 교환 등에서 중요한 역할을 하여 캐릭터, 만화 등 관련상품 판매가 크게 증가하였다. 1990년대 후반과 2000년대 해외시장에서는 폭넓은 주목을 받았다. 미야자키의 〈센과 치히로의 행방불명〉이 2002년 베를린 영화제에서 그랑프리를 수상한 것도 그중 하나이다.

이와 같이 애니메이션이 미국에서 인기를 얻을 수 있었던 것은 그 가능성을 알아보고 적극적으로 판권을 들여온 미국 방송사와 배급사의 노력 때문이다. 특히 미국 시장 공략을 위한 기폭제가 되었던 것은 바로 〈포켓몬스터〉의 미국 전 지역 TV 방송이었다. 〈포켓몬스터〉는 1998년 9월부터 미국의 공중파 TV 방송국의 약 90%를 차지하는 지역에서 방영이 개시되었다. 미국에서 전개된 〈포켓몬스터〉의 마케팅은 일본에서처럼 게임(휴대형 게임, 카드게임)과 TV 애니메이션을 조합한 미디어믹스 전략이 주효했다.

이처럼 일본은 1990년대에 들어서면서 애니메이션을 새로운 수출품으로 개발하기 시작하여 적극적으로 해외에 수출했고, 그 결과 일본 애니메이션 산업은 아시아 시장을 넘어 112개에 이르는 국가 및 지역을 시장으로 확보, 그중 절반에 해당하는 양이 북미권으로 수출되었다.⋯[30] 현재 일본의 만화와 캐릭터는 세계 1위의 매출을 보이고 있다.⋯[31] 이처럼 일본 애니메이션은 소프트파워의 대표적인 콘텐츠 산업으로 자리했을 뿐 아니라 일본에 대한 이미지를 심어 주고 국가 브랜드의 가치를 향상시키는 기능도 수행했다. 그러나 이렇게 지속적인 성장을 보이던 일본의 애니메이션은 2006년을 정점으로 감소하는 추세를 보이고 있다.⋯[32]

일본의 애니메이션이 국제화에 성공한 이유는, 첫째, 일본 국내시장의 탄탄한 기

30. 네이버 지식백과, 일류[日流](http://terms.naver.com/entry.nhn?docId=1625257&cid=3873&categoryId=3881).
31. 日本ㄴ動画協会, 2010, 日本Tのアニメの海外展開, 日本@動画協会.
32. 백승혁, 2010, 일본 애니메이션 산업의 비즈니스 모델에 관한 조사연구, 한국콘텐츠진흥원, KOCCA 포커스, 21.

그림 4.4 〈Mighty Atom〉(1963, 일본)[33](좌)과 〈아스트로 보이-아톰의 귀환〉(2010, 미국)(우)

반이다. 일본인들의 애니메이션 사랑은 매우 커서 성인이 되어서도 즐겨 본다. 이러한 수요가 있기에 규모의 경제를 유지하면서 시장이 성장할 수 있었던 것이다. 둘째, 공급 차원에서 풍부한 출판만화시장이 존재하고 있다는 점이다. 애니메이션의 원전은 보통 만화이기 때문에 일본의 만화산업의 발전은 곧바로 재패니메이션의 경쟁력을 의미한다. 결국 일본 국내시장에서의 경쟁력을 배경으로 해외시장에 진출한 것으로, 이는 한류의 해외진출과 비슷하다고 볼 수 있다. 셋째, 일본만의 차별화된 애니메이션 기법을 개발한 점이다. 일본은 미국과의 경쟁에서 생존하기 위해 제작비 절감을 위한 리미티드(limited) 기법을 개발하였고, 시간과 비용을 절감하기 위해 해당 그림을 세밀히 쪼개고 쪼개어 자료를 분류하여 다시 활용하는 기법인 뱅크 시스템(bank system)을 개발하였다. 넷째, 내용의 우수성과 보편성이다. 일반적으로 이야기의 구성이나 재미, 캐릭터의 매력 등은 재패니메이션이 미국보다 우수하다고 한다. 전 세계 모든 인류에게 널리 통용되는 보편적인 주제와 스토리로 구성되어 있어 세계인들

33. 네이버 지식백과, 일류[日流](http://terms.naver.com/entry.nhn?docId=1625257&cid=3873&categoryId=3881).

의 호응을 불러일으켰다. 또한 성인 수요자를 끌어들이기 위해 디즈니 작품보다 훨씬 더 자극적이고 선정적인 화면을 사용한다. 다섯째, 해외진출을 위해 해외유통망을 적절하게 활용한 점이다. 해외진출 시 직접진출보다는 해외의 유통망을 활용하거나 전략적인 제휴를 통해 진출(미국의 메이저 및 전문유통사, 방송업계와 연계)하였다. 여섯째, 원소스멀티유즈(one source multi use, OSMU)를 극대화한 점이다. 애니메이션의 캐릭터를 활용하여 부가가치를 높이고 애니메이션의 흥행성을 배가시켰다. 애니메이션에 나오는 캐릭터의 성격이나 모습 등은 그 성패에 많은 영향을 끼치고, 애니메이션의 수익을 캐릭터에서 확보하기도 한다. 일곱째, 정부의 지원이다. 일본 정부는 풍성한 국제교류기금(ODA)을 자국 이데올로기 및 문화상품의 전도사로 적극 활용하였다. 이 기금을 통해 일본의 문화를 국제사회에 소개하고 만화가를 비롯한 작가, 학자 등에 대한 물적 지원을 하였다.

6) 캐릭터

일본의 캐릭터 산업은 일본 애니메이션 산업이나 만화산업과 밀접한 관련성을 가진다. 물론 캐릭터 상품이 애니메이션으로 시작되지 않고 단독으로 캐릭터부터 시작되는 경우도 있으나, 인기 있는 애니메이션의 주인공 등으로 나와 소비자에게 친숙한 캐릭터가 인기를 얻기 쉽다. 요즘에는 게임의 캐릭터들도 상품으로 만들어져 캐릭터 원천의 폭이 넓어지고 있다. 만화와 게임의 주인공들은 다양한 형태의 캐릭터 상품으로 출시되며 거대한 시장을 형성하고 있다. 키티(Kitty), 리락쿠마(Rilakkuma), 도라에몽(Doraemon) 등 일본의 캐릭터들은 만화와 애니메이션 그리고 게임 등과 함께 시너지 효과를 내며 세계적으로 유통되고 있다. 반대의 경우도 존재하는데, 캐릭터로 개발된 상품이 인기를 얻어 이 캐릭터를 근간으로 애니메이션이 만들어지고 게임으로 제작되는 경우도 있다. 1996년 발매된 포켓몬스터는 어린이를 상대로 큰 인기를 얻었고, 이후 1998년 도쿄TV에서 애니메이션으로 방영되었다.

7) 드라마

TV 드라마는 1980년대에서 1990년대의 일본 문화를 대표할 수 있는 대중문화 콘텐츠이다. 이른바 '트렌디 드라마(trendy drama)'로 지칭되었던 일본 TV 드라마는 아시아 전역에 걸쳐 큰 인기를 얻었다. 트렌디 드라마란 젊은이들의 생활과 패션, 그리고 사랑에 관한 이야기를 주제로 하여 제작, 방송하는 TV 드라마로 젊은 여성층이 주 시청자 층이다. 기존의 스토리 위주 형식과 달리, 젊은 세대가 보이는 감각적인 생활 패턴을 묘사하는 것에 비중을 두고 빠르게 스토리를 전개시키는 것이 특징이다. 이는 전형적인 드라마의 구성방법이나 내용과 차이점을 보이며, 미국의 시트콤과도 구분되는 특성이다.[34] 일본 드라마는 우리나라와 다르게 다양한 장르를 소화하고 있다. 우리나라는 사극과 멜로드라마가 대부분이지만 일본은 멜로, 학교, 전통드라마, 공포, 과학 등 다양하다. 특히 일본의 드라마는 현실적인 것뿐만 아니라 상상력을 기본으로 하는 만화 등의 원작이 많아 타 국가의 드라마에 비해 독창성과 완성미가 높다는 평가를 받고 있다.

특히 완성도가 높은 것은 일본의 드라마 제작 시스템에서도 기인한다. 한국 드라마의 편당 횟수가 16부작에서 50부작 정도가 일반적인 것에 반해, 일본은 약 10~ 12회로 완결되는 형태를 갖는데,[35] 이처럼 짧은 횟수의 에피소드를 제작하여 보다 완성미 있는 작품을 제작할 수 있기 때문이다. 또한 일본의 사전제작 시스템이 정착되어 있어 완성된 형태로 하나의 에피소드를 제작할 수 있다는 장점을 가지고 있다. 또한 스토리텔링 외의 드라마 배경음악(O.S.T.)이나 소품, 배경 등에서 드라마가 추구하는 이미지를 잘 반영한다는 점, 드라마에 대한 시청자 반응에 따라 스토리의 변화가 생기지 않고, 좋은 시나리오와 명대사가 많은 시나리오 등이 일본 드라마가 인기를 얻는 이유라고 할 수 있다.[36]

---

34. 같은 글.
35. 이만제·김영덕, 2007, 국내 드라마 제작 시스템 개선 방안 연구, 한국콘텐츠진흥원, KOCCA연구보고서, 2007-07.

일본 드라마 시청을 통해 알게 된 연예인의 팬이 되거나 일본 연예인을 동경하면서 시작된 드라마 시청이 일본 드라마 마니아가 되는 현상으로 이어졌고, 이는 J-POP에 대한 관심과 팬덤 현상으로 이어지기도 했다. 이처럼 일본 드라마를 좋아하는 다른 국가의 팬들은 일본 드라마를 좋아하게 된 후 일본을 방문한 경험이 있거나 기회가 된다면 방문하고 싶다고 말하고 있다.[37] 한국의 경우 인터넷을 통해 일본 드라마를 알게 된 후 P2P나 인터넷 포털사이트를 통해 '일드(일본 드라마의 줄임말)' 동호회에 가입한 사람이 매우 많고, 대표적인 포털사이트 다음과 네이버에서는 일본 드라마 커뮤니티가 활동 중이다.

8) J-POP

일본 음악은 세계시장에서 2위로서 국내 매출이 대부분이고 해외시장에서의 위치는 미미하지만 동아시아에서는 인기가 높다. 일본 음악은 다양한 장르의 성공과 공존, 왕성한 인디문화와 언더그라운드, 애니메이션, 게임 등 관련 음악의 발달 등이 특징이다.

발전과정을 보면 1940~1950년대에는 엔카 전성시대이면서 미국 팝이 상륙한 현대 일본 음악이 태동한 시기이며, 1960년대에는 다양한 장르의 음악이 보급되었다. 이 시기에 특이할 만한 것은 일본의 사카모토 큐의 노래가 미국 빌보드 차트에서 1위를 차지한 것이다. 1970년대에는 컬러 TV가 보급되면서 비디오형 가수가 등장하였다. 1980년대에는 전자사운드의 등장과 다양한 장르의 음악이 생성되었고, 이때 X재팬이 등장하였다. 1990년대에는 음악산업의 거대 비즈니스화가 진전되었으며 2000년대는 대형스타가 탄생하는 반면, 음반산업의 축소와 디지털 음악의 부상으로 음악

---

36. 네이버 지식백과, 일류[日流](http://terms.naver.com/entry.nhn?docId=1625257&cid=3873&categoryId=3881).
37. 하수진, 2010, 일본 대중문화 수용에 관한 연구: 일본 드라마 마니아의 팬덤현상을 중심으로, 경희대학교 언론정보대학원 석사학위 논문.

시장의 축소를 경험한다.

일본의 음악도 아시아 지역을 거쳐 세계시장에 도전하는 과정을 거쳐 왔다. 먼저 아시아 지역에서 J-POP은 성과를 거두었다. 1980년대 접어들며 나타난 일본의 아이돌 가수들은 1990년대부터 다국적 아이돌 그룹을 표방하며 아시아 전역으로 진출했다. 예컨대 사이조 히데키(西城秀樹), 사카이 노리코(酒井法子) 등으로 시작된 일본의 아이돌 가수는 아라시(Arashi), 스마프(SMAP), 아무로 나미에(安室奈美恵) 등으로 이어졌고, 1992년부터 이미 후지TV에서 〈아시아 바구스!(ASIA BAGUS!)〉라는 오디션 프로그램을 일본, 싱가포르, 말레이시아, 인도네시아 4개국이 공동제작하며 스타 발굴을 시작했다(이후 한국, 대만, 태국도 참가했다). 그리고 소니엔터테인먼트도 〈보이스 오브 아시아(Voice of Asia)〉라는 범아시아 지역 오디션을 실시하여 선발된 필리핀 여성가수 마리베스(Maribeth)를 스타로 만들었고, 호리프로(HORI PRO)는 홍콩과 베이징 그리고 베트남에서 오디션을 실시하며 범아시아 스타를 발굴, 육성하기도 했다.⋯38 이는 아이돌 그룹의 해외진출, 오디션 프로그램의 인기, 해외 가수의 스카우트 등의 측면에서 한류현상과 비슷하다.

일본의 대중음악, 즉 J-POP은 1980년대를 지나며 전성기를 누렸다. 한국 등의 후발국에서는 일본의 시스템을 도입하면서 음악산업의 선진화를 위해 노력했고, 일본의 가수 양성시스템도 한국의 가수 양성시스템에 영향을 주었다. 아시아 지역에서 주요 방송매체들의 아시아 팝차트는 J-POP으로 점철되어 있었고, 아시아 아이돌 스타들도 탄생되었다. 다만 우리나라와 다른 점은 일본의 내수시장이 커서 일본 시장을 중시하고 해외시장은 부가적인 부산물 정도로 생각했기 때문에 해외시장 개척에 적극적이지 않았다는 점이다. 또한 일본의 J-POP은 우리나라와는 다르게 장르가 다양하다는 점이다. 일본은 록음악이나 보사보노 등 다양한 음악이 공존하면서 성장해 왔으나 우리나라는 댄스음악이 중심이다.

---

38. 네이버 지식백과, 일류[日流](http://terms.naver.com/entry.nhn?docId=1625257&cid=3873&categoryId=3881).

J-POP이 해외에 진출하는 방법에는 크게 세 가지가 있다. 첫째, 스타파워를 이용한 직접진출이다. 모닝구무스메의 아시아 시장 진출은 대표적인 해외진출 성과라 볼 수 있다. 이러한 진출은 문화장벽이 높은 미국 시장에서는 잘 통하지 않았다. 핑크레이디 등이 미국에 진출해서 일정부분 성공을 했으나 장기간 이어지지는 못했다. 미국 출신 우타다 히카루는 일본 평정에 이어 미국에 진출했으나 참패했는데, 높은 인종의 벽, 사전 및 사후 프로모션 실패, 음악 외적 요소 부족, 데뷰시점 부적절 등이 그 원인이다. 둘째, 연관 문화상품의 주제곡을 통한 간접진출이다. 일본 애니메이션과 게임의 성공에 힘입어 OST가 해외에서도 인기가 있는 경우이다. 한국의 J-POP 마니아 중에도 이러한 경로로 일본 음악을 접촉하는 경우가 많다. 셋째, 인수합병이다. 소니의 음악산업에 진출한 것도 인수합병에 의한 것인데, 1968년 CBS와 소니는 50%씩 출자하여 CBS 소니레코드를 설립하였고, 2004년 BMG와 같이 소니 BMG 뮤직 엔터테인먼트를 설립한 바 있다. 소니뮤직의 대주주의 지분이 일본이라는 점에서 소속 외국인 가수들의 인기도 일본 음악 비즈니스의 성공이라고 할 수 있다.

9) 게임

일본은 비디오 및 아케이드 게임에서 세계 강자이다. 세계 비디오 게임은 닌텐도, 소니, 마이크로소프트의 3파전을 이루며 이 중 두 개의 회사가 일본 국적이다. 우리나라에서는 온라인 게임이 인기이고, 전 세계적으로는 비디오 게임시장이 가장 크지만 점차 온라인과 모바일 게임에 의해 대체되고 있는 실정이다. 온라인과 모바일 게임에서는 일본 업체의 해외진출이 비디오 게임처럼 두각을 나타내지 못하고 있으나, 비디오 게임시장에서의 국제화는 완성된 상태이다. 크리스마스 때 미국의 아이들이 받고 싶은 가장 선호하는 선물 중의 하나가 닌텐도 게임기라는 사실이 이를 잘 증명해 준다.

닌텐도는 패미콤으로 1983년 가정용 게임기 산업에 진출하여 성공함으로써 1990년 최초로 닌텐도는 일인당 수익 1억 엔을 초과하는 일본 기업이 되었다. 아타리 쇼크 이후 게임에 부정적인 미국 시장에 유통 부문을 적극적으로 공략하여 진출하였다. 그러나 1990년대에 세가의 도전을 받게 된다. 세가는 16비트 메가드라이브로 미국 시장에서 우위를 점한 적이 있으나 닌텐도의 슈퍼패미컴에 밀려 현재는 소프트웨어 회사로만 존재하고 있다. 다시 소니의 등장으로 게임업계의 판도가 재편된다. 소니의 PS로 개발사의 자율권 보장, 파이널 판타지의 채용 등으로 닌텐도를 격퇴하고 시장을 재패한다. 그러나 다시 닌텐도는 NDS와 Wii를 개발하여 재미와 혁신적 게임으로 예전의 영광을 회복한다. 그러나 이후 온라인 게임, 모바일 게임, SNS 게임 등에 밀려 추락을 거듭하고 있다. 최근 소니와 닌텐도의 비디오 게임은 스마트폰 게임 등 모바일 게임에 밀려 수익성이 악화되고 있다. 라이프사이클이 짧아지고 스마트폰에 의해 영향을 받는 게임으로 변화되면서 일본 업체들이 제대로 적응하지 못하고 있는 양상이다. 그러나 다시 오뚝이처럼 닌텐도는 포켓몬 고로 세상에서 자신의 명성을 부각시키고 있다. 일본의 게임 산업을 보면 마치 롤러코스터를 타는 것 같은 느낌이다.

그림 4.5 증강현실(AR) 모바일 게임 '포켓몬 고'

2. 발리우드

1) 개요

발리우드(Bollywood)는 뭄바이(봄베이)의 지명과 할리우드를 합성해 만들어진 단어이다. 인도의 경제중심 뭄바이 시 인근 지역에 '필름시티'가 인도 영화의 메카인 발리우드이다.…→39 인도는 연간 약 1,000편 이상의 영화를 만드는 세계 최대의 영화제작국으로, 제작편수로 볼 때 우리나라는 물론 미국보다 앞선다. 인도는 할리우드의 공세로부터 전혀 상처 입지 않은 거의 유일한 시장이라 할 수 있다. 인도는 자국영화의 점유율이 매년 90% 이상으로 매우 높고, 3시간 이상의 상영시간과 영화내용에는 직접적 관계가 없는 춤과 노래가 자주 등장하는 등 독특한 특징을 가지고 있다. 마살라(Masala) 영화의 규칙이라는 것도 있는데, 한 명 이상의 스타, 대여섯 곡의 노래, 세 번 이상의 춤을 의미한다. 인도 영화의 내용적 특징은 틀에 맞춘 줄거리, 정교하게 짜 맞춘 싸움 장면, 빠지지 않는 호화로운 춤과 노래, 감정이 흘러넘치는 멜로드라마, 과장된 영웅 등이라 할 수 있다. 특히 인도의 영화 제작비의 절반 이상이 영화음악과 안무감독들, 그리고 주연 배우들에게 돌아가는 구조를 가진다.

인도에서 영화는 매우 인기 있는 문화향유 수단으로서 자신의 힘으론 도저히 벗어나기 힘든 계급과 고단한 삶을 잊게 해 주는 탈출구이자 휴식처의 역할을 한다. 12억 인구의 10%가 매주 영화관에 가서 인도 영화를 관람하고 있다. 인도 영화는 선정적이거나 폭력적이지 않고 예술성이 높아 인도 인근 지역과 일부 이슬람 지역에서도 인기를 끌고 있다. 최근에도 발리우드 영화는 인도에서 계속 번창하고 있으며, 아시아계 영국인들뿐 아니라 아시아계 미국인들까지 관객을 흡수하고 있다.

2) 산업 현황

1947년 독립 이후 인도 영화계는 스타시스템의 확립과 함께 극영화의 제작편수가 연간 평균 300편을 넘어서 양적으로는 미국·일본과 어깨를 겨루는 세계 3대 영화산업국의 하나가 되었다. 1955년에는 제작편수가 288개에 달해 세계 제2의 영화생산국이 되었다. 그 후 1960년대에 들어와 300편, 1990년에는 948편을 기록하는 등 세계 제1의 제작 편수를 기록하였고,[40] 현재는 1,200편 이상의 영화를 제작하고 있다.

---

39. 발리우드는 인도 뭄바이 지역의 영화산업지구를 말하기도 하지만, 인도 영화산업을 의미하기도 한다. 여기에서는 인도 영화를 발리우드라고 하였다.
40. 이은구, 2005, 동남, 남아시아: 10억의 마음을 사로잡는 인도 영화, 국제지역정보, 140, 20-21.

인도의 영화제작사 중 60%는 뭄바이에 위치하고 있다.[41]

티켓 판매수는 세계 1위이다. 그러나 인도 멀티플렉스 영화관의 평균 티켓 가격은 150루피(약 3,000원)로 선진국의 3분의 1 수준이다. 이런 이유로 매출규모는 선진국에 대비하여 미미하다. 박스오피스 기준으로 세계 영화시장 규모를 보면 인도는 6위에 해당한다.

최근 인도 영화계(발리우드)에서는 할리우드 영화의 스토리 라인 및 모티프와 흡사한 유사 블록버스터 영화들이 박스오피스 상위권을 차지하고 있다. 대규모 블록버스터와 같은 영화스타일과 화려한 CG 등을 사용하면서 할리우드와 비슷한 줄거리 및 시각효과를 사용한 영화가 등장하고 있다. 2012년 인도 박스오피스 1위를 기록한 인도의 스파이 영화 〈Ek Tha Tiger〉는 2008년도 할리우드 블록버스터 〈Body of Lies〉와 유사한 액션 및 구성을 보여 주는 한 예이다. 이처럼 발리우드 영화의 할리우드화가 진행되는 이유는 해외 영화의 인도 진출이 점차 활발해지고 점유율이 높아지고 있기 때문이다. 2002년도 인도 정부가 영화산업의 100% FDI를 허가한 후 대규모 할리우드 영화사의 인도 확장이 추진되고 있다. 2008년 할리우드의 대규모 영화사인 폭스(Fox)가 인도 진출에 성공하며 할리우드 블록버스터의 배급이 수월해지고 있다. 이에 따라 2008년도 3.94%였던 해외영화의 인도 시장점유율은 2011년 6.84%로 증가하였다.

현재 인도에는 1,000여 개의 멀티플렉스가 존재하는 것으로 추정된다. 인도에서는 멀티플렉스의 입주 여부가 쇼핑몰의 등급을 좌지우지할 정도로 중요하게 여겨지고 있어, 신규로 개설되는 멀티플렉스의 대다수는 현대식 쇼핑몰에 입주하고 있다. 100만 명당 영화 스크린의 수는 미국이 120개인 데 반해 인도는 10여 개에 불과하기 때문에 향후 멀티플렉스 영화관의 성장세가 가파르게 전개될 전망이다. 과거 우리나라에서 그랬듯이 인도에서는 단일 상영관이 5개 이상의 영화상영이 가능한 복합 상영

41. Kobiz, 인도(India) 영화산업개요, 영화진흥위원회(http://www.kobiz.or.kr/jsp/foreign/main.jsp?conCd=220310&natCd=22041007&gubun=FILM_BASE_INFO&mode=&seq=&ST_COMCD=&pageIndex=1&pageRowSize=10).

관으로 바뀌는 것이 대세이다. 멀티플렉스는 기존의 단관과 비교했을 때 여러 영화를 한 장소에서 동시에 상영하므로 관객들에게 다양한 영화 선택의 기회를 제공하고, 고품질의 영화상영을 가능케 한다. 나아가서 단순한 영화관의 개념에서 탈피해 전자게임 시설, 쇼핑 시설, 음반 판매점, 서점 등과 같은 종합적인 문화소비 시설로 복합화됨에 따라 부수적인 시설에 대한 투자 또한 늘어날 전망이다.

인도 내 멀티플렉스 영화관은 델리, 뭄바이, 첸나이 등과 같은 대도시를 중심으로 증가하며 소규모 도시까지도 급속히 퍼져 나가고 있다. 그러나 인도 남부 지역의 경우 영화표 값 상한제 때문에 멀티플렉스 상영관 숫자가 적은 편이다. 유명 멀티플렉스 영화관은 PVR, INOX, Cinemax가 있고, 인도 영화시장의 잠재력을 간파한 멕시코의 최대 영화관인 Cinepolis가 인도에 진출해 있다.

발리우드에서의 메이저 플레이어를 보면 먼저 UTV Software Communications를 들 수 있다. 이 회사는 UTV Group의 인도 미디어 계열사로 막대한 영향력과 규모를 갖춘 기업이다. 영화산업 외에도 방송, 게임과 애니메이션을 제작·생산하는 인도 연예산업의 주요 플레이어로서 2012년 월트 디즈니가 이 회사를 인수하였다. 이미 인도 텔레비전 채널 3개를 소유하던 디즈니는 UTV 인수를 통해 인도 영화산업에서 가장 큰 영향력을 가진 해외기업으로 등극했다. 현재는 UTV와 디즈니를 브랜드화한 인도 영화 및 애니메이션을 제작하고 있다.

또 하나의 기업은 릴라이언스 엔터테인먼트(Reliance Entertainment)이다. 이 기업은 인도의 억만장자 아닐 암바니가 이끄는 릴라이언스 ADA Group의 계열사로 인도 오락 및 연예 산업에 주력하는 기업이다. 영화의 제작과 배급 및 영화관, 영화 대여점 등 영화의 가치사슬을 통합하여 성공하였다. 2008년부터 스티븐 스필버그의 영화사인 드림웍스(DreamWorks) 투자 파트너로 활약하기도 했으며, 2012년 7월에는 톰 행크스가 기획한 애니메이션 시리즈 〈일렉트릭 시티(Electric City)〉를 공동제작하였다. 또한 2012년부터 유료 영화를 사고 볼 수 있는 온디맨드(Video-On-Demand) 사이트인 빅플릭스(Bigflix)를 통해 미국, 영국, 캐나다에 진출하고 있다.

인도 정부도 인도를 세계 영화인들이 찾을 수 있는 촬영 로케이션의 거점으로, 그리고 영화 후반작업의 기지로 만들려고 노력하고 있다. 국제공용어인 영어를 사용한다는 것과 상대적으로 저렴한 영화인력을 제공한다는 장점을 부각시키고 있다. 이에 대응하여 인도는 외국 영화의 인도 현지 제작을 유치하기 위해 정부 절차를 간소화하고 있다.

3) 발리우드 영화의 특징

인도의 발리우드는 세계에서 가장 빠른 성장을 하고 있는 시장이면서 저렴한 제작비로 높은 수익을 창출할 수 있는 충성심 강한 관객들을 항시 보유하고 있는 시장이기도 하다. 엄청난 엑스트라와 정교한 의상 등을 사용한 작품이라 할지라도 할리우드의 대규모 제작비의 불과 10분의 1인 200만 달러에 제작할 수 있다.[42]

인도 영화는 액션과 코미디 그리고 뮤지컬이 뒤섞여 있기 때문에 특별한 장르라고 구분 짓기 어려울 정도로 복합적인 요소를 고루 갖추고 있다. 그래서 인도 영화를 마살라(Masala) 영화라고 하는데, 여러가지 향신료를 갈아 한데 모은 양념 마살라처럼 웃음과 슬픔, 사랑과 증오, 공포와 평안, 연민과 열정 등 9가지의 감정요소가 혼합된 구성을 취한다는 것이다. 인도에서는 장르별로 나뉘는 할리우드 영화보다 여러 장르가 한데 복합되어 있는 발리우드식 마살라 영화를 선호하고 있다.

발리우드 영화의 특징을 다시 정리하면, 첫째, 뮤지컬 영화처럼 영화 곳곳에서 춤과 노래가 나온다. 발리우드 영화 속 춤과 노래는 인도인들의 삶을 표현한 것으로 춤과 노래를 좋아하는 인도인, 인도 역사 속의 특징을 투영하는 것이다. 따라서 인도 영화는 영화이면서 뮤지컬적인 성격을 갖는다. 인도 영화 속에서의 춤과 노래는 줄거리와 관계없이 감정 그 자체를 묘사하고 있다. 둘째, 상영시간이 일반 영화가 2시간인데 비해 보통 3시간 정도로 길다. 이는 중간중간에 춤과 노래가 들어가 스토리만을 전

42. 한국문화산업교류재단, Entertainment Report, 미국의 할리우드에서 바라보는 발리우드 영화산업의 현황, 김준희(http://www.kofice.or.kr/n_webzine/200804/03_report-1.asp).

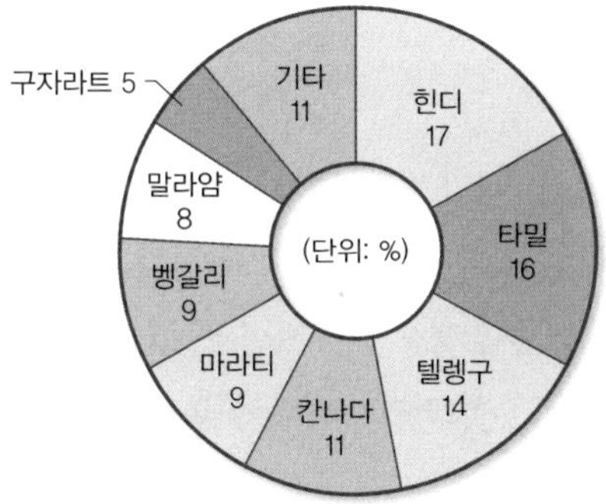

그림 4.6 2010년 지역 언어별 영화 비율

출처: FICCI-KPMG Report 2011

개하는 일반 영화에 비해 긴 것이다. 셋째, 전통을 중시한다. 발리우드 영화는 인도인들의 삶을 음악과 전통이 가미된 영상으로 표현한다. 특히 인도인들은 결혼식을 중시하기 때문에 영화에서도 결혼식 장면이 많이 나온다. 넷째, 다양한 인도어로 되어 있다. 인도 내에는 공식적인 인도어가 많아 영화에 인도어 자막이 여러 개 걸려 있기도 하다. 인도의 DVD도 보통 7, 8개 언어로 제작되고 힌두어, 벵골어, 타밀어, 마라티어, 구자라트어 등 인도 안에 상존하고 있는 각개 민족어들로 서브타이틀(subtitles)을 만들어야 하는 특성상 타 국가의 영화산업이 접근하기에는 큰 어려움을 갖는다. 다양한 언어와 문화가 공존하는 인도에서는 발리우드 영화 외에도 남부 지역(언어기준: 텔렝구, 타밀, 칸나다, 말라얌 등)에서 제작되는 영화도 많다. 남부 지역 영화의 경우 남부 지역 출신 주민들이 많은 동남아 지역에서도 큰 인기를 얻고 있다.

다섯째, 발리우드 영화에는 전체 내용과는 무관하게 등장하여 인상적인 춤을 선보이는 전문 댄싱걸인 아이템걸이 존재한다. 이와 같은 아이템걸들은 여배우 못지않은 인기를 누리는 당당한 대중문화의 스타이다. 여섯째, 배우를 대신해서 노래를 불러주는 플레이백 싱어가 존재한다. 발리우드 영화 속 대부분의 노래는 배우가 아닌 플레이백 싱어가 부른다. 발리우드의 각종 영화상 중 플레이백 싱어 부문은 모조리 석권한 소누 니감(Sonu Nigam) 역시 발리우드의 스타이다. 발리우드 영화 속 노래는 인물의 풍부한 감정을 전달하는 중대한 도구로서 단순히 음정과 박사, 가사를 기계적으로 따르는 것이 아니라, 연기에 버금가는 가창연기가 필요하다.

4) 발리우드의 한계점

발리우드는 세계에서 가장 많은 영화를 제작하고 12억 명 이상의 국민적 지지를 받고 있음에도 불구하고 많은 한계점을 내포하고 있다. 인구의 3분의 2 이상이 빈곤층에 속해 있는 인도에서, 그리고 카스트 제도에 억눌린 대중들이 현실의 도피처로 역할을 하기 때문에 영화내용이 판타지가 많은데, 빈곤층의 인도인들은 발리우드를 통해 대리만족을 하고 현실을 도피하기 위해 이러한 영화를 관람하고 있다. 우리나라에서 인도 영화에 대한 포털사이트의 평점은 매우 높게 나오지만, 영화의 작품성이나 상업성 등을 고려해 볼 때 다양성이 부족하고 현실감 있는 영화를 원하는 인도 밖 관객들의 입맛을 충족시키지 못하고 있다. 또한 발리우드는 대부분 오리지널 사운드 트랙(OST) 전체를 편집 없이 사용해 영화 러닝타임이 3시간을 넘는 경우가 많고, 중간에 춤과 노래가 과도하게 삽입되어 있어 인도 영화의 특색임에도 불구하고 단점으로 작용하고 있다. 물론 발리우드 특유의 과장과 유머, 이국적인 전통음악, 다채로운 인도 문화의 표현으로 할리우드 영화에 식상해진 관객들에게 새로운 관심을 끌고 있지만, 동화 같은 플롯, 과도하다 싶을 정도의 음악이 과연 얼마나 친근하게 관객들에게 다가갈지는 의문이다.

5) 발리우드의 국제화

발리우드 영화는 내용이 폭력적이지 않고 성적인 표현이 없어 이슬람 국가로 수출되고 있고, 인도 이민자가 다수 거주하는 북미 지역에서 일정 기간 인기를 끌었으며, 우리나라에서도 간간히 소개된 적이 있다. 10억 인구의 내수시장을 자랑하는 인도는 흔히 말하는 할리우드 블록버스터가 통하지 않는 유일한 소비층을 가지고 있는 국가로 꼽힌다. 따라서 인도 영화는 그동안 경제규모가 있는 내수시장에 힘을 기울여 왔다.

그런데 최근 국가 전체의 경제발전과 더불어 발리우드 역시 급성장하고 세계시장을 향해 한걸음 발을 내디디고 있다. 인도 영화는 텔레노벨라와 마찬가지로 문화의 지역화를 넘어 글로벌화로 비상하고 있는 것이다. 인도 영화는 인도의 제작 노하우를 기반으로 세계인들이 좋아하는 보편적 스토리를 개발하고 있다. 또한 인도 영화사가 런던 증권거래소에 상장하는가 하면, 해외 사모펀드, 영화 스튜디오, 영화 펀드 등 해외투자사들이 인도 발리우드로 몰려오고 있다. 젊은 제작자들은 영화의 완성도와 대중성을 고려해 할리우드 작가를 영입하기 시작했고, 마케팅 강화와 투자유치 활성화, 수출용 영화 제작, 할리우드와의 공동제작 등으로 국제화에 박차를 가하고 있다. 탄탄한 내수시장을 기반으로 세계시장에 진입하면서 제2의 할리우드로 발돋움하려 하고 있는 것이다.

또한 인도 영화시장의 가능성을 보고 해외 및 국내 영화사와 투자사들이 인도에 투자를 강화하고 있다. 릴라이언스 빅 엔터네인먼트(Reliance Big Entertainment, RBE)는 2009년 할리우드의 제작사인 드림웍스(DreamWorks)와 총 12억 달러 규모의 합작투자를 했고, 이와 함께 RBE는 할리우드 및 세계시장을 목표로 인도 영화산업에 1조 원을 투자한다는 계획을 발표하였다. 그런가 하면 2010년에는 할리우드 제작사인 MGM(Metro-Goldwyn-Meyer) 스튜디오를 인수할 계획을 발표함으로써 세계에서 영향력 있는 영화 제작사로서의 입지를 과시하고 있다.

최근 인도 영화는 세계시장을 향해 영화의 형식까지도 바꾸고 외부 투자유치 단계에서부터 공격적인 마케팅을 펼치고 있다. 일부 제작사는 할리우드 작가를 고용하여 3시간 이상 지루하게 이어지던 인도 영화를 관객들이 보기 쉬운 90분과 120분짜리 영화로 다시 편집하고 있다. 〈블랙〉, 〈내 이름은 칸〉, 〈세 얼간이〉는 마살라 영화 규칙을 깨고 세계시장에 적합한 영화를 제작한 예이다. 발리우드는 마살라 영화로 대변되는 인도 전통적 구성에서 탈피하여 전 세계적으로 공감할 수 있는 대중적인 소재를 다루기 시작하였고, 아예 미국 시장을 겨냥하여 미국에서 촬영되는 올 로케이션 영화가 급증하고 있다. 또한 힌디 영화임에도 불구하고 영어 대화 장면을 늘려 나가며 국제적 대중성을 증가시키고 있는 추세이다. 샤룩 칸과 같은 세계적인 인도 배우와 나이트 샤말란 감독과 같이 미국에서 활약 중인 인도 감독도 탄생했다.

또한 인도 영화산업은 영화제작 경비의 다국적 조달을 통해 다양한 볼거리를 제공하면서 대형화·전문화하고 있고, 외국 전문 제작사와의 협력을 통한 사업모델을 도출하는 움직임이 활발하다. 워너 브라더스(Warner Bros.), 21세기 폭스(Fox 21) 등 외국 거대 영화사들의 인도 진출도 증가하고 있으며, 인도 영화업계와의 새로운 협력모델을 발굴 중이다.[43] 전 세계에 인도의 영화산업을 중심으로 하는 인도류가 형성될 수도 있을 것이다.

그림 4.7 인도 영화 〈세 얼간이〉 포스터

인도 영화의 글로벌화 시도는 사실 인도 내부 관객을 위한 변화이기도 하다. 어느 나라보다 젊은 층의 인구가 높은 비율을 차지하고 있고, 인도의 경제 발전에 따라 중산층이 대거 증가하고 있는 상황이어서 글로벌 스탠더드에 맞추지 않으면 내부 관객을 잃을 수도 있기 때문이다. 이러한 트렌드에 맞춰 약 3시간여의 러닝타임과 천편일률적인 권선징악의 해피엔딩 스토리의 매너리즘에서 벗어나 글로벌 스탠더드의 제작경향이 나타나고 있는 것이다.[44]

---

43. 한국콘텐츠진흥원, 2010, 인도문화산업심층보고서.
44. 한국문화산업교류재단, Entertainment Report, 미국의 할리우드에서 바라보는 발리우드 영화산업의 현황, 김준희(http://www.kofice.or.kr/n_webzine/200804/03_report-1.asp).

3. 할리우드

1) 개요

미국의 할리우드[45]는 전 세계 엔터테인먼트 산업을 장악하고 있다. 내수시장에서의 매출보다 해외시장의 매출이 더 많을 정도로 할리우드는 글로벌화에서 최고의 위치를 점하고 있다. 세계시장에서 미국 영화가 차지하는 비중은 80% 이상이고, 이중 대부분이 할리우드 스튜디오에서 제작된 작품이다. 할리우드 영화의 수입원천은 극장뿐만 아니라 비디오, DVD, TV, 케이블방송, 캐릭터 등 다양하다.

할리우드는 전 세계 영상제작 기법을 표준화시킨 역사와 문화를 가지고 있으며, 막대한 제작비와 다양한 장르, 소재로 엔터테인먼트 산업을 이끈 개척지라고 할 수 있다. 할리우드 문화는 영화, 방송, 음악 등 미국의 대중문화를 대표하는 용어로도 사용된다. 할리우드는 막대한 자본으로 상업성 높은 콘텐츠를 만들어 세계시장에 수출하여 세계문화 흐름을 주도하는 트렌드세터로서의 역할도 하고 있다.

2) 할리우드의 발전 역사

영화의 역사는 발명왕 에디슨으로까지 거슬러 올라간다. 에디슨이 1889년 활동사진 '무빙픽처(moving picture)'를 발명함으로써 미국 영화산업이 시작되었다. 1893년에는 뉴저지 주에 처음으로 영화스튜디오가 설립되면서 뉴욕이 영화산업의 중심지로 위치하게 된다. 뉴욕이 영화산업의 발상지가 된 것은 유럽의 능력 있는 인력과 아이디어가 들어오는 관문이면서 유럽으로 나가는 출구였고, 금융의 중심지로서 영화제작에 필요한 재원을 마련할 수 있는 곳이었기 때문이다. 1909년에는 에디슨과 10여

45. 할리우드는 산업적으로 미국 로스앤젤레스 지역의 영화산업만을 의미하기도 하고, 미국 영화산업 전체를 의미하기도 한다. 여기에서의 할리우드는 후자를 의미한다.

개사 주도로 영화특허회사 MPPC(Motion Picture Parents Co.)가 설립되는데, 이 회사가 영화제작 라이선스 조정, 가격과 물량 조절, 극장입장료 결정 등 독점적인 횡포를 자행한다.

이때부터 영화사들이 자유롭게 영화를 제작하기 위해 동부에서 멀리 떨어진 서부로 몰려들게 된다. 이렇게 둥지를 튼 곳이 바로 할리우드이다. 드디어 영화의 서부시대가 온 것이다. 미국 영화산업이 최초로 미국 서해안으로 옮겨 오게 된 것은 〈몽테크리스토 백작〉을 촬영 중이던 셀릭 폴리스코프사가 악천후로 촬영장소를 시카고에서 로스앤젤레스 산타모니카로 이동한 1907년부터이다.…›46 당시 셀릭사는 로스앤젤레스 다운타운에 있는 세탁소 자리를 촬영거점으로 사용했다고 한다. 1911년에는 네스톨필름사가 할리우드에 최초로 영화 상설스튜디오를 설립함으로써 할리우드는 본격적으로 영화산업 거점으로 부상하게 된다.

동부에 이어 할리우드가 영화산업의 중심지가 된 이유는…›47, 첫째, 연중 따뜻하고 맑은 날이 많은 남캘리포니아가 영화촬영에 최적이었고, 둘째, 노동조합에 가입하지 않은 저렴한 노동력을 확보할 수 있었으며, 셋째, 로스앤젤레스의 도심에 가깝고 교통편이 좋았기 때문이다. 그러나 이 시기에도 각 스튜디오는 여전히 금융의 중심지인 뉴욕에 자금을 의존하지 않으면 안 되었다.

1920년부터 1948년 파라마운트 사건이 있기까지 할리우드는 메이저 전성시대였다. 당시는 대공황으로 대기업에 의한 수직통합이 진행되고 자본력이 약한 기업이 도태되던 시대로 파라마운트, MGM, 폭스, 워너 브라더스, RKO(Radio Keith Orpheum) 등의 메이저가 탄생하였다. 특히 할리우드의 황금시대는 스튜디오시스템(대형 영화스튜디오가 제작, 배급, 흥행을 모두 지배)이 완성된 1930~1940년대이다. 이 중에서도 〈바람과 함께 사라지다〉, 〈역마차〉 등이 제작된 1939년은 할리우드 최고의 해라고 할 수 있다.

---

46. 다키야마 스스무, 2001, 할리우드 거대 미디어의 세계 전략, 중심.
47. 고정민, 2003, 클러스터, 삼성경제연구소.

그러나 영광이 있으면 항상 추락이 있기 마련이다. 메이저의 수직통합 체계가 붕괴된 것은 1948년의 파라마운트 사건으로 인해서이다. 메이저들의 독점적 행위를 금지시키기 위해 법원은 제작·배급과 상영을 분리, 메이저의 극장 소유를 금지하는 판정을 내린 것이다. 이 판결로 종래의 수직적 통합과 대도시를 중심으로 한 소위 '고전적인 스튜디오 시대'가 막을 내린다. 설상가상으로 유일한 영상물을 제공하던 영화산업은 1950년 TV라는 괴물이 등장하면서 또다시 위기를 맞게 된다. 1964년에는 미국의 NBC가 컬러방송을 함으로써 영화산업은 과거의 영광을 뒤로하고 쇠퇴의 길로 들어서는 듯 보였다.

잇단 위기로 허약해진 영화 메이저들은 복합기업의 사냥감이 되고 만다. 유니버설 스튜디오가 그 첫 희생자로 1962년 MCA에 매수된다. 이를 시작으로 복합기업에 의한 인수합병이 본격화되는데, 이것이 오히려 전화위복이 되었다. 복합기업의 탄생으로 막대한 자금을 투입하여 대규모의 영화를 제작할 수 있는 기반이 갖추어지면서 영화의 대작화가 가능하게 된 것이다. 이러한 대작영화는 독점법과 TV 등장에 대응하기 위한, 또한 살아남기 위한 돌파구로 인식되었다. 드디어 끝없는 추락 속에 서광이 비치기 시작했다. 대형 영화는 TV 등장으로 줄었던 관객을 되찾는 데 성공하였다. 관객수가 1967년 5억 500만 명에서 1972년에는 9억 4,200만 명으로 늘었고, 1958년 9,000만 달러로 떨어졌던 입장수입도 1977년에는 21억 6,500만 달러를 기록하게 된다.

1980년대 중반부터 1990년대 들어서 할리우드는 성장궤도에 올라 소비자의 오락지향이 강해지고 시장이 안팎으로 넓어지는 동시에 수직통합형 M&A가 가속화되고 비즈니스의 거대화가 진전되었다. 이로써 할리우드는 100년에 걸쳐 영화에서 종합오락산업의 메카로 진화하였다.

3) 미국 영화시장 현황

미국의 영화산업 규모는 전 세계 영화산업의 30%를 점유하고 있는데, 2000년대 중반까지 평균 5% 이상의 고속성장을 지속해 오다가 2005년 이후 2%대의 소폭 성장세를 이루었으며, 2009년에는 2008년 금융위기의 여파로 감소하였으나 2010년 이후에는 다시 성장세로 돌아섰다. 이러한 성장세는 당분간 지속될 것으로 전망되고 있다. 미국의 영화산업 시장은 매출 기준으로 크게 세 부문으로 구성되어 있다. 극장수익, 가정용 홈비디오의 대여 혹은 판매, 인터넷 서비스(디지털 배급)로 세분화할 수 있다. 최근까지 시장 동향은 극장수익의 미미한 성장, 가정용 홈비디오의 정체, 인터넷 서비스의 고공행진 등으로 간략하게 설명될 수 있다.

2013년 입장객 수는 약 13억 4,000만 명으로 테마파크 입장객 3억 7,000만 명, 프로야구 등 스포츠 입장객 약 1억 3,000만 명에 비해 크게 높아 영화가 미국인들이 좋아하는 오락거리임을 알 수 있다.

해마다 600여 편 이상의 영화를 제작하고 있는 할리우드는 이제 어느 정도 시장의 포화 상태라는 위기감을 실감하고 있는 중이다. 더 높은 성장을 위해서는 또 다른 시장의 개척이라는 과제와 직면하고 있다. 실제로 세계 영화시장에서 미국 영화의 위치는 점차 감소하고 있다. 세계 영화시장의 성장률은 5% 내외로 성장하고 있는 데 비해 미국 영화시장은 1% 정도의 성장에 머물고 있다. 더구나 중국 영화시장은 경이적인 성장을 지속하고 있고, 프랑스, 일본, 한국 등 주요 시장에서의 자국영화 점유율도 높아지고 있다. 인도의 영화는 자국시장을 배경으로 해외시장에 눈을 돌리고 있어 미국

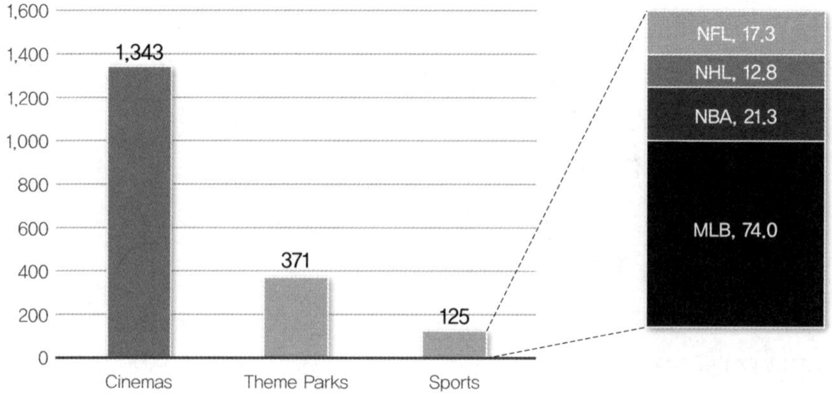

그림 4.8 미국의 극장, 테마파크, 스포츠 경기장 입장객 수

영화산업의 미래가 밝지만은 않다.

또한 제3세계 국가에서 우수한 영화감독들이 배출되고 디지털 영화 기술이 보편화되면서 미국 할리우드 영화의 영향력이 크게 흔들리고 있다. 할리우드 영화가 다양성 결여라는 난관에 봉착한 가운데 제3세계 영화들이 다양한 소재와 주제를 앞세워 할리우드 영화에 도전하고 있다. 제3세계 국가들이 수십여 년간 문화제국주의의 '첨병'으로 경계해 왔던 할리우드 영화를 극복하려는 시도들이 곳곳에서 일어나고 있는 것이다. 특히 과거 프랑스와 이탈리아, 스페인, 독일 등 유럽 영화에서 이제는 아시아·남미 영화들이 급부상하고 있다.

4) 미국 할리우드의 성공요인

미국의 할리우드 문화는 영화가 주고하고 있지만 드라마, 테마파크, 음악, 심지어는 게임까지 많은 대중문화의 중심이 되고 있다. 그뿐만 아니라 미국 문화는 패션, 오락, 영상 엔터테인먼트 등 다양한 분야에서 전 세계를 리드해오고 미국의 영웅문화, 의식주, 사회생활 등 다양한 일상 분야에서도 영향력을 가지고 있다. 미국 할리우드 문화는 왜 이처럼 전 세계에서의 입지가 강한 것일까?

첫째, 강력한 규모의 경제이다. 미국 내수시장이 워낙 커서 제작비의 많은 부분을 내수시장에서 커버하고 나머지는 해외시장에 판매하는 구조로 되어 있다. 문화콘텐츠는 투입되는 초기 제작비용은 크지만 복제비용이 극히 적어 콘텐츠를 대량으로 복제해 사용하면 소비가 커질수록 소비자당 평균 생산비용은 기하급수적으로 낮아지는 특징이 있다. 즉 생산규모가 커질수록 고정 비용의 분산이 이루어지고 단위당 인건비가 줄어들며 재료 구입 등에서 비용이 절감되는 현상인 '규모의 경제(economies of scale)'가 적용되는 것이다. 미국의 경우 막강한 내수시장에서 어느 정도의 채산성을 맞추고 이를 세계시장에 판매함으로써 손익분기점 이후의 매출에서 많은 수익을 확보할 수 있다. 더구나 미국은 문화산업이 다양하게 발달되어 있어, 각 분야 간의 OSMU로 인해 시너지를 발휘할 수 있다. 예를 들어 디즈니는 〈라이온킹〉이라는 애니메이션을 공연으로 만들어 흥행에 성공하고 있다. 이러한 시너지 효과는 규모의 경제를 더욱 견고하게 하는 것이다.

둘째, 전 세계 배급망을 확보하고 있다. 규모의 경제를 안정적으로 실현하기 위해서는 생산된 상품을 대량으로 소비할 수 있는 유통체계를 갖추는 것이 유리하다. 미국이 미국 영화산업의 시장지배적 사업자인 동시에 시장지배적 국가인 것은 바로 할리우드라는 전 세계적인 배급망을 갖는 시스템을 통해 시장가치를 창출하고 있기 때문이다. 미국이 할리우드 배급망으로 인해 전 세계 문화산업에 미치는 영향력은 매우 크다고 할 수 있다.[48] 할리우드 메이저 스튜디오 혹은 연합으로 직배사를 차려 미국 영화의 원활한 공급과 현지 수익의 정확하고 빠르게 송금하고 있고, 직배사를 통해 배급되지 않는 미국 영화의 경우에도 다른 외국 영화에 비해 유리한 조건으로 배급되는 것이 일반적이다.[49]

셋째, 거대 규모의 제작투자이다. 할리우드는 메이저라는 거대기업이 막대한 투자를 하면서 상업성이 높은 대중문화를 만들어 낸다. 미국 드라마 중 블록버스터형 드라마 한 편의 제작비가 한국 영화 한 편의 제작비와 같고, 텔레노벨라 한 시리즈 전체의 제작비와 비슷하다. 이처럼 거대한 제작비의 투자는 다른 나라에서 할 수 없는 블록버스터형 콘텐츠를 만들어 소비자들에게 볼거리를 제공하고 있다. 제작비가 높으면 질 높은 작품이 제작될 가능성이 높기 때문에 소비자들이 할리우드 문화콘텐츠를 찾는 것은 당연하다고 할 수 있다. 제작비가 높은 콘텐츠를 만들 수 있는 것은 국내시장의 규모가 크고 해외시장에서의 흥행으로 규모의 경제가 적용되기 때문이다. 또한 경제논리가 엔터테인먼트 산업에도 적용되어 수익성 확보와 위험회피를 위한 각종 보험, 금융제도가 마련되어 있다.

넷째, 미국이라는 초강대국이고 영어를 사용한다는 점이다. 즉 미국은 강대국으로서 세계의 경제사회를 주도하다 보니 여타 국가에서 미국을 따라하려 하고 미국을 동

---

48. 황동미·한승희, 2009, 한국 영화 미국 시장 진출 유형연구, 영화진흥위원회 연구보고서, 2009-1.
49. Michael Gubbins & Eleanor Kenny, 2008, *The Distribution Revolution Chapter 2: Over-Production*, Screen Daily International.

경하게 된다. 세계경제 강국의 이점이 해외진출에서도 그대로 적용되어 해외에서 미국을 동경하고 그 문화를 따라하려는 성향이 나타나고 있다. 따라서 미국의 높은 문화콘텐츠 경쟁력과 함께 미국 문화의 생성지인 할리우드 문화가 전 세계를 리드하고 있는 것이다. 또한 세계 만국어라 할 수 있는 영어를 사용함으로써 세계시장 진입에 있어 언어적인 장벽에 구애받지 않는 이점이 있다. 영어를 사용하는 인구가 절대적으로 많은 데다가 영어가 모국어가 아니더라도 대부분 영어교육을 받기 때문에 영어로 만들어진 콘텐츠는 다른 나라 사람들에게도 비교적 쉽게 해석되고 접근성이 높아 누구나 즐길 수 있는 문화가 된 것이다.

다섯째, 미국의 프런티어(frontier)·이민 문화의 장점을 들 수 있을 것이다. 미국의 대중문화 산업이 세계를 석권할 수 있었던 이면에는 정치경제적 이외의 또 다른 배경이 있었다는 것을 간과할 수 없는데, 그것은 바로 미국의 독특한 역사이다. 미국의 문화와 국민성을 형성한 원동력은 '프런티어'라고 말할 수 있을 것이다. 또한 할리우드가 갖고 있는 강점 중의 하나는 바로 미국의 '이민사회적' 특성에서 비롯되었다. 이민사회는 미국 대중문화가 인종과 언어를 초월해 먹혀 들어갈 수 있는 일종의 '시장성 테스트'의 기회를 제공했고 미국 문화가 가장 만국 공용적인 문화의 특성을 갖게끔 하는 데에 기여했다.…›50

5) 미국 문화의 국제화 과정

미국 할리우드의 해외시장 진출은 1906년 비타그래프 스튜디오(Vitagraph Studios)가 런던에 배급회사를 설립하는 것으로 시작되었다. 곧이어 파리에 배급자회사를 설립하는 등 1920년대 중반에도 해외시장 확대 활동이 전개되었다. 미국 영화협회(Motion Picture Association of America, MPAA)에서는 자율적 영화 등급심의 및 저작권 보호 활동을 주요 사업으로 펼치고 있으며, 해외시장 진출을 위해 미국 정부도

---

50. 강준만, 2005, 지식의 세계화를 위하여, 인물과사상사.

적극 활용하고 있다.

1981년 파라마운트와 유니버설이 런던에 해외시장 공동 진출을 위해 UIP(United International Pictures)를 설립했다. 세계 16개국에서 배급회사를 설립·운영하며 직접 배급에 나섰다. 43개국에서는 현지 국내 회사를 통해 자사영화를 간접 배급하고 있다. 이외에도 해외 현지에서 현지 영화를 직접 제작하는 프로그램(local language program)을 전 세계 주요 국가 16개국에서 적극 진행하고 있다. 그 대표작으로 2000년 소니가 중국에 투자하여 합작 제작된 〈와호장룡〉은 1,700만 달러 제작비에 미국에서만 1.3억 달러, 전 세계 2억 1,000만 달러의 수입을 올려 미국이 투자한 로컬랭귀지 영화로는 최고의 흥행작이 되었다.⋯➝51

이처럼 미국 할리우드의 해외진출은 미국 메이저사와 밀접한 관련성을 가지고 있다. 미국의 메이저사는 초기에는 독과점 형식으로 서로 견제하면서 영화시장을 장악했다. 1930년대 미국의 대공황이라는 어려운 환경에서 미국인들에게 희망과 오락거리를 제공하면서 성장한 메이저사들은 제2차 세계대전을 계기로 미국이 강대국으로 부상하면서 영화산업에서 전 세계 시장을 장악하기 시작했다. 당시의 영화는 자본주의의 이데올로기와 미국의 문화를 전 세계에 수출하는 수단이 되기도 했다. 그러나 1948년의 파라마운트 판결로 종래의 수직적 통합과 대도시를 중심으로 한 소위 '고전적인 스튜디오 시대'가 막을 내리게 되었다.

잇단 위기를 맞은 영화메이저들은 유니버설 스튜디오가 1962년 MCA에 의해 매수됨을 시작으로 복합기업에 의해 매수합병되기 시작하면서 대규모 제작비 투입으로 영화의 대작화가 가능하게 되었다. 이러한 대작의 할리우드 영화는 해외시장에서 다른 나라가 범접할 수 없는 대형영화를 만들어 해외시장에 진출함으로써 해외에서의 할리우드 영화의 영향력을 강화하였다. 또한 복합기업에 의해 인수된 메이저들은 영화 이외에도 드라마, 애니메이션, 캐릭터, 뮤지컬, 게임에 이르기까지 다양한 사업에

---

51. 네이버 지식백과, 미국영화산업(http://terms.naver.com/entry.nhn?docId=2083810&cid=44415&categoryId=44415).

서 해외진출을 적극적으로 펼칠 수 있게 되었다. 이는 복합기업에 의해 자금력과 콘텐츠, 해외유통망이 뒷받침되었기 때문에 가능했다. 할리우드의 르네상스가 다시 도래하게 된 것이다.

2000년경에는 미국 영화의 흥행수입 중 해외매출 비중은 58%에 그쳤으나 2010년 들어서는 비미국 지역의 비중은 과거보다 10% 포인트 이상 올라갔다. 따라서 미국의 할리우드 영화는 해외 영화팬들의 취향과 구미에 맞는 콘텐츠를 생산하기 위해 전략을 바꾸고 있다. 특히 최근 영화시장이 급속도로 팽창하고 있는 중국이나 자국영화 점유율이 높은 인도, 한국, 일본 등이 주요한 타깃이다. 어벤저스 영화에 중국과 한국의 장면이 많이 나오는 이유도 여기에 있다. 해외시장 공략을 위한 할리우드는 크게 '현지영화 합자·합작 전략'과 '비영어권 스타 캐스팅', '다국적용 콘텐츠 제작' 등의 전략을 추진하고 있다. 이와 관련해서 파라마운트는 "이제 (미국뿐 아니라) 전 세계 시장에 통용될 수 있는 작품을 만들어야만 한다"며 "그것만이 오늘날 영화제작에서의 경제적 문제를 풀 수 있는 유일한 길"이라고 말하고 있다.

6) 외국 문화의 미국 진출

그동안 해외의 콘텐츠들도 미국 시장 진출을 위해 많은 노력을 하였다. 영국 가수 비틀스는 R&B에 컨트리 뮤직이 혼합된 미국 남부의 대중음악을 통해 미국 시장에 진출하였다. 1964년 2월 4일, 'She Loves You'와 'I Want To Hold Your Hand'로 미국의 인기 프로그램 에드설리번 쇼에 출연하여 시청자수 약 7,300만 명을 기록했고, 1964년 4월 4일 빌보드 싱글차트 1~5위를 모두 비틀스의 곡으로 채우면서 'British Invasion' 시대를 알렸다. 이를 계기로 영국식 로큰롤은 브리티시 팝(British pop)이라는 명칭으로 세계 음악시장의 중심으로 부상하였다.

중남미의 라틴 음악도 미국 시장에 진출하여 성공하였다. 20세기 초반부터 중남미 음악이 미국 시장에 진출하여 수요계층을 형성하였다. 특히 자메이카가 영국에서 독립(1962년)한 후, 1969년 보브 말리(Bob Marley)가 미국 시장에 레게라는 장르로 진

표 4.1 미국에 진출한 해외문화

구분	브리티시 팝	라틴 음악
과정	• 비틀스의 미국 진출이 발판	• 20세기 초반 남미 음악 미국 진출 • 1960년대 레게 음악 • 2000년대 보사노바
뮤지션	• 비틀스, 롤링 스톤스, 퀸, 엘턴 존 등	• 밥 말리, 안토니오 카발로스 조빔, 부에나비스타 소셜클럽, 스탄 게츠
성공요인	• 미국 대중음악 장르와 혼합을 통해 대중성 확보 • 낮은 문화적 이질성, 동일한 언어권	• 재즈와 음악적 기원에 유사성으로 미국 관객들에게 낮은 이질감
구분	**텔레노벨라**	**인도 영화**
과정	• 동일한 언어권 및 인접 지역에서의 탄탄한 수요 형성 후 미국 시장 진출	• 이민자 그룹 중심의 폐쇄적 시장 • 언어적 장벽의 완화를 통한 시장접근 • 할리우드와의 전략적 제휴
콘텐츠	• <천사들의 합창>, <어글리 베티>, <에바 루나(Eva Luna)>	• <몬순 웨딩>, <슬럼독 밀리어네어> <내 이름은 칸>, <세 얼간이>
성공요인	• 통속적·대중적 줄거리와 소재 • 리메이크를 통한 문화적 할인율 완화 • 풍부한 히스페닉계 문화권 시청자층	• 보편적 소재에 자국 문화의 특성과 서구 문화적 양식을 가미해 공감대 형성 • 영어 사용으로 언어적 한계 극복 • 이민자 그룹의 관객동원력

출하였다. 또한 보사노바는 1960년대 초 브라질에서 생긴 새로운 리듬의 음악으로 삼바(samba)[52]에 모던재즈(modern jazz)가 더해진 형식인 스탄게츠(Stan Getz)의 앨범으로 보사노바 열풍이 시작된 이후 브라질에서 활동하던 안토니오 카발로스 조빔, 자반 등의 뮤지션이 미국 시장에서 성공하였다.

라틴계를 기반으로 한 텔레노벨라(telenovela)도 미국에서 인기이다. 〈어글리 베티〉는 남미 콜롬비아 방송사의 원작을 리메이크한 것으로, 2006년 9월 ABC방송에서 첫선을 보인 뒤 간판 드라마로 자리매김하였다. 텔레노벨라의 성공과 인기의 배경에는 미국 내 풍부한 라틴 시청자로, 2010년 미국 내 히스페닉 인구는 5,050만 명 이상으로 지난 10년간 미국 인구 증가분의 56%를 차지한다.

52. 라틴아메리카 댄스곡의 종류 중 하나로 브라질 흑인계 주민들이 즐기던 춤, 또는 그 춤곡을 말한다.

인도의 '발리우드'도 미국 시장에 진출하고 있다. 최근 들어 인도의 발리우드는 세계시장 겨냥, 글로벌 영화코드에 맞춰 재탄생하고 있다. 보편적인 소재에 인도 문화의 특성을 결합하여 미국 관객에게 공감대를 형성하고 언어적 장벽을 낮추고 할리우드와의 전략적 제휴를 통해 적극적으로 미국 시장 진출을 시도하고 있다.

이처럼 미국 할리우드 문화가 해외에 진출하고 있지만, 더불어 외국문화도 미국에 진출하여 나름 자리를 잡아 가고 있다. 이러한 문화의 유입은 미국 할리우드 문화의 다양성을 갖게 하고 새로운 문화를 창조할 수 있는 기반이 되는 것이다.

4. 텔레노벨라

1) 개요

텔레노벨라는 중남미의 소프 오페라(Soap Opera)의 일종이다. 텔레비전(Television)과 소설(Novela)의 합성어로 텔레비전 소설 또는 텔레비전 연속극으로 이해할 수 있는데, 주로 남녀 간의 사랑, 치정 등을 주제로 다루고 있으며, 사회적 신분의 차이가 있는 남녀 주인공이 주위의 반대나 음모 등 우여곡절을 겪으며 사랑을 이루어가는 해피엔딩의 구조가 일반적이다. 우리가 어렸을 때 보았던 천사들의 합창이나 미드에서 접했던 어글리베티 등도 텔레노벨라에서 시작되었다.

텔레노벨라는 19세기 유럽의 신문 연재소설 혹은 잡지 연재소설의 형식에서 그 기원을 찾을 수 있다. 인쇄물 텔레노벨라 이후에 방송프로그램은 라디오부터 시작되었다. 이를 라디오 텔레노벨라(혹은 라디오노벨라)라고 하는데, 1948년 쿠바에서 처음 시작되었다.[53] 쿠바에의 노동자들은 공장에서 시가 담배를 만드는 동안 무료함을

---

53. Avila-Saavedrea, G., 2006, New Discoures and Traditional Genres: The Adaptation of a Feminist Novel into an Ecuadorian Telenovela, *Journal of Broadcasting & Electronic Media*, 50(3).

달래기 위해 이들에게 신문의 연재소설이나 일반소설을 크게 읽어 주는 사람을 따로 기용하던 전통이 있었다고 한다.[54] 쿠바가 미국의 지배를 받게 되면서 급속도로 발전하게 된 쿠바의 방송시장에서 라디오노벨라는 커다란 성공을 거두게 되었고 이에 힘입어 쿠바 출신 작가들과 제작자들은 이들의 대본과 방송작품을 라틴아메리카 전역으로 수출하게 되었다.[55]

라디오 연속극에서 유래한 텔레노벨라는 1950년대부터 TV 방송프로그램으로 제작되기 시작했다. 1950년대 들어 쿠바에서 라디오 연속극과 같은 구조로 이루어진 TV 프로그램, 즉 텔레노벨라가 만들어지기 시작한 것이다. 이후 1960년대부터 텔레노벨라 제작이 본격화되었고, 1970년대 들어 라틴아메리카의 대표적인 대중문화로 확고한 자리를 차지하였다.

텔레노벨라는 라틴문화권에서 높은 인기를 구가하고 있다. 12세 이상 64세 미만의 중남미 사람들 가운데 50% 이상이 텔레노벨라를 정기적으로 시청하고 있다. 텔레노벨라 한 편은 150~200회 정도의 에피소드로 구성되며 3개월 이상에 걸쳐 방영되고 있다. 중남미에서는 국가 간 텔레노벨라 수출입이 활발한데 이는 같은 문화권이므로 타국 문화의 유입에 거부감이 없고, 자국 작품만으로는 방송수요를 감당하기 어렵기 때문이다.

2) 텔레노벨라의 특성

텔레노벨라는 미국 시장과 포르투갈, 유럽까지 역수출되어 타 문화권 간의 교류로 정착됨으로써 문화제국주의의 반대흐름으로서 미디어 학자들에게 주목을 받았다. 이들은 문화의 지역화현상의 하나로 텔레노벨라를 설명하면서 할리우드를 중심으로 하는 문화제국주의 논쟁에서 반대입장을 피력하고 있다. 텔레노벨라를 예로 볼 때 문화

54. 이성훈, 2005, 스페인권 문화 및 지역학: 세계화와 텔레노벨라의 변화, 스페인어문학, 36, 481-496.
55. 은혜정, 2010, 라틴 아메리칸 텔레노벨라의 드라마 브랜드 특성화 전략 사례연구, 방송문화연구, 22(2), 121-147.

의 지역화현상으로 설명할 수 있을 것이다. 실제로 미국의 인기 있는 시트콤들을 중남미 국가에서 재제작한 경우에도 중남미 국가들에서는 이들 프로그램이 인기가 없다. 사회적 배경이 너무나 상이하기 때문에 미국의 콘텐츠가 중남미 국가에서 인기를 얻기가 힘들다는 것이다. 미국의 많은 프로그램들은 '중산층'을 중심으로 스토리가 구성되지만 실질적으로 중남미에는 '중산층'의 개념이 모호하다. 또한 미국의 시트콤들이 그리고 있는 '갈등구조'는 중남미 시청자들에게는 '갈등' 요소로 비춰지지 않는다.…56

텔레노벨라는 미국이나 우리나라 드라마와 다른 몇 가지 특징을 가지고 있다. 먼저 형식적 특징으로는 매일 프라임타임 대에 방송되는 일일극 형식을 띠고 있으며, 전체 에피소드의 수는 프로그램 당 평균 200여 개 정도에 이른다. 보통 한 시간 정도로 편성하며 방영기간은 3~6개월이지만 특별한 경우에는 2년 남짓한 경우도 있다. 미국과 같이 시즌이 적용되어 연장이 되기도 한다.

내용적 특징으로는 정통적인 텔레노벨라는 신데렐라의 스토리 구조를 가지고 있다. 사회적으로 낮은 위치에 있는 여성이 사회적 지위가 높은 남성을 만나 두 사람이 사랑을 이루기 위해 노력하는 것이 주요 내용이다.…57 이와 같은 텔레노벨라의 장르적 성격은 프랑스의 연재소설(Serial Novels)과 미국의 라디오 텔레비전 소프오페라, 그리고 지역적 전통문학의 영향을 받은 것으로 알려져 있다.…58 그러나 텔레노벨라의 신데렐라 스토리는 1980년대 이후부터 나라마다 자국의 문화와 상황을 반영하게 되면서 점차 변화하기 시작하였다. 멕시코의 텔레노벨라는 최근 다양한 시청자를 위해 장르의 다양화가 이루어지고 있지만 주로 가족 중심의 사랑이야기를 다루고 있고, 브라질의 텔레노벨라는 사회적 주제가 자주 등장하고 현지 로케이션 촬영을 많이 하는 형태이다. 베네수엘라 텔레노벨라는 남녀 사랑이야기가 많으며 콜롬비아는 지역

---

56. 한국방송영상산업진흥원, 2007, 남미의 드라마: 텔레노벨라의 분석과 전망.
57. 장병희, 2005, 중남미 '텔레노벨라'의 동유럽 진출 성공사례, 해외방송정보, 2005-2, 48-51.
58. Straubhaar, J. D., 1991, Beyond media imperialism: Asymmetrical interdependence and cultural proximity, *Critical Studies in Mass Communication*, 8, 39-59.

정치적 이슈를 많이 다룬다.…59

스토리 원천의 경우, 멕시코의 텔레비사엔 이야기 골격을 만드는 오리지널 스토리 텔러들이 있어 이들이 기본적으로 스토리를 쓰고, 또한 남미 최대의 스토리 라이브러리(창고)를 보유하고 있어 이곳에서 스토리 아이디어를 얻고 있다. 텔레비사는 1930년에 라디오 방송국으로 출발했기 때문에 50년, 60년, 70년 전 라디오 드라마가 많아, 이런 과거의 라디오 드라마를 젊은 작가들의 손을 통해 현대적인 감각에 맞게 손질해 방송프로그램으로 제작하고 있다.

제작상의 특징을 보면…60 텔레노벨라는 100% In-House로 제작되며 외부 제작사가 제작한다 하더라도 저작권은 방송사에 귀속된다. 우리나라의 경우 외주 제작이 계속 늘어났고, 미국의 경우에는 대부분 외주 제작이라는 점을 감안한다면 중남미 국가의 제작시스템은 독특한 면이 있다. 멕시코의 세계적인 방송사인 텔레비사는 핵심 채널인 채널 2에서 방영하는 프로그램은 100% 자체제작하고, 연기자도 세아(CEA)라는 사내 연기학원에서 자체 육성하는 등 연기자 육성부터 프로그램 제작, 방영, 프로그램 판매에 이르기까지 모든 것이 수직 계열화되어 있다.

3) 텔레노벨라의 성공요인

텔레노벨라가 중남미 전역에 확산된 것은, 첫째, 문화적 근접성 때문이다. 중남미 국가들은 대부분 동일 언어(스페인어)를 사용하고 문화적으로 유사하여 사실상 하나의 시장이라고 볼 수 있다. 따라서 소비자들의 성향이나 선호도 비슷해 역내 국가의 문화콘텐츠를 수용하는 데 거부감이 없다. 텔레노벨라의 미국 및 유럽 시장 진출도 라틴계 인구의 수요에 기반한 것이다. 텔레노벨라의 미국 시장 진출이 급증한 것은 중남미 출신의 히스패닉 인구가 급속히 증가했기 때문이며, 유럽 시장 진출의 경우에

59. Havens, Timothy, 2005, Globalization and the Generic Transformation of Telenovelas-Thinking Outside the Box: Television Genres in Transition, 271-292.
60. 한국방송영상산업진흥원, 2007, 남미의 드라마: 텔레노벨라의 분석과 전망.

도 동일한 언어를 사용하고 정서적 유대감이 높은 스페인이 텔레노벨라 진출의 교두보 역할을 했다.

둘째, 우수한 작품성 및 매력적인 스토리라인도 텔레노벨라 확산의 배경이다. 풍부한 자본이 텔레노벨라 제작에 투입되어 작품성이 제고되었다. 시청자들의 높은 관심과 이들을 대상으로 상품을 광고하려는 광고주들의 관심이 맞물려, 막대한 자본이 텔레노벨라 제작에 투입되는 선순환 구조를 형성한 것이다. 현실 도피형 스토리라인도 한몫을 했다. 시청자들은 텔레노벨라를 시청하는 이유로 "매일 밤 따분한 일상생활에서 도망칠 수 있으며, 자신도 낭만적 주인공이 되기를 꿈꾸게 만들기 때문"이라고 응답[61]하고 있다.

셋째, 인기배우들을 활용한 스타마케팅도 텔레노벨라의 확산에 기여하였다. 텔레노벨라 인기배우들이 각지를 방문하여 팬미팅 등의 행사를 개최하고 있다. 아르헨티나 프로그램으로 전 세계적인 성공을 거둔 〈와일드 엔젤(Wild Angel)〉의 경우, 여주인공인 '나탈리아 오레이로'가 동유럽 투어를 하기도 했으며, 그녀를 보기 위해 1만 명이 운집하기도 하기도 했다.

넷째, 미디어 기업들의 해외개척 노력, 스타마케팅 등도 하나의 요인이다. 멕시코의 텔레비사, 브라질의 글로보 등 복합미디어 그룹들이 자체 제작능력을 확보하여 자국시장을 점령한 이후 전 라틴아메리카에 수출하며 미국 시장에도 진출하고 있다. 브라질의 텔레노벨라는 높은 인기에 힘입어 1970년대 초반에 브라질 프라임 시간대를 점령하고 현지에서 미국 프로그램의 시청률을 능가하고 있다. 1975년에는 TV Globo의 가브리엘라가 포르투갈에 최초로 수출되어 큰 성과를 거두어 국제시장의 가능성을 인식하기 시작했다. 이후 유사 문화권인 인근 나라에 본격적으로 수출되었고, 이탈리아와 같은 유럽시장으로 확장되고 있다. 1990년대에 들어서자 브라질의 텔레노벨라는 128개국에 수출됨으로써 가장 많은 나라에 방송되는 장르가 되었다.

---

61. 텔레노벨라 전문 사이트(www.rinconlatino.com)가 시청자 의견을 조사한 결과이다.

4) 텔레노벨라의 국제화

각국에서 발달한 텔레노벨라는 자국내에서 시청률이 높아지자 점차 해외시장에 눈을 돌렸다. 텔레노벨라의 국제화 과정을 보면 먼저 남미 지역내에서 상호 프로그램 교환 등 제작과정에서의 교류가 시작된 이후 남미 지역 외에 다른 지역으로 확산되기 시작했다. 특히 해외에 텔레노벨라가 확산된 배경에는 라틴계의 독특한 문화의 동질성으로 인해 라틴계의 공감을 얻으면서 수출이 확대되었지만, 점차 텔레노벨라는 인간의 감성에 호소하는 스토리로 인해 남미만이 아닌 전 세계 모든 사람들에게 사랑을 받고 있다.

텔레노벨라의 국제 진출은 크게 두 방향으로 진행되었다. 첫째, 히스패닉계 인구가 많은 미국 시장 진출이다. 미국에서 중남미 출신의 히스패닉 인구가 증가하면서 텔레노벨라의 미국 진출이 급증하고 있다. 특히 '유니비전(Univision)' 등의 히스패닉 대상 케이블 채널 등이 차례로 생겨나면서 텔레노벨라의 판매가 용이해진 것도 사실이다. 우리가 미국에서 여행을 갔을 때 호텔에서 텔레노벨라 드라마를 많이 볼 수 있는 것도 바로 이러한 채널 덕분이다. 미국내에 히스패닉은 출산율이 높고 이민이 확대되면서 이들이 차지하는 비중이 크게 증가하고 있다. 미국 센서스 통계자료에 따르면 미국내 히스패닉은 미국 전체 인구의 약 17%를 차지하고 있으며, 2011년 인구수는 2000년과 비교 시 43% 증가한 것으로 나타났다. 미국은 인구 6명 중 1명이 히스패닉계로 이들이 미국 내 가장 큰 소수민족이다. 또한 히스패닉의 구매력은 2010년 1조 달러였으며, 2013년에는 1조 3,000억 달러에 이르러 미국 내 히스패닉 인구증가와 구매파워를 보여 준다.…62

둘째, 유럽진출로서 동일한 언어를 사용하고 또한 정서적인 유대감이 높은 스페인이 텔레노벨라 진출의 교두보라고 할 수 있다. 그러나 나머지 서유럽의 경우에는 문화적 유사성이 떨어지는 데다가 자국내에 질적으로 우수한 방송프로그램을 확보하고

62. 장병희, 2005, 중남미 '텔레노벨라'의 동유럽 진출 성공사례, 해외방송정보, 2005-2, 48-51.

있기 때문에 주목을 크게 받지는 못했다. 반면 방송 프로그램 제작능력이 떨어져 수입에 의존하고 경제력이 뒤지는 동유럽의 경우에는 붐을 일으킬 정도로 성공을 거뒀다. 루마니아, 보스니아, 코소보, 세르비아, 몬테네그로, 불가리아, 마케도니아 등지에서 텔레노벨라는 시청자들에게 이미 익숙한 장르가 되었을 정도이다.…[63] 유사하게 한류가 이슬람 국가, 아프리카 등지에서 인기를 끄는 것은 이들 국가의 자체 프로그램 제작 능력이 부족하고, 자신들과는 좀 거리가 먼 미국이나 유럽 방송 프로그램보다 경제 개발과정에서 공감할 수 있는 스토리를 담은 한류 드라마가 이들에게 어필할 수 있었기 때문이다.

5) 방송사들의 글로벌화 전략

텔레노벨라의 국제화의 과정에서 중요한 역할을 한 것은 거대 방송 그룹이다. 멕시코의 텔레비사, 배네수엘라의 베네비시온, 최대 텔레노벨라 제작사인 브라질의 TV 글로부와 같은 텔레비전 프로그램 제작사들이 그 주역이며, 텔레노벨라의 전 세계적인 배급은 도리 미디어 그룹(Dori Media Group)과 같은 미디어 그룹을 통해 이루어졌다. 위성혁명으로 텔레비전 채널이 급증함에 따라, 글로부는 그들의 운영을 국제적으로 넓혀나갔다. 1993년부터 글로부는 심지어 BBC와 같은 방송사에까지 텔레비전 프로그램을 수출하기 시작했다. BBC의 게임 쇼인 〈옳은 일을 하라〉는 브라질의 게임 쇼인 〈당신이 결정하라〉를 TV 글로부의 허가를 받아 개작한 것이다. 이 인터렉티브 게임 쇼는 중국 및 앙골라와 같은 다양한 나라를 포함한 37개국에서 개작되었다.…[64]

멕시코 최대의 텔레노벨라 제작사인 텔레비사는 동구, 베트남, 중국, 프랑스 등을 포함한 세계 125개국에 수출하는 등 텔레노벨라는 멕시코의 최대 수출품이다. 2000년에 이미 중국으로 더빙된 텔레노벨라 4편을 수출해 큰 성공을 거둔 것을 시작으로,

---

63. 문성윤, 2013, 미국, 히스패닉을 주목하라, KOTRA Globalwindow.
64. Moran, Albert, 1998, *Copycat TV: Globalisation, Program Formats and Cultural Identity*, University of Luton Press, Luton.

중국 정부와 협약을 맺고 텔레노벨라 등 프로그램의 포맷만 수출해 현지에서 중국판 텔레노벨라를 제작하는 전략도 구사하였다.[65]

텔레노벨라의 해외진출을 위해 거대 방송사들은 해외 판매망, 유통채널을 꾸준히 확충해 왔다. 브라질, 멕시코, 베네수엘라의 주요 텔레노벨라 제작사들은 국제 텔레비전 무역 박람회에 자신들의 작품을 출품하고 있으며, 미국의 마이애미나 마드리드, 리스본 등 유럽 등지에 사무소를 두고 전 지구의 2/3를 커버하고 있다. 남미 지역 제작사들이 미국 내 안정적인 프로그램 유통망 확보를 위해 미국 내에는 유니비전(Univision), 텔레문도(Telemundo), 아즈테카(Azteca Amaica) 등의 채널들을 설립하였다. 이들이 미국내 텔레노벨라의 주요 유통망이라 할 수 있다.

텔레노벨라의 상업화 전략에서 빼놓을 수 없는 것이 바로 포맷 판매 전략이다.[66] 텔레노벨라는 완성된 드라마를 수출하는 데 그치지 않고 작품의 개념, 주요 스토리라인과 등장인물 등을 패키지화해서 판매하고 있다. 포맷 거래는 제작 국가의 문화적 특수성이 드러나는 텔레노벨라가 언어와 문화적 장벽을 뛰어넘어 전 세계 다양한 국가로 수출하는 데 도움을 주고 있다.

해외 공동제작 역시 세계화 시대에 텔레노벨라가 생존을 위해 도입한 전략이다. 텔레노벨라는 남미 지역 국가들의 공동작업 수준을 넘어 유럽, 미국 등지의 업체들과 공동제작되고 있으며, 중국 등의 아시아 국가와도 작업을 진행하고 있다. 공동제작과정에서 외국 텔레노벨라의 버전을 자국의 현실에 맞게 수정해 리메이크함으로써 지역의 특성을 살리고 있다. 즉 현지화를 한 것이다. 텔레노벨라의 콘셉트, 플롯, 주요 인물 등 텔레노벨라의 구조를 판매하고 나중에 플롯과 등장인물을 바꾸어 그 지역의 배우가 그 지역의 언어를 사용해 국내시장에 보급용으로 리메이크하는 것이다.[67]

그러나 국제화의 근본은 자신들의 국가 특성을 살린 작품을 만든다는 것이다. 전

65. 한국콘텐츠진흥원, 2007, 세계의 소프오페라, 텔레노벨라의 마케팅 및 시장 개척 전략, 언론과 사회, 15, 6-32.
66. 같은 글.
67. 대외경제정책연구원, 2010, 중남미의 사회문화적 코드와 방송영상산업의 소비 패턴 연구.

체 매출액 중에서 자국시장이 차지하는 비중이 매우 크기 때문에 우선 자국시장을 겨냥한 작품을 만들기 위해서는 자신의 시청자들의 요구에 맞는 작품을 만들어야 한다. 자국시장에서 성공을 거둔 뒤에야 수출이 될 수 있고 자국시장의 시청률이 수출에 큰 영향을 미친다. 따라서 스토리의 원작과 동일하게 만들어 자국의 시청자에게 지루함을 유발해 자국시장의 점유율이 낮아지면 당연히 수출 타당성 또한 낮아진다.…→68

텔레노벨라는 앞으로도 계속 성장할 것이다. 텔레노벨라는 라틴계 시청자를 대상으로 하고 있는데, 라틴계인구의 증가로 그 수요가 점차 증가할 것이고, 특히 미국지역에서의 라틴계 미국인의 숫자가 크게 증가할 것이다. 또한 관세인하, 자유무역협정 등의 체결로 세계적 자유무역의 확산 분위기로 텔레노벨라는 글로벌 진출이 가속화되고, 정보화 사회의 진전으로 디지털화된 콘텐츠의 교역이 증가될 것이다. 텔레노벨라는 이제 모바일과 온라인으로 해외에 전송됨에 따라 시청자층이 더욱 확대되고 있다. 브라질의 글로보나 멕시코의 텔레비사와 같은 중남미 방송사들은 텔레노벨라의 수출을 통해 전 세계 영향력을 강화하고 있다.…→69

6) 글로벌화 사례

골든글로브 TV 부문 최우수작품상을 수상한 〈어글리 베티(Ugly Betty)〉는 콜롬비아 방송사의 원작을 리메이크한 것으로 미국에서 텔레노벨라 열풍을 일으켰다. 어글리베티의 최종회는 약 250만 명이 시청하였으며, 미국 역사상 가장 많은 시청자를 끌어들인 스페인어 프로그램들 가운데 하나로 평균 시청자가 무려 740만 명에 달했다. 넬슨메디아 리서치(Nielsen Media Research)가 집계한 2006년 순위에서 Univision TV의 프로그램 중 1위를 차지했고, 가끔은 The CW와 MyNetwork TV의 프로그램을 제치기도 하였다. 〈어글리 베티〉가 ABC를 통해 거둔 커다란 성공은 미국 스튜디

68. Daniel Mato, 2003, The "Telenovela" Industry in the Production of Markets, and Representations of Transnational Identities, *Media International Australia*, February.

69. Diana I. Rios & Mari Castaneda, 2011, *Soap Operas and Telenovelas in the Digital Age*, Peter Lang.

오들로 하여금 라틴 시장의 텔레노벨라를 포맷으로 들여오는 것에 매우 커다란 관심을 갖게 하는 계기가 되었다. 이 프로그램은 다시 중국의 환경에 맞게 각색되어 중국의 윈난 성에 포맷으로 판매되었다.…→70

그후 인도, 리투아니아, 인도네시아, 폴란드, 불가리아, 루마니아, 말레이시아, 헝가리, 체코, 이탈리아, 스위스, 그루지아, 일본, 터키, 필리핀, 중국 등지에서 방영되었다. 다양한 속편들 중 〈Betty Toons〉라 불리는 애니메이션 시리즈까지 있는데, 여기서 베티는 어린이로 변해 자기 여자 친구들과 함께 등장한다. 〈Betty Toons〉는 매주 토요일 미국의 스페인어 어린이방송 '툰투라마 블루(Toonturama block)'에 속한 텔레프투라 네트워크(Telefutura network)의 가입자 가운데 가장 많은 수를 불러 모았다.…→71

그림 4.9 〈어글리베티〉

출처: 미국 IMDb 어글리베티 블로그(http://www.imdb.com/media).

이처럼 세계 시청자들을 끌어들인 이유는 우선 매력적이지 않은 외모를 지녔지만 내면은 아름답고 자신의 신체적 결함을 보충하기 위해 최선을 다해 노력함으로써 잘생긴 여자들을 제치고 사회의 부조리를 거침없이 말함으로써 명예와 사랑을 쟁취한 한 여성의 삶을 집중적으로 조명했다는 데 있다. 못생긴 여자 베티에 의해 기존의 질서가 전복되는 과정을 지켜보면서 수많은 시청자가 대리만족을 느낄 수 있었던 것이다.…→72

70. 은혜정, 2012, 텔레비전 프로그램 포맷, 커뮤니케이션북스.
71. 대외경제정책연구원, 2010, 앞의 책.
72. 같은 책.

5. 홍류(홍콩 영화)

1) 개요

과거 우리나라를 비롯한 아시아 여러 국가는 홍콩 영화로 시작된 홍콩문화에 큰 영향을 받았다. 이소룡, 장국영, 성룡, 왕조현 등의 아시아 스타들이 우리의 우상이 되었고, 그들이 출연한 영화는 매진사례를 이어갔다. 현재의 한류 스타처럼 홍콩스타가 아시아에 영화 개봉에 앞서 홍보차 아시아 지역을 방문했을 때 공항에 많은 인파들이 몰렸고 매스컴의 주목을 받았다. 지금 아시아에서 한류 열풍이 거세듯 과거에는 홍콩 영화인과 홍콩 영화의 바람, 즉 홍류(香流)가 불었다.

홍콩 영화는 1960년대 말부터 세계적인 주목을 받기 시작했다. 중국 전통무협과 서구의 액션을 접목한 이소룡의 영화들이 크게 히트하면서 세계적인 주목을 받았고, 이후 성룡, 주윤발 등으로 이어지는 홍콩 영화의 황금기가 이어졌다. 1986년 〈영웅본색〉을 기점으로 본격적으로 '홍콩 누아르' 시대가 시작되었다. 〈영웅본색〉 이전의 홍콩 영화는 무협, 코믹, 멜로물 영화가 주류였으나 암흑가를 배경으로 남자들의 의리를 그린 영화 〈영웅본색〉이 크게 히트한 이후 누아르 영화가 붐을 이루게 되면서 홍콩 영화의 인기를 이어갔다. 1993년에는 242편의 영화가 제작되어, 흥행수입만 1억 2,800만 달러에 달하는 등 홍콩 영화의 최전성기를 구가하였다. 홍콩의 중국 본토 반환 시기까지 홍콩은 세계에서 미국 다음가는 영화 수출국이자 미국, 인도에 이은 세 번째 영화 제작국으로 전성기를 구가했다.

그러나 1997년 홍콩반환을 전후하여 홍콩 영화는 쇠퇴기에 진입하였다. 히트작 및 영화제작 편수가 급감하였다. 1990년대 200편 이상에 달했던 연간 영화제작 편수가 급속히 감소하여 2004년에는 64편에 그쳤다. 감독, 배우 등 유능한 영화인들의 탈(脫)홍콩 사례가 급증하였다. 사회주의 체제로 전환되면서 표현의 자유가 제한받게 되고, 이에 따라 서극, 오우삼, 왕가위, 성룡, 이연걸, 주윤발 등 홍콩 영화의 핵심 인력들이 작품 활동을 보장받기 위해 대거 할리우드로 진출하였다. 홍콩반환을 전후하여 홍콩 영화계를 이끌던 영화스타를 비롯해 재능 있는 영화인이 상당수 이탈한 것도 홍콩 영화의 쇠퇴를 가속화시켰다. 그러나 최근 홍콩 영화는 빠르게 성장하는 중국 영화에 편입되는 과정을 보이면서 한걸음 도약을 꿈꾸고 있다.

홍류에는 영화 외에도 음악장르로서 1970년대부터 칸토팝(cantopop)[73]이 자리잡고 있었다. 종합 엔터테이너로서 솔로가수로 활동하며 영미팝을 번안하여 부르는 등의 활동으로 서양의 팝문화를 선망하는 동아시아 전역 청소년들에게 홍콩 스타들의 관련 상품이 많이 팔렸으며, 대대적으로 문화적 아이콘으로 자리 잡아 갔다. 그러나 칸토팝 역시 중국 문화의 하나로 편입되면서 그 정체성이 모호해지는 경향이 있다.

2) 홍콩 영화 시대별 특징

(1) 홍류 1기: 무협영화 전성기(1950년대 이후)

홍콩 영화산업은 1920년대 후반 서구와 상해에서 수입한 영화들로 홍콩 내 폭넓은 관객을 확보하였다. 한국과 동남아 등의 해외시장을 개척하기 시작하며 성공적인 성과를 거두었던 홍콩 영화는 1950년대에서 1960년대 영화산업의 첫 번째 황금기를 맞이하여 많은 수익을 올렸다. 1961년에는 한 해에만 무려 302편의 영화가 제작되어, 미국의 254편을 앞지르기도 하였다.

홍콩 영화의 메이저였던 골든하베스트[74]에서는 이소룡을 주연으로 하는 〈당산대형(唐山大兄)〉, 〈정무문(精武門)〉, 〈맹룡과강(猛龍過江)〉, 〈용쟁호투(龍爭虎斗)〉 등을 표준어(Mandarin)로 제작하였다. 이소룡은 우리나라와 대만에서 인기를 끈 영

73. 광둥어와 서양 팝음악이 결합된 형태의 대중음악으로 일본의 J-POP, 한국의 K-POP과 같은 맥락인 홍콩의 '칸토팝'으로 불린다.

74. 1970년 레이먼드 초우가 설립. 1971년 리샤오룽, 1979년 천룽과 계약하면서 30년 이상 중국어 영화를 제작, 배급, 상영해 온 홍콩에서 가장 제작이 왕성한 영화사 중 하나이다(http://goldenharvest.com/eng/index.asp).

그림 4.10 영화 〈영웅본색〉

화배우이면서 그의 영화는 유럽, 남아메리카, 아프리카 지역으로 배급되었다. 특히 미국에서 이소룡은 동양의 무술을 널리 알렸을 뿐 아니라 동양의 정신을 알리는 데 공을 세웠다. 아직도 미국인들 중에는 이소룡을 기억하고 좋아하는 사람들이 있다. 이소룡의 무협영화는 성룡으로 이어졌다. 성룡의 〈취권(醉拳)〉 등은 쿵푸액션에 코미디를 혼합한 하이브리드 장르로 관객들을 사로잡았다. 홍콩 메이저 중이 하나인 쇼브라더스 역시 많은 무협영화를 제작하여 미국 진출의 교두보를 확보하였다.

1970년대는 이 두 영화사에 의해 홍콩 영화의 국제무대 진출이 시작된 시점이다. 이 당시 생성된 쿵푸장르는 액션의 역동성을 통한 보편적인 몸의 언어를 구사하면서 동양의 정서를 결합함으로써 국제적인 시장 장악에 기여하고 홍콩의 브랜드로 오랜 역사성을 자랑하게 된다. 국제무대에 '홍콩=쿵푸/무협' 등의 등식을 성립시킴으로써 이후 북아메리카 진출로의 초석을 다지게 된다.[75] 이 시기는 무협영화를 통해 전 세계적으로 홍류붐이 나타나기 시작했는데, 이를 홍류 1기라 할 수 있다.

(2) 홍류 2기: 홍콩 느와르 전성기(1986년 이후)

홍콩 출생 세대, 해외유학 세대들이 영화계에 들어오면서 이들은 무협영화라는 장르에 회의를 가지게 되었다. 이들은 멜로, 스릴러 등 다양한 영화를 실험하면서 홍콩 영화의 방향을 틀었다. 그 결과 1980년대 중반부터 본격적인 홍콩 느와르 시대가 시작되었다. 느와르(noir) 영화란 필름 누아르에서 유래된 말로, 주로 도시의 뒷골목, 술

75. 영화진흥위원회, 2001, 중국 영화산업백서 I , 연구보고 6.

집 등을 배경으로 한 갱 영화를 의미한다. 이 영화들은 주로 어두운 밤에 촬영되어 영화 전체의 분위기가 어두웠고, 또 전후(戰後)에 사회 전반적으로 만연했던 허무주의와 퇴폐주의가 담겨 있어, 프랑스어로 검은색을 뜻하는 '누아르'란 단어를 사용하였다. 홍콩에서는 암흑가를 배경으로 남자들의 의리를 그린 영화 '영웅본색'이 크게 히트한 이후 '느와르' 영화는 홍콩 영화계의 또 다른 붐을 이끌었고 홍콩 영화의 전성기를 열었다. 오우삼 감독은 주윤발이 주연한 〈영웅본색〉과 〈첩혈쌍웅〉에서 홍콩느와르 신드롬을 일으켰고, 정소동(程小東) 감독은 〈천녀유혼〉에서 특수효과를 중국전통과 조화시켜 SF무협영화 전성기를 열었다. 이후 SF 무협영화는 〈동방불패〉를 정점으로 많은 아류작을 양산했다.

1980년대 말부터 1993년까지를 홍콩 영화의 황금기라 말할 수 있다. 이 시기에는 홍콩은 영화 수입에 비해 수출이 3배 정도 많은 것으로 나타났고, 1992년에는 우리나라에서 홍콩 영화 74편의 편당 수입가가 16만 4,000달러로, 160편을 들여온 미국 영화 평균수입가 11만 3,000달러를 능가할 정도로 위력을 발휘했다.…→76

(3) 홍류3기: 홍콩 영화의 쇠퇴기(1993년 이후)

잘 나가던 홍콩 영화산업은 1993년 이후 극심한 불황에 시달렸다. 1994년 홍콩 영화의 해외시장 점유율이 20~30% 감소하고, 1995년에 이어 1996년엔 전년도에 비해 60%밖에 미치지 못한다. 중국어로 만들어진 영화를 관람한 관객 수는 1992년 3,300만 명에서 1998년 1,500만 명으로 50% 이상이 줄었다.…→77

1994년부터 서서히 하락세를 타기 시작한 홍콩 영화산업은 중국 반환 이후 상영수익 면에서 급격히 위축되는 모습을 나타내고 있다. 1998년에서 1999년 작품 제작 수와 관객 수는 증가했지만, 홍콩 영화점유율과 상영수익은 오히려 감소하는 모습으로 미루어 보아 홍콩에서조차 홍콩 영화보다는 해외영화가 흥행했다는 것을 알 수 있다.

---

76. 박상규, 2005, 문화상품의 해외진출 활성화 방안 연구, 대한민국국회.
77. 영화진흥위원회, 2001, 앞의 글.

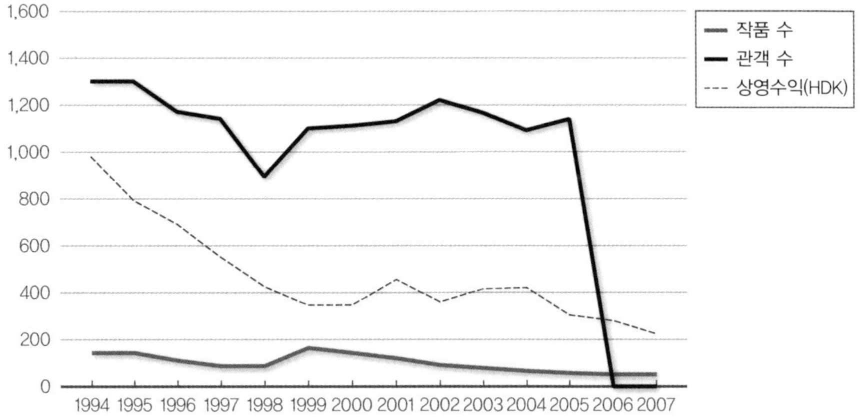

그림 4.11 1994~2007년 홍콩 영화산업 변화

출처: 赵卫防, 2008, 香港电影产业流变, 中国艺术研究院, 博士学位论文, 52-53.

홍콩의 중국 반환은 홍콩 영화산업의 쇠퇴를 가져왔지만 홍류의 국제화를 가속시킨 측면이 있다. 홍콩이 중국에 귀속되면서 홍콩 영화인들이 할리우드에 진출하였다. 1995년 말 미국에 정착한 주윤발은 이안감독의 와호장룡이라는 세계적인 영화에 주연을 하였고, 오우삼 감독은 〈미션임파서블 2〉 등을 만들어 세계적인 감독으로 이미 인정받고 있다. 배우 성룡도 〈러시아워〉 등에 출연하여 세계적인 배우로서 활동하고 있다. 이와 같이 홍콩의 중국 반환으로 시장축소에 따른 홍콩 영화 쇠퇴를 해외에서 찾음으로써 새로운 전환기를 맞이하였다.

최근 들어서는 중국 정부는 홍콩 영화산업의 부활을 위해 중국 시장에서의 홍콩 우대정책을 통해 시장을 확보해 주고 있다. 중국은 홍콩에게 수입쿼터, 영화관련 회사, 극장경영, 합작영화, 후반제작, 영화제작 등의 여섯 분야에서 홍콩에게 우대혜택을 주고 있다. 이는 영화산업의 제작, 배급, 상영 등의 영화산업 모든 분야에 대해서 혜택을 주고 있는 것으로 획기적인 것이라고 할 수 있다.[78] 경제협력을 기반으로 한 중

78. 김진영, 2013, 중화권 단일영화시장 형성과정에 관한 연구 - 중국 영화산업정책을 중심으로, 중앙대첨단영상대학원, 박사학위논문.

국 영화시장의 홍콩우대정책은 홍콩 영상산업에 새로운 활력소가 되었고, 10여 년이 지난 지금 과거의 우려와는 달리 홍콩 영화는 중국 영화시장을 기반으로 하여 중국 영화라는 새로운 이름으로 또 한 번의 비상을 꾀하고 있다.

그럼에도 불구하고 중국 진출이 홍콩 영화제작의 주목적이 되면서 중국의 검열기준에 맞춰 제작을 하다 보니 콘텐츠의 다양성이 없어지게 되었다. 중국의 검열을 통과해야 영화제작허가증을 받을 수 있고, 또한 상영허가증을 받을 수 있기 때문에 중국 영화시장에서 상영을 하기 위해서는 중국의 검열기준을 따를 수밖에 없다. 따라서 홍콩 영화는 이전에 제작되던, 정치적으로 민감한 소재, 흑사회, 강시영화나 귀신영화, 느와르 영화 등은 찾아보기 힘들게 되었다. 대신 심사에 비교적 수월하게 통과할 수 있는 사극과 액션영화가 주를 이루게 되었다.[79] 즉 홍콩 영화 특유의 개성이 줄어들게 된 것이다. 홍콩이 중국 시장을 중시하면서 홍콩 내수관객의 요구를 따라가지 못하고 있고, 더불어 홍콩 영화가 중국화되어가고 있는 과정을 보여 주고 있다.

3) 홍콩 영화의 해외진출 과정

수출, 라이선스, 전략적 제휴, 인수합병, 현지법인 설립의 국제화 단계에서 보면 홍콩 영화는 먼저 수출을 통해 해외시장 개척을 하였다. 수출은 마진이 적지만 가장 쉽고 위험도가 적은 방법으로 국제화 초기 단계에서 사용하는 방법이다. 1970년대 초 이소룡 영화를 비롯한 많은 홍콩 영화들은 해외배급을 통해 수출을 통해 해외진출이 일어났다. 이후 수출이 늘어 홍콩 영화의 황금기라 할 수 있는 1989년부터 1993년까지의 수출액은 홍콩달러로 1억 달러에 이르게 되었다.

수출 형태에서 점차 홍콩 영화는 해외진입방법이 다양화되어 공동제작과 해외투자를 통한 전략적 제휴 등이 나타나기 시작했다. 이미 1982년에 쇼브라더스는 〈칠금시〉를 영국의 해머영화사(Hammer Film Company)와 공동제작 했으며, 〈블레이드 러

79. 같은 글.

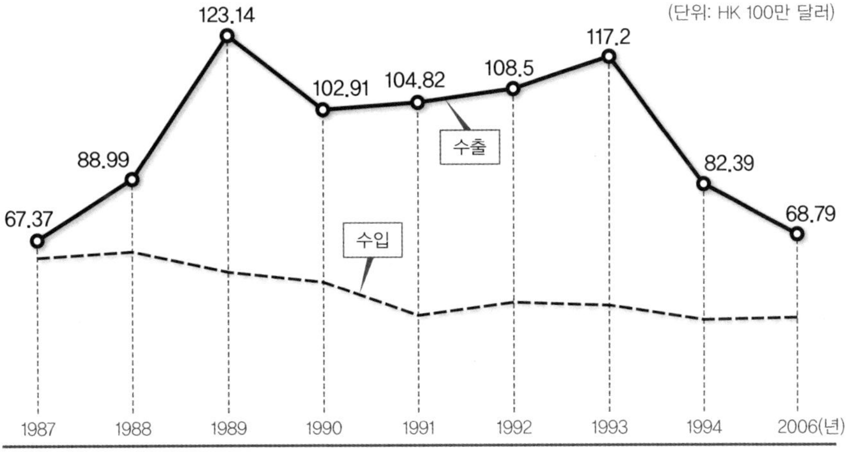

그림 4.12 홍콩의 영화 수출입 총액 추이

표 4.2 2012년 홍콩 지역 상영 홍콩 영화 흥행수익 상위 10위

(단위: 홍콩 달러)

순위	영화제목	흥행수익(HK$)
1	<콜드 워(寒戰)>	42,814,760
2	<띠수시쥐(低俗喜劇)>	30,732,066
3	<골치 아픈 사랑(春嬌與志明)>	28,034,226
4	<심플라이프(桃姐)>	27,845,733
5	<역전(逆戰)>	22,232,296
6	<옥보단2012(一路向西)>	19,272,676
7	<2012 내가 사랑하는 홍콩 2012(我愛香港喜上加喜)>	19,124,175
8	<다쥐푸(大追鋪)>	17,632,367
9	<분노의 질주(車手)>	14,883,491
10	<팔성보희(八星報喜)>	12,095,766

출처: 袁夢倩·馮凝, 2013, 2012年香港電影産業備忘錄, 當代電影, 96.

너(Blade Runner)〉에 투자해, 제작에는 참여하지 않으면서 외국 판매 지역에 로열티와 배급권을 획득하기도 했다. 이러한 국제화의 중심에는 골든하베스트와 쇼브라더스 등 두 메이저 영화사가 있었다.

최근에는 중국과의 공동제작이 주를 이루고 있다. 2012년 홍콩에서 상영된 영화 중 흥행 10위 안에 든 영화중에서 순수 홍콩 영화는 단 4편이었고, 나머지 6편은 모두 합작영화로 홍콩 감독이 참여하거나 홍콩과 중국이 같이 투자해 만든 작품이었다. 이제는 합작영화를 생각하지 않고서는 홍콩 영화를 논할 수 없게 되었다.

한편 홍콩의 중국 반환으로 자유로운 제작 환경을 찾아 많은 배우와 감독들이 1990년대 초부터 할리우드에 진출하였다. 감독은 풍부한 제작비와 인력동원 등 더 나은 여건을 위해 오우삼, 왕가위, 서극 등의 감독과 주윤발 등의 많은 배우들이 할리우드에 진출한다. 해외진출방법에 있어 인력의 해외진출이라 할 수 있다.

〈하드 타깃〉, 〈브로큰 애로우〉, 〈페이스 오프〉의 오우삼 감독은 미국 감독과 다름없는 활동을 하고 있고, 〈맥시멈 리스크〉의 임영동(林嶺東)과 장클로드 반담을 기용한 액션 스릴러 〈더블팀〉, 〈넉 오프〉의 서극 등도 홍콩을 빠져나갔다. 2001년에는 당시 외국인 영화로서 역대 최고의 흥행기록을 세운 무협영화인 〈와호장룡(臥虎藏龍)〉은 서구시장에 홍콩의 재능 있는 인력들이 대거 등장하게 하였다. 그러나 미국을 빠져나가기 전부터 이들 감독은 해외에서의 명성이 높았다. 1993년 이후 홍콩이 쇠퇴하고 있었지만 홍콩의 재능 있는 제작자와 배우들은 국제적으로 인정받고 있었다. 왕가위(王家衛), 장만옥(張曼玉)과 양조위(梁朝偉) 같은 경우 칸 국제영화제 수상은 물론이고 유럽시장에서 인기 있는 예술영화로 이름을 날렸던 것이다. 이러한 명성으로 할리우드에서의 진출이 원활하게 이루어졌으며, 처음부터 제작비가 높은 작품을 감독하게 된 것이다.

배우들도 홍콩을 벗어나 할리우드에서 다양한 활동을 하고 있다. 홍콩 영화 배우 성룡은 1980년대 초반 〈캐논볼〉로 할리우드 진출에 성공하였다. 이후 미국과 합작으로 제작된 〈홍번구〉는 미국 박스오피스 1위에 오르는 누구도 예상치 못했던 대성공을 이루게 된다. 이를 기회로 다시 할리우드로 온 성룡은 〈러시아워〉를 완성하여 성공하게 된다. 성룡 외에도 주윤발, 이연걸 등 많은 홍콩 배우들이 미국에 진출하여 활동하고 있어, 우리나라 배우들이 할리우드에 간간히 진출하는 상황에서 이들의 귀추가 주목된다.

4) 홍콩 영화 쇠퇴

홍콩 영화는 1993년 이후 가장 큰 수출시장이었던 대만 시장에서 문제가 나타나기 시작했다. 1992년 여름부터 대만에서 홍콩 영화의 입장료를 갑자기 50%나 인상하자, 관객들의 반감과 홍콩 영화의 특정 스타에 대한 보이코트 현상까지 일어났으며, 1994년 대만의 스크린쿼터제 폐지로 홍콩 영화의 기득권이 사라졌다. 이에 따라 홍콩 영화의 가격이 하락하기 시작했고, 이것이 해외시장이 급격히 축소되는 계기가 되었다.

정치적인 이유도 홍콩 영화 쇠퇴의 주요 요인이다. 한 때 '동양의 할리우드'로 불리던 홍콩 영화는 1997년 홍콩의 중국 반환 이후 몰락의 길을 걷기 시작하였다. 사회주의 체제로 편입된 홍콩은 표현의 자유가 제한될 것이라는 우려 속에서 홍콩 영화의 핵심인력들은 자유로운 영화제작 활동을 위해 미국 할리우드로 진출하게 된다. 이러한 홍콩 영화인력의 이탈은 홍콩 영화의 질적 저화를 가져왔고 이는 홍콩 영화관객의 감소로 이어졌다.

또한 홍콩 영화의 창의성이 떨어지고 매너리즘에 빠져 창의성이 상실되었다는 점이다. 느와르 시대까지만 해도 새로운 작품에 대한 개척과 열정이 있었으나 홍콩의 중국 반환 등으로 영화산업의 활력이 떨어졌다. 새로운 영화를 원하는 관객들의 변화를 제대로 파악하지 못하고 실기한 것이다. 즉 홍콩은 국제화를 통해 다양한 영화를

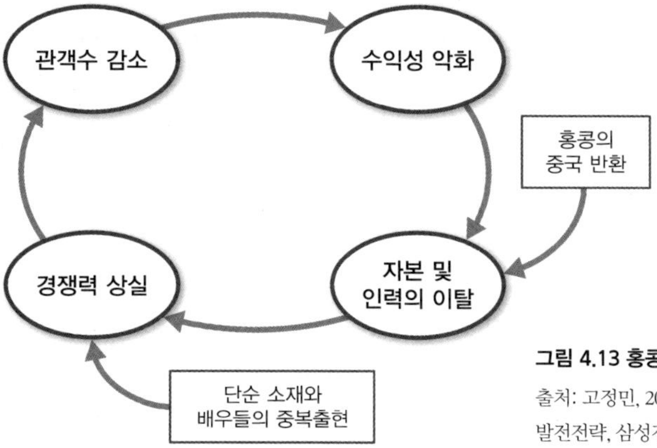

그림 4.13 홍콩 영화의 쇠퇴과정과 악순환구조

출처: 고정민, 2002, 한국 영화산업의 선순환구조와 발전전략, 삼성경제연구소.

접하고 소득의 증가에 따라 관객층이 다양해진 아시아 영화시장에 제대로 대응하지 못했다. 꾸준히 상승하는 관객들의 눈높이에 맞추지 못한 채 비슷비슷한 장르와 소재의 영화를 재생산하는 데 그쳤다. 홍콩 느와르, 무협, 코미디 풍의 영화 위주의 제작과 흥행에 성공한 원작에 본래 예정에 없던 속편이 급조되어 한국을 비롯한 해외시장에 배포되었다.···›80···›81 영화의 수준이 과거의 낮은 수준의 관객에 맞추어져 있었지만 이미 아시아 관객은 더 이상 홍콩류의 영화에 만족할 수 없는 수준으로 상승했다는 점을 간과한 것이다.

스타시스템도 한계점을 드러냈다. 영화가 특정한 장르로 제한되다 보니 영화에 출연하는 배우들도 제한되었다. 홍콩 영화는 1980년대 이후, 성룡, 주윤발, 장국영과 같은 세계적인 스타와 서극과 같은 스타감독 시스템을 통해 홍콩 느와르의 전성기를 구가했다. 이당시 홍콩 영화의 자국 내 시장점유율은 70%를 기록했으며 대만을 중심으로 입도선매가 이루어지면서 장르 영화의 부흥기를 맞았다. 그러나 1990년대 중반부터 홍콩 영화는 스타시스템에 과도하게 의존하며 개성 없는 영화들을 제작하기 시작했고, 이는 콘텐츠의 질적 저하로 이어지게 되었다. 스타시스템이 고착화되면서 신인 스타들의 등장이 더디게 되었고 기존의 스타들의 인기를 이어받아 새로운 스타가 등장하지 못한 채 점차 노후화되었다.···›82

결국 홍콩 영화는 배우들의 중복 출연, 바닥을 드러낸 소재, 홍콩의 중국 반환 등이 홍콩 영화 쇠퇴의 가장 큰 원인으로 지적된다. 동일한 배우, 동일한 소재, 동일한 액션으로 만들어진 비슷비슷한 영화가 일년에도 수십편씩 제작되어 관객들의 외면을 자초했다. 예술적 작가주의 작품은 거의 제작되지 못하고, 오로지 누아르, 무협물, 코미디로 이어지는 단순한 소재만 반복되었다. 이에 따라 자본과 우수한 인력이 이탈되고 영화의 경쟁력이 상실되어 관객수가 감소되는 악순환의 과정을 걷게 되었다.

---

80. 임태형, 2006, 홍류 vs 한류.
81. 고정민, 2002, 한국영화산업의 선순환구조와 발전전략, 삼성경제연구소.
82. 박상규, 2005, 문화상품의 해외진출 활성화 방안 연구, 대한민국국회.

6. 종합 비교

지금까지 글로벌 대중문화 현상에 대해 살펴보았다. 세계문화 중에서 가장 글로벌화가 진전된 것은 할리우드 문화이고 이외에 일본 문화 등이 글로벌 문화를 견인하고 있다. 미국의 할리우드는 세계를 겨냥한 거대한 미디어 복합 기업을 중심으로 제작에서 배급까지 폭넓은 글로벌 네트워크를 보유하고 있으며, 초기에는 영화 제작이 중심이었지만 현재는 음악, 게임, 관련 캐릭터 상품 등 다양한 방면으로 그 영역을 확장하고 있다. 일본의 경우 문화적 할인율이 낮은 애니메이션, 게임 장르를 공략하였는데, 일본의 문화상품은 다른 나라에 비해 뛰어난 콘텐츠 대외 경쟁력을 확보하고 있고 콘텐츠의 다양성 및 제작기술 그리고 강력한 OSMU 능력을 통하여 그 가치를 확장시켰다.

인도와 홍콩의 경우는 특성화된 장르, 즉 영화를 선택하였지만 인도는 '내수 집중형'으로 자국의 큰 시장에만 의지한다는 한계를 가지고 있는 반면 홍콩의 경우 '느와르'라는 특수화된 장르가 스타 시스템과 맞물리면서, 문화콘텐츠를 해외로 수출하였다. 하지만 홍콩 영화 스토리텔링은 성장의 한계점으로 작용하고 있는 반면, 인도 영화는 최근 빠르게 글로벌화되고 있다. 남미의 경우는 텔레노벨라가 미국이라는 거대시장에서 라틴계의 이민자를 기반으로 확대되고 있는데, 사회·문화적 요인과 맞물리면서 결과적으로 텔레노벨라의 언어적 측면이 세계시장 공략에 있어 장점이자 단점

표 4.3 문화의 세계 진출 사례들의 비교

	분야	중심지역	내수시장	글로벌화 정도
할리우드	전 분야	전 세계	대(大)	글로벌
일류	전 분야	전 세계	대(大)	글로벌
홍류	영화	동아시아	소(小)	지역화
발리우드	영화	인도	대(大)	내수 → 글로벌
텔레노벨라	드라마	남미	중(中)	지역화 → 글로벌
한류	전분야	아시아	소(小)	지역화 → 글로벌

표 4.4 일본 문화, 홍콩 영화, 한류의 차이점

	일본 문화	홍콩 영화	한류
내용	애니메이션, 게임, 음식, 디자인, 패션, 일본어, 일본식 경영 등	영화	드라마, 음악, 영화, 게임, 한글 등
기간	19세기 말부터	1960년대~1990년대	1990년대 후반부터
특징	문화 전반	영화	대중문화
형성지역	전 세계	동아시아 및 미국	아시아
유행중심 형태	콘텐츠 중심	스타 중심	콘텐츠 및 스타 중심
산업화 규모	大	小	中

의 이중적 요소로 작용함을 보여 준다.

이에 비해 한류의 경우에는 종합적인 성격을 띠고 있다. 장르상으로 매우 다양한 분야를 포함하고 있으며, 소비자층도 청년층, 중년층, 남녀 모두를 포괄하고 있다. 지역적으로는 동아시아가 중심이 되지만 최근 유럽 등지로 확장하고 있다.

일본 문화, 홍콩 영화 등 한류와 유사한 동북아지역의 대중문화를 좀더 자세하게 비교해 보면, 한류는 그 내용물이 주로 대중문화콘텐츠로서 일본 문화보다는 다양하지 못하지만 홍콩 영화보다는 다양하다고 볼 수 있다. 홍콩의 경우에는 영화에 국한되어 있으나, 일본 문화는 대중문화뿐만 아니라 음식, 패션, 디자인, 일본어 등 한류보다도 다양하다. 또한 유행지역을 보면 한류가 형성된 지역은 동아시아를 중심으로 한 아시아이고, 점차 다른 지역으로 확산되고 있는 중이다. 반면 일본 문화의 애니메이션이나 게임의 경우 전 세계를 대상으로 수출되고 있고, 음식·패션·디자인 등도 글로벌 지역을 대상으로 사업을 전개하고 있다. 한편 홍콩 영화의 경우에는 주로 화교계와 동아시아 중심이지만 미국 등에서의 인기도 높다고 할 수 있다.

이 중에서 결국 일본 문화가 가장 글로벌화되어 있고, 한류는 일본을 뒤쫓으면서 이제 막 세계화를 향해 도약하고 있으며, 홍콩 영화는 중간단계에 있다고 볼 수 있다. 산업화 규모에서도 일본 문화에 이어 한류, 홍콩 영화 순이고, 유행 선도 주체는 일본의 경우 콘텐츠 그 자체이지만 홍콩 영화는 스타 중심이고 한국은 콘텐츠와 스타 둘 다 중심적 역할을 하고 있다.

제5장

한류의 효과

1. 경제적 효과

1) 한류의 경제적 확산 단계

한류는 문화현상으로만 그치는 것이 아니라 직간접인 경로를 통해 경제적인 가치를 창출한다. 한국의 영화, 드라마, 음악, 게임 등 한국의 콘텐츠 산업의 수출 증가와 연예인들의 활동에 따른 수익은 한류의 직접적인 가치창출이라 할 수 있다. 그러나 이보다도 일반상품의 판매나 연관상품의 판매 등에 영향을 미치는 한류의 간접적인 가치창출에도 주목할 필요가 있다. 한류가 확대되면 성형, 화장품, 관광 등과 같이 한류와 연관된 상품의 판매가 늘어난다. 실제로 해외의 관광객들이 최근 크게 증가하고 이들이 한국에서 화장품과 같은 상품을 쇼핑하는 것은 한류 붐과 무관하지 않다. 또한 한류로 인해 외국인들에게 세련되고 선진적 이미지가 형성되면서 한국에서 만든 상품도 가치 있고 고급스럽다는 이미지를 각인시켜, 메이드인 코리아 일반상품의 매출이 증가하는 것도 한류의 중요한 가치창출이라 할 수 있다. 이뿐만이 아니다. 드라마나 K-POP 등을 통해 한글을 배우려는 사람, 그리고 보다 적극적으로는 한국에서 유학하려는 사람들이 증가하여 교육산업에서도 영향을 미친다. 또한 한류는 공식적인 외교관보다도 더 효과적으로 민간외교의 역할을 하는가 하면, 궁극적으로 국가 이미지나 브랜드를 높이는 효과도 있다. 과거에는 한국을 몰랐던 외국인들이 한류 붐으로 한국에 대해 더 많이 알게 되고 관심을 가지는 것이다.

이를 단계별로 구분하면 4단계로 볼 수 있다. 즉 경제적인 측면에서 한류 확산 단계는 한류 상품 판매 → 연관상품 구매 → 일반상품 구매 → '한국' 선호의 4단계로 분류된다. 한류 상품 구매 단계는 드라마, 음악, 영화, 게임 등 한국의 대중문화와 한국스타에 매료되어 이들 제품을 구매하는 단계이고, 연관상품 구매 단계는 드라마관광, 화장품, 한식, 캐릭터상품 등 한국 대중문화 및 한국 스타와 직접적으로 연계된 상품을 구매하는 단계이고, 일반상품 구매 단계는 한류의 영향에 의해 전자제품, 생활용품 등 일반적인 일반상품을 구매하는 단계이다. 마지막으로 '한국'선호 단계는 한국의

한류 상품 구매	연관상품 구매	일반상품 구매	'한국' 선호
드라마, 음악, 영화 등 한국의 대중문화와 한국 스타에 매료되어 열광하는 단계 콘텐츠, 스타로 구분	드라마, 관광, DVD, 캐릭터 상품 등 대중문화 및 스타와 직접적으로 연계된 상품을 구매하는 단계	전자제품, 생활용품 등 일반적인 한국 상품을 구매하는 단계	한국의 문화, 생활양식, 한국인 등 '한국' 전반에 대해 선호하고 동경하는 단계

그림 5.1 한류의 경제적 확산단계

출처: 고정민 외, 2005, 한류 지속과 기업의 활용방안, 삼성경제연구소.

문화, 생활양식, 한국인 등 '한국'전반에 대해 선호하고 동경하는 단계이다. 한국선호 단계는 한국을 좋아하기 때문에 다시 메이드인 코리아 일반제품을 구매하는 단계로도 연결된다.

이를 다시 계량화가 가능한 경제적 효과와 비계량적 효과로 나눌 수 있다. 한류 상품 구매, 연관상품 구매, 일반상품 구매의 경우에는 경제적인 효과, 한국 선호는 비계량적 효과와 연결된다. 경제적인 효과 부문을 별도로 분류하여 경제 한류라 칭할 수 있다.

한류의 경제적 효과는 한국 상품에 대한 후광효과 및 원산지 효과 등으로 한국 상품에 대한 소비가 증가하는 것을 말하며 여기에는 콘텐츠 산업군 내의 경제효과와 콘텐츠 산업군 외 타산업에서의 경제효과로 나뉘고 다시 콘텐츠 산업군내의 경제효과는 콘텐츠 수출 효과와 스타를 통한 효과로 나눌 수 있다. 이 중에서 스타에 의한 효과는 한류의 경쟁력을 기반으로 스타자체를 해외에 진출시키고 이를 통해 경제적 가치를 창출하는 효과이다. 스타가 해외에서 광고 모델, 해외공연, 전속계약, 현지 엔터테인먼트 산업의 진출 등을 통해 효과를 창출한다. 싸이의 해외진출 성공과 같이, 막대한 시장 규모를 자랑하는 미국의 엔터테인먼트 산업이나 유럽의 예술 시장에 한류 스타들이 진출하여 새로운 비즈니스 모델을 창출하는 효과이다.

타 산업에서의 효과는 연관산업과 일반산업으로 나눌 수 있으며 연관산업은 패션, 화장품, 식음료, 성형, 관광 등을 말하고 일반산업은 이외에 일반 제조업과 서비스업을 말한다. 연관산업은 한류와 직간접적으로 연관된 상품이지만 일반산업의 경우에는 한류를 좋아하는 사람들이 한국의 일반 한국 제품을 구매하는 것이므로 많은 제품

경제 한류

경제적 효과와 관련된 한류를 경제 한류로 명명할 수 있다. 경제 한류는 한류를 통해 콘텐츠 산업을 비롯한 다양한 산업으로 비즈니스를 창출하고 경제적 기여를 하는 모든 활동으로 정의할 수 있다. 즉 콘텐츠를 수출하고, 한류를 실제 중소기업의 수출과 연계하는 낙수효과를 극대화하고 시너지 효과를 창출하는 활동이다. 문화적 현상에서 시작한 한류를 경제적 활용 관점으로 확대하는 개념이다. 한국 대중문화의 선호에서 시작한 한류를 수출활동과 같이 국가 경제에 직접적인 영향을 미치는 분야로 연결하는 것이다. 콘텐츠 자체뿐 아니라, 관련된 제품, 스타, 한류에 대해 후광효과를 갖는 모든 분야를 망라한다.

이 여기에 속할 수 있다.

비계량적 효과에는 한글에 대한 선호 효과, 민간외교로서의 효과, 국가이미지 제고에 대한 효과 등이 있다.

2) 한류의 경제적 효과

한류는 문화콘텐츠 산업과 연관산업의 성장 및 수출을 견인한다. 한류에 의해 한국소비재에 대한 선호도 및 국가 이미지가 상승하여 소비재 수출의 증가로 이어지고 있고, 제조업 및 서비스업, 관광산업 등 연관 산업의 성장에 긍정적 파급효과가 나타난다. 2011년 9월 국제무역연구원 조사결과에 따르면 일본, 중국, 동남아 등 관광객 1,200여 명을 조사한 결과, 한류가 한국 상품 구입에 영향을 미친다는 답변이 80%이고, 4명 중 3명은 제품 구입의 경험이 있다고 답하였다.

경제적 효과란 어떠한 정책, 투자 및 경제 행위 등 외생적 변화가 국민경제에 미치는 영향을 의미한다. 한류의 경제적 효과는 직접 및 간접효과를 모두 포함하고 여기에 무형의 파급효과까지를 포함한 광의의 경제적 효과이다. 한국의 경제효과는 수출계량모델에 의해 입증되고 있다.⋯[1] 2001년에서 2011년까지 92개국을 대상으로 문화상품 수출액과 소비재 수출액 데이터를 회귀 분석한 결과, 문화상품의 수출이 소

표 5.1 문화상품의 수출 파급 효과

문화 상품 (X)	소비재 (Y)	계수 (탄력도)	평균 변화율	의미
문화 상품 전체	소비재 전체	0.030**	4.12	- 문화상품 수출 1% 증가 시 소비재 수출 0.03% 증가 - 문화상품 100달러 수출 증가 시 소비재 수출 평균 412달러 증가
	IT 제품	0.032**	3.95	- 문화상품 수출 1% 증가 시 소비재 수출 0.032% 증가 - 문화상품 100달러 수출 증가 시 소비재 수출 평균 395달러 증가
	화장품	-	-	-
	의류	0.051**	0.35	- 문화상품 수출 1% 증가 시 소비재 수출 0.051% 증가 - 문화상품 100달러 수출 증가 시 소비재 수출 평균 35달러 증가
	가공 식품	0.070**	0.31	- 문화상품 수출 1% 증가 시 소비재 수출 0.070% 증가 - 문화상품 100달러 수출 증가 시 소비재 수출 평균 31달러 증가
방송	가공 식품	0.032**	0.64	- 문화상품 수출 1% 증가 시 소비재 수출 0.032% 증가 - 문화상품 100달러 수출 증가 시 소비재 수출 평균 64달러 증가
영화	의류	0.026**	0.87	- 문화상품 수출 1% 증가 시 소비재 수출 0.026% 증가 - 문화상품 100달러 수출 증가 시 소비재 수출 평균 87달러 증가

주: 계수값은 고정효과 모델의 결과이며 ***, **, *은 각각 유의 수준 1%, 5%, 10%에서 유의.
평균 변화율은 2001~2011년까지 수출액으로 추정.

비재 수출을 견인하는 무역창출효과가 유의한 것으로 나타나고 있다. 문화상품에 대한 소비재의 평균 변화율은 4.12로, 문화상품의 수출이 100달러 증가할 시 소비재 수출은 평균 412달러가 증가함을 의미한다. 소비재 수출액의 문화상품 수출 탄력도는 0.03으로 문화 문화상품 수출이 1% 증가할 때 소비재 수출이 0.03% 증가함을 보여준다.

2011년 산업연관표를 통한 한류의 경제효과를 계산한 결과 생산유발효과를 기준으로 보면 2011년 7조 5,000억 원에 이르는 것으로 나타났다. 2010년 4조 9,000억 원에 비해 약 2조 6,000억 원이 증가한 것으로 2005년 이래 가장 높은 효과를 나타내고 있다. 분야별 경제효과는 게임과 관광의 효과가 매우 큰 것으로 나타났다. 일반적으로 한류는 방송과 음악의 영향력이 큰 것으로 알려져 있으나 경제적인 면에서는 게임

1. 한국수출입은행, 2012, 한류수출 파급효과 분석 및 금융지원 방안.

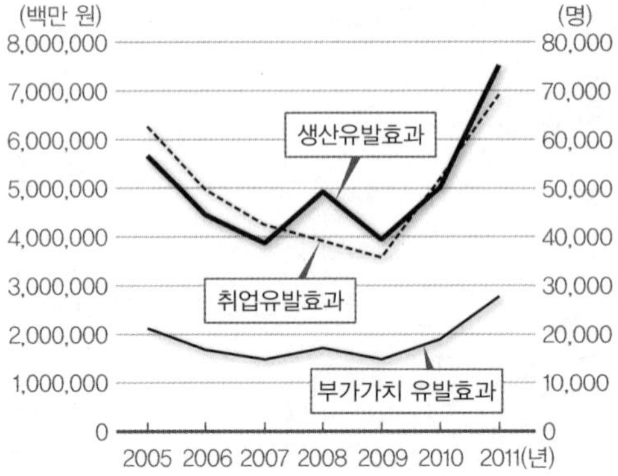

그림 5.2 한류의 경제적 효과

출처: 한국문화산업교류재단, 2012, 한류포에버-세계는 한류스타일.

과 관광의 효과가 수출규모의 영향을 받아 매우 크게 나타났다. 생산유발 효과에서는 관광, 게임, 자동차 등 높게 나타났으며 부가가치 유발효과와 취업유발효과에서는 관광과 게임에서 매우 큰 것으로 나타났다. 가전, 휴대폰, 자동차의 경우에는 매출액이 증가해도 고용이 늘지 않는 '고용 없는 성장'을 나타내는 반면 게임과 관광의 경우 매출액과 고용이 동반성장하는 것으로 나타나고 있다.

2. 한류 연관 산업

한류를 단순히 보고 듣는 것에서 나아가 한류 스타를 따라하고 닮고 싶은 심리로 인해 스타가 입는 의상, 신발, 헤어스타일, 액세서리 등에 대한 관심이 높아지고, 이것이 소비로 연결된다. 한류의 확산은 직간접적으로 우리나라의 상품 수출에 영향을 미치고 있으며, 세대별, 지역별로 확대되면서 한류 관련 상품 수출도 다양화되고 있다. 대표적인 연관 산업으로는 식음료, 패션, 화장품, 성형, 관광 등 다양한 제품들이 존재한다. 특히 한류 팬들은 한류 스타의 아름다움이 노출되면서 이를 닮고자 하는 심리로 한국의 뷰티 상품들을 구매하게 된다. 화장품, 의료, 패션 등 뷰티 산업은 한류에 영향을 받기 때문에, 기업은 한류를 활용하여 마케팅 전략을 세우기도 한다.

1) 화장품 한류

드라마와 영화 등 한류 콘텐츠에서 노출된 한류 스타에 대한 선망과 동경이 자연스럽게 한국 화장품의 소비로 연결된다. 선망하는 한류 스타를 모방하는 소비현상으로 한국의 화장품은 대표적인 한류 연관산업으로 부상하고 있다. 특히 한류를 이끌었던 한국 연예인들이 직접 화장품 브랜드의 모델로 등장하는 것도 화장품의 수출에 큰 영향을 주고 있다.

2015년 한국의 화장품 수출액은 24억 5,000만 달러로 5년간 연평균 36.9% 성장했고, 2016년도 증가세가 지속되고 있다. 최대 수출 품목은 기초화장용 제품으로, 최근 5년간 3.9배 증가하였고, 최대 수출대상국은 중국(최근 5년간 5.4배 증가)이다. 특히 K-POP 열풍이 아시아에 불기 시작한 2009년부터 수출액이 매우 큰 폭으로 증가한 것으로 나타났다.

표 5.2 연도별 화장품 수출액

(단위: 백만 달러)

화장품 수출 동향 및 교역대상국

구분	수출중량(톤)	수출금액(백만 불)	교역 대상국	최대 교역국
2011년	31,606	698	118	중국
2012년	38,352	831	119	중국
2013년	45,654	1,045	128	중국
2014년	64,707	1,599	130	중국
2015년	90,491	2,450	131	중국
전년대비(%)	39.8	53.1		
연평균 성장률(%)	30.1	36.9		

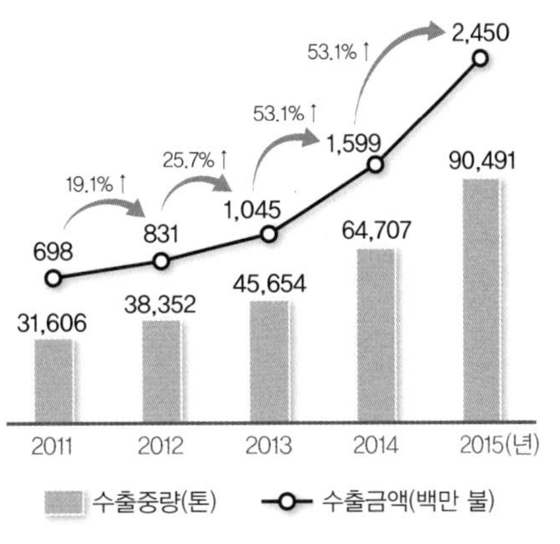

중국 내 화장품에 대한 국가 선호조사에서 응답자 중 60% 이상이 '한국' 브랜드를 선호[2]하는 것으로 나타났다. 고품질과 저렴한 가격으로 중국과 일본, 홍콩 등 관광객들에게 한국 화장품은 중요한 쇼핑 품목이다. 2011년 서울시내 면세점을 방문한 외국인 관광객에 대한 서울세관의 조사 결과 국산품을 구매한 외국인 10명 중 8명이 한류의 영향을 받은 것으로 나타나고 있다.

반한류가 나타나기 전에 일본 시장에서도 화장품수출은 두드러진 성과를 보였다. BB크림이 화제를 모으면서 시작된 한국 화장품의 인기로 한국의 화장품이면 무조건 구입하는 여성들도 증가하였다.

한국 화장품에 대한 높은 위상과 더불어 한국에서 뷰티서비스를 경험한 중국인 관광객들 사이에서 한국 메이크업 노하우를 배우기 위한 '뷰티 유학'이 새롭게 등장하기도 하였다. 국내 뷰티아카데미들은 이러한 외국인들의 수요에 따라 외국인들을 위한 과정을 개설하고 있으며, 국내 여행업체는 메이크업 프로그램을 패키지에 포함시킨 여행상품을 출시하고 있다.

2) 한류와 관광

한국을 찾는 외국의 관광객 수가 연간 1,200만 명을 넘어 관광호황을 누리고 있다. 일본은 환율로 인해 그 비중이 줄어드는 반면 중국의 관광객이 크게 늘고 있다. 앞으로 이러한 추세는 계속될 것으로 보인다. 한국의 드라마, 영화 가요 및 한류 스타 등에 대한 동경이 방한 욕구를 증대시킨다. 한류 관광이란 방한 여행 중 관광동기가 한류와 관련된 상품에 대한 호기심으로 선택한 관광으로서 한국 드라마, 영화(촬영지 답사 포함)에 관련된 장소를 방문하거나 한국 연예인의 콘서트 관람이나 선호하는 연예인과의 만남을 목적으로 입국하는 관광형태를 말한다.[3][4]

---

2. KOTRA, 2012, 중국-중남미포럼, 동향/연구보고서.
3. 고정민, 2012, 한류문화와 관광, 한국관광정책, 49, 33-40.
4. 조현순, 2008, 문화관광으로서 한류 관광 지속 방안연구, 문명연지, 8(2).

중국 내 한류로 인해 많은 중국인들에게 한국은 '꼭 한번 가 보고 싶은 나라'로 자리매김하고 있다. 중국의 유명 인터넷 쇼핑몰에는 예외 없이 '한궈스상(韓國時尙·한국유행)'이란 코너가 마련되어 있고 제주도에는 많은 중국관광객들이 방문한다. 2015년에는 메르스 사태로 관광객이 줄고 일본 등으로 관광객 들이 이동하였으나 빠르게 회복되었다.

외국인들의 한국 방문목적은 매우 다양하다. K-POP 스타들의 공연을 관람하거나, 각종 행사에 참가하고자 방문하는 사람들이 있는 한편, 일부는 아예 K-POP 스타의 대열에 동참하고자 연습생 신분을 기꺼이 감수할 각오로 기획사를 찾는 사례도 있다. 이뿐만이 아니라 K-POP 스타들의 외모와 스타일을 따라 하기 위한 화장품과 패션 아이템 쇼핑을 위해, 더 나아가 피부미용이나 성형 같은 의료관광의 목적으로 한국을 찾는 외국인들의 숫자도 크게 늘어나고 있다.

이와 같이 다양한 목적의 한류 관광을 분류하면 크게 3가지로 나눌 수 있다.→[5] 첫째, 한류 콘텐츠를 한국에서 감상하기 위한 직접적 한류 관광이다. 예를 들어 현지에서 K-POP 공연을 유튜브 등으로 보다가 직접 관람 또는 감상하기 위해 한국을 방문하는 경우이다. 공급자와 수요자가 직접 대면을 통해 서비스가 이루어지는 공연, 콘서트와 같은 경우가 여기에 해당된다. 이들은 한국의 공연단체가 현지에 가서 공연할 때까지 기다리지 않고 한국을 방문하여 한국에 대해 체험하면서 공연을 보는 적극적인 소비자들이라 할 수 있다.

둘째, 드라마, 영화 등을 촬영하는 장소를 방문하는 촬영지 관광이다. 촬영지 관광은 직접 한류 콘텐츠나 스타를 만나는 것이 아니기 때문에 간접적인 한류 관광이라 할 수 있다. 이런 관광은 영화, 드라마, 음악 내용 속에 있는 장소나 장소와 연관된 스토리를 통해 방문객을 끌어들이는 관광이다.

셋째, 소비자들이 한류와 연관된 상품구매를 하기 위해 방문하는 한류 상품 구매 관광이다. 한류를 통해 한국 상품에 대한 이미지가 높아져 일반상품을 구매하거나 성

---

5. 고정민, 2006, 한류와 관광산업, 한국관광정책, 23, 55-60.

표 5.3 연도별 외래 관광객

국적별	2012년		2013년		2014년		2015년	
	인원(명)	성장률 (%)	인원(명)	성장률 (%)	인원(명)	성장률 (%)	인원(명)	성장률 (%)
아시아주	8,887,132	16	9,848,070	10.8	11,708,565	18.9	10,799,355	-7.8
일본	3,518,792	7	2,747,750	-21.9	2,280,434	-17	1,837,782	-19.4
중국	2,836,892	27.8	4,326,869	52.5	6,126,865	41.6	5,984,170	-2.3
대만	548,233	28	544,662	-0.7	643,683	18.2	518,190	-19.5
중동	122,191	17.3	130,517	6.8	155,219	18.9	168,384	8.5
미주	876,149	5.9	915,622	4.5	974,021	6.4	974,153	0
미국	697,866	5.5	722,315	3.5	770,305	6.6	767,613	-0.3
캐나다	128,431	5.1	133,640	4.1	146,429	9.6	145,547	-0.6
구주	717,315	5.3	768,185	7.1	848,530	10.5	806,438	-5
러시아(연방)	166,721	7.7	175,360	5.2	214,366	22.2	188,106	-12.3
독일	102,262	2.8	100,803	-1.4	100,624	-0.2	100,182	-0.4
영국	110,172	5.3	120,874	9.7	131,080	8.4	123,274	-6
프랑스	71,140	2.4	75,947	6.8	80,518	6	83,832	4.1
대양주	166,304	6.8	160,047	-3.8	177,934	11.2	168,064	-5.5
아프리카주	41,236	11.5	43,414	5.3	44,053	1.5	44,525	1.1
기타	329,701	0.7	309,695	-6.1	293,194	-5.3	270,732	-7.7
전체	11,140,028	13.7	12,175,550	9.3	14,201,516	16.6	13,231,651	-6.8

출처: 한국문화관광연구원 관광지식정보시스템

형, 음식, 유학, 화장품, 쇼핑 등 한류 콘텐츠와 연관된 상품을 구매하기 위한 것이다. 한류 상품 구매관광은 한류 스타처럼 멋있는 외모를 가꾸기 위한 성형 및 화장품 관광, 〈대장금〉 등의 영향으로 한국 음식을 맛보기 위한 한식 관광, 한류에 의해 영향을 받은 학생들의 한국 유학 등 다양하다.

한류 관광은 생태관광이나 자연관광과는 달리 다음과 같은 특징을 보인다. 첫째, 소비자가 양분되어 있다는 점이다. 이는 한류 소비층들이 크게 젊은 층과 중년층으로 나누어져 있기 때문이다. K-POP을 중심으로 하는 젊은 소비층들은 한국을 방문하여 공연을 보거나 의료관광, 화장품 관광 등을 하고 중년층들은 주로 드라마나 영화를 좋아하는 층으로 촬영지 관광과 같은 간접적 한류 관광을 한다. 2000년대 중반 〈대장금〉과 〈겨울연가〉가 한류를 대표할 당시에는 중년이후의 소비자들이 한류 관광객의 주를 형성했지만, K-POP으로 한류의 축이 바뀌면서 젊은 관광객이 증가하는 추세를 보이고 있다.

둘째, 반복관광이 가능하다는 점이다. 한류는 끊임없이 변화한다. 이러한 변화에 맞추어 관광객들도 변화될 뿐만 아니라 관광소구점도 달라진다. 따라서 한번 방문했던 사람들도 유행이 변화하고 한류가 변화하면 또 다른 감정을 가지고 변화된 스토리를 찾아 한국을 방문한다. 즉 한류 관광은 유행이나 트렌드와 밀접한 관련성이 있어 1회 방문 이후 유행이 바뀌고 한류가 변화하면 반복 방문할 수 있다는 것이다. 생태관광지나 자연관광지는 한번 방문으로 관광 수요가 충족될 수 있으나 한류 관광은 한국에 와서 변화하는 문화를 즐기고 유행을 추구하기 때문에 반복관광을 한다. 관광지에 한류 콘텐츠와 관련된 이야기가 있다면, 관광객의 감정이입을 끌 수 있으며 스토리텔링을 통해 반복관광을 유도할 수 있다.

셋째, 관광지가 서울에 집중되어 있다는 점이다. 문화콘텐츠는 대도시형 산업이다. 미국의 할리우드과 뉴욕처럼 대도시의 유행을 반영하면서 우수인력을 활용하고 구매력이 있는 소비시장이 존재하기 때문에 대도시를 중심으로 산업이 형성되고 집적화되어 있다. 한류 관광의 경우 인천공항에서의 접근성, 교통, 숙박 등 편리한 기반시설이 있고, 편리한 쇼핑환경, 다양한 문화적 체험이 가능하기 때문에 한국을 찾는 관광객들 대부분이 서울방문과 체류를 선호한다. 또한 한류 관광객들은 서울과의 접근성을 고려해 서울시내나 근거리의 한류 콘텐츠 촬영지를 선호한다. 양주의 대장금테마파크, 〈겨울연가〉의 남이섬과 춘천 모두 서울에서 근거리에 위치하고 있다. 또한 가수, 배우들의 주거지나 콘텐츠 제작사 등 한류 콘텐츠의 창작기반 대부분이 서울에 위치하고 있어 한류 관광이 서울에 집중되어 있다.

넷째, 한류 관광은 복합목적의 관광특징을 가진다. 관광객이 한류를 위해 방문하였지만 한국의 다른 관광지를 방문하는 등의 복합적인 관광 스타일이 많다는 것이다. 한류만을 위해 한국을 방문하는 관광객은 그다지 많지 않고 다른 목적을 동시에 충족시키기 위한 관광이 많다는 것이다. 예를 들어, 〈대장금〉 촬영지를 방문하는 관광객들은 서울의 고궁, 남대문 등 역사관광이나 자연관광도 동시에 한다는 것이다.

3) 한식(식음료 포함)

세계는 지금 음식전쟁이 한창이다. 가장 감성적이며 파급효과가 큰 대표적인 민간외교 아이템인 음식이 고부가가치 산업으로 떠오름에 따라 세계 여러 나라들이 자국음식의 세계화에 주력하고 있다. 한국 음식의 경우 한류가 한국 음식에 대한 외국인의 관심을 끌어들이는 중요한 역할을 하였다. 한류 콘텐츠를 통해 나타난 한국 문화에 대한 관심이 늘어나면서 한국의 식음료에 대한 관심도 높아진 것이다. 한국의 드라마와 영화 등을 통한 한국 문화의 노출은 문화적 거부감을 없애고 음식료 수출을 확대하는 요인이 된다. 이러한 한류에 대한 효과를 기대하고, 한류 스타들을 모델로 기용하는 식료품들도 늘어나고 있는 추세이다.

특히 한국 궁중요리를 소재로 인기를 모은 드라마 〈대장금〉은 한식의 세계화 가능성을 엿보게 했다. 〈대장금〉 이후 중국, 홍콩 등지에서 김치 및 불고기와 궁중요리 등을 메뉴로 하여 많은 한식당이 설립되었고, 궁중음식 등 한국 식문화에 대한 관심이 높아졌으며 비빔밥이 홍콩 기내식으로 성공하기도 했다. 아시아권을 중심으로 한식당 수가 증가하고 또 이들 한식당을 찾는 현지인들이 늘어나는 현상뿐만 아니라, 아예 한국의 식문화를 체험하기 위해 한국을 찾는 관광객의 증가로도 나타난다.

아시아를 넘어 미국 등지에까지 음식한류는 확산되고 있다. 미국사회에서 한식은 건강식이라고 인식되고 있어 뉴욕 등 대도시에서 한식당을 찾는 현지인이 늘어나고 있고, UCLA 교내 식당에서 한국 음식 메뉴(불고기, 갈비, 비빔밥, 김치 등)가 제공되는 등 미국 사회에서 한식이 주류 메뉴로 점점 자리잡아가고 있다. 한국 음식의 경우 조리과정이 복잡하고 식재료의 독특한 냄새 등으로 인해 미국 시장에서 대중화되기 어렵다는 평가도 있지만, 몇몇 일식당이나 타이 음식점, 심지어 중국 식당과 하와이 음식점 등에서 이미 한국 음식이 그들 전통의 음식인 것처럼 팔리고 있다. 이러한 음

돌솥비빔밥과 한식 세계화

미국의 대표적인 온라인 뉴스인 허핑턴 포스트(The Huffington Post)가 선정한 '죽기 전에 먹어 봐야 할 음식 25가지'에 돌솥비빔밥이 포함됐다. 주목할 점은 단순한 '비빔밥'이 아닌 '돌솥비빔밥'이 선정됐고 그 이유로 '돌솥 바닥에 붙어 있는 바삭한 밥이 당신을 행복하게 만들어 줄 것'이라는 설명을 덧붙인 것이다.

지금까지 비빔밥은 대표적인 한식 메뉴로 널리 알려져 왔다. 하지만 이번 허핑턴 포스트의 조사 결과에서 볼 수 있듯이, 외국인들에게는 돌솥이라는 식기의 특성과 함께 새로운 매력으로 다가섰다. 그간 비빔밥의 영양학적 우수성이나 색감을 통해 그 맛을 알리려던 시도와는 전혀 다른 관점에서 인기 요인이 생겨난 것이다.

한식이라는 콘텐츠는 항상 흥미롭다. 이미 한식으로 삼시 세끼를 먹는 한국인들에게는 너무 익숙해서 간과하고 지나갔던 부분이 해외에서 재미있다는 반응을 얻기도 하기 때문이다. 또한 영화나 드라마를 통해 한국을 접한 외국인들이 그 다음으로 한국의 이미지를 형성하는 수단이 바로 음식, 즉 한식이라서 문화콘텐츠와도 밀접하게 연결되어 있다. 그렇기에 지금의 이 한류 열풍을 유지·발전시키기 위해서는 한식 연구와 한식세계화에 대한 정책도 지속돼야 한다.*

* 출처: 고정민, "돌솥비빔밥 세계음식 25에 뽑힌 까닭", 한국경제신문 시론, 2014년 2월 27일자 참조.

식한류 확산에는〈대장금〉을 비롯한 한류의 역할을 무시할 수 없을 것이다.

2010년 이후 막걸리 수출이 급증한 것은 일부 한류의 영향이라 할 수 있다. 2012년 우리 음료 수출 규모는 처음으로 2억 달러를 돌파했다. 한국 드라마에 자주 등장하는 바나나맛 우유는 중국에서 가장 인기 있는 한국 음료이며 일본에서는 홍초와 옥수수 수염차가 인기를 얻고 있고, 미국은 알로에 음료, 러시아는 우유탄산 음료를 선호하는 등 국가별 선호하는 음료가 다양하다. 중국에서는 〈별에서 온 그대〉에 등장하는 치맥이 인기를 끌어 음식점에 줄을 설 정도이다. 한류 모델의 광고 활용 등 한류 스타 마케팅이 효과를 거두기도 한다.

한류는 단순한 문화현상으로 넘어 비즈니스에도 영향을 미치며 동남아시아 지역의 외식 서비스업계도 한류의 영향을 받고 있다. 중국을 비롯하여 베트남, 싱가포르 등 동남아시아 지역에 한국 베이커리 및 커피 브랜드, 외식 브랜드 등이 활발히 진출하고 있다. 베트남은 한국 드라마와 K-POP의 영향으로 국내 외식업체에 대한 브랜드 인지도가 높다. 외식 프랜차이즈 브랜드가 베트남에 진출하여 현지인들에게 프리미엄 브랜드로서 많은 인기를 얻고 있다.

4) 뷰티 산업(패션, 성형)

아이돌 등 한류 스타의 영향력이 커짐에 따라 이들이 착용하는 패션과 악세사리에 대한 관심이 커지고, 이것이 소비로 이어지고 있다. 매스컴을 통해 한류 스타들의 패션과 세련된 스타일을 선보이면서 이를 생산하는 패션업체들도 자연스럽게 브랜드 이미지가 향상되고 있다.

중국 등 아시아 각국에서는 한국 패션이 일본보다 먼저 인기를 모으고 있다. 중국의 쇼핑센터에는 이미 한국 브랜드의 점포가 다수 입점하고 있고, 한류 스타와 대형 엔터테인먼트를 중심으로 의료업계와 컬래버레이션이 이루어지고 있다. 의류에 무선인터넷을 접속하게 하여 디지털 콘텐츠를 이용할 수 있는 서비스를 제공하는 등 새로운 의료 플랫폼을 개발하여 새로운 비즈니스 모델을 창출하려고 노력하고 있는 기업도 있다.

5) 의료

한류는 중국과 일본, 동남아시아 국가들 사이에서 한국으로의 '원정성형'을 이끌며 한국형 미인이 아시아 트렌드로 떠오르고 있다. 성형수술 및 의료서비스를 받기 위해 방한하는 의료관광객도 증가하고 있다. 2011년 한국의 의료서비스를 받은 외국인은 12만 2,297명으로 나타나고 있다. 의료관광이 본격화한 2009년 60,201명에서 3년 사이에 2배 이상 증가를 기록하고 있다.

한류의 영향으로 한국에서 성형수술을 받은 환자 중에서 외국인 비율이 30%에 이르고, 중국인의 비중은 전체의 약 20%를 차지하고 있다. 한국을 방문하는 중국인 의료관광객들은 주로 성형수술에 대해 관심을 가지고 있다. 고소득층의 증가, 한국 여성 연예인에 대한 선망으로 한국의 성형외과를 찾아 예뻐지고 싶은 욕구를 충족시키고 있는데, 이들은 인터넷이나 잡지, 주변인, 한국과 제휴한 중국 병원을 통해 정보를 습득하고 있다. 국내에서 의료서비스를 받기 위한 중국인의 의료비자 발급 건수는 2011년 1,073건으로 전년 동기대비 386% 급증[6]하고 있다. 이밖에 한국이 세계적인 경쟁력을 지닌 양·한방 척추치료, 로봇수술, 암·종양 방사선 치료 등의 분야에서도 외국인들이 늘어나는 추세이다.

6) 일반 상품

한류가 형성되면 한류와 연관되어 있는 상품, 즉 한류 관광, 성형, 화장품과 같은 상품뿐만 아니라 한국에 대한 이미지가 좋아져서 스마트폰과 같은 일반상품의 수출에도 긍정적인 영향을 미친다. 실제로 SM 파리 공연에서 한 소비자는 샤이니와 슈퍼주니어를 좋아하면서, 한국에 대해 관심을 가지게 되는데, 그 후에 삼성이 한국 기업이란 것을 알게 되자 자신이 가지고 있던 노키아 휴대폰을 삼성 것으로 바꾸었다고 한다. 이와 같이 대중문화 소비자들의 특징은 팬덤 현상에 의해 자신의 우상과 관련된 모두 것을 좋아하는 경향이 있다. 콘텐츠와 직접적인 연관성을 가지고 있지 않은 산업 영역이지만, 한류의 브랜드 효과는 식품이나 스마트폰과 같은 제조업뿐 아니라 기술과 같은 다양한 서비스업으로도 확장이 가능한 것이다. 이는 한류의 원산지 효과 또는 후광효과를 통해 콘텐츠 산업 외에 다른 영역으로 한류의 긍정적인 이미지가 전이되는 것으로 해석할 수 있다.

또한 자동차나 IT 제품 등 한국이 세계적인 경쟁력을 갖춘 상품은 한류와 서로 융합하면 더욱 시너지를 창출할 수 있다. 스마트폰이나 자동차와 같이 세계적인 경쟁력을 갖춘 제품들이 한류와의 컬래버레이션을 통해 메이드인 코리아 한국 상품에 대한 브

---

6. 디지털타임스, 2012년 9월 16일자, "중국인 의료관광객 잡아라".

표 5.4 수출 중소기업의 한류 활용 마케팅 현황

번호	업종	사례
1	철강제품	이란 현지에서의 <대장금> 드라마 방영 이후 바이어에게 김치 등 한국 선물을 전달하면서 상담을 진행
2	섬유제품	중국에서의 <대장금> 드라마 방영 이후 바이어들의 국내 방문 시 드라마에 소개된 한국 음식을 접대하면서 만족스러운 결과를 도출함
3	섬유제품	해외전시회 참가시 한류 이미지를 활용한 원단 및 타월 제품을 전시, 바이어 및 내방객들의 관심을 얻음
4	가전제품	한국산 제품이 한류 콘텐츠와 같이 선진화되었고 우수한 것으로 취급되어 품질이 더욱 좋아지게 보이는 효과를 거둠
5	농산물	일본에서 배용준과 자사에 관심을 갖고 있는 200명을 초청하여 회사소개 및 홍보행사를 진행하면서 일정부분 성과를 거두었음

출처: 조상현·강석기, 2012, 수출 중소기업의 한류활용 마케팅 현황, 한국무역협회, Trade Focus, 11(41).

랜드 제고 효과가 발생한다. 대기업들은 한류 스타를 활용하여 수출을 확대시키려는 스타마케팅, 한류마케팅을 사용하는 경우가 많다. 한류 초기에는 안재욱이 중국에서 삼성 휴대폰 광고에 나오거나 김남주가 베트남에서 LG의 화장품 광고에 등장한 바 있다. 중소기업은 직접 예산을 투입하여 한류를 활용한 마케팅을 하기는 곤란하지만, 외국인들에게 널리 알려져 있는 콘텐츠를 적절히 활용하는 경우도 많다. 한류 콘텐츠가 제조업의 수출에 직접적인 기여를 하지는 않지만 전반적인 이미지 개선에 기여하는 후광효과로 인해 수출기업들이 이를 활용하려는 시도이다.

특히 젊은 세대들은 미래의 소비 주체이다. K-POP 등 한류를 좋아하는 외국의 젊은 세대가 나이가 들어도 젊었을 때 가졌던 한국에 대한 이미지를 계속 유지할 것이고, 나이가 들어 소득이 많아지면 한국 제품을 더 많이 살 것이기 때문에 한류의 경제 효과는 한국 경제의 미래에도 긍정적이라 할 수 있다.

3. 비계량적 효과

1) 한글

한류는 한글 확산에 기여하고 있다. 한류로 인해 한국의 드라마를 보거나 가요를 듣는 사람이 많아짐에 따라 한국어에 대해 관심을 갖고 배우려는 사람들도 크게 증가했다. 외국 학생들이 한국의 연예인을 동경하여 팬레터를 보내기 위해 한국어를 배우기 시작했다는 것도 모두 한류로 인한 부수적인 효과이다.

일본에서 한류 이후 한국어에 대해 관심을 가지기 시작했는지에 대한 질문에서 긍정적인 대답을 한 것은 76%로 한류 확산은 한글 확산과 밀접하게 연결되어 있음을 알 수 있다.⋯[7] 일본의 경우 1984년부터 일본의 NHK 방송에서 한국어(조선어) 강좌를 시작하여 일반대중에게 공식적인 첫선을 보였다. 일본 내의 한국어 보급 과정을 보면, 1990년대 이전까지는 눈에 띄게 확산되거나 획기적인 변화는 보이지 않다가 2003년 〈겨울연가〉 방영 이후 큰 변화를 보였다. NHK 한국어강좌의 교재 판매를 보면 2003년까지 매년 80,000~90,000부가 발행되다가 2004년에 영어를 제외한 외국어로는 가장 많은 판매 부수인 20만 부라는 경이적인 판매를 기록했다. 또한 한국어 학원수강생도 〈겨울연가〉 방영 이전과 비교하여 10배 이상 증가했다.

중국의 경우도 한류 바람을 타고 중국 대학가에 한국어 배우기 붐이 불고 있다. 대학에서 한국어가 인기 제2외국어 반열에 올랐고 이러한 한국어 배우기 열풍은 고교생에게까지 번져 고교 공통선택과목에 한국어를 포함시켜달라는 요구도 높아지고 있는 추세다. 베트남, 말레이시아, 몽골, 우즈베키스탄 등 아시아 여러 나라에서도 한국어 교육에 대한 관심과 수요가 증가하고 있다. 이는 해당 국가에 한류 드라마와 음악 등 문화콘텐츠가 진출하여 좋은 반응을 일으키고 있는 데다가 국내 유명 대기업이 현

7. 남애리, 2007, 일본인들의 한국어에 대한 의식 변화 연구: 한류 드라마의 언어적 영향을 중심으로, 중앙대학교 석사학위논문.

지에서 사업 활동을 하고 있어, 한국어는 현지인들이 취업하는 데 반드시 필요한 외국어 중의 하나로 자리 잡고 있기 때문이다.

한국교육과정평가원이외국인과 해외 동포를 대상으로 매년 2회 시행하는 한국어능력시험(TOPIK)을 치른 지원자 수는 2016년에는 총 72,295명에 이르고 있다. 1997년 시행된 첫 시험에 지원한 2,692명에 비해 19년 만에 무려 27배가량 늘어난 것이다. 누적 지원자 수는 169만 456명으로 우리나라의 위상 제고와 한류 영향으로 지원자가 꾸준히 증가한 결과이다.

한류가 한글 확산에 영향을 주는 분야를 보면 ① 한류를 감상하기 위해 한류 콘텐츠의 언어인 한글을 공부, ② 해외에서 한류 콘텐츠를 한국어 교재로 사용, ③ 한국에 대한 동경으로 한글을 공부하고 한국에 유학 등이다. 이처럼 문화나 언어 자체 또는 단순한 흥미와 관심으로 한국을 알아가는 외국인들이 증가하고 있다. 2013년 10월 문화체육관광부와 세종학당이 2,098명의 외국인을 대상으로 한국어 학습 실태를 조사한 결과도 유사하다. 한국 학습의 가장 큰 동기는 한국 문화에 대한 관심(33.7%), 직업적 이유(19.3%), 한국과 한국어에 대한 호기심(18.7%), 한국 유학(15.8%) 등의 순으로 나타나고 있다. 이는 한글을 배우는 목적이 비즈니스 등 특정한 목적을 위한 것뿐 아니라 호기심과 취미로서 한국 문화에 관심을 가지기 위한 것으로서 한류와 밀접한 관련성을 가진다고 볼 수 있다.

2) 유학생

한류는 유학생의 유입을 촉진시킨다. 한류가 외국인이 한국으로 유학하게 되는 주된 요인이다. 한국문화산업교류재단이 2012년에 실시한 중국, 일본 및 주요 5개 지역(동남아, 유럽, 미주, 아프리카, 오세아니아)에서 온 유학생을 대상으로 한류로 인한 한국 유학 선택 여부에 대해 설문조사⋯[8]한 결과 아시아권 유학생 평균 51.7%가 한

8. 한국문화산업교류재단, 2012, 국내 한류 조사 결과 보고.

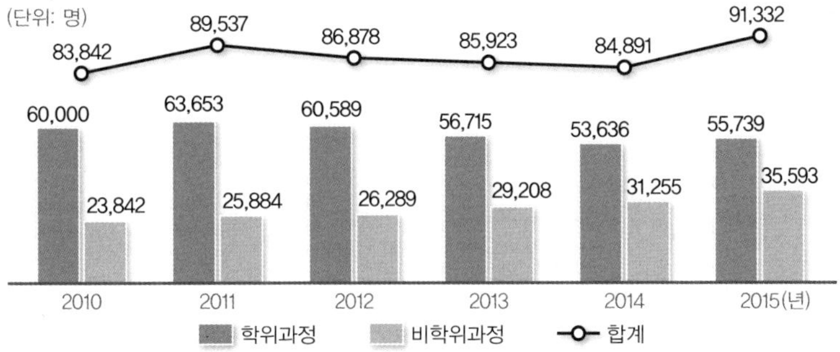

그림 5.3 연도별 외국인 유학생 현황

국 유학 결정 선택에 있어 한류의 영향을 받았고, 특히 일본인 유학생의 경우 61.5%가 '한국행 결정하는 데 한류 영향 미쳤다'고 응답하고 있다.

2015년 국내에서 학위 과정을 밟고 있는 외국인 유학생 수는 91,332명으로 유학생이 가장 많은 나라는 역시 중국이고 베트남, 일본, 몽골, 미국 순이다. 유학생 수가 대폭 증가한 것은 한국의 국가 위상 상승과 싸이 등 K-POP의 한류 바람도 긍정적인 요인으로 작용한 것으로 보인다.

3) 외교

한류는 외교에도 많은 도움을 주고 있다. 한류의 부상으로 스타들은 민간외교의 영역을 넘어 국가 공식 외교사절의 역할까지 하고 있다. 공공외교 중의 하나로 문화외교는 공식적인 외교활동 외에 한류 등이 중요한 역할을 하고 있다. 문화외교란 특정국가의 정부기구 또는 그 지원을 받는 특정단체가 자국의 문화적 국가이익을 대외적으로 실현하기 위해 벌이는 일련의 활동이다. 문화외교는 국제문화교류, 문화홍보, 국제문화협력 등 유사용어가 존재하는데, 한류의 경우 문화교류이면서 문화외교의 역할도 한다. 각 국가에서도 문화산업을 문화외교의 내용에 포함시키고 있다. 프랑스는 전통적인 문화산업인 영화산업을 중요한 문화외교의 도구로 활용하고 있고, 영국은 창조산업이라는 명칭으로 다양한 분야를 문화외교로 활동되기도 한다.

표 5.5 문화외교 및 유사 개념의 활동 내용

구분	문화외교	국제문화협력	국제문화교류
목표	• 국익 증진 • 상호 문화의 이해 • 국가 이미지 제고	• 좌동	• 문화 간 이해와 대화 • 창의성에 대한 자극
고객 집단	• 지식인 • 문화예술계 종사자 • 일반 국민	• 좌동	• 문화예술계 종사자 • 일반 국민
주요 활동주체	• 정부기관 • 공공기관 • 민간단체 및 개인	• 좌동	• 공공기관 • 민간단체 및 개인
정책사업의 내용	• 학술교류(장학, 연구) • 문화예술교류 • 언어교육	• 좌동 • ODA(공적개발원조)	• 문화예술교류 • 공동작업(창작) • 예술가 레지던시
관심 장르의 특성	• 장르 선별적 저명 학자·예술가 오피니언 리더그룹 문화사업	• 기반시설, 인력 • 문화유산	• 장르 다양성 • 신진예술가 포함 • 문화적 다양성

아시아 전역에서의 한류로 외국 정상들도 한국 스타의 존재를 알거나 일부는 팬을 자처할 정도다. 외교라는 공식적인 문제를 푸는 데에는 문화의 역할이 크기 때문에[9] 한류 스타의 존재는 한국의 대외 외교에도 긍정적인 영향을 미친다.[10]

중국에서 드라마 출연과 앨범 출시 등으로 높은 인기를 끌고 있는 장나라와 송일국 등은 한국 대통령과 후진타오 중국 국가주석이 함께 하는 만찬에 초대를 받기도 했다. 또한 최지우 등이 한일 우정의 해를 맞아 일본의 고이즈미 준이치로 총리를 직접 만난 자리에서 총리는 〈겨울연가〉와 한류에 대해 구체적인 언급을 하는 등 한국 문화에 대한 깊은 관심을 보였다. 또한 2014년 제44차 세계경제포럼의 한국인의 밤 행사에서 가수 싸이도 홍보대사 자격으로 참여하기도 하였다.

이처럼 한류나 한류 스타의 외교관 역할에 대해 일본의 한 의원은 "17세기 열렬한

9. 배국남, 한류 스타, "정상 외교의 윤활유 역할 한다", 마이데일리, 2005년 11월 16일자.
10. 고정민, 2013, 국가 간 경제협력·통합에 있어 문화의 역할, 인문콘텐츠, 28.

조선 붐을 만들었던 조선통신사 이후 최대의 한국 붐"이라고 하는가 하면 중국 외교관은 "외교관 몇 명이 수년간에 걸쳐서 노력하여 이루어 낸 외교적 성과보다 드라마 한 편의 역할이 더 컸다."라고 언급한 바 있다.

특히 한류가 문화외교에서 중요한 것은 한류를 좋아하는 외국인이 친한인이 되어 한국을 홍보하는 등 자발적인 민간외교의 역할을 한다는 것이다. 따라서 한류가 확산되고 한국을 좋아하는 외국인이 많아지면 자연스럽게 민간외교의 성과를 기대할 수 있다.

4) 국가 이미지

(1) 국가 이미지와 문화

국가이미지는 특정한 국가에 대하여 갖는 인식의 총체이며, 그 나라의 역사, 정치, 외교, 경제, 사회 및 문화, 예술, 스포츠 등의 요소가 복합적으로 작용하여 이들 각 분야에 대한 내·외국인들의 평가가 종합적으로 반영되어 형성된다고 할 수 있다.[11] 이러한 국가 이미지는 주로 정치·경제·문화 등 간접적 요인과 제품, 관광, 국민 등 직접적 경험 요인들에 의해 형성된다.

최근에는 국가 이미지에 큰 영향을 미치는 요인으로 문화적 요인이 논의되고 있다. 문화적 요인에는 대중매체와 문화 상품 등이 포함되는데, 이들은 경제적 혹은 비경제적 국가 이미지에 영향을 미친다. 미국의 '조지프 나이(Joseph S. Nye)'는 'Tangible 시대'에서 'Intangible 시대'로 패러다임이 변함에 따라 소프트파워의 중요성이 증대하고 있다고 말한다. 국가 간 경쟁에서 소프트파워가 점차 핵심 경쟁요소로 부각한다는 것이다.

한류는 소프트파워를 강화하는 중요한 수단이 될 수 있다. 실제로 한류는 한국의 국가이미지를 긍정적으로 바꾸는 데에 기여하고 있다. 해외시장에 수출된 문화상품이

11. 손승혜, 2012, 한국 문화의 수용과 국가 이미지 형성에 관한 탐색적 연구, 문화정책논총, 27(1).

우리 문화의 정체성을 대변하고 세계에 한국을 알리는 최대 홍보수단으로서 그 역할을 할 수 있다. 각종 조사에서 "한류의 영향으로 한국에 대한 호감도가 높아졌다"는 응답자가 많다는 것은 한류의 영향력이 매우 크다는 것을 입증한다.

국가이미지는 오랫동안 축적되었을 때 국가브랜드로 나타난다. 국가 브랜드의 사전적 의미는 한 국가에 대한 인지도·호감도·신뢰도 등 유형·무형의 가치들을 종합한 것을 말하며, 이것을 지수화한 것을 국가 브랜드 지수라 한다. 이는 일종의 국가 경쟁력을 나타내는 중요한 요소로 인식되고 있다. 그러나 국가 브랜드를 측정하는 기관마다 평가 항목이 달라 아직까지 보편적으로 인정되는 기준은 없다고 할 수 있다.⋯ 12

삼성경제연구소의 연구결과에 따르면 문화콘텐츠 산업의 영향으로 한국의 국가이미지 및 국가브랜드 순위가 상승한 것으로 나타났다. 2012년 한국의 국가브랜드 순위

표 5.6 국가 브랜드 종합 순위

	SERI-PCNB NBDO						대표적인 경쟁력지수					
2012년 순위	실체			이미지			IMD		WEF		NBI	
	국명	'11	'10	국명	'11	'10	국명	'11	국명	'11	국명	'11
1	미국	1	1	미국	3	4	홍콩	1	스위스	1	미국	1
2	독일	2	2	독일	2	1	미국	1	싱가포르	2	독일	2
3	프랑스	3	4	영국	5	5	스위스	5	핀란드	4	영국	3
4	영국	5	3	일본	1	3	싱가포르	3	스웨덴	3	프랑스	4
5	일본	4	5	스위스	9	6	스웨덴	4	네덜란드	7	캐나다	6
6	스위스	6	6	스웨덴	7	8	캐나다	7	독일	6	일본	5
7	호주	7	7	캐나다	4	2	대만	6	미국	5	이탈리아	7
8	스웨덴	8	8	프랑스	6	7	노르웨이	13	영국	10	스위스	9
9	네덜란드	10	10	호주	8	10	독일	10	홍콩	11	호주	8
10	캐나다	9	9	네덜란드	11	11	카타르	8	일본	9	스웨덴	10
비고	한국(13위)	15	18	한국(17위)	19	19	한국(22위)	22	한국(19위)	24	한국(N.A.)	27

출처: 삼성경제연구소, 2012, 2012 국가브랜드지수 조사 결과.

12. 노주현·정보민, 2013, 국가브랜드 가치제고를 위한 한류의 미디어 홍보 활용 방안, 지식엔진연구소, 시사상식사전, 박문각.

는 실체가 13위, 이미지가 17위로 둘 다 전년대비 2단계 상승한 결과이다.[13] 한류가 아시아를 넘어 유럽과 북미 지역으로 영향력을 확대하면서 한국의 대중문화와 현대 생활양식이 전달되며 한국의 브랜드 이미지를 향상시키는 데 영향을 미쳤으며, 특히 이러한 국가브랜드 순위 상승에는 '유명인'과 '현대문화' 부문의 실체가 큰 폭으로 개선된 점이 작용하고 있다고 분석하였다.

'유명인'과 '현대문화' 부문의 개선은 한국의 대중음악을 중심으로 한 한류와 한류스타, 문화계 인사(작가, 음악가, 디자이너), 운동선수, 외교인사 등의 활동에 의한 것이다. K-POP, 드라마, 영화 등 한국의 문화수준을 알릴 수 있는 다양한 콘텐츠의 해외진출과 함께 싸이를 비롯한 K-POP 가수와 배우, 영화감독 등의 글로벌 스타의 탄생이 이와 같은 결과를 가져오게 된 것이다.

또한 한국문화산업교류재단에서 실시한 한국의 국가 이미지 조사에 따르면, 한류를 통한 한국의 문화와 예술 확산은 기존의 한국에 대한 부정적 이미지를 상쇄시키는 역할을 하고 있는 것으로 나타났다. 한류 및 한국의 문화적 우수성은 한국의 이미지 변화에 긍정적인 영향을 미치며 특히 '한류'로 인한 한국의 부정적 이미지 상쇄된 것으로 나타났다. 한국에 대한 최초 상기 이미지를 묻는 질문에서 전체 응답 1위는 '한식', 2위는 '드라마', 3위는 'K-POP', '전자제품'으로, 한국의 문화적 요소를 떠올리는 경향이 있었다. 아시아에서 한국의 대표 국가이미지는 '한류'이지만 서유럽에서는 여전히 '한국전쟁' 과 같은 부정적인 키워드가 한국의 이미지로 남아 있는 것으로 조사되었다. 이러한 여전히 부정적 키워드(한국전쟁, 북한 등)에도 불구하고 대체적으로 한식, K-POP 등 소프트파워 이미지가 상위권에 나타나고 있어 한국의 국가이미지 개선이 진행될 것으로 보인다.[14]

13. 삼성경제연구소, 2012, 2012 국가브랜드지수 조사 결과.
14. 한국문화산업교류재단, 2012, 해외 한류 조사 결과 보고.

제6장

한류를 응용한 경영 전략

일반적으로 서비스 산업의 수출은 제조업보다 어려운 것으로 인식되어 왔다. 서비스 산업은 특성상 제조업처럼 표준품의 대량생산이 어렵고, 서비스 장벽이 존재하기 때문이다. 즉 서비스 산업은 국가마다 시스템과 관행이 달라 표준화된 서비스 제품을 대량생산하여 수출하는 데에 한계가 있다. 또한 서비스 산업에는 대인 서비스가 많아 언어 등 문화적인 장벽이 교역의 걸림돌로 작용하며, 문화보호, 국가적인 기밀보호, 자국산업 보호 등을 내세워 무역장벽을 만들어 놓았다. 이런 이유로 서비스업은 주로 내수시장을 중심으로 발전해 왔다.

그러나 서비스 산업인 한류는 해외에서 성공을 거두었다. 이는 국내 서비스 산업의 수출에 가능성을 보여 준 것으로 서비스 산업 수출에 반면교사, 벤치마킹이 될 수 있다. 서비스 산업뿐만 아니라 한류의 성공요인과 경험으로부터 많은 기업들이 배울 수 있을 것이다.

따라서 이 장은 전략적 차원에서 한류의 성공요인을 분석하여 이를 서비스 산업 등의 일반 기업에 응용하고자 하는 것이다. 한류가 어려운 환경하에서도 해외진출에 성공한 전략들을 밝히고 이를 서비스 산업을 포함한 일반 기업이 여기에서 어떠한 시사점을 얻고 전략에 활용할 수 있을지를 보고자 한다.

1. 현지화 전략

SM엔터테인먼트 소속의 가수 보아가 일본에서 활약했을 때 일본 사람들은 보아를 일본 가수로 착각하였다. 보아가 일본어를 잘하고 일본 무대 매너에 익숙한 데다 가사가 일본어이고 일본식의 노래를 불렀기 때문이다. 일본인이라고 생각하지 않는 것이 이상할 정도였다. SM엔터테인먼트사는 일본 현지시장에 적합한 보아라는 가수와 콘텐츠를 기획하여 일본 소비자에게 선보인 것이다. 이것이 바로 현지화이다.

1) 현지화의 개념

기업이 세계시장 진출을 지속적으로 확대시켜 나가려 할 때 서로 다른 두 가지 접근방법을 고려하게 된다. 하나는 글로벌 통합(globalization)이고 또 다른 하나는 현지화(localization)이다. 글로벌 통합은 세계시장을 하나의 시장으로 간주하고 표준화된 제품을 대량생산하며, 본사 주도의 해외시장 관리를 통하여 세계시장을 공격하는 전략이다. 반면 현지화는 현지 국가나 지역별로 시장요구에 맞는 제품을 투입하고 국가·지역별 권한위임을 통하여 현지경쟁력을 강화시켜 나가는 방향이다. 글로벌 통합과 현지화를 동시에 진행하는 국제화 전략은 글로컬화(glocalization)이다. 글로컬화는 '국제적 회사의 상품이나 전략이 지역에 맞도록 어떻게 변모하고 적응하느냐'라는 면과 '지역적인 것이 세계성을 갖도록 어떻게 변모되고 맞추어지느냐'라는 두 가지 측면을 모두 고려한 것이다. 1996년 맥도날드 당시 부회장이었던 잭 그린버그가 내건 "Think Globally, Act Locally"…[1]라는 슬로건은 글로컬 전략을 잘 표현한 것이다.

현지화를 어떠한 관점에서 보느냐, 그 범위를 어디까지 설정하느냐에 따라 정의도 달라진다. 경영학적으로 펄뮤터…[2]는 기업활동의 주요 부분을 현지에서 수행함으로써 독자적으로 생존하고 현지국 기업으로 정착해 가는 과정으로 정의하고 있다. 또한 현지화는 외국에 진출해서 현지시장에 맞는 제품을 생산·판매하고 현지에서 창출한 영업성과를 재투자하여 현지사회에 기여함으로써 현지의 기업시민으로써 뿌리를 내리겠다는 국제 경영 전략이다.…[3]

1998년 한국에 의욕적으로 진출했던 월마트가 한국에서 철수했다. 이는 현지화 전략의 실패로 설명된다. 한국의 소비자들은 온 가족이 할인점에서 함께 쇼핑하고 시식

1. 이 격언은 Scots Planner와 Patrick Geddes가 1905년에 그들의 저서 『도시의 진화』에서 처음 사용한 것으로 알려지고 있다.
2. Perlmutter, H., 1969, The Tortuous Evolution of the Multinational Company, *Columbia Journal of World Business*, January–February, 9–18.
3. 김효율·이찬근, 1995, 한국의류업체의 대중국 현지화전략, 중소기업연구, 17(1).

하면서 식사를 하는 '원스톱 서비스'를 원하고, 한국의 점포들은 물건을 쉽게 고르고 꺼낼 수 있는 낮은 선반 형태로 진열을 하지만, 월마트는 물건을 천정까지 쌓아 높은 창고형 매장을 고집했다.…→4 반면 후발주자인 삼성 테스코(홈플러스)는 영국 유통기업 테스코와 한국의 삼성이 합작해 설립한 유통업체로 저렴한 가격이라는 할인점의 기본요건은 만족시키면서도 다양한 고객 편의시설로 백화점 같은 쇼핑환경을 제공해 경쟁사의 창고형 할인점과 차별화시켜 성공하였다. 철저하게 현지화 전략을 추진한 것이다.

기업의 현지화는 현지시장 및 제도적 규제측면 등과 같은 외적인 요인이 존재할 경우에 더욱 중요한 전략이다. 기업이 해외시장에 생산 및 판매법인을 설립하여 운영할 때 낯선 기후, 문화, 정부규제 등에 노출되면 본국에서 적용하던 생산, 판매, 홍보 등의 전략을 변화시키지 않으면 안 된다. 여기에서 낯선 환경은 역시 다국적기업의 마케팅믹스 전략에 영향을 미치는 요인으로 고객기호, 제품 및 서비스, 비즈니스 관행, 정부규제 등이 있다.…→5 현지시장의 특성이 이질적일수록 진출기업의 성과에 영향을 미치고, 이질적 특성에 대한 이해도가 높을수록 성공적인 현지화가 가능하다.…→6…→7

현지화에 영향을 미치는 주요 외적인 요인은,…→8 첫째, 현지정부의 규제이다. 현지산업을 보호하고, 전통관습, 미풍양속의 보존을 이유로 진출기업의 마케팅 전략에 대해 여러 형태의 법적인 규제가 가해지는 경우이다. 둘째, 현지시장의 경쟁조건으로서 경쟁이 심할수록 해외진출 기업은 현지시장 조건에 적합한 제품을 제공함으로써 경쟁력을 강화시킨다. 셋째, 사회문화적 환경으로서 해외진출 시 다른 문화적 환경을

---

4. 황선화, 2006, 국내 유통 기업의 성공전략과 외국계 유통 기업의 국내 철수 원인 분석, 한국 유통과학회 동계학술대회 자료집, 한국 유통과학회, 613-650.
5. Ghoshal, S., 1987, Global Strategy: Anorganizing Frame Work, *Strategic Management Journal*, 8(5).
6. Tarun Khanna, Krishna G. Palepu and Jayant Sinha, 2005, *Strategies That Fit Emerging Markets*.
7. Prahalad. C. K. & Lieberthal Kenneth, 2003, The End of Corporate Imperialism, *Harvard Business Review*, August.
8. 박정수·김홍석·김숙경·이순학, 2012, 한국서비스 기업의 대중국 현지화전략, 산업연구원 정책자료 2012-173.

가진 사람 및 조직체와 상호관련성을 가지게 되므로 문화적 환경은 현지화 전략에 많은 영향을 미친다. 넷째, 소비자 행동의 차이로서, 국가 간의 환경 차이는 소비자 행동에도 영향을 미치기 때문에 현지 소비자들의 행동이나 태도를 고려한 전략수행이 필요하다.

2) 한류와 현지화

현지화는 한류가 해외에서 부상하는 데 일조했다. 한류 콘텐츠를 수출하는 기업은 현지에 적합한 콘텐츠를 제작하고, 기존의 콘텐츠를 현지에 맞게 변형·판매하는 등의 현지화를 통해 외국 콘텐츠라는 거부감을 없애고 현지 소비자들이 자연스럽게 콘텐츠를 수용할 수 있도록 했다. 이는 콘텐츠의 문화적 할인율을 낮추었다는 것을 의미한다. 수출입국 간에 문화적 장벽이 존재하면 수출국의 문화상품 소비가 현지에서 제약을 받게 되기 때문에 이를 극복하기 위해 현지 소비자의 문화·정서, 현지국의 제도 등에 적절하게 대응하는 것이 바로 현지화라고 할 수 있다. 전 세계적으로 히트한 상품이라도 그 나라의 국민성과 문화를 이해하고 이에 걸맞은 서비스를 제공하지 못하면 현지에 정착할 수 없다.

일반적으로 서비스 상품은 제조업 상품에 비해 구매자와 판매자 간 상호작용이 중요하기 때문에 현지의 문화적 배경 및 국가별 특성에 적합한 전략수립이 필요하다.…[9] 이러한 특성 때문에 서비스 산업은 인적자원, 마케팅, 자금조달의 현지화가 생산 및 기술, 연구개발의 현지화보다 상대적으로 더 중요한 것이다.

한류의 경우에도 마찬가지이다. 특히 문화에는 전통, 종교, 감성 등과 근본적인 요소가 많이 개입되기 때문에 현지화 전략이 더욱 중요하다고 하겠다. 따라서 이러한 문화가 체화되어 있는 스토리, 소재, 출연진 등에서 현지시장에서 받아들여질 수 있

---

9. 노전표, 2000, 서비스 전략 현지화 국제비교 연구–한국과 싱가포르에 진출한 외국인 투자 서비스 기업을 중심으로–, 산학경영연구, 13, 195–206.

도록 현지화가 필요한 것이다. 예를 들어 현지 연예인의 출연, 현지 스토리의 채택 및 발굴, 현지 로케이션 등은 모두 현지 맞춤형 콘텐츠를 만들기 위한 방법에 속한다. 이 외에도 마케팅 차원에서 유통채널의 현지화, 광고홍보 현지화 등 많은 영역이 포함된다.

특히 문화적 장벽이 높은 분야일수록 더욱 강력한 현지화 전략이 요구된다.[10] 또한 반한류, 혐한류에 대응하기 위한 전략으로도 현지화가 요구된다. 현지에서 한국 문화, 한류에 대한 반감 등 반한류에 대응하기 위한 전략으로서 한국을 크게 부각시키지 않고 현지 문화를 반영한 현지화 전략이 중요하다. 즉 현지의 문화와 정서에 부합하는 한류 상품의 제작과 현지어 번역 등 국가 간 문화거부감을 뛰어넘고 현지인들의 접근성을 높이기 위한 현지화가 중요한 것이다.

3) 사례

(1) 게임의 현지화

게임은 언어를 포함하여 캐릭터 구성, 캐릭터 디자인 및 그래픽, 문화적 배경, 지명, 아이템 판매 및 과금체계 등 여러 요소에서 개발국 고유의 문화에 의해 영향을 받는다. 따라서 이러한 개발국 문화 영향을 최소화시키는 전략이 필요하다.[11]

먼저 개발단계에서의 현지화를 보자. 개발 부분에서의 현지화란 현지인들이 게임에 잘 적응할 수 있도록 게임 내의 요소들을 바꾸어 적용하는 것을 말하며 언어, 인터넷 인프라, 문화적 선호사항, 문화적 금기 및 심의, 게임 콘트롤, 운영 등이 포함된다. 이는 현지에서 사용하고 있는 지명과 언어뿐만 아니라 게임 내의 구성요소와 이벤트 등을 모두 포함한다는 것이다.

한편 유통 및 서비스 부문의 현지화는 퍼브리셔와 협동, 해킹, 이벤트, 마케팅 등이

---

10. 고정민, 2012, 한국 문화콘텐츠 산업의 국제화에 관한 연구, 인문콘텐츠, 27, 143-154.
11. 최진아·김동원, 2010, 한국 온라인 게임업체의 국제마케팅 전략에 관한 연구, 한국유통학회 학술대회 발표논문집, 2010(8), 71-101.

포함되어 있다.[12][13] 특히 온라인 게임은 패키지로 판매되어 가격을 부과하는 비디오 게임이나 아케이드 게임과는 달리 수익모델이 게임서버 접속과 '부분유료화'라고 하는 게임 아이템 판매로 이루어져 있어,[14] 이에 대한 현지화가 필요하다.

온라인 게임의 현지화 전략의 성공은 스마일게이트의 '크로스파이어' 중국 진출에서 확인할 수 있다. 스마일게이트는 1인칭 슈팅게임(FPS)인 크로스파이어를 개발하였으나 국내에서 '스페셜포스'와 '서든어택' 등 막강한 경쟁 게임에 밀려 활로를 찾지 못하였다. 그러나 중국 진출을 계기로 매출액이 크게 증가했으며, 현재는 스마일게이트사의 효자상품이다. 크로스파이어로 국내 게임업계 매출 5위를 기록한 스마일게이트는 2014년 영업이익률로는 국내 게임업계 1위(56.9%), 영업이익 규모(3,026억 원)로는 2위이다.

크로스파이어는 중국 시장 진출 당시 전략적 제휴 현지업체(배급사)인 중국의 텐센트사의 요구에 따라 중국 이용자가 바로 쉽게 사용할 수 있는 게임으로 재탄생하면서

그림 6.1 온라인 게임 '크로스파이어'

12. 이성태·조옥희, 2012, 문화적 환경의 차이를 고려한 게임 현지화 연구, 한국컴퓨터게임학회논문지.
13. 권대호, 2012, 한국 온라인 FPS게임 현지화에 관한 연구: 중국, 중동, 인도네시아를 대상으로, 홍익대학교 석사학위논문.
14. 홍진환·김준호·임성준, 2007, 한국 온라인 게임사의 국제화 방식 및 해외시장 경쟁력에 관한 연구: 일본 시장을 중심으로, 경영학연구, 38(6), 1389-1409.

2008년 중국 게임 소비자에 크게 부각되었다. 진출 초기부터 현지 퍼블리셔와 함께 중국의 니즈를 파악하기 위해 철저한 조사를 하였고, 이에 따라 한국 시장에서의 크로스파이어 게임에는 없는 캐릭터와 콘텐츠를 추가하였으며, 중국식의 게임 운영방식을 도입하였다. 또한 중국 소비자에 맞춰 게임의 속도와 템포를 빠르게 했다. 결국 스마일게이트는 현지화로 중국 시장 거점 확보와 수익을 보장받고 있는 것이다.

아이러니하게도 최근 모바일 게임업계에서는 현지화와는 반대의 기류가 나타나고 있는데, 바로 글로벌 원빌드(Global One Build) 출시라는 것이다. 글로벌 원빌드란 개발 초기 단계부터 글로벌 서비스를 염두에 두고 한 가지 버전(빌드)으로 게임을 만들어 전 세계에 동시 배포하는 것을 말한다. 앞서 설명한 글로벌 통합과 같은 이론이다. 각각의 플랫폼 및 국가별로 게임을 출시해 각 이용자 특성에 맞춘 현지화에 힘을 쏟던 과거와 달리 효율성을 극대화하는 전략이다. 현지화에 따른 시간과 비용을 줄일 수 있다는 게 가장 큰 장점으로 꼽히는데, 국내 모바일 게임 시장이 과포화 상태에 접어들면서 국내 기업들의 주요 전략으로 자리 잡아 가고 있다. 각 게임사들이 게임을 전 세계에 동시 출시한 후 이용자들의 반응이 좋은 지역을 중심으로 마케팅 투자를 집중하는 추세를 보이고 있어, 현지화와 글로벌 통합 사이의 선택도 중요한 전략 포인트가 되고 있다.

(2) K-POP의 현지화

한국의 음악산업은 시장규모가 작은데다 LP, CD와 같은 음반산업에서 온라인과 모바일의 디지털 음악시장으로 전환되는 시기에 불법 다운로드와 유통 등으로 인한 침체를 경험하였다. 이에 따라 기업들은 한국 음악시장에서 해외시장으로 눈을 돌릴 수밖에 없었고, 해외진출을 위한 다각적인 노력이 이루어졌다. 이 과정에서 현지화의 일환으로서 강력한 현지 유통망의 확보는 K-POP 해외진출 성공에 결정적인 역할을 하였다.

가수 보아는 현지회사인 일본의 에이벡스(AVEX)와 유통과 홍보 부문에서의 제휴를 통해 일본 시장에서 성공할 수 있었던 사례이다. SM엔터테인먼트는 글로벌화를 추진하던 사업 초기에 일본에 자회사를 세우고 2000년 11월 일본의 대형 음반기획회사 에이벡스와의 음반 라이선싱 및 아시아 에이전시 계약을 체결하여 현지에 맞는 가수 만들기를 기획했다. 에이벡스는 아무로 나미에, 고다 쿠미 등의 가수가 소속되어 있으며 일본 음반 시장에서 최고의 유통망을 가진 회사였다. 에이벡스의 특성이 댄스 가수 위주였다는 점과 일본 최고의 유통회사라는 점에서 에이벡스는 SM엔터테인먼트에 꼭 필요한 현지화 전략의 파트너였다. 보아의 현지화 전략은 한국인 가수로서의 이미지가 아닌 초국적인 이미지로서 일본 대중들에게 거부감 없이 다가가는 것이었다. 그 결과 보아는 일본 시장에서 한국 가수라기보다는 일본 가수로서 받아들여졌다. 보아는 이와 같이 SM의 현지화 전략으로 일본 시장에서 오리콘 차트 1위에 여러 차례 오르는 등 외국인으로는 보기 힘들게 크게 성공하게 된 것이다.→15

보아의 일본 진출에 앞서 국내에서 SM의 현지화 준비도 철저했다. 보아는 캐스팅 당시부터 일본 진출을 염두에 두고 춤과 노래는 물론 현지인에게 직접 언어 교육을 받아 일본어에 능숙했고, 일본과의 문화적 차이를 줄이기 위해 일본 무대 매너 등을 배웠다. 일본인이 좋아하는 격렬한 댄스와 노래를 보여 줌과 동시에 귀여운 외모를 부각시킴으로써 일본 소비자의 욕구를 충족시켰다. 이처럼 보아의 성공은 기획사 측의 철저한 준비과정과 현지화 전략의 결실이라 할 수 있다.

일본 시장에서 보아가 성공한 이후 K-POP 한류의 해외진출이 활발히 진행되었지만, 반한류·혐한류까지 생겨나면서 한류라는 이름이 아시아 국가에서 부담감으로 작용하기도 하였다. 문화상품의 국적을 지나치게 강조한 것이 오히려 반감을 샀고 문화적 장벽을 형성하는 결과로 이어지게 되었다. 따라서 SM의 동방신기, 소녀시대, 엑소 등 이후 소속가수들의 현지화 전략은 이전과는 다른 발전적인 형태로 나타나게 된다. 즉 아이돌 그룹 내에 현지인 가수를 포함시켜 현지진출에 문화적인 거부감을 낮추거나, 유럽이나 미국 등의 아티스트들이 K-POP을 작곡하게 하여 해외시장 진출의 문턱을 낮추는 전략 등 새로운 현지화 전략이었다. 동방신기는 팀 이름에서 한국적인

15. 고정민, 2012, 앞의 글.

소원을 말해봐(소녀시대)-유럽

츄(f(x))-유럽

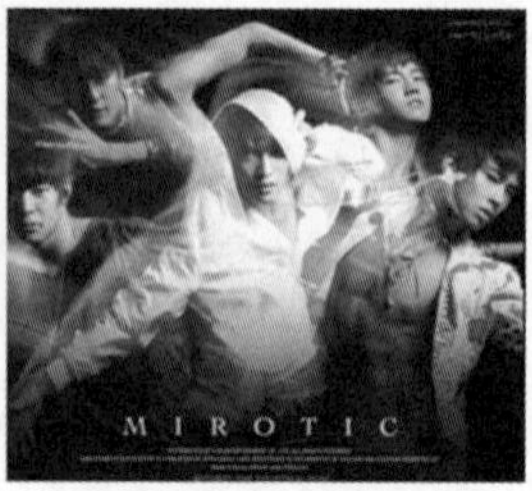

주문(동방신기)-덴마크

그림 6.2 K-POP의 현지화 전략

이미지가 아닌 동양적인 이미지를 추구하였으며, 슈퍼주니어의 경우에는 멤버 가운데 중국인 멤버를 추가하면서 진화된 단계의 현지화 전략을 추구하였다.

이와 같이 K-POP을 제작할 때에 현지의 인력들이 다수 참여하는 파트너십은 대표적인 현지화 전략으로 굳어지고 있다. K-POP에서 현지 작곡가나 프로듀서와의 제휴는 현지 팬들의 한국 대중음악산업에 대한 유럽의 관심까지 높이는 결과를 가져왔다. 소녀시대의 '소원을 말해봐'는 유럽, 에프엑스(f(x))의 '츄'는 스웨덴, 동방신기의 '주문'은 덴마크 멤버가 참여하여 음악을 만들었다. 또한 f(x)의 빅토리아는 중국 칭타오의 고전무용수 출신으로 외국 출신 가수를 그룹의 구성원으로 발탁하여 중국과 대만에 진출하였다.

(3) 방송콘텐츠의 현지화

방송콘텐츠는 1990년대 이래 드라마를 중심으로 해외로 활발히 진출하여 방송한류를 이끌어 왔다. 그러나 최근 들어 방송콘텐츠의 수출이 정체되는 경향을 보이고 있는데, 이는 가장 수출이 많았던 일본에서의 반한류 감정 때문이다. 반한류로 인해 해외에서 한국의 방송프로그램의 인기가 떨어지고 있는 것이다. 그러나 수출 대상국가의 혐한류 또는 반한류뿐만 아니라 규제정책도 영향을 준다. 외국 방송콘텐츠 유입이 자국민이나 자국 방송시장에 미칠 수 있는 부정적인 영향에 대한 우려로 중국 등 일부 국가에서는 외국 방송콘텐츠의 자국 내 유통을 양적·질적으로 규제할 수 있는

제도적 장치를 마련하고 있다.[16]

경제대국으로 떠오른 중국에서는 한류에 대한 경계론이 부상하고 외국 드라마 방송시간 등 규제가 마련되면서 한국 드라마 수출이 제한을 받게 되었다. 더구나 〈별에서 온 그대〉 이후 외국의 동영상에 대한 심의규제가 가해지면서 한국의 드라마 수출은 위축되었다. 이러한 제한을 극복하기 위해 한국의 방송콘텐츠 업체들은 한국 드라마를 그대로 방송하기보다는 포맷이나 줄거리를 수출하는 방식인 리메이크로 현지화를 꾀했다. 방송프로그램은 바이블 혹은 매뉴얼에 적시된 가운데 에피소드마다 반복되는 것이 일반적인데, 이와 같이 프로그램을 구성하는 일정한 틀(Frame)을 프로그램 포맷이라고 한다. 포맷수출은 형식만 수출하는 것이기 때문에 현지의 문화와 특성을 반영할 수 있다.

텔레비전 프로그램 포맷을 현지화할 때 영향을 미치는 요인으로는 방송 심의제도, 방송사 조직환경, 그리고 시청자들의 취향 등이 있다. 이 중 방송 심의제도는 제작자들에게 상당한 영향을 미친다. 포맷을 현지화 제작하는 과정에서 해당 국가의 방송법 또는 방송 심의규정을 준수해야 하기 때문인데, 방송심의 기준을 위반하지 않기 위해 제작자들은 포맷 일부를 변용하고 시청자 소구 포인트를 수정해 포맷의 현지화를 꾀한다.[17]

해외 방송사들과의 공동제작도 현지화의 일환이라 할 수 있다. 과거에 해외 방송사들과 콘텐츠 공동제작은 완성작을 해외로 수출하거나, 국내 제작진이 단편적으로 프로젝트에 참여하는 정도에 그쳤으나, 최근에는 전략적 제휴의 합의하에 방송 프로그램의 현지화를 통한 공동제작 및 수출이 이루어지고 있다. CJ E&M은 중국 동방위성(상해동방오락전매유한공사)과 〈꽃보다 할배〉, 〈꽃보다 누나〉의 중국 현지 프로그램을 위한 전략적 제휴에 합의하여 중국판 제작을 위한 제작기술에 관한 노하우 전수 및 컨설팅 지원이 이루어져 한국식 리얼 버라이어티 예능 프로그램의 현지생산이 이

---

16. 한국콘텐츠진흥원, 2011, 방송콘텐츠 글로벌화 전략과 정책과제 개발연구.
17. 박진식 · 김도연, 2013, 텔레비전 포맷을 통해 본 콘텐츠의 글로벌화와 현지화, 방송통신연구, 83, 9-37.

루어진 것이 그 예이다.[18]

(4) 출판콘텐츠의 현지화 전략: 『엄마를 부탁해』

출판콘텐츠의 해외진출에는 번역이라는 현지화 작업이 필수조건으로 따라붙는다. 텍스트 기반의 콘텐츠로서 언어에 따른 문화적 장벽이 높은 장르이므로 섬세한 번역 작업을 통해 원작의 감성과 미묘한 문학적 표현을 효과적으로 이끌어 내야 한다. 따라서 언어가 다른 지역에서 출판콘텐츠의 소비가 이루어지기 위해서는 해당국의 언어로 잘 번역하는 것이 성공요체이다.

신경숙 소설 『엄마를 부탁해』는 좋은 번역과 현지 출판 유통회사 영향력으로 미국 진출에 성공한 사례이다. 『엄마를 부탁해』는 국내에서 100만 부 판매를 돌파한 베스트셀러 소설로 미국 크노프(Knopf)사에서 영문으로 출간해 미주와 유럽까지 진출했으며, 전 세계 30여 개의 언어로 번역되어 출판되었다. 또한 『엄마를 부탁해』는 '맨아시아문학상(Man Asia Literary Prize)' 최종 후보로 선정되는 등 아시아를 넘어 전 세계에서 명성을 얻게 되었다.

『엄마를 부탁해』의 영어번역 'Please Look after Mom'은 동양권이 아닌 영미권 독자에게 많은 관심을 받았다는 사실에 주목할 필요가 있다. 왜냐하면 이 영역본은 한국 문학 번역으로서는 처음으로 미국 대중으로부터 많은 관심을 받으며 베스트셀러가 되었기 때문이다. 현지화의 과정에서 공동작업을 할 때 현지 파트너의 역할이 매우 중요한데, 이는 이들이 현지의 사정을 잘 알고 있고 소비자의 취향을 반영하여 작업할 수 있기 때문이다. 『엄마를 부탁해』의 영역본은 출판사의 영향력과 개입이 상대적으로 크게 작용했던 작품이다. 영역작업을 결정하고 번역사를 섭외하고 번역과정을 총괄하며, 미국 전역에 대한 대대적인 북투어를 기획하여 영역본의 판매에 지대한 기여를 한 것은 영역본 출판사인 크노프사였다. 이 작품이 미국의 거대 출판사인 랜덤하우스의 자회사 크노프를 통해 출판이 되지 않았다면 다른 모습, 다른 방식의 번

---

18. CJ E&M, 콘텐츠 해외공동제작 본격 시동, 디지털케이블, 2014년 3월 26일자.

역이 등장했을 것이고, 미국 독서시장에서 베스트셀러가 되지 못했을 가능성이 높았을 것이라는 분석이다.⋯→19

글로벌 출판환경에서 지배적인 기업들은 소위 세계적인 미디어 그룹에 속해 있는 출판사가 많다. 이들은 영화, 방송, 인터넷, 출판기업 등을 복합적으로 소유하여 원소스멀티유즈(OSMU) 차원에서 창구효과를 극대화하고, 통합 마케팅 전략을 통해 효율적인 시장행위를 하고 있다. 우리나라는 아직까지 세계시장에서 영향력을 미칠 만한 기업이 없기 때문에 출판의 해외진출을 위해서는 해외 출판기업과의 협력이 필요하다. 이는 국내 출판산업의 해외진출을 위해 밟아야 할 현지화의 과정이라 하겠다.

4) 일반 기업에의 시사점 및 응용

기업의 활동은 실적이 쌓이고, 경험이 축적되어 감에 따라 시장의 범위를 국내에서 해외로 확대해 나갔다. 그러나 해외에서의 기업 경영활동은 국내와 상이한 시장환경으로 많은 위험이 도사리고 있다. 다양한 이질적인 위험요소가 있는 현지시장에서 성공하기 위해서는 현지화 전략이 요구된다. 한류는 현지화의 과정을 거치면서 위기를 극복하고 영향력을 확대시켜 왔다. 한류가 해외진출이 어려운 서비스 산업의 하나임에도 불구하고 현지화 전략을 통해 해외에서 성공한 것은 일반 기업에 주는 시사점도 매우 크다. 한류가 시도했던 현지화 전략들을 일반 기업에 응용해 보자.

첫째, 국제화 초기단계에서 해외에 진출할 때에는 강력한 현지 유통채널의 확보가 필요하다. 보아의 일본 진출 시 일본 에이벡스와 제휴, 〈겨울연가〉의 일본 진출 시 NHK의 유통망 이용 등이 그 예이다. 반면 의욕적으로 추진했던 비의 세계시장 진출에서 부진했던 것은 불안한 유통망에 기인했다고 볼 수 있다. 일반 기업의 경우에도 해외시장 진입 초기에 자신이 직접 현지 유통망을 구축하는 것은 매우 어렵다. 물론

19. 윤선경, 2013, 문학번역 연구 현황과 과제: 엄마를 부탁해 영역본 연구를 중심으로, 현대영어영문학, 57(3), 125-145.

장기적으로는 우수한 채널을 구축하여 생산자에게는 큰 자산이 되고, 그에 의해 장기적인 경쟁우위를 구축할 수 있다. 그러나 유통망의 구축은 대단히 많은 시간과 비용을 필요로 하고, 일단 구축해 놓으면 변경하기도 매우 어렵다. 따라서 해외진출 초기단계에서는 강력한 현지 유통망을 활용하여 현지 판매와 마케팅 전략을 세우고 제품에 대해서도 공동기획을 하는 전략이 필요하다.

둘째, 처음부터 해외시장을 겨냥한 본글로벌(born global) 기업을 지향한다. 본글로벌 기업은 초기부터 국제화를 빠르게 진행한 기업이다. 전통적인 기업은 수년간 내수 시장을 공략한 후에 국제시장으로 진출하는 것이 일반적이지만, 이들 기업은 창업 초기부터 기업의 특정 자원에 대한 경영진의 시각이나 업무가 국제적 활동에 초점이 맞춰져 있다. 본글로벌 기업들은 대체로 자본이나 인적자원이 부족한데도 불구하고 혁신적인 전략과 지식, 능력을 기반으로 사업 초기부터 해외시장에서 성공을 거둔다.

특히 게임 기업 중에는 글로벌 시장진출이 용이하여 초기부터 해외시장을 개척하고 국내시장보다는 해외시장에 더 많이 알려진 경우가 있다. '포인트 블랭크'라는 온라인 슈팅게임을 만드는 제페토는 2003년 9월 설립되었는데 국내보다는 해외에 더 알려져 있다. 일반 서비스 기업도 처음부터 해외시장을 염두에 두고 제품을 개발, 판매함으로써 규모의 경제를 맞출 수 있고 해외경험을 통해 국내시장에도 진출할 수 있다. 국내시장이 좁기 때문에 우리나라에 잘 어울리는 전략이라 할 수 있다. 이러한 대

포인트 블랭크(Point Blank)

2009년 태국 상용화를 시작으로 인도네시아, 터키, 러시아, 중남미, 미국, 이탈리아, 필리핀, 중동 등 전세계 70여 개국에 수출되어 6,500만 명의 이용자가 즐기는 FPS 게임이다. 타격감과 화려한 이펙트, 다양한 모드와 아이템, 차별화된 게임 시스템 등으로 해외에서 호평을 받으며, 특히 인도네시아, 태국, 러시아, 브라질 등지에서는 '국민 게임'으로 인기를 모으고 있다. 이에 힘입어 이 게임을 제작하는 제페토는 2011년 매출 148억 원에서 2012년 245억 원, 2013년에는 368억 원을 달성하며 매년 급성장을 거듭해 왔다. 포인트 블랭크는 2011년 한국에서 서비스를 중단한 이후 2014년 해외시장 성공을 기반으로 한국에 재입성하려는 시도를 하고 있다.

상이 되는 사업은 한국적 특성과 한국의 경쟁력이 강한 분야로서 사업주가 전문성을 가지고 있고 현지시장이 잘 알려져 있어야 한다. 해외에서 한식을 판매하는 외식산업, 해외 인터넷 사업, 개인 프리랜서 서비스 등이 그 대상에 속한다. 네이버의 라인이라는 온라인 커뮤니티 서비스가 일본 시장에서 인기를 끈 것도 이러한 본글로벌 기업의 예라고 할 것이다.

셋째, 문화를 통한 마케팅 활동이다. 문화(문화예술 포함)는 만국공통어로서 소비자의 마음을 여는 데 좋은 수단이 될 수 있다. 문화라는 커뮤니케이션 수단은 많은 설명 없이도 정보와 감정을 전달할 수 있고 수신자의 감동도 크기 때문에 문화를 활용한 마케팅, 인적자원 등의 현지화의 수단으로 적합하고 그 효과가 크다. 문화예술은 마음을 움직여 상품과 기업에 대한 충성심을 높이고, 상품에 대한 선호도를 오랫동안 유지하는 특성을 가지고 있기 때문에 문화예술을 통한 마케팅, 예술작품과의 컬래버레이션, 메세나 활동 등은 상품을 해외에 판매하는 데 유용하다. 즉 현지화 전략으로서 문화라는 요소를 간과하기 쉽지만 유효한 수단이 될 수 있다는 것이다. 예를 들어 1990년대 초반 러시아 사람들의 자존심이었던 볼쇼이 발레단이 재정적인 어려움을 겪자 삼성전자가 재정지원을 한 것이 삼성전자에 대한 러시아인들의 이미지를 바꿔 놓은 바 있다.

예술작품을 통한 마케팅 활동은 예술작품을 해외에서 광고, 제품 등 다양한 분야에 활용하는 것이다. 예술작품의 본래 이미지나 유사 이미지를 제품이나 광고에 사용하는 것으로 작품이 본래 가지고 있는 가치와 인지도가 제품에 전이되어 상품의 인지도를 높이는 효과가 있다. 이는 기업이나 상품에 대한 이질감을 상쇄시키는 데 도움이 된다. 이 범주에는 문화예술 관련 인프라 구축, 미술전시 등이 포함된다. 기업이 구입한 미술작품으로 해외에서 직접 컬렉션을 갖춘 뒤, 미술관에 기증하거나 대여를 통해 상설전시하거나 기업의 브랜드 이미지를 제고하기 위한 전략적인 기획전을 주최하는 경우도 있다. 또한 미술관과 카페, 갤러리와 백화점, 음악회와 은행 PB 고객관리 등과 같이 아트를 기반으로 플랫폼을 만들고 비즈니스와 고객이 교감하게 하는 형태도 있다.

넷째, 현지에서 새로운 문화[20]를 창출하는 전략이다. 여기에서의 문화는 삶의 방식으로서의 문화이다. 현지화를 초월하여 좀 더 적극적으로 한국의 독특한 문화나 기업의 차별화된 문화를 현지에서 새롭게 창출하는 것이다. 스타벅스는 커피를 판매한 것이 아니라 커피를 마시면서 일상생활의 여유를 즐기는 스타벅스만의 문화를 창출했고, 이를 전 세계에 유포시켰다. 할리우드 문화는 해외에 진출할 때 현지화를 했지만 동시에 할리우드의 문화를 전 세계에 확산시킴으로써 이제는 당연한 글로벌 문화로 인정받고 있다. 현지에 새로운 문화를 창출하는 기업이야말로 지역화와 글로벌 통합이 결합된 글로컬 기업이라고 할 수 있다.

이는 한국 기업에도 적용될 수 있다. 한국 시장에서 치열한 경쟁을 통해 검증된 한국의 서비스 상품을 해외시장에 출시하여 성공적인 시장 확대를 하고 새로운 문화를 창출할 수 있다. 한국의 이마트와 같은 한국형 할인점, 한식점, 온라인 쇼핑몰, 한국형 교통시스템 등 많은 서비스들이 그 대상이 될 수 있다. 이들은 한국이라는 특수한 환경에서 나타난, 또한 치열한 경쟁을 통해서 살아남은 한국형 서비스이기 때문에 우리와 비슷한 환경에 있는 나라에서 충분히 통할 수 있을 것이다. 실제로 이 중에서 일부 서비스는 해외에서 성공적으로 유통되고 있다.

다섯째, 현지화에 앞서 좋은 상품을 만드는 것이 선행되어야 한다. 사실 한류 붐은 우리가 의도해서 나타난 현상은 아니다. 우연히 해외 사람들이 한국의 콘텐츠를 접해 보고 이를 좋아하게 된 것이다. 그러나 한류는 결코 우연이 아니다. 그동안 국내에서 치열한 경쟁을 통해 한국의 콘텐츠의 경쟁력이 강해진 결과이다. 가전 3사의 경쟁에 의해 한국의 가전업체가 세계적인 기업이 된 것처럼 방송 3사의 치열한 드라마 시

---

20. 문화라는 용어는 '예술과 예술적 활동'으로서의 문화, '삶의 방식'으로서의 문화, '과정과 발전'으로서의 문화로 크게 세 가지 뜻으로 사용된다. 첫째, 문화는 '음악, 문학, 회화, 조각, 연극, 영화'를 묘사하는 단어로 예술과 예술적 활동에 대한 의미를 나타낸다. 둘째, '삶의 방식'으로서의 문화이다. 문화를 '지식, 믿음, 예술, 도덕, 법, 관습, 그리고 사회 구성원으로서 인간이 획득한 기타 능력과 습관을 포함한 복합적 전제'라고 정의한 것이다. 셋째, '과정과 발전'으로서의 문화이다. 문화를 뜻하는 라틴어 'cultura'는 일차적으로 "땅을 경작하다, 돌보다, 지배하다, 가꾸다" 등의 의미를 가지는 것으로, 자연 전체를 가꾸고 개간하여 사람이 사용할 수 있도록 만드는 것, 그러한 행위 전체를 뜻한다.

청률 경쟁, 음악 3사의 아이돌 가수의 경쟁적 양성 등 치열한 국내 경쟁을 통해 우리도 모르는 사이에 한국의 드라마, 음악, 온라인 게임이 세계적 경쟁력을 가진 것이다. 따라서 좋은 상품이 만들어져 있다면 해외에서 먼저 알아서 물건을 구입한다. 현지화에 앞서 좋은 상품을 만든다는 것은 당연한 이야기이지만 반드시 전제되어야 한다. 일반 기업들도 해외진출이나 현지화 이전에 자신의 상품이 해외 소비자들에게 통할 수 있는 제품인지, 품질 수준이 높고 경쟁력이 있는 제품인지를 객관적으로 평가해야 한다.

2. 틈새시장 전략

한국의 콘텐츠는 비슷비슷하다는 말을 듣는다. 해외에서 인기 있는 한국의 콘텐츠는 어느 특정 장르에 한정되어 있기 때문이다. 음악의 경우를 보면 많은 음악 장르 중에 아이돌을 중심으로 하는 댄스음악에 한정되어 있고, 게임의 경우에는 온라인 게임만이 해외에서 인기를 끌고 있다. 드라마도 사극이나 멜로물로 한정되어 있고, 캐릭터는 유아용이 중심이다. 지역적으로 보면 동아시아와 동남아시아가 중심이다. 이와 같은 편중현상은 왜 일어난 것일까? 이는 다양성의 부족이라는 부정적인 측면도 있으나 우리나라 기업들이 틈새시장을 잘 포착하여 선택과 집중을 한 결과이기도 하다.

1) 틈새시장(niche market)의 개념

틈새(niche)란 대중시장이 붕괴된 후의 세분화된 시장 및 소비상황을 설명하는 말로서 니치 또는 빈틈으로 해석되며, '남이 아직 모르는 좋은 낚시터'라는 은유적 의미를 담고 있다. 틈새시장, 즉 니치마켓이란 매스마케팅(Mass Marketing, 대량유통)에 대립되는 마케팅 개념으로 한정된 소비자의 욕구를 충족시켜 주는 총체적 활동이라고 정의할 수 있다.⋯21 한정된 소비자를 대상으로 한다는 점에서 기존의 매스마케팅과 다르다.

니치마케팅은 집중적 마케팅(concentrated market)이라고도 불린다. 시장을 세분화하고 이 중에서 표적시장을 선정하는 형태 중에 표적시장을 좁게 설정하는 것이 바로 집중적 마케팅이다. 니치마케팅은 소비자들의 기호와 개성에 따른 수요를 대규모 집단으로 파악하기보다는 시장을 세분화하고 특정한 성격을 가진 소규모의 소비자를 대상으로 판매전략을 설정하는 것이다.

집중적 마케팅은 기업의 자원이 제한적일 때 잘 적용될 수 있는 전략이다. 기업은 큰 시장에서 작은 점유율을 추구하기보다는 작은 시장 또는 틈새시장에서 큰 점유율을 점유하는 것이 효과적일 경우가 있다. 기업은 세분화된 시장의 욕구에 맞추어 제품, 가격, 촉진 프로그램을 조율함으로써 더 효과적으로 제품을 판매할 수 있고, 가장 많은 수익을 낼 수 있는 고객을 겨냥함으로써 더 효율적으로 제품을 판매할 수 있다.…[22] 일반적으로 규모가 큰 세분시장은 여러 경쟁자들과 경쟁해야 하지만, 틈새시장은 적은 기업과 소수의 경쟁자만 존재한다. 따라서 틈새시장 전략은 소규모 기업이 대규모 경쟁자가 중요하게 여기지 않거나 간과할 수 있는 틈새를 상대로 제한된 자원을 집중할 수 있게 함으로써 경쟁할 수 있는 기회를 제공한다.…[23]

집중적 마케팅은 수익성이 매우 높을 수 있다. 그러나 동시에 평균보다 높은 위험도에 노출된다. 하나 혹은 몇 개의 세분시장에 모든 사업을 의존하는 기업은 세분시장이 악화되면 위기를 맞을 수 있다. 또한 규모가 큰 경쟁자가 더 풍부한 자원을 가지고 그 세분시장에 진입할지도 모른다. 이런 이유 때문에 많은 기업이 여러 개의 세분시장으로 자신의 사업을 다각화하는 것을 선호한다.…[24]

집중적 마케팅, 니치마케팅은 시장에 진입하여 시장점유율을 높이기 위한 첫발을 딛는 수순으로 이해할 수 있다. 기업이 시장 확대를 위해 세분화된 모든 시장영역에

---

21. 오리콤 마케팅 컨설팅팀, 1995, 틈새 마케팅, 비봉출판사, 38-39.
22. 원명심, 2010, 미국어패럴업계의 니치마켓 전략, 한국디자인트렌드학회, 29, 7-20.
23. Kotler, 2008, *Principle of marketing 12th edition*, Pearson Education.
24. 같은 책.

뛰어드는 것보다는 자신의 강점을 살릴 수 있는 틈새시장을 적극적으로 공략하여 진입한 이후에 점차 다른 분야까지 확대시키는 것이다. 즉 니치마케팅은 아래로부터 위로(bottom-up)의 시도, 소수 소비자들의 니즈로부터 시작해서 점차 더 큰 시장으로 발전해 가는 시도로 볼 수 있다.⋯25

이와 같이 기업은 틈새시장에서부터 시작해서 점차 좀 더 넓은 시장으로, 그리고 점차 다각화하는 방향으로 시장을 확대시키면서 틈새시장 추구 전략에서 시장추종자, 시장도전자, 시장선도자로 위상을 높이려 한다. 한국의 기업이 수출을 통해 성장한 과정을 보아도 이를 확인할 수 있다. 우리 기업들은 해외진출 초기에는 선진국이 시장을 점유하고 있는 미국, 일본, 유럽 시장은 침투하지 못하고 틈새시장인 동남아, 중국 시장을 중심으로 공략한 결과 서서히 브랜드 이미지를 확보하였으며, 이를 기반으로 하여 점차 상품을 다양화하고 지역도 유럽 및 미국에까지 확대함으로써 현재에 이르게 되었다. 당시에 우리나라 제조업체로서는 미국 시장에 직접 들어가기에는 경쟁력이 부족하였고, 출시하더라도 판매되지 못했다. 따라서 한국의 기업들은 먼저 선진국 기업들이 소홀히 하고 있는 동남아 등의 시장을 침투하는 틈새시장 전략을 사용한 것이다. 이와 같이 틈새시장을 초기 단계에서의 시장진입 전략의 일환으로 사용하였다.

2) 한류와 틈새마케팅

원래 한국은 콘텐츠 제작에서 후발국이었다. 한국의 콘텐츠가 과거부터 꾸준하게 만들어지기는 했으나 일본의 프로그램을 베끼기에 급급할 정도로 선진국의 콘텐츠에 비해 경쟁력이 낮았다. 그러나 오랜 기간 동안 제작경험을 축적하고 까다로운 한국 소비자의 취향에 맞추다 보니 제작역량도 향상되었다. 그러나 모든 분야에서의 경

25. Parrish, E. D., Cassill, N. L. & Oxenham, W., 2006, Niche Market Strategy in the Textile and Apparel Industry, *Journal of Fashion Marketing and Management*, 10(4), 420–432.

쟁력이 향상된 것이 아니라, 한국인이 좋아하면서 제작여건이 잘 구비되어 있는 특정 분야에서 경쟁력이 확보된 것이다. 특히 한정된 제작비로 만들어야 하니 제작비가 많이 소요되는 분야가 아닌 스토리나 감정에 호소하는 분야에서 강점을 가지게 되었다. 실력이 부족한 한국의 입장에서는 이러한 경쟁력이 축적된 특정 분야를 집중적으로 강화함으로써 해외에 진출할 수 있는 기반을 마련할 수 있었다. 드라마의 경우 사극, 멜로물, 게임의 경우 온라인 게임, 음악의 경우 댄스음악이 바로 그 분야이다.

한류가 처음 시작될 때 중국이나 동남아 소비자들이 완성도가 있고 재미있는, 즉 경쟁력이 있는 한국 콘텐츠의 특정 장르를 접하면서 한국의 대중문화를 좋아하게 되었고, 이것이 한류로 형성된 것이다. 이처럼 초기에는 우리가 틈새마케팅을 적극적으로 펼쳤다기보다는 해외의 소비자들이 우리나라가 강한 분야를 자연스럽게 선택한 것이다. 즉 외국인들이 한류 콘텐츠의 특정 장르를 좋아하게 되면서 이것이 틈새시장이 되었고, 한국 기업에서는 이 분야를 적극적으로 공략하여 시장을 확대하였다.

3) 틈새시장 진입 사례

(1) 일본 TV 드라마의 틈새시장: <겨울연가>

〈겨울연가〉가 방영되기 전 일본 TV 드라마는 시청률이 전반적으로 낮았다. 비슷비슷한 소재의 드라마 재생산과 장기불황에 따른 광고수입 감소로 인한 드라마 제작비의 감소 등이 악순환되며 드라마의 시청률이 지속적으로 감소했다. 또한 내용적인 측면에서도 개인형 드라마로 온 가족이 함께 모여 볼 수 있는 보편성을 갖는 드라마는 거의 제작되지 않았다. 일본 드라마는 장르적으로 한국에 비해 다양한 것이 특징인데 학원물, 범죄물, 스릴러 장르 드라마를 비롯하여 의학드라마, 법정드라마 등 전문직 드라마의 장르가 발달했다. 이미 검증된 인기만화나 인기소설을 원작으로 한 드라마가 많아 다양한 소재로 보편적인 내용보다는 전문적인 내용의 드라마가 제작되고 있었다. 이와 함께 만화와 드라마적 요소가 섞여 있는 드라마는 일본의 청소년층을 대상으로 하고 있다. 한국에서도 유명한 일본 드라마인 〈노다메 칸타빌레〉는 드라마 중간 만화적인 화법이나 영상이 등장하는데, 이는 한국과는 다른 드라마 제작 스타일의 양식을 보여 주는 예이다. 이는 일본 드라마가 10대 초반, 그리고 14~19세까지의 청소년 특히 여학생들을 주시청층으로 하고 있기 때문이다.

이처럼 일본 드라마는 장르물이 발달한 반면 '사랑' 이라는 주제의 보편적인 스토리의 드라마는 그렇게 많지 않다. 반면 한국 드라마는 '사랑'과 '가족애'를 중심으로 한 스토리로 온 가족이 모여 함께 감상할 수 있는 특징을 가지고 있다. 따라서 〈겨울연가〉와 같은 사랑, 가족애를 다루는 한국 드라마는 일본 드라마가 가지지 못한 틈새시장이라 할 수 있다. 이러한 틈새를 타고 〈겨울연가〉는 옛 사랑의 추억을 자극하고 아름다운 영상과 음악, 배우 등의 매력으로 주부층을 사로잡았다. 중국 등 동남아 지역에서 불어온 한류의 경우 10대나 20대 사이에서 주로 일어나는 현상임을 볼 때 일본은 독특한 면이 있다.

〈겨울연가〉의 주요 시청자인 일본의 중장년 여성층은 집안일을 하면서 가족이 택한 TV 드라마 프로그램을 함께 즐기는 스타일이었다. TV 방송국도 프로그램 제작에서 경제력이 없고 유행 주도자도 되지 못하는 중·고령 여성에게 관심을 두지 않았다. 일본 드라마 제작진은 중장년 여성들도 사랑을 하고 싶어 한다는 사실을 간과했던 것이다. 하지만 2000년의 NHK 조사에 의하면, 주변적 시청자였던 이 여성층에도 시청 변화가 일어나 자신이 선택한 프로그램을 혼자 시청하기를 원하는 여성이 증가하였다. 한 설문조사에서도 〈겨울연가〉를 70%의 여성이 혼자 시청했고 60%의 여성이 반복 시청을 한 것으로 나타났다.[26] 적시에 〈겨울연가〉가 나타난 것이다. 여전히 인생의 주인공으로서 순수한 사랑이야기에 빠져들고 싶어 했지만 사회문화적으로 소외된 중장년 여성들은 준상과 같이 여성에게 헌신적이고 로맨틱한 남성에게 끌리며 욘사마 열풍을 일으키게 되었다.[27][28]

---

26. 나고마리, 2014, 일본에서 인기 높은 한국 드라마의 연애스토리_일본의 연애스토리와의비교, 한국 콘텐츠학회논문지, 14(3), 69-79.
27. 권연수, 2005, 한류 지속을 위한 현지화 전략 연구: 일본을 중심으로, 인문콘텐츠, 6, 137-161.
28. 신원선, 2005, 일본의 한류 열풍 주도 드라마에 관한 연구: 겨울연가를 중심으로, 한민족문화연구, 17,

(2) 온라인 게임 시장

1990년대 중반까지 세계 게임 산업은 일본이 주도하고 미국이 추격하는 양상으로 일본과 미국은 세계 게임 시장을 사실상 양분하고 있었다. 한국의 게임 산업은 외국산의 비디오 게임이 수입되고 아케이드 게임이 일부 소비되는 주목받지 못하는 산업이었다. 일반인들은 게임 중독 등의 부정적인 시선으로 게임을 바라보았으며, 정부정책도 게임 산업 규제에 초점이 맞추어져 있어 게임 산업 환경도 열악했다. 한국 게임 회사들은 불법복제와 유통혼란 속에서 영세산업의 명맥을 겨우 유지하고 있었다.

그러나 2000년대에는 한국 게임 산업은 엄청난 수익을 거두는 거대 산업으로 변모하였다. 1999년 이후 10여 년간 매년 평균 20% 이상의 성장을 통해 한국은 세계 최고의 온라인 게임 산업 대국이 되었다. 이렇게 후발주자로 악조건 속에 있던 한국의 게임 산업이 짧은 기간 동안 성공할 수 있었던 것은 온라인 게임의 틈새시장을 겨냥하여 선택과 집중을 하였기 때문이다. 1990년대 말 한국은 짧은 시기에 초고속 통신망과 PC방의 빠른 보급으로 한국 온라인 게임 시장이 폭발적으로 성장할 수 있는 기반을 만들었다.

이러한 IT 인프라의 확충은 미국을 비롯한 세계 게임 강국에서 아직 온라인 게임이 선점되지 않은 시점에서 국내에서 온라인 게임이 개발될 수 있는 터전을 마련해 주었으며, 소비자들은 높은 PC 보급률과 초고속 인터넷 가입자로 이에 보답하였다. 즉 풍부한 PC 게임을 즐기는 게임유저를 기반으로 온라인 게임을 개발할 수 있었고, 다른 국가보다 빠른 IT 인프라 덕분에 우리나라가 온라인 게임을 선점했다. 당시에 다른 국가들은 비디오 게임 등의 시장을 주도하여 이를 중심으로 시장이 형성되어 있던 차에 우리나라에서 비교적 새로운 분야인 틈새를 개척한 것이다. 다시 말해 온라인 게임은 비디오 게임과 달리 경쟁 해외 온라인 게임이 없어 국내에서 쉽게 성장했고, 당시 국내 아케이드 게임이나 PC 게임의 사용자들이 온라인 게임 소비자로 전환하면서 수요 측면에서의 기반도 갖추게 되었다. 개발업체 입장에서도 당시 불법복제가 만연해서

211–234.

PC 게임이 상당한 인기를 끌고 있었음에도 게임 개발사의 수익으로 연결되지 못하자 대부분의 기존 PC 게임 개발업체는 온라인 게임 개발업체로 전업[29]함으로써 공급 차원에서의 기반도 갖추게 되었다. 이러한 틈새를 공략하여 게임을 개발한 결과 아시아 지역에서의 온라인 게임 한류를 일으킨 것이다.

또한 온라인 게임에서 성공한 이유 중의 하나는 불법유통으로 인한 수익성 저하의 문제를 해결하기 위해 게임의 이용은 무료로 운영하되 게임 아이템은 유료로 구매할 수 있도록 유도하는 부분유료화를 적용한 것이다.

(3) 유아용 애니메이션: <뽀롱뽀롱 뽀로로>

전 세계 애니메이션 시장은 극장용 애니메이션 시장, 방송용 애니메이션 시장으로 구분되며, 극장용 애니메이션의 경우 미국이 주도하고 일본이 일부 진입하고 있으며, 방송용 애니메이션은 일본이 주도하고 있다.

미국의 애니메이션은 대규모 자본이 투자되어 제작될 뿐만 아니라 자국시장이 세계 애니메이션 배급과 캐릭터 상품화에 영향을 미치는 거점시장의 성격을 가지고 있다. 일본 애니메이션의 경우 매우 효과적인 시나리오와 연출력을 기반으로 하여 전 세계에서 가장 경제적인 방식으로 우수 애니메이션을 제작하는 최상의 경쟁력을 구축하고 있다. 최근 일본 애니메이션은 세계시장에서 그 영향력이 빠르게 증대되어 할리우드 애니메이션을 위협하는 유일한 국가로 평가받고 있다. 미국 애니메이션은 월트 디즈니에 의해 장르적·기술적·산업적 완성을 이룩하면서 발전하였고, 이후 한나바바라 프로덕션에 의해 1960~1970년대 기간 동안 미국 방송용 애니메이션 시장을 주도해 왔다.[30] 미국은 캐나다, 일본, 프랑스, 영국, 독일과 함께 애니메이션 산업의 주요 시장으로 2010년 기준 전 세계 애니메이션 산업 전체 매출의 40%가 북미 시장에서 창출되었다.[31]

---

29. 남영, 2011, 한국 온라인 게임 산업의 기원 : '나비들'의 네트워크, 과학기술연구원, 11(2).
30. 영화진흥위원회, 2001, 일본 애니메이션 산업현황과 한일 공동제작 모델연구.
31. KOTRA, 2012, KOTRA 글로벌 윈도우, "미국 콘텐츠시장을 해부한다(하)".

2000년 전후 우리나라는 일본이나 미국의 애니메이션 제작 OEM 수출을 주도하는 나라로 잠재적인 경쟁국에 속해 있었으나, 애니메이션을 자체 기획하여 세계시장에 진출하기에는 기획력 측면의 노하우가 부족했다. 미국과 일본이 극장용 애니메이션과 방송용 애니메이션 시장을 장악하고 있는 가운데 국내 애니메이션 산업은 국가 차원에서 애니메이션 산업을 육성하기 위해 노력하였으며, 자체 기획을 통한 국내 애니메이션 시장 점유율을 높여 가고 있었다. 그러나 극장용 애니메이션의 경우 성공사례를 찾아보기 힘들고, 방송용 애니메이션의 경우에도 일본의 애니메이션을 벤치마킹한 청소년용 애니메이션이 다수 제작되고 흥행에도 성공하였으나 자국시장 외에 해외에 진출하여 일본 애니메이션과 경쟁하기에는 역부족이었다.

이러한 환경에서 국내기업들이 선택한 분야는 유아용 애니메이션이다. 국내 애니메이션 산업은 투자규모에 비해 국내시장이 협소하고, 대표적인 고위험 고수익(High Risk High Return) 상품으로 해외시장에서의 수익원 확보가 필요한 분야이다. 국내에서 기획 제작된 애니메이션이 전 세계에 수출되어 국내 애니메이션 산업의 가능성을 보여 준 사례는 2000년 초반 등장하게 된다. 아이코닉스가 기획하고 오콘 등이 제작한 〈뽀롱뽀롱 뽀로로〉는 2003년 처음 EBS를 통해 방영되기 시작한 유아용 애니메이션으로 순수 국산 3D 애니메이션으로서 최초로 전 세계에 수출된 사례이다. 〈뽀롱뽀롱 뽀로로〉는 3~5세의 아이들을 타깃으로 한 유아용 애니메이션으로 2004년 프랑스 최대 지상파 채널인 TFI에서 51.7%의 평균 시청률을 기록하였으며, 2007년에는

그림 6.3 국산 유아용 3D 애니메이션 〈뽀롱뽀롱 뽀로로〉

'아랍권의 CNN'으로 불리는 알자지라 방송에까지 방영되면서 전 세계 127개국에 수출되었다.

이처럼 〈뽀롱뽀롱 뽀로로〉는 유아용 시장을 표적시장으로 한 것인데, 세계적으로 유아시장에 초점을 맞춘 대기업은 많지 않았다. 디즈니는 유아보다 조금 높은 연령대로 유치원생이나 초등학생을 대상으로 가족 전체가 볼 수 있는 내용을 담고 있었고, 일본의 애니메이션은 청소년이나 성인을 대상으로 하였다. 틈새시장은 바로 유아용이었다. 세계 애니메이션계의 유아용 시장에서 인기 있는 애니메이션은 〈토마스와 친구들〉 정도였다. 당시 〈뽀롱뽀롱 뽀로로〉는 유아에만 초점을 두어 개발한 애니메이션이었기 때문에 국내 유아들뿐만 아니라 전 세계 아이들에게 뽀통령이라는 애칭을 얻으며 큰 인기를 모았다. 어른들을 위한 극장용 애니메이션, 청소년들을 위한 만화 및 애니메이션 장르는 미국과 일본에서 많이 제작되었으나 지능이 형성되는 과정에 있는 3~5세의 유아를 타깃으로 한 애니메이션물은 그리 많지 않은 상황에서 〈뽀롱뽀롱 뽀로로〉의 제작은 그 틈새를 잘 공략한 결과가 되었다.

〈뽀롱뽀롱 뽀로로〉의 성공 이후에도 유럽 국가에서는 아날로그 방송 중단에 따른 디지털 방송의 채널수 급증으로 어린이 전문 채널이 증가하면서 유아용 콘텐츠에 대한 수요가 지속적으로 나타났다. 유럽시청각관측소(European Audiovisual Observatory)에 따르면, 2009~2010년 사이 유럽 내 어린이 채널수는 207개에서 224개로 증가하며 어린이를 타깃으로 한 콘텐츠가 필요한 상황이었다.[32] 이러한 틈새로 〈뽀롱뽀롱 뽀로로〉 이외에도 〈로보카 폴리〉, 〈코코몽〉, 〈꼬마버스 타요〉 등 국내에서 개발된 다양한 유아용 애니메이션이 유럽 시장에 진출하였으며, 유럽 각국의 주요 애니메이션 개발사와 공동제작을 추진하는 등 활발한 진출이 이어지게 되었다. 결국 미국과 일본의 영향력이 막강한 애니메이션 산업에서 국내 애니메이션이 전 세계로 수출될 수 있었던 것은 유아용 애니메이션 개발이라는 틈새시장을 공략한 결과로 볼 수 있다.

---

32. KOTRA, 2012, KOTRA 글로벌 윈도우, "한국 애니메이션, 유럽에서도 통한다".

(4) 댄스음악 중심의 K-POP

K-POP은 아이돌 중심의 댄스나 랩이 가미된 빠른 비트의 음악이 주류를 이루고 있다. 화려한 댄스와 패션 등을 앞세운 댄스가수들은 한국의 대중음악계뿐만 아니라 아시아와 북미, 유럽에서도 큰 인기를 얻으며 신한류를 이끌고 있다. 한국 아이돌 가수들의 춤을 따라 추는 '커버댄스'라는 퍼포먼스와 SM의 파리 공연 연장을 촉구하는 플래시몹 등으로 볼 때, K-POP 팬들은 노래만을 좋아하는 것이 아니라 노래와 댄스, 패션 등 모두에 열광한다. 2012년 북미를 비롯한 전 세계적 열풍을 몰고 온 싸이의 '강남스타일' 역시 코믹한 영상과 댄스를 선보인 뮤직비디오가 유튜브에서 큰 인기를 얻었다.

그렇다면 왜 이와 같이 영상과 댄스를 곁들인 댄스음악이 해외에서 K-POP의 주류가 되었을까? 이것 역시 니치마켓과 연관이 있다. 사실 음악에는 여러 가지 장르가 있다. 록, 재즈, 블루스, 댄스, 컨트리, 발라드, 일렉트로닉 등 매우 다양하지만 K-POP이 해외에 진출한 음악 장르는 댄스음악에 한정되어 있다. 세계 음악시장에는 록시장이 가장 큰데도 불구하고, 이 장르는 국내에는 가수와 노래가 있지만 해외에서의 인기는 거의 없다.

우리나라 K-POP은 세계 음악시장에서 후발자이다. 후발자가 선발자를 따라잡기 위해서는 틈새시장을 노려야 한다. 록이나 발라드 등에 비해 댄스음악은 음악 이외에 춤, 영상 등이 갖추어져야 하는데, 이러한 요소들은 실력만이 아니라 연습을 통해서도 습득이 가능한 분야이다. 강력한 트레이닝으로 완성된 보컬과 댄스 실력을 통해 K-POP만의 특징을 가지게 되면서 해외 틈새시장을 파고들었던 것이다. 즉 K-POP은 최근 음악 트렌드에 부합하면서 우리가 상대적으로 접근 가능한 댄스음악에 집중하여 해외에 진출한 것이다. 당시 일본이나 동남아에서의 이 장르에 대한 수요는 충분하였다.

비주얼적인 요소도 무시할 수 없는데, 미국은 라디오라는 매체의 영향력이 강한 반면, 한국은 TV 미디어의 영향력이 크다. 한국은 TV 미디어를 통해 아이돌 장르 음악이 유행하고 사운드뿐만 아니라 다채로운 퍼포먼스를 행하며 인기를 얻는다. 이러한 점 때문에 한국의 대중음악은 비주얼적인 요소가 강점이다. 따라서 K-POP은 유튜브 등 SNS를 통해 뮤직비디오나 라이브 동영상이 유통되어 영상을 감상하는 형태를 취함으로써 오디오 중심이 아닌 오디오비주얼(audio-visual)적 소비가 발생하는 형태로 발전했다.[33] 이와 같은 동영상 위주의 유통과 소비 형태는 K-POP의 화려한 퍼포먼스를 부각시킬 수 있었고, 이는 곧 K-POP만의 독특한 특징으로 세계인들에게 인식되었다. 결국 음악의 모든 장르에서 해외에 진출하기보다는 우리가 잘할 수 있는 틈새 분야에 집중하여 성공할 수 있었던 것이다.

(5) NHN 라인의 사례

'라인(LINE)'은 네이버에서 출시한 모바일 메신저 MIM(Mobile Instant Messenger)으로, 라인 친구들끼리 국가나 이동통신사와 관계없이 무료 음성 및 영상통화와 메신저 기능을 이용할 수 있는 스마트폰 앱이다. 라인은 페이스북이나 트위터와는 다른 성격을 가진 SNS로서 한국에서 많은 사람들이 사용하는 카카오톡과 유사하다. 라인의 월 사용자는 2015년 말 현재 전 세계적으로 2억 명 이상이다. 라인은 해외로 나가 성공한 드문 한국의 서비스 플랫폼이다. 라인은 두 가지 분야에서 틈새시장을 노렸다.

첫째, 지역적 틈새이다. 상대적으로 페이스북과 트위터가 활성화된 선진국보다는 지리적·문화적으로 가까운 일본이라는 틈새시장 개척으로 성공한 사례이다. 라인은 MIM 후발주자로서 이미 선점된 시장보다는 성장 가능성이 높은 지역을 공략하는 것이 필요했다. 서비스 기업의 특성상 먼저 선점한 서비스에 소비자를 고착시킬 수 있기 때문에 라인은 일본에 빠르게 진입하여 1위를 차지하면서 성공하였다. '라인'은 이제 아시아뿐만 아니라 터키, 이탈리아, 유럽, 멕시코, 남미 등 다양한 국가에서의 신규 가입자가 증가하고 있는 상태로 미국 시장까지 진입하는 목표를 가지고 있다.

둘째, 제품상의 차별화이다. 라인은 단순한 메시징 기능이 아닌 플랫폼 기능을 가

33. 김석순, 2014, 다양한 음악이 공존하는 미국 음악 시장, 한국 문화예술위원회 웹진 ARKO, 258.

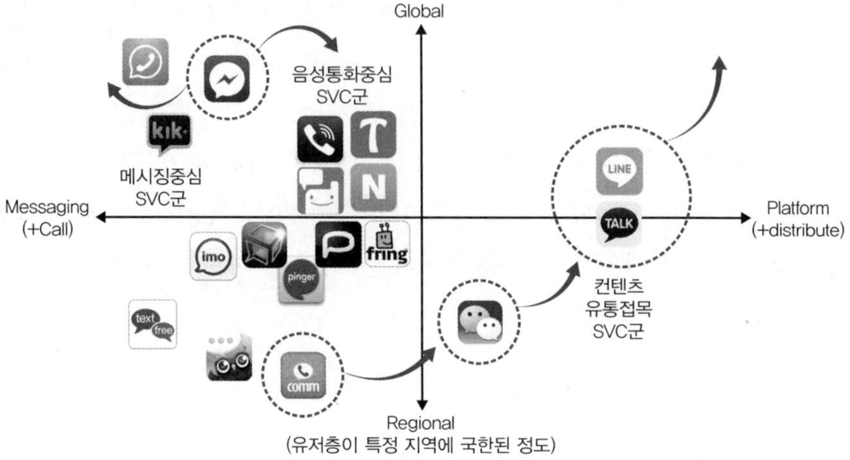

그림 6.4 주요 MIM 경쟁 포지셔닝 맵

출처: http://poom.tistory.com/659

진 서비스로 포지셔닝하였다. 이러한 점에서 카카오톡과 유사한 포지셔닝을 하고 있지만, 카카오톡은 소비자가 한국이고, 라인은 일본과 동남아시아에 초점을 맞추고 있다. 카카오톡이나 라인은 한국과 일본이라는 각각의 모바일 환경 변화에 맞추어 적절한 시점에 진입하였고, 아시아 특유의 아기자기한 감성을 잘 살려내면서 기존 MIM 시장과는 다르게 진화하며 플랫폼 시장을 형성하였다.[34] 라인의 경우 페이스북이나 트위터 등 기존의 MIM 시장이 강력하기 때문에 메시징보다는 플랫폼에 초점을 맞춘 것이다. 또한 플랫폼 서비스를 주서비스로 하고 있지만, 국내시장을 선점한 카카오톡과는 달리 해외시장을 타깃으로 함으로써 기존 사업들과는 직접적인 대결을 피할 수 있었다.

콘텐츠가 경쟁이 치열한 현재 사업영역에서 직접적인 대결을 피하는 대신 우회해 정착하기 쉬운 틈새시장부터 공략하여 기반을 마련하고 기업의 기초를 탄탄히 다졌듯이, 콘텐츠의 플랫폼으로서의 라인도 타 SNS와는 다른 틈새시장을 공략한 것이다.

34. blog, http://poom.tistory.com/659

4) 일반 기업에의 시사점 및 적용

제한된 자원을 가지고 있는 기업이나 후발자가 시장에 진입할 때에는 틈새마케팅을 노려야 한다. 전체 시장에서 낮은 점유율을 가진다고 하더라도 효율적으로 틈새시장을 공략해서 높은 수익률을 기대할 수 있다. 수익률이 높은 이유는 틈새시장 추구자가 목표로 하는 고객집단을 잘 알고 그들의 요구를 충족시키는 제품이나 서비스를 제공하기 때문이다. 또한 대기업이 소홀히 하는 분야로서 경쟁에 덜 노출되어 있기 때문에 비용을 상회할 정도의 높은 가격을 책정하여 높은 마진을 실현할 수 있다.

우리나라 콘텐츠 기업은 문화콘텐츠 산업의 후발자로서 틈새 부문에 집중함으로써 한류라는 현상을 만들어 냈다. 이러한 틈새 전략을 일반 기업에서도 적용한다면 서비스 산업 분야라고 하더라도 해외시장을 개척할 수 있을 것이다.

첫째, 특정 부문에 특화해야 한다. 특화의 대상은 시장, 고객, 제품, 마케팅 믹스 등 다양하다.⋯▸35 시장틈새는 세계시장 중에서 일정지역에서만 판매하는 특화방법으로 지역시장(geographic market)에 집중한다. 고객특화는 주요 집단에는 무시당하지만 소형이나 중형의 고객집단에 특화할 수 있다. 한국의 애니메이션이 유아고객을 목표로 틈새시장을 개척한 것은 그 예라 할 수 있다. 제품특화는 다른 기업이 제공하지 않는 제품이나 서비스를 제공하는 것을 말한다. 마지막으로 마케팅믹스상에서 가격특화는 품질가격(quality-price)에 집중하는 것으로 저가격대 시장이나 고가격대 시장에서 판매를 한다. 이와 같이 다양한 분야에서 특화가 필요한데 이를 위해서는 기술, 인력, 마케팅 등 자신의 모든 역량을 그곳에 집중해야 한다.

둘째, 철저한 시장 분석을 통해 틈새시장을 분석하고 자신의 역량을 평가하여 표적시장을 설정한다. 틈새시장을 공략하려 해도 그 시장이 어디에 있는지 알아야 한다. 보아가 일본에 진출할 때에도 일본 시장에서 로우틴(low-teen)의 음악시장이 열려 있음을 조사를 통해 파악하여 틈새시장을 노린 것이었다. 현지 수요자와 잠재수요자

35. Kotler, 2008, *Principle of marketing 12th edition*, Pearson Education.

의 니즈를 분석하고, 시장조사업체를 통해 면밀한 조사를 해야 할 것이다. 그러나 틈새시장만 발견했다고 해서 모든 제품을 여기에 집중할 수 없다. 자신의 기업이 가지고 있는 역량이 과연 이 틈새시장을 공략하는 데 적합한지 판단하여야 한다. 이러한 평가과정을 통해서 표적시장을 설정하여 전략을 추진해야 할 것이다.

셋째, 틈새시장 공략 후에 표적시장을 확장한다. 일부 업체는 틈새시장에 만족하고 그 시장에서만 장기간 사업을 영위하는 경우도 있지만 기업의 성장을 위해 틈새가 아닌 주력시장으로의 도전을 하면서 사업을 다각화하게 된다. 이 경우에 사업의 포트폴리오를 잘 구성한다면 틈새시장으로 사업을 한정하는 것보다 훨씬 많은 매출액과 이익을 실현할 수 있을 것이다. 실제로 많은 회사가 규모가 크고 자원이 풍부한 경쟁사에 대항할 수 있는 교두보를 마련하기 위해 틈새시장에서 시작하지만 어느 정도 성장하면 더 넓은 시장을 공략한다. 운동화를 만드는 리복사는 영국 회사로 1980년대만 해도 미국에서 잘 알려지지 않은 조그만 회사였다. 그 당시 나이키, 아디다스, 컨버스사 등이 미국 시장의 50%를 점유하면서 조깅화, 테니스화, 농구화를 주로 만들고 있었다. 리복사도 조깅화를 만들어 미국에 내놓았으나 성공을 거두지는 못했다. 리복사는 미국의 운동화 시장을 조사한 결과 소비자 욕구는 있는데 선발 운동화업체들이 취급하지 않은 두 군데의 틈새시장이 있다는 것을 발견했다. 즉 에어로빅 운동화와 패션 운동화가 그것이었다. 리복사는 여기에 중점을 두어 운동화를 개발한 것이 크게 히트하여 1986년에는 미국 시장의 31%까지 점유함으로써 시장을 주도하게 되었다.

3. 융합 전략

'혼혈이 순혈보다 강하다'라는 말이 있다. 문화도 마찬가지로 서로 다른 문화가 혼합되면서 더 영향력 있고 독특한 문화가 될 수 있다. 문화적인 혼혈과 퓨전은 새로운 문화를 창출하는 용광로의 역할을 한다. 한류는 사실 한국 문화와 서구 문화가 혼합되어 나타난 융합의 소산이라 할 수 있다. K-POP의 경우 우리나라의 문화와 서구의 팝이 혼합되어 이제는 우리 나름의 한국적 팝음악이 탄생한 것이다.

1) 융합의 의미

융합(convergence)이란 용어를 처음으로 사용한 것은 18세기 초에 활동했던 영국인 과학자 윌리엄 더햄(William Derham)이다. 그는 소리의 속도를 최초로 측정한 과학자로 1713년 물리신학이란 책에서 빛의 융합(수렴, convergence)과 발산(divergence)에 대해 언급하였다. 이후 융합이란 용어는 대류의 흐름과 다윈의 진화생물학에 이르기까지 다양한 분야에서 확대 사용되었다. 또한 이 용어는 20세기 중반까지 미국과 소련 체제의 융합과 같은 정치학 분야에 사용되었으며, 국가경제의 글로벌 경제로의 융합과 같은 경제학 분야에도 사용되었다.

학문에서는 두 개념 간의 결합을 뜻하는 융합이라는 단어보다는 학문 간 벽을 허물고 서로 통합하자는 의미의 통섭(consilience)이라는 용어가 사용되고 있다. 이질적인 두 분야를 단순 통합하거나 종합하는 것이 아니라 이질적 학문 분야 간의 소통을 의미하는 통섭이라는 단어가 더 적합하다[36]고 보고 있다. 연구 분야에서는 융합이란 단어가 학제적(inter-disciplinary)이란 단어와 결합해 학제 간 융합연구와 같은 명칭으로 사용되고 있다. 국내에서는 융합을 의미하는 단어로 컨버전스(convergence)를 가장 많이 사용하고 있는데, 이는 통합·총섭·통섭·원융·컨버전스·퓨전 등 혼돈스럽게 번역되어 표준 용어의 정립이 필요한 실정이다.[37]

산업에서의 융합은 '서로 다른 기술이나 산업분야 간에 효율성과 성능개선 등의 목적으로 결합됨으로써 존재하지 않았던 새로운 기능이나 서비스를 창출하는 현상'으로 정의될 수 있다.[38] 간단하게 말해 기술·제품·서비스의 재조합으로 새로운 가치와 시장을 창출하는 것을 뜻한다. 이런 점에서 융합은 하나의 혁신과정을 의미하는

---

36. 강남준 외, 2008. 과학기술과 인문사회과학의 융합연구 활성화 방안, 교육과학기술부.
37. 한승환, 2009, 학문간 융복합 연구지원계획 수립에 관한 연구, 한국연구재단.
38. 현창희, 2008, 융합환경하의 중소기업 육성방안, 한국통신학회, 25, 48-52.

데, 가치사슬 활동 각각이 확대된 다른 가치사슬 활동으로 진화하는 과정에 해당하며, 서로 분리된 가치사슬들이 연결·통합·재구성되면서 그 범위가 계속 확대되는 현상이 발생한다. 일반적으로 융합은 기술 중심의 개념에서 출발하였으나, 가치·시장·산업 중심의 개념으로 확장된 의미를 지니고 있다.[39] 최근 지속적으로 증가하고 있는 융합에 대한 관심은 각 분과 영역의 발전이 더 이상 개별 영역 안에서 발전이 어렵다는 인식을 배경으로 하고 있으며, 학문 영역에서의 융합뿐만 아니라 산업 영역에서의 융합으로 직간접적으로 연계되어 나타나고 있다.

융합은 자신과 다른 개체와의 만남을 통해 서로를 받아들이고 이질적인 것에 대한 불편함을 수용해야 하는 등 활성화되기 어려운 요인들이 존재한다. 융합이 활성화하기 위해서는 사회적·국가적·개인적인 차원에서 융합 분위기를 조성하고 조건을 충족시킬 필요가 있다.

먼저, 사회적으로 개방적이고 다양성이 용인되어야 한다. 상대 기술을 무시하거나 거부감을 가져서는 융합이 일어나지 않는다. 타 문화와 기술에 대해 개방적이고 이질적인 것에 대한 수용과 관용이 필요하다. 또한 특정 그룹에 들어오는 데 까다로운 진입절차가 필요 없도록 장벽이 낮아야 한다. 사회적·기술적 집단은 개방성이 보장되면 참여하는 인력도 다양해지고 창조성이 발현될 수 있는 것이다.

그러나 개방성만 보장된다고 해도 융합이 일어나지 않을 수 있다. 활발한 네트워킹이 수반되어야 한다. 각 구성요소 간에 공식 또는 비공식 관계를 갖는 소그룹들이 형성되어 오프라인의 동아리, 클럽, 포럼 등 동일한 취미를 가진 사람들의 모임도 융합 활성화에 도움이 된다. 또한 기술개발, 제품을 만들거나 실험을 할 때 필요한 작업과 관련된 공식·비공식적인 모임 등이 활성화되면 오픈 이노베이션(open innovation)이 일어날 수 있다. 이러한 모임에서 정보가 공유되면서 다양한 변형과 버전이 만들어지고, 이 과정에서 새로운 작품이나 제품이 만들어지는 것이다.

궁극적으로는 창조적 생태계가 조성되어야 한다. 기술, 순수예술과 창조산업의 교

---

39. 장석인 외, 2010, 주요 산업별 산업융합 여건 분석과 활성화 전략, 산업연구원.

류, 실험과 응용의 교류, 아마추어와 전문가의 교류 등 교류의 장이 마련되고, 쌍방적이고 상호호혜적인 교류를 통해 생태계가 순환되고 진화되는 과정을 거친다면, 건전하고 미래지향적인 생태계가 조성될 수 있다. 또한 융합의 현장에서 개방적인 분위기와 활발한 네트워킹이 일어나 독특한 융합 및 창조 환경이 조성되고, 이곳에 창조인력이 모여 창조활동을 통해 소비를 확산시키고 창조적 상품을 생산하여 확대재생산 과정을 거치면 창조적 생태계가 조성될 수 있다. 이들 중에서 상업적 성공사례가 나오면 상업화된 기업과 소비자들이 여기에 관심을 가지며 자금 유입과 정부의 관심 증가로 융합을 통한 창조가 더욱 활성화될 수 있을 것이다.

2) 한류와 융합

한류는 혼종의 문화이다. 한류는 한국 고유의 문화가 스며 있는 문화상품일뿐만 아니라 다양한 문화가 융합되어 있다. 한류는 한국이 일본과 서구의 문화를 흡수하여 만들어 낸 하이브리드(hybrid), 즉 융합화된 문화상품인 것이다. 동양과 서양의 문화가 혼재한 이러한 혼종성 때문에 한류는 아시아를 넘어 전 세계적으로 확산될 수 있었다. 한류가 혼종의 문화로서 우리 문화만이 아니고 해외 다양성의 문화를 수용함으로써 제3의 문화를 창조할 수 있었던 것은 한류의 지속 가능성 측면에서 보면 그 의미가 크다고 할 수 있다.

K-POP의 예를 보자. K-POP은 서양의 빠른 템포의 음악과 한국의 정서와 문화를 반영한 한국 음악이 혼합하여 만들어진 것이다. 한국의 걸그룹이 부르는 노래와 미국의 팝가수가 부르는 노래가 혼동되는 이유도 바로 이러한 혼종문화에 있는 것이다. 외국 댄스음악의 기조를 그대로 받아들이면서 한국 고유의 문화가 가미되었고, 여기에 한국의 외모와 패션 등이 아우러져 K-POP이 좀 더 강력한 혼종의 문화가 된 것이다.

한류에서 융합은 한류의 사용이나 응용에서도 나타난다. 타 제품과 한류와의 융합을 통한 다양한 종류의 컬래버레이션 상품, 문화와 기술이 융합한 문화기술(Culture

표 6.1 한류 활용 형태의 융합 유형

유형	내용
해외 스타마케팅	해외에서 한류 스타를 활용하여 마케팅 활동을 전개
해외 동반 진출	한류 기업과 일반 기업이 한류 콘텐츠와 한류 스타 등을 매개로 상호 협력하여 동반 진출
한류 컬래버레이션	생산과 마케팅 차원에서 한류 스타와 콘텐츠를 활용하여 공동제품을 만들거나 비즈니스 플랜을 기획

Technology, CT) 등도 융합의 예라고 생각된다. 여기에서는 그 유형을 크게 세 가지로 나누어 사례를 제시하고자 한다. 첫째, 해외에서 한류 스타를 활용하여 마케팅 활동을 전개하는 것이다. 둘째, 한류 기업과 일반 기업이 한류 콘텐츠와 한류 스타 등을 매개로 상호 협력하여 해외로 동반 진출하는 것을 말하고, 마지막으로 한류 컬래버레이션은 생산과 마케팅 차원에서 한류 스타와 콘텐츠를 활용하여 공동제품을 만들거나 비즈니스 플랜을 기획하는 것을 말한다.

3) 한류 융합 사례

(1) 한류의 혼종성

음악콘텐츠의 융합화

1950년대 한국 대중가요는 미군 주둔으로부터 시작된 미국 문화의 유입과 이를 수용하며 나타난 팝 모방의 시대라고 볼 수 있다. 미국 음악이 본격적으로 유입되기 시작하면서 서양의 분위기를 의도적으로 강조하고 과시하는 노래가 유행했다. 맘보를 시작으로 차차차, 탱고, 스윙, 트위스트 등의 음악이 빠르게 유입되었고, 이러한 음악 스타일은 한국인의 특색에 맞게 변이를 거듭하며 수용되기 시작했다. 1960년대에는 트로트 일색이었던 기존의 가요계에 서양의 음악에 영향을 받아 소울과 재즈풍의 노래가 자주 등장하여 기존 한국 가요계에 큰 충격을 주었다. 1970년대 이후에는 미국 문화의 영향 속에서 자란 청소년과 청년층이 한국 음악을 주도하게 되었다. 대학가요제를 통해 많은 청년들이 데뷔를 하였으며, 록, 트로트, 한국형 팝 발라드 등 다양한 장르의 대중음악이 고르게 사랑받았다.

1990년대 서태지와 아이들의 '난 알아요'를 기점으로 한국 대중음악은 새로운 변화를 맞이했다. 서태지와 아이들이 활동하기 시작하면서 랩과 댄스 음악이 유행하였고, 이때부터 한국 대중음악의 흐름이 변화하기 시작했다. 이 시기에 다양한 팝의 하류체계에 속하는 발라드, 레게, 힙합 등이 절충과 혼합의 방식으로 발전해 오면서 지금의 K-POP의 토대를 마련했다고 할 수 있다.⋯→40

이처럼 서양의 음악에 영향을 받아 발전하게 된 한국 음악은 '군무'라는 댄스를 가미하면서 한국과 서구의 팝이 결합된 K-POP의 모습을 갖추게 된다. 경쾌한 음악에 맞춘 군무는 K-POP의 성공요소로 자리 잡을 만큼 중요한 역할을 하고 있다. 이와 같이 K-POP은 미국 등 외국의 음악에 많은 영향을 받았으며, 이를 기반으로 우리의 독자적 요소가 융합되어 현재에 이른 것이다.

드라마 콘텐츠의 융합화

한류 드라마는 세계적인 보편성과 한국적 특수성이 동시에 내재되어 있다. 자국의 특수성과 세계적 보편성을 가진 콘텐츠는 특수성을 통해 수용자들에게 낯선 호기심을 유발하고, 보편성을 통해 수용자들에게 익숙함과 안정감을 제공한다. 아시아인들로부터 동양적인 사상이라는 보편성을 확보하고 서구 문화를 받아들여 독자적으로 한국 문화를 만들어 온 특수성이 어우러져 한류 붐이 나타나게 된 것이다.

K-drama의 경우에도 드라마에서 다루는 스토리와 소재는 유교적인 사상과 서구화된 세련된 현대문화가 결합된 형태이다. 지극히 전통적인 사상을 바탕으로 하고 있으나 그 사상을 풀어내는 주인공과 배경은 매우 현대적이며 서구화된 문화를 배경으로 하고 있다. 동양적인 사상과 서구의 문화가 융합된 스토리와 인물의 특성은 한국의 드라마가 한류 열풍의 주역으로서 역할을 하게 한 주요 요인으로 볼 수 있다.

---

40. 이수안, 2012, 유럽의 한류를 통해 본 문화혼종화, 한독사회과학논총, 2012년 봄호.

인터넷과 게임의 융합을 통해 탄생한 온라인 게임

통신 인프라의 발달과 한국의 PC방 문화의 결합으로 온라인 게임이라는 장르가 크게 성장할 수 있었다. 정보화로 인해 급속히 발달한 정보통신기술은 개인의 일상 속 필수적인 요소가 되었다. 이러한 정보통신기술의 확산에 가장 중요한 역할을 한 것이 바로 인터넷의 확산이었다. 국내에 인터넷이 본격적으로 보급되기 시작한 것은 1999년으로 이후 초고속 인터넷 가입자 수는 매년 10% 이상 증가하며 급속한 발전을 이루었다.

이러한 인터넷 보급과 더불어 한국에 나타나게 된 것이 바로 PC방이다. PC방은 여러 대의 컴퓨터와 무선 인터넷이 설치되어 수많은 사람들이 한곳에서 게임 등을 즐길 수 있도록 환경을 조성해 놓은 공간이다. PC방의 전신은 1994년 처음 등장한 '비즈니스 카페', 또는 '인터넷 카페'에 그 뿌리를 두고 있다. 비즈니스 카페는 기존의 카페에 인터넷 접속 시설을 부가적으로 제공하는 공간으로 이해될 수 있다. PC방의 확산은 1998년 하반기부터 본격화되어 전국의 PC방 수는 기하급수적으로 늘어났다.

이렇듯 1990년대 후반부터 PC방, 초고속통신망(ADSL), 분산서버의 네트워크 기술 등 온라인 게임 플랫폼에 롤플레잉 게임 장르가 결합되며 다중사용자 온라인 롤플레잉 게임(MMORPG), 즉 우리가 흔히 이야기하는 '온라인 게임'이 등장하며 한국 게임 시장의 발전을 추동하였다.

융합의 과정을 거쳐 탄생한 콘텐츠 웹툰

웹툰(webtoon)은 디지털 문화와 아날로그 문화가 융합되어 나타난 대표적인 콘텐츠이다.[41] 웹툰은 인터넷을 뜻하는 웹(web)과 만화를 뜻하는 카툰(cartoon)이 합쳐진 용어에서 알 수 있듯이, 디지털과 기존 아날로그 형태의 만화가 융합되어 나타난 새로운 형식의 콘텐츠이다. 종이에 인쇄되어 유통 및 판매되던 만화는 디지털 매

---

41. 이용훈, 2012, 장르융합형 지식만화의 만화시장 창출과정에 관한 연구, 한국만화애니메이션학회 학술대회자료집, 99-122.

체 환경으로의 급격한 진행으로 기존과는 다른 형식의 만화로 발전하게 된다. 출판 만화에서 디지털 만화, 인터넷 만화 그리고 웹툰에 이르기까지 디지털 환경과 융합한 새로운 콘텐츠 형태로 진화하였다. 디지털 만화는 기존의 출판된 만화를 이미지화하여 파일상으로 소비될 수 있는 만화를 의미하며, 인터넷 만화는 이미지 파일이 포털이나 만화 전문 사이트에서 서비스된 형식의 만화를 의미한다. 웹툰이라는 새로운 형식의 만화콘텐츠는 컴퓨터의 성능 향상, 이미지 편집 소프트웨어의 활용 증대, 네트워크 확대, 스마트기기 보급 등 디지털 환경의 변화 속에서 탄생할 수 있었던 것이다.[42]

(2) 한류의 활용

한류 스타를 활용한 '한류 스타 마케팅'

한류 마케팅은 현지에서 인기가 있는 탤런트, 가수, 영화배우 등을 CF나 이벤트에 활용하는 마케팅을 말한다. 한류 팬이 대부분 소비력이 왕성한 20대 젊은 층이라는 점에서 스타를 모델로 한 한류 마케팅의 효과는 높다. 삼성전자가 2000년 초 드라마 〈별은 내 가슴에〉의 주인공 안재욱을 중국 시장에서 모니터 광고모델로 기용한 것이 한류 스타 마케팅의 출발점이었다. 당시 광고에 힘입어 1999년 43만 대이던 모니터 판매량이 2000년에는 107만 대로 증가한 바 있다. LG생활건강은 드라마 〈모델〉이 베트남에서 선풍적인 인기를 끌자 주연배우인 김남주를 광고모델로 활용하였다. 당시 드봉(DeBon) 브랜드는 랑콤, 시세이도 등 세계 유수의 화장품업체를 제치고 베트남 시장에서 점유율 1위를 기록하였다. 또한 롯데제과는 일본 시장에서 〈겨울연가〉 출연배우들을 광고에 기용한 결과 배용준이 출연한 아몬드 초콜릿은 매출 100% 이상 증가했고, 진로소주는 일본 시장에서 장동건을 출연시켜 '한국의 대표적인 소주'로 광고한 결과 수도권 인지도가 30%를 상회한 바 있다.

---

42. 송요셉, 2012, 웹툰의 발생 과정 탐색과 발전을 위한 제언, 한국정보기술학회지, 10(4).

K-POP이 중심이 되는 한류 3기에 접어들면서도 많은 기업들의 한류 스타 마케팅이 이어지고 있다. 일본에서 카라가 홍초 CF로 등장하여 일본에서의 홍초 판매가 급등한 바 있다. 일본 내 홍초판매를 위해 당시 인기절정이었던 카라를 모델로 하는 홍초 광고판촉 결과 2010년 14억 원의 매출에서 2011년 전년대비 40배 증가한 500억 원의 매출을 올린 바 있다. 한류 스타 이민호를 CF로 활용한 한국화장품 '이니스프리'의 경우도 있다. 중국 매장 오픈 전, '이민호의 첫사랑'이라는 콘셉트의 'Social Movie'를 활용하여 중국 진출 일주일 만에 1호점 매출 1억 원을 달성했다. 싸이를 광고모델로 선택한 북미 지역 '신라면'의 경우 2012년 10월 싸이 기용 후 전월대비 매출 30%가 상승했다. 캐나다의 아시아계를 신라면 고객으로 확보한 뒤, 월드스타로 부상한 싸이를 광고모델로 채택하여 시너지 효과가 월 매출 15억 원에 이른다고 한다.

이러한 한류 마케팅에 대해 한국 기업만이 아니라 글로벌 기업들도 적극적이다. 한국 문화콘텐츠의 영향력이 커지면서 글로벌 기업들도 한류 스타를 광고모델로 기용

그림 6.5 한류 스타 활용 사례

출처: KOTRA

하고 있는 것이다. 〈겨울연가〉의 스타 최지우는 2005년부터 '크리스찬 디올'의 첫 번째 아시아 모델로 발탁되어 아시아 전역에서 활동한 바 있고, 디지털 카메라업체인 '올림푸스'는 중국, 홍콩, 말레이시아 등에서 영화배우 전지현을 광고모델로 활용하였다. 또한 코카콜라는 드라마 〈대장금〉이 대만에서 최고 시청률을 기록한 이후 주인공 이영애를 광고모델로 기용하였다.

드라마와 기업광고, 영화상영과 기업프로모션을 연계하여 제품의 인지도와 공신력을 높이기도 한다. 그 일환으로 드라마 방영이나 영화 개봉에 맞춰 영화사와 기업이 공동으로 마케팅을 전개하기도 한다. 한국 영화 〈텔미썸딩〉이 일본에서 개봉되었을 시점에 농심은 '신라면'을 경품으로 제공한 바 있다. 또한 현지에서 방송되는 한국 드라마 광고시간에 해당 드라마 출연 연예인이 촬영한 상품광고를 편성해 홍보효과를 극대화하고 있다.

영화나 드라마 영상에 기업제품을 노출시켜 광고하는 PPL 광고도 한류의 마케팅 효과 중 하나이다. 많은 제작사들이 해외에서의 상품 홍보를 위해 PPL을 활용하여 자사 제품을 영상에 노출시켜 소비를 유도한다. 예를 들어 중요한 장면에 스마트폰을 노출시켜 자사의 스마트폰을 광고하는가 하면, 자동차, 음료수 등 매우 많은 제품들이 PPL에 활용된다.

한국 문화와 상품에 대한 이미지가 좋아지는 것, 즉 원산지 효과를 이용하여 '한국제품(Made in Korea)'을 강조하기도 한다. 아시아에 진출한 기업들은 과거에는 현지어로 상품명을 표시하였으나, 이제는 직접 한국 제품명을 사용하거나 매장에 들어오는 고객들에게 한국말로 인사하는 등 '메이드 인 코리아' 전략을 사용하고 있다. 일례로 LG생활건강은 드봉의 제품명을 베트남어 대신 한글로 표기하고 있다. 우리나라 기업만이 아니고 해외 기업들도 현지 마케팅에서 한국, 한국 문화를 강조하기 시작했다.

한류 기업과 일반 기업의 '해외 동반진출'

한류 기업과 일반 기업이 해외에 동반하여 진출하는 것은 한류라는 매개로 하여 상

그림 6.6 현대자동차와 〈로보카 폴리〉

한류와의 '컬래버레이션'

호간에 시너지를 높일 수 있는 방법이다. 현대자동차와 애니메이션 제작업체 로이비쥬얼은 동반협력을 통해 해외진출을 시도한 사례이다. 변신하는 자동차가 주인공인 어린이 애니메이션 〈로보카 폴리〉에 현대자동차는 기획·감수와 마케팅에 참여하여 글로벌 시장에 진출했다. 〈로보카 폴리〉 제작진은 현대차 남양연구소, 아산공장 등을 직접 방문해 아이디어를 내고, 이를 캐릭터 디자인, 스토리라인으로 자연스럽게 담아냄으로써 생생한 현장감을 부여해 완성도 높은 스토리를 탄생시켰다. 한편 현대차는 〈로보카 폴리〉를 통해 전 세계 글로벌 네트워크를 활용한 다양한 유스(Youth) 마케팅 활동 전개와 글로벌 시장에서 브랜드 파워 강화를 추진하여 로이비쥬얼은 서로 상생하는 협력관계를 구축하였다. 이는 일반 기업이 자사제품의 판매 확대를 위해 한류와 컬래버레이션을 하는 경우이다. 한류 컬래버레이션 종류에는 연예인, 콘텐츠, 한류 기업 등 다양하다. 컬래버레이션을 하고자 하는 기업은 주로 한류 이미지와 연관된 제품을 가지고 있는 경우가 많다. 이러한 컬래버레이션은 제품의 마케팅 효과뿐만 아니라 한류 붐에도 도움이 된다.

의류 브랜드 유니클로(UNIQLO)는 한류 스타 '빅뱅(BigBang)'을 모티브로 한 컬래버레이션 UT 시리즈를 출시했다. 일본과 한국에 한정판으로 출시하였으며, 일본에서는 출시와 동시에 모두 판매되어 역대 티셔츠 아이템 중 단일 판매수량 최고 매출액을 기록했다. 한류를 활용하여 소비자들의 의류상품 구매를 유도한 것이다.

그림 6.7 빅뱅의 '유니클로' 사례

소망화장품은 한류 스타 싸이의 모습에서 모티브를 얻어 '에너지 팩토리'라는 프로젝트 브랜드를 개발했다. 가수 싸이가 화장품의 아이디어와 제품기획에 참여하여 만든 에너지 팩토리의 맨즈밤은 출시 한 달 만에 20만 개의 판매고를 기록한 사례도 있다.

또한 JYP의 의류 플랫폼 사업사례가 있는데, 2way 콘텐츠 코드를 사용하여 JYP 소속 그룹 2PM의 앨범과 화보를 의류를 통해 서비스하는 2PM의류앨범 사업을 런칭(2012년 11월 '베네통'과 협력한 의류앨범)하였다. 패션 브랜드에서 의류를 생산하면 QR코드 형태의 콘텐츠 코드를 옷에 넣어서(상품 태그 형태로 삽입) 판매하는 형식으로 JYP에서 만든 의류앨범은 의류 및 패션 상품을 플랫폼으로 하여 JYP 음악, 스타화보, 할인쿠폰, 쌍방향 통신 등을 제공한다. 소비자는 의류 구입 후 콘텐츠 코드를 스캔하면 음반을 다운받을 수 있고 업체에서 제공하는 다양한 콘텐츠 혜택을 누릴 수 있다.

한류 관광사업과의 컬래버레이션의 예도 많다. 한류는 외국인들에게 한국에 대한 관광매력도를 향상시킴으로써 한국 방문을 촉진시킬 수 있다. 이는 한류 스타나 콘텐

표 6.2 K-POP 콘서트와 연계된 투어 패키지 사례

업체명	콘서트명	지역	비고
롯데면세점	패밀리 콘서트	서울 잠실	일본 및 중국 관광객 2,000명 초청
모두투어	한류드림 콘서트	경북 경주시	(1박2일) 서울 출발 → 경주문화유적지 관람 → 콘서트 관람
알펜시아리조트	다함께함성 콘서트 K-POP 콘서트	강원 평창군	콘서트 관람과 호텔 숙박을 포함한 패키지 400장 한정 판매
	K-POP 콘서트	전남 영암	F1 행사와 연계

츠를 관광상품화하여 관광업계가 콘서트나 이벤트를 개최하는 경우인데, 롯데면세점, 모두투어, 알펜시아리조트 등이 K-POP 콘서트를 통해 관광객을 모으는 컬래버레이션을 추진하여 성과를 거두었다.

또한 해외 한류 팬을 대상으로 오디션을 진행하고 이들을 관광과 연결시키는 것도 하나의 방법이다. 즉 외국 방송이 주간하는 오디션을 한국에서 실시함으로써 참여한 외국인들의 구전효과를 유발할 수 있으며, 한국에 대한 애착과 인지도를 높일 수 있다. 또한 한류 관광지가 주변 관광지와 연계될 수 있도록 연계관광 콘텐츠를 개발하고, 경제성장, 농촌개발, 종교관광 같은 융합 소프트 관광을 개발하여 한류와 관광이 융합하는 사례도 많다.

4) 기업에서의 시사점 및 융합 전략

융합은 디바이스, 네트워크, 미디어, 서비스 산업 등에 폭넓게 일어나며 다양한 모습으로 계속 변하게 된다. 이러한 융합추세에 따라가지 못한다면 시장환경에 적응하기 어렵고 퇴출될 수도 있기 때문에 정부나 기업으로서는 융합이 매우 중요하다. 기업은 당연히 환경변화에 맞춰 사업전략을 수정하고 새로운 미래지향적 비즈니스 포지션을 설정하며, 비즈니스 패러다임을 전면적으로 재검토해야 한다.[43] 더구나 융합은 새로운 사업이나 제품을 개발하는 데 단초를 제공하기도 한다. 불가능할 것이라고 생각되는 개체 간의 융합도 간혹 혁신적인 결과가 나올 수도 있다. 정부와 기업은 융합에 관심을 갖고 다음과 같은 전략이 필요하다.

첫째, 신규 분야에서의 융합을 통해 블루오션을 개척한다. 최근 기존 산업의 성장정체 및 미래 불확실성의 증가, 경제·사회적 이슈 및 소비자 욕구의 다양화, 고령화 확산, 인간 관련 기술의 부상 등으로 글로벌 환경이 빠르게 변화하며 예측이 어려워지고 있다. 이런 환경하에서 다른 기업보다 먼저 신규제품을 개발하기 위해서는 블루오

43. 이홍재, 2011, 융합환경에 따른 콘텐츠정책 전환과 생태계 활성화, GRI연구논총.

션을 찾아야 하는데, 이때 대안 중의 하나가 바로 융합이다. 특히 우리나라는 중국의 추격으로 이제는 설자리가 마땅치 않은 벼랑에 몰려 새로운 동력이 필요한 시점이다. 최근 스마트폰이나 하이브리드 자동차 등 혁신적인 융합제품이 새로운 블루오션을 창출하고 있는 것처럼, 융합기술은 기존 산업의 경쟁력을 유지하면서 다양한 창의적 융합제품과 서비스를 창출할 수 있다.

둘째, 융합벤처를 활성화하는 것이다. 벤처기업은 새로운 아이디어와 기술을 가지고 도전하는 한국 경제의 미래라 할 수 있다. 이들 중에는 이업종 간의 기술을 융합하여 새로운 제품을 개발하거나 서비스를 창출하는 경우가 많다. 그러나 문화예술과 인문을 바탕으로 하는 융합적 기술개발은 많지 않다. 정부는 문화예술, 인문학적인 창의적 아이디어가 창출되고 새로운 산업을 생성할 수 있는 융합 벤처기업에 대한 지원과 배려가 필요할 것이다.

기술혁신을 통한 기업의 고용유발 효과는 중소기업과 벤처기업이 대기업에 비해 더 높은 것으로 나타나고 있다.[44] 이는 융합기술 연구개발은 벤처기업에 초점을 맞추어야 고용창출 면에서 효과가 크다는 것을 말해 준다. 따라서 장기적인 관점에서 청년인력의 기업가 정신을 고양하고 벤처 창업을 가능하게 할 수 있는 융합과 관련된 연구개발 지원정책 추진이 중요하다. 또한 과학문화예술 벤처, 인문융합 벤처, 문화벤처 등 다양한 융합벤처들을 육성하고 이들이 벤처기업으로 인정받을 수 있도록 법적·제도적 뒷받침도 있어야 하겠다.

셋째, 융합창조공간의 구축이다. 젊은 대학생 및 졸업생들을 대상으로 마음대로 상상하고 창의력을 발휘해서 융합을 통한 혁신적 활동을 할 수 있도록 지원하는 공간을 구축하는 것이다. 일정한 공간과 시설을 마련해 주어 이곳에서 청년들이 24시간 자유롭게 개발하고 창의성을 발휘할 수 있도록 하는 제도로서, 기업과 연계해서 이 사업을 진행하면 적은 예산으로도 시행 가능할 것이다. 기업에서는 공간을 제공하고 이들을 우선적으로 채용한다는 조건으로 지원을 한다면 많은 청년들이 여기에 관심을 보

---

44. 이공래, 2010, 청년실업 해소를 위한 대학의 1인창조기업 창업 촉진 방안, STEPI 인사이트 제54호.

일 것이고, 융합을 위한 창조활동을 활발하게 할 수 있을 것이다. 이곳에서 창출된 결과물은 기업에게 저작권, 특허 등의 형태로 판매가 가능하며 그 기업에 구매 우선권을 제공할 수 있다.

넷째, 집단지성을 활용하는 것이다. 집단지성은 웹의 기술적 변화와 정보생산이 네트워크화되면서 등장하였으며, 불특정한 여러 개인의 협력적 상호작용을 통해 시너지 효과를 창출하는 공동체의 능력을 말한다. 이러한 집단지성을 활용하면 서로 다른 과학 분야에서 아이디어와 의견을 수집하여 원 개발자가 생각하지 못했던 다양한 방법과 기술을 응용할 수 있는데, 이것이 바로 융합을 통한 혁신이다. 연구개발에서 오픈 이노베이션(open innovation) 역시 자신과 다른 분야 간의 융합을 통한 창조성을 발휘하는 유효한 수단이다. 서로 다른 과학기술 간 오픈 이노베이션이 과거에는 주를 이루었지만 향후에는 인문과 과학기술, 문화예술과 과학기술 간의 융합도 그 대열에 합류할 수 있을 것이다.

다섯째, 연구개발 차원에서 문화 컬래버레이션 활성화이다. 원래 컬래버레이션이란 제품에 예술작품을 접목시켜 시너지 효과를 낼 수 있도록 협력하는 것을 말하지만, 제품개발이나 순수 연구개발에서도 문화예술이나 인문학을 과학기술, 제품기술 등에 융합하여 시너지를 극대화할 수 있다. 대표적인 방법으로는 인문융합R&D라 할 수 있다. 인문융합R&D에서 인문의 범위는 순수 인문학뿐 아니라 예술, 경영, 사회, 정책과 같은 사회과학에 이르는 인문의 전(全) 영역을 포괄하기 때문에 보다 광범위한 융합이 일어날 수 있는 여지가 있다. 하나의 분야에서 해결할 수 없는 새로운 문제를 해결하기 위해 인문을 중심으로 둘 이상의 학문 분야 또는 지식을 탐구하는 R&D 활동으로서의 인문융합R&D는 과학과 기술 중심의 'R&D 1.0'에서 예술을 포함한 인문사회 영역으로 확장되는 'R&D 2.0'으로의 전환을 촉진하는 촉매제가 될 수 있을 것이다.

4. SNS 활용 전략

한국 가수 싸이가 미국의 공중파 방송 NBC의 아침 프로에 나와 '강남스타일'을 부르는 것을 보고 모두 놀랐다. 한국인 가수로서 미국 시장에 성공적으로 진출할 수 있을 것이라곤 누구도 생각하지 못했다. 그도 그럴 것이 이전에 미국 진출을 위한 시도가 있었지만 대부분 실패로 끝났기 때문이다. 그러나 싸이는 해냈다. 싸이의 성공은 SNS 전략의 결과이다. SNS가 없었다면 미국 시장, 나아가 세계시장에서 말춤의 붐을 일으키는 것은 거의 불가능했을 것이다. 한국의 K-POP이 후발자에서 단숨에 세계시장에 등극하게 된 것은 바로 SNS의 힘이었다.

1) SNS의 개념 및 특징

온라인 소셜 네트워크는 인터넷을 매개로 형성된 사람들 간의 관계를 의미한다.[45] SNS는 웹에 기반을 둔 특정한 시스템 내에서 공개 혹은 반공개적으로 개인의 프로필을 만들도록 제공하며, 서로 접속하고 있는 다른 사용자들의 목록을 보여 주고, 시스템 안에서 다른 사람들을 관찰할 수 있도록 도와주는 웹 서비스이다.[46]

위키백과에 의하면 "소셜 네트워크 서비스란 SNS로 통용되며 이는 Social Network Service의 줄임말로 일컫는다."라고 되어 있다. 이는 1인 미디어, 1인 커뮤니티, 정보공유 등을 포괄하는 개념이다. 최근 수많은 사람들이 가장 많이 사용하는 페이스북이나 트위터, 유튜브와 같은 1인 소셜 네트워크 서비스를 이용하여 실시간에 많은 양의 정보를 습득하고 공유한다. 페이스북은 스마트폰이 보급되며 나타난 소셜 네트

---

45. Wellman. B, J Salaff, D, Dimitrova, L. Gulla & C. Haythomthwaite, 1996, Computer Networks as Socail Networks: Collaborative Work, Telework and Virtual Community, *Annual Review of Social-ogy*, 22, 213-38.
46. Boyd, M. & Ellison, B., 2007, Social Network Sites: Definition, History, and Scholarship, *Journal of Computer-Mediated Communication*, 13(1).

워크 서비스로 친구 및 가족과 연락하기, 사진 및 동영상 공유, 게임, 메신저 기능 등을 제공한다. 페이스북이나 트위터 이외에도 카카오톡, 핀터레스트, 인스타그램 등 새로운 소셜 네트워크 서비스가 이용되고 있다.

유튜브는 전 지구적 영상콘텐츠 제공 서비스인 동시에 이용자의 적극적인 참여에 의해 새로운 콘텐츠가 생겨나고 확산될 수 있는 환경을 마련해 주는 최대 규모의 온라인 플랫폼이다. 현재 유튜브는 53개 국가에서 서비스를 실시하고 있으며, 기술적 발전과 함께 콘텐츠 제공의 다양화를 위해 주요 미디어 회사와의 협약을 맺으며 서비스를 확대하고 있다.

인터넷 서비스 초기에 등장했던 '온라인 카페'와 같은 인터넷 커뮤니티 서비스는 현재까지도 소통을 위한 양적·질적 변화와 발전을 거듭하고 있다. 즉 인터넷 서비스가 발전하고 스마트 디바이스가 보급되기 시작하면서 소셜 네트워크 서비스가 개발되고 확산되며, 회원을 기반으로 한 비공개 형태의 온라인 커뮤니티가 더욱더 개방적인 성격을 지니게 된다.

SNS의 가장 기본적인 기능은 기존 관계의 강화 및 새로운 관계의 형성이다. SNS는 기본적으로 '관계의 유지'뿐만 아니라 '관계의 확장'에 대한 소비자들의 욕구를 전제하고 있다. 공통의 관심사를 나누는 것뿐만 아니라 정보의 탐색과 공유도 SNS상에서 활발히 이루어진다. 소셜미디어의 발달로 새로운 많은 정보가 생성되고, 이 생성된 정보는 빠른 시간 안에 확산되어 더 많은 소비자들에게 정보를 공유하게 된다. 사회적으로 하나의 이슈가 발생했을 때 파급되는 속도가 매우 빠르고 참여폭도 매우 깊어 느슨하긴 하지만 사회적 연대를 형성하는 데에 효과적이다.

스마트폰의 등장으로 SNS가 모바일과 결합이 이루어지면서 상호작용의 빈도가 더욱 높아졌으며, 위치정보 등의 추가적인 기능 제공으로 관계망이 더욱 확장·강화되고 있다. 또 인터넷 검색보다 소셜 네트워크 서비스를 이용하여 정보를 찾거나 활용하는 이들도 많아졌다. SNS는 초기에는 주로 개인이 친목 도모나 엔터테인먼트 용도로 활용되었으나 점점 비즈니스와 각 정보공유 등 생산적인 용도로 활용하는 경향이 강해졌다. 기업들은 앞다투어 SNS를 활용한 마케팅을 펼치고 공공기관도 국민과의 소통을 위해 SNS를 이용하고 있다.

2) SNS와 한류

미국의 시사주간지 『타임』은 “K-POP의 성공요인은 SNS”라고 하였고, 프랑스의 『르몽드』지는 “페이스북이 K-POP의 유럽 공연을 만들었다.”라고 말하고 있다. 한류 1기나 2기의 중심에는 드라마가 있었다. 드라마가 아시아 지역에 수출되면서 그 인기로 한류 열풍이 나타났고, 드라마에 출연한 스타는 한류 스타로 재탄생되었다. 그러나 한류 3기에는 인터넷의 활성화로 유튜브라는 동영상 공유매체가 생기면서 드라마가 아닌 K-POP이 한류의 중심에 서게 되었다. 유튜브는 영상을 업로드하며 공유하는 시스템으로 드라마보다는 짧고 강렬한 K-POP 영상이 공유되기에 더 편리하다. 한국 문화를 손쉽게 접할 수 없었던 국가에서도 SNS를 통해 K-POP과 같은 한국 문화를 접하게 되면서 아시아 지역에만 국한되어 있었던 한류는 지역적 범위를 전 세계로 넓힐 수 있었다.⋯[47] 더구나 유튜브, 페이스북과 같은 소셜미디어의 발달은 K-POP 스타들을 저렴한 비용으로 글로벌 홍보를 가능케 했다. 과거에는 한 가수를 정식 데뷔시키려면 거대한 비용이 소요됐지만 온라인 홍보는 이보다 훨씬 적은 비용이 소요된다. 이와 같이 SNS가 한류에 미친 영향은 매우 크다. 특히 SNS 유통에 적합한 분량과 용량, 그리고 유행에 영향을 미치는 신속성과 확산성을 가지고 있어, K-POP을 확산시키는 데 SNS의 역할은 매우 컸다고 할 수 있다.

한편 소셜미디어는 신인 뮤지션들과 신규 음반회사들에게 매우 효율적인 마케팅과 홍보의 채널이 되었다. 특히 메이저 음반사들과 계약하지 못한 인디 음악가수들이나 신인가수, 가수지망생들에게 자신의 음악을 대중들에게 알릴 수 있는 공간을 제공함으로써 새로운 스타의 탄생을 가능케 하고 있다. 유명 팝스타 미카(MIKA)와 저스틴

---

47. 조인희·윤여광, 2013, 한류문화에 영향을 미친 YouTube 파급효과에 관한 연구, 한국엔터테인먼트산업학회논문지, 7(2).

비버는 마이스페이스와 유튜브를 통해 발굴되어 크게 성공한 대표적인 사례이다. 우리나라도 예외는 아니며, 메이저와 마이너를 가릴 것 없이 온라인상에 자신의 음악을 소개하고, 수용자들이 음악과 뮤직비디오 등을 감상할 수 있는 기회를 제공하며, 음원 등을 직접 판매하기도 한다. 또한 소셜미디어는 뮤지션과 기업들이 팬들과 소통하고 팬 커뮤니티를 관리하는 중요한 수단이 되고 있다.⋯48

과거 국내 가수들이 북미 시장에 진출할 때 유명가수의 오프닝 가수로 전미투어를 하고 라디오방송을 집중적으로 공략하는 전통적인 방법을 사용하였다. 미국은 라디오방송을 통해 신인가수를 소개하고 데뷔하는 형태로 라디오라는 매체의 영향력이 크기 때문에 JYP엔터테인먼트의 비, 원더걸스 등과 SM엔터테인먼트의 보아가 미국 시장에 진출하기 위해 이와 같은 방식으로 접근하였다. 그러나 이런 방식으로 진출을 도모했던 한국 가수들의 성과는 미미했으며, 이후 시도된 미국 메이저 회사 및 유통업체와의 협력관계 구축을 통한 진출 역시 뚜렷한 효과를 보지 못하였다. 그러나 해외진출이 아닌 국내에서의 활동에 주력했던 가수들이 오히려 유튜브와 SNS를 통해 이슈가 되면서 북미와 유럽 등 세계 각지로 진출하게 되었다. 싸이가 그 대표적인 사례로 유튜브에 개재한 뮤직비디오 한 편을 통해 월드스타로 거듭나게 되었다.

이와 같은 영향력의 이면에는 SNS를 통한 팬들의 감상, 공유와 참여 등의 활동이 있었다. 유튜브는 동영상 제공자인 동시에 관람자 역할을 하는 한류 팬들이 동영상 콘텐츠를 공유하며 만들어 가는 온라인 공간이다. 유튜브라는 공간 안에서 한류 팬들은 소비의 주체이자 생산자의 역할을 하는 것이다. 주로 스타들의 뮤직비디오 촬영영상, 팬들이 직접 촬영한 팬캠(fan-cam), 팬픽션(fan-fiction) 및 패러디 영상을 유튜브에 올려 대중들과 공유한다. 유튜브의 동영상들은 유튜브에서만 감상할 수 있는 것이 아니라 페이스북을 통해 친구들과 지인들에게 공유되면서 더욱더 폭넓게 이용된다. 그뿐만 아니라 페이스북, 유튜브에서 해외 팬들이 K-POP 가수의 미국, 캐나다 등 해외 앨범데뷔 서명운동, MV 조회수 늘리기 등 직접적으로 서포팅 활동을 함으로

48. 이호영 외, 2012, 디지털 한류와 트랜스미디어 시대의 문화정책 방향, 정보통신정책연구원.

써 과거와는 다른 한류 확산 가능성을 보여 주고 있다. 결국 유튜브를 통한 한류 팬들의 동영상 콘텐츠의 생산과 재창조는 한류와 한국의 홍보효과를 발생시키고 팬들의 자발적 참여를 통해 한류가 세계로 확산되는 데 많은 역할을 한 것이다.[49]

한류 확산의 트렌드 중 특이한 것은 커버댄스의 유행이다. '커버(cover)'는 원래 팬 코스프레의 일종으로, 특정 가수의 노래를 부르거나 퍼포먼스에 해당하는 댄스를 모방하는 행위를 가리키는 것이다. 전 세계인들이 SNS를 통해 한국 가요 동영상을 쉽게 접할 수 있게 됨에 따라 K-POP 커버댄스가 해외 팬들에게 큰 인기를 끌고 있다. 많은 해외 팬들이 K-POP의 노래와 춤을 모방하면서 SNS에 이를 소개한다거나 직접 제작사에서 커버 콘테스트를 여는 등 커버댄스는 제3기 한류의 풍속도이다.

3) 한류의 SNS 사례

(1) 싸이의 SNS 확산

유머러스한 뮤직비디오와 중독성 강한 일렉트로닉 사운드, 누구나 쉽게 따라할 수 있는 '말춤'이 유튜브와 트위터, 페이스북을 통해 급속히 퍼지면서 북미와 유럽을 비롯한 전 세계적인 강남스타일 열풍을 일으켰다.

순식간에 이러한 실적을 기록한 것은 유튜브라는 채널과 페이스북, 트위터 등의 SNS의 영향력이 컸다. 싸이의 '강남스타일'이 외국에서 첫 반향을 일으킨 것은 미국 유명 힙합 뮤지션 티페인이 자신의 트위터에 언급하면서부터였다. 미국 유명 연예인들의 페이스북과 트위터를 통해 이러한 '강남스타일'의 감상후기와 평들이 입소문을 타고 유튜브 조회수를 높여 주는 데 일조하였던 것이다.

싸이 '강남스타일'과 같은 B급 문화의 히트에는 대중들의 문화향유 공간이 오프라인에서 소셜네트워크로 달라진 점도 작용하고 있다. 스마트폰 하나로 언제 어디서든

---

49. 송정은·장원호, 2013, 유투브(YouTube) 이용자들의 참여에 따른 한류의 확산, 한국 콘텐츠학회논문지, 13(4).

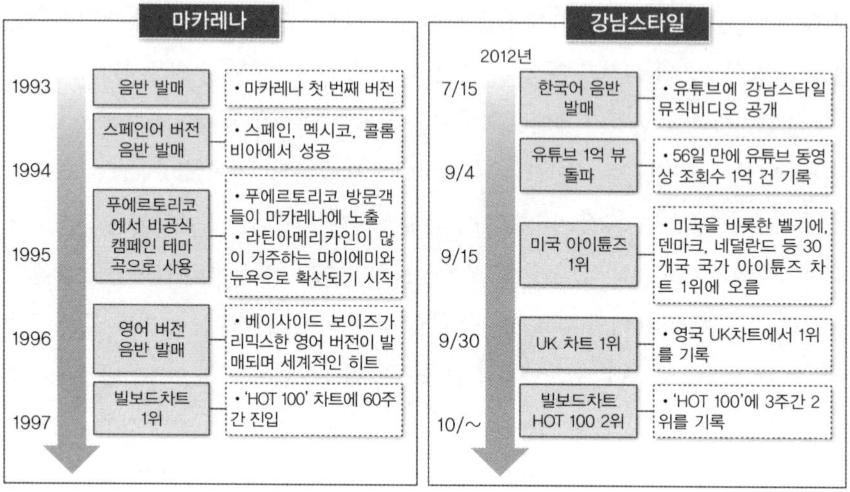

그림 6.8 '마카레나'와 '강남스타일' 확산 과정 비교

영상, 음악 등의 콘텐츠를 이용할 수 있는 시대에 SNS는 B급 문화의 확산에 적합한 미디어인 것이다. 따라서 이제는 SNS와 유튜브, 전자책 등을 통해 빠르게 유통되고 스마트 기기를 통해 쉽게 소비할 수 있는 콘텐츠가 대중들에게 더 많은 인기를 얻게 된다. 이러한 콘텐츠가 바로 싸이와 같은 B급 콘텐츠인 것이다.

싸이의 '강남스타일'과 유사한 B급 문화로서 '마카레나'가 있다. SNS가 없었던 당시의 마카레나가 빌보드 차트에까지 오르는 데 많은 시간이 소요되었으나, 싸이는 SNS의 힘으로 단숨에 빌보드 차트 2위에까지 올랐다. 스페인의 남성 듀오 '로스 델 리오(Los Del Rio)'의 '마카레나'는 1993년 첫 음반 발매 이후 전 세계적인 인기를 얻는 데까지 4년의 시간이 걸렸다. 첫 음반 발매 후 스페인어 버전의 음반을 발매하여 스페인과 멕시코, 콜롬비아에서 큰 인기를 얻게 된다. 이후 푸에르토리코에서 마카레나를 정치권에서 비공식 캠페인 테마곡으로 사용하자, 푸에르토리코를 방문했던 많은 사람들이 '마카레나'를 접하면서 미국 내 라틴아메리카인들이 많이 거주하던 마이에미와 뉴욕으로 점차 퍼져 가기 시작했다. 1996년 '마카레나'는 영어 버전으로 리믹스되면서 세계적으로 히트하게 된다. 이와 같은 인기로 '마카레나'는 빌보드 싱글 차트 1위에 오르며 무려 60주 동안이나 차트에 머물렀다.

전 세계로 퍼져 나가는 데 오랜 시간이 걸린 '마카레나'와 달리 '강남스타일'은 음반 발매 이후 약 두 달 만에 세계적인 인기를 얻는다. 음반 발매와 뮤직비디오 공개 이후 유튜브라는 글로벌 플랫폼을 통해 국내와 해외에 동시다발적으로 확산되었다. 유튜브를 비롯해 아이튠즈와 트위터, 페이스북 등의 소셜미디어로 이루어진 '디지털 에코시스템(Digital Eco-System)'이 빠른 시간 내 '강남스타일'의 해외인기를 제공한 것이다.

(2) SM엔터테인먼트의 SNS 전략

미디어 환경변화에 유연하고 발빠르게 대처하며 해외시장에 성공적으로 진출한 SM엔터테인먼트는 일찍이 뉴미디어 관련 부서를 만들어 SNS 관련 플랫폼을 집중적으로 연구해 왔다. SM은 2009년 6월에 국내 최초로 유튜브 공식채널을 마련하여 현재까지 운영 중이고, 슈퍼주니어 멤버별 트위터 개설, 보아 개인트위터 개설, f(x) 공식 미투데이와 멤버별 미투데이 개설, 샤이니 공식 미투데이 등 소속 아티스트들의 SNS를 그룹별·멤버별로 개설하여 운영하고 있다. 뉴미디어 전담팀은 일주일에 3~4번 이상 다양한 콘텐츠를 지속적으로 업로드하며 관리하고, 모든 포스트는 영어와 한글을 동시에 사용하여 게재한다.

SNS를 이용한 홍보는 크게 가수들 영상 배포, 팬들과의 소통, 가수 관련상품 판매, 앨범발매나 수상, 캐스팅 소식 등 관련 뉴스의 전달, 해외 방문일정 홍보로 이루어지고 있다. 가수들의 메시지와 함께 '팬들의 모습을 찍은 사진'도 페이스북 페이지에 함께 게재하여 팬들과 소통을 강화하고, 앨범발매 예정일, 앨범 판매량, CF 영상, 수상소식, 캐스팅 소식 등 관련 뉴스를 페이스북을 통해 신속히 전한다. 또한 해외 방문일정을 페이스북을 통해 미리 알림으로써 공항이나 특정 장소에 팬들이 미리 몰릴 수 있도록 유도한다. 이러한 서비스는 전 세계의 SM 팬들로 하여금 시공간을 초월하여 자신이 좋아하는 스타와의 거리감을 좁혀 주고, 적극적인 참여활동을 하도록 유도하고 있다. 이와 같이 SM은 다양한 SNS 활동을 통해 전 세계의 사람들과 소통하며 강한

SM엔터테인먼트 김영민 대표 인터뷰

"SM은 SNS를 통해 홍보를 하는 글로벌 마케팅 전략을 펼친 동시에, 온라인상으로 집계되는 통계를 통해 전 세계 팬들의 반응을 철저히 분석하여 트렌드를 예측한다. 이러한 점에서 'SM타운 월드투어 인 파리'는 SM의 SNS 마케팅 전략의 결과물이라고 할 수 있다. SM은 콘서트를 기획하는 단계에서 SM 음악의 선호도를 파악할 수 있는 유튜브의 통계를 근거로 프랑스 지역의 성공 가능성을 감지할 수 있었다. 또한 유럽의 중심지면서도 다른 유럽 국가들에서도 접근성이 좋아 SM타운 유럽공연은 파리에서 개최되었다."*

* 출처: 문화체육관광부, 2012, 한류 미래전략연구포럼1차.

응집력을 형성하고, 조직화하여 팬덤을 형성하고 있는 것이다.

SM은 온라인을 기반으로 구축된 팬덤을 교두보로 소녀시대를 해외시장에 성공적으로 진출시켰다. SM은 소녀시대를 일본 시장으로 진출시킬 때 기존 매스미디어에 노출시키지 않고, 뉴미디어에 집중하여 음원을 홍보하고 팬들과 소통했다. 그리고 바로 2010년 8월 25일 일본 도쿄 아리아케 콜로세움에서 쇼케이스를 개최했다. 이날 쇼케이스의 대성공은 바로 음반구매로 연결됐고, 소녀시대는 안정적으로 일본 활동을 시작할 수 있었다.…50 다른 가수들이 진출국 문화에 맞는 새로운 가공을 하는 반면, 소녀시대는 한국 활동의 이미지 및 콘셉트와 크게 다르지 않는 범위에서 일본 활동이 가능했던 것도 SNS 마케팅 전략 덕분이다. 가수들의 뮤직비디오를 홈페이지가 아닌 유튜브에 공개하는 등 디지털 미디어를 잘 활용한 결과, 소녀시대의 음악과 이미지는 이미 해외 팬들에게 익숙해져 현지화를 위한 새로운 콘셉트를 갖출 필요가 없었던 셈이다.…51

신인 아이돌 가수 오디션 시스템과 신인 데뷔방법도 뉴미디어의 발전과 함께 진화

---

50. 중앙일보, 2011년 1월 21일자, "K-POP 인베이전 4 한류, 디지털 날개를 달다".
51. 한국콘텐츠진흥원, 2012, 문화예술 트랜드 분석 및 전망.

됐다. 과거에는 신인가수에게 홍보를 할 수 있는 경로가 TV의 음악프로그램과 라디오방송밖에 없었다. 그러나 온라인을 통한 음악 홍보가 음반시장에서 일반화되면서, 그중에서도 SNS가 가장 적절한 도구로 적극 활용되고 있다.→52 이로 인해 신한류 팬층도 디지털 환경에 익숙한 10~20대로 급격하게 확장되고 있다. 김영민 SM엔터테인먼트 대표는, "불과 얼마 전만 해도 한 가수를 정식 데뷔시키려면 TV 같은 전형적인 미디어를 통하는 수밖에 없었지만 이제는 유투브 같은 신매체를 통해 전 세계 팬들과 손쉽게 만날 수 있게 됐다."라고 말한 바 있다.

뉴미디어가 발달함에 따라 기획사들은 신인가수의 제작단계에서부터 공을 들인다. 데뷔 이전에 온라인을 통해 팬들의 반응을 살펴보고, 가수 데뷔 후의 성공을 미리 예측할 수 있기 때문에 기획사의 입장에서는 SNS가 리스크를 최소화할 수 있는 좋은 수단이 된다. 특히 해외진출을 목표로 하는 신인가수의 경우 글로벌 마케팅의 일환으로 데뷔 전부터 뉴미디어를 적극적으로 활용한다. 예를 들어, EXO-K와 EXO-M이라는 두 그룹이 같은 날 같은 시각에 동일한 곡을 한국어와 중국어로 각각 발표하며 한중 동시 데뷔하는 통합형 해외진출 전략을 추구했다. 이는 한국어와 중국어를 시작으로 글로벌 무대에 진출하여 EXO의 음악으로 전 세계에 진출하겠다는 목표이다. SM은 공식 데뷔 전에 이들의 티저영상을 공식 홈페이지, 유튜브 채널, 페이스북, 네이버뿐만 아니라 중국의 웨이보, 시나, 소후, 요쿠 등을 통해 전 세계에 공개하였다. 또한 티저 영상과 사진을 통해 소개된 일부 멤버가 어느 팀에서 활동하게 될지 공개하지 않고, 멤버를 순차적으로 한 명씩 공개하는 전략으로 팬들의 궁금증을 극대화하여 데뷔 전부터 이슈를 만들어 냈다.→53

---

52. 같은 책.
53. 이장우·허재원, 2013, 리더십과 조직역량이 해외진출 전략에 미치는 영향: 한류 음악시장(K-POP)에서 SM엔터테인먼트의 사례, 한국경영학회, 17(1).

4) 일반 기업에서의 시사점 응용

(1) 구전마케팅(클릭마케팅)

소셜미디어 등장으로 소비자는 소비주체에서 벗어나 제품개발 아이디어를 제공하고 제품을 널리 구전해 주는 홍보주체로서의 역할도 수행한다. 즉 페이스북, 유튜브, 트위터 등 소셜미디어의 주요 미디어가 등장하여 바이럴 마케팅(Viral Marketing, 입소문 마케팅)을 유도하고 있다.⋯›54 특히 '강남스타일'의 성공 등을 계기로 국내에서도 유튜브를 통한 '바이럴 마케팅'의 중요성을 인식하기 시작했다.

일반 기업에서도 고객들이 이미 가지고 있는 소셜미디어 네트워크를 통해 마케팅 경험 및 콘텐츠가 구전되는 바이럴 효과를 극대화할 수 있다. 유튜브는 국내외를 아우르는 커뮤니케이션 채널로 보다 많은 사람에게 메시지를 전하기 쉬울 뿐 아니라 쌍방향 소통도 가능하기 때문에 구전의 효과가 매우 커서 기업이 마케팅의 수단으로 주목해야 한다. 유튜브를 활용하면 언어의 장벽을 넘어 자연스럽게 전 세계 시장을 공략할 수 있기 때문이다.

구전마케팅의 효과를 극대화하기 위해서는 콘텐츠에 많은 사람들의 관심을 끌 수 있는 어떤 것이 있어야 한다. 특히 재미의 요소가 그중의 하나이다. 무료로 접근 가능하고 재미요소가 개입되었을 때 구전의 파급력은 매우 크다. 따라서 기업이 구전마케팅으로서 SNS를 활용할 경우에는 흥미를 끌 수 있는 재미있는 요소나 많은 사람들이 관심을 가지고 있는 자극적 요소를 활용하는 것도 좋은 대안이 될 것이다.

(2) 맞춤형 마케팅

SNS를 통해 개별소비자를 대상으로 하는 고객맞춤형 서비스가 가능해지고 있다. 소셜미디어는 기업이 제공하는 정보에 대한 고객의 반응을 통계적으로 파악할 수 있어, 유사한 욕구를 가진 소비자 그룹을 추출하고 세분화된 시장에 서비스할 수 있는

---

54. 한국정보화진흥원, 2011, 문화부문의 소셜미디어 활용 선진사례 연구.

최적의 환경이 제공되고 있다. 또한 세분화된 시장에 대한 접근용이성은 서비스에 따른 비용의 효율성을 확보할 수 있고 더불어 서비스를 통한 성공 가능성을 높일 수 있다.

따라서 소셜 광고는 이용자의 프로필 및 활동내역을 기반으로 광고대상을 타깃팅할 수 있다는 장점이 있다. 이용자의 거주지역·나이·성별·학력·직장·관심사 등 개인정보를 바탕으로 타깃을 정확하게 설정할 수 있는 것이다. 한편 소셜 미디어를 소비자 입장에서 활용한 소셜커머스도 부각되고 있다. 소셜커머스란 SNS와 연동하여 소비자들에게 저렴한 가격에 상품 및 서비스를 제공하고, 판매자들에게 상품판매에 대한 일정 수수료를 부과하여 수익을 거두는 전자상거래의 한 형태를 의미하는데, 판매자 측면에서는 온라인 광고나 전단지보다 더 높은 마케팅 효과를 볼 수 있고, 소비자 측면에서는 파격적인 가격에 상품을 구매할 수 있다.…→55 이와 같이 한국 기업들은 SNS를 저렴하지만 효과적으로 광고할 수 있는 마케팅 채널로 활용할 수 있을 것이다.

(3) 참여마케팅

SNS의 특징 중의 하나는 직접참여(participation)이다. SNS에는 집단지성에 의해 많은 사람들이 참여하여 자신의 의견을 말하거나 직접 동영상을 만들어 공유하는 등 참여와 관련된 다양한 방법들이 있다. 하나의 예로 위키피디아는 사용자들의 참여를 통해 사전을 만들어 가고 있다. 일반 기업의 입장에서도 사용자들을 회사가 마련한 SNS에 직접 참여하게 한다면 기업이 소비자와의 소통을 원활히 한다는 긍정적인 이미지를 주고 기업에 충성도가 높은 소비자를 확보할 수 있을 것이다.

각 음악제작사들은 유튜브 등에 회사 사이트를 만들어 팬들이 적극적으로 참여하도록 유도하고 있고, 그 일환으로 커버 콘테스트도 개최하고 있다. 또한 유튜브 영상을 접한 팬들은 자기표현 및 한류를 매개로 타인과의 공감대를 형성하기 위하여 K-POP의 노래와 안무를 따라하는 패러디물이나 'UCC 동영상' 등의 2차 생산물로서

---

55. 김병수, 2011, SNS 활용기업의 성공전략, 삼성경제연구소 보고서.

의 콘텐츠를 만들고, 이를 소셜 네크워크에서 공유를 통해 새로운 문화를 생성했다. 이와 같이 전 세계의 한류 팬들은 유투브를 매개로 한류를 그들의 일상 속 문화로 수용하며 한류 콘텐츠를 재생산 및 확산하여 한류가 세계적으로 양방향 소통이 되는 데 일조한 것이다.

(4) 테스트마케팅

국내 음악제작사들은 가수 흥행의 위험도를 낮추기 위해 SNS를 테스트마켓(test market)으로 사용하고 있다. 즉 가수들의 음반발매에 앞서 유튜브를 통해 티저 영상 및 뮤직비디오를 미리 공개한 후 음원과 앨범을 발표하는 것이 일종의 공식처럼 자리잡고 있다. 한류의 경우에도 유튜브 등 SNS를 테스트마켓으로 활용하여 온라인에서 프로모션을 먼저 하고 충분한 검증을 거친 후에 가수들의 해외진출이 이루어진다.

유튜브나 트위터와 같은 SNS에서의 정보제공에 대한 반응은 즉각적이다. 일반 기업에서도 SNS에 소개하는 상품에 대한 반응을 보고 제품을 본격적으로 출시할 것인지를 결정하거나, 해외 소비자들의 반응이 어떤지를 파악하기 위해 테스트마켓의 수단으로 SNS를 활용할 수 있다. 즉 SNS는 해외 소비자의 반응이 좋으면 해외에 적극적으로 진출하고, 그렇지 않으면 해외에 맞는 제품으로 수정을 하거나 해외 판매를 포기하는 의사결정을 하는 데 활용될 수 있는 것이다.

5. 캐치업 전략

한류는 일류의 대체과정이라고도 할 수 있다. 우리보다 먼저 시작된 일류, 그리고 그것을 뒤따라온 한류. 일류를 따라잡기 위해 부단히 애썼던 한류는 일부 분야에서 일류에 앞서 새로운 자리를 만들어 냈다. 일본의 J-POP, J-drama, 재패니메이션, 일본 게임 등이 세계시장에서 아시아의 콘텐츠를 대표하고 있고, 아직도 여전히 인기를 차지하고 있지만, 한류가 이들을 따라잡고 대체하고 있다. 우리나라 산업은 일본과 미국 등의 선진국을 캐치업하면서 성장했듯이, 문화콘텐츠 산업도 일본과 미국을 캐치업하는 과정에서 자연스럽게 한류가 형성되었다. 그러나 중요한 것은 단순한 모방이 아니라 한국적인 요소가 가미되어 새로운 문화를 만들어 냈다는 것이다.

1) 캐치업의 개념

한국은 한국전쟁 이후 폐허에서 출발하여 20년이라는 짧은 기간 동안 괄목할 만한 경제성장을 이루었다. 경공업에서 시작하여 중화학공업 육성을 통해 산업화의 기반을 확충하였고, 자동차, 전자제품, 조선, 철강, 첨단 디지털 산업에 이르기까지 여러 분야에서 지속적인 성장을 이루었다. 몇몇 한국 기업들은 국내시장을 넘어 글로벌 시장으로 무대를 넓혀 가며 급속히 성장해 LCD, 반도체, 자동차, 조선, TV, 가전, 스마트폰 등의 글로벌 시장에서 선두그룹에 속한다. 한국 기업이 이와 같이 빠르게 성장할 수 있었던 것은 전략적 측면에서 '패스트 팔로워(fast follower)' 전략을 활용하여 과감한 목표를 설정하고 이를 달성해 나갔기 때문이다. 또한 앞선 외국 기업들을 벤치마킹(benchmarking)하거나 그들의 경영기법과 도구들을 부지런히 받아들임으로써 한국 기업의 역량도 꾸준히 강화되어 왔다. 이처럼 많은 산업군에서 한국은 후발주자로서 먼저 일궈 놓은 외국 기업의 경험으로부터 배우며 추격하는 입장에서 나아가 전자, 조선, IT산업 등 일본에 비해 늦은 산업발전에도 불구하고 일본 기업과 어깨를 나란히 하거나 더욱 앞서 나가는 기업들이 등장하였다. 이른바 캐치업(catch-up) 전략이 주효한 것이다.

'catch-up'은 경쟁에 참여한 둘 이상의 행위자 사이에 일정 정도의 격차가 존재할 때, 후발주자가 선발주자를 따라가거나(follow) 또는 넘어서는(leapfrogging) 현상에 대해 사용될 수 있는 전략을 의미한다. 후발기업의 추월(catch-up) 전략은 기존에는 주로 선발기업에 대한 기술적 능력 수준에 초점을 맞추었으나, 최근에는 마케팅 능력에 따른 신시장 개척과 인적 네트워크까지 그 범위를 넓혀 가고 있다.

그러나 후발기업이 그대로 선발기업을 모방해서는 성공이 보장되지 않는다. 후발기업이 열위를 극복하고 선발기업을 캐치업하기 위해서는 기업 외부의 산업구조에 대한 유연한 대응과 함께 기업 내부적으로 역량의 축적 및 이전 방식과는 다른 혁신이 강조되고 있다.[56] 또한 후발기업이 선발기업을 추월(catch-up)하는 과정에서 후발기업이 단순히 선진국의 기술적 개발경로를 밟는 것만이 아니고, 후발기업은 어떤 단계에서는 넘어서거나 혹은 선발기업들과 다른 자신만의 개인적인 경로를 만들고 있다.[57]

후발기업이 선발기업을 공격하기 위한 방법으로 세 가지가 있다. 이러한 세 가지 방법은 캐치업의 전략에서 선발기업을 그대로 모방하는 것이 아니라 선발기업과 추격을 하지만 독자적인 경쟁력으로 이들과 어떻게 차별화를 꾀할 것인지와 관련이 있다. 첫째, 재배열(reconfiguration) 전략으로, 후발기업이 자신의 가치사슬 내에서 기업의 전략실행 방법을 혁신하거나 전체 가치사슬의 배열을 혁신하는 것을 말한다. 둘째, 재정의(redefinition) 전략으로, 후발기업이 선발기업과 비교해서 자신의 경쟁범위를 재정의하는 것을 의미한다. 셋째, 순수지출(pure spending) 전략이다. 후발기업이 우수한 자원을 보유하거나 상당한 자본투자를 함으로써 시장점유율을 끌어올릴 수 있다고 보고, 이로 인해 경쟁우위를 갖고 이를 강화할 수 있다.

2) 한류와 캐치업

국내 콘텐츠 산업은 발전 초기단계에 인적·물적 자원이 빈약한 상태로 일본, 미국 등 선진국의 문화콘텐츠에 비교하여 열악한 산업환경에서 자국의 문화콘텐츠 개발을 위한 노력이 지속되었다. 주 목표는 국내시장에서의 입지 강화였으나 결과적으로 해외에서는 한류로 나타나 이것이 일본 문화를 대체하는 형식으로 나타났다.

---

56. 양지연, 2011, 후발기업의 catch-up 전략 실행을 위한 최고경영자의 변혁적 리더십: 농심사례를 중심으로, 전문경영인연구, 14(2), 89-108.
57. Lee, K & Kim, C., 2001, Technological Regimes, Catching up and Leapfrogging; Findings from the Korean Industries, *Research Policy*, 30, 459-483.

좀 더 구체적으로 보자. 먼저 국내 콘텐츠 산업은 산업화의 과정에서 외국 콘텐츠 주도단계에서 국산 콘텐츠 주도 단계로 변화되어 왔다. 산업 초기의 내수시장은 수입 콘텐츠가 주도하다가 점차 국산 콘텐츠 주도로 넘어가고, 그 이후 국산 콘텐츠는 국내에서 축적된 경쟁력을 기반으로 해외로 수출하는 과정을 거쳐 왔다. 음악의 경우 1960~1970년대에는 팝송이 국내시장의 60%를 차지하다가 현재는 국내 가요가 시장의 대부분을 차지하고 있다. 영화의 경우 1960년대 활황 이후 오랜 침체기를 거친 후 1990년대 말에 한국 영화의 흥행으로 새로운 부흥기를 맞이하였다. 이와 같이 국내 콘텐츠의 비중이 증가하고 있는 것은 국내 콘텐츠의 상품성 및 완성도가 높아져 소비자의 욕구를 충족시켰기 때문이다. 제작비도 높아졌을 뿐만 아니라 외국 콘텐츠에 비해 손색이 없을 정도로 국내 콘텐츠 수준이 향상되었기 때문에 구태여 외국어로 된 콘텐츠를 구입할 필요가 없어진 것이다. 이는 결국 한국 시장에서 외국 콘텐츠의 시장 점유율을 낮추고 한국 콘텐츠의 비중을 높여 한국 시장에서의 국산화가 진전되었다고 볼 수 있다.

한국 콘텐츠의 질이 높아진 원인은 제작비의 증가, 인력 수준의 향상 등 다양하지만 해외의 콘텐츠 제작의 노하우를 습득하고 기술을 따라잡는 전략, 즉 캐치업 전략의 결과였다. 1980년대 후반에 들어 여행의 증가와 비디오 및 디지털 미디어의 발달에 따라 일본의 문화상품들을 한국 내로 반입해 들어오는 것이 쉬워졌고, 케이블 텔레비전의 시청권 확산은 대중문화 상품의 국경 개념을 무력화시키기 시작했다. 이는 일본 대중문화가 한국의 대중문화 제작과 소비 영역에서 지속적인 영향을 미치고 있었다는 것이다. 한국의 콘텐츠가 일본 베끼기, 표절 등의 형태의 부정적인 개념의 캐치업뿐만 아니라 일본이나 미국의 콘텐츠를 분석하고 나름의 경쟁우위를 가지는 긍정적 의미의 캐치업도 진전시켰다. 이러한 과정을 거쳐 형성된 질적으로 높은 한국 콘텐츠는 해외에서의 수요를 촉발시켰는데, 이것이 바로 한류로 나타난 것이다.

아이러니하게도 한류는 동남아 등에서 인기 있었던 일류를 대체하게 되었다. 과거에는 일본 드라마가 아시아를 뒤흔든 적이 있었다. 〈오싱〉, 〈101번째 프로포즈〉, 〈도쿄 러브스토리〉 등 1990년대 초반부터 일본 드라마는 대만, 홍콩을 비롯하여 한국에까지 일본 드라마 마니아를 만들면서 아시아 지역에 일류 붐을 형성했다. 그러나 일류는 10년이 채 가지 않았다. 일본 드라마를 수입하던 대만은 1997년을 전후로 일본 드라마의 가격이 상승하자 상대적으로 저렴한 한국 드라마에 눈을 돌렸다. 일본 드라마를 한국의 드라마가 대체한 것이다. 음악의 경우에도 마찬가지로 과거 아시아 차트에서 상위권에 있는 음악은 항상 J-POP이었으나 이제는 K-POP이 이를 대체하였다.

그러나 요즘 중국의 콘텐츠 산업은 다시 한국을 캐치업하고 있다. 한국의 영화, 드라마, 영화 등의 제작 노하우 등을 습득하고 학습하면서 우리나라 문화를 대체하려는 많은 노력을 기울이고 있다. 이런 전략 중의 하나는 우리 기업을 인수하거나 인력을 스카웃하는 것이다. 중국에서 짝퉁이 나오는 것도 캐치업의 한 과정이라고 할 수 있다.

3) 캐치업 사례

(1) 한국의 콘텐츠 산업

한국의 대중문화는 여러 방면에서 일본의 대중문화를 캐치업한 결과물이라 할 수 있다. 다른 산업 분야와 마찬가지로 한국 문화산업의 성공은 선진국의 기술을 곧바로 따라잡기(Catch-up)하여 추격자(fast follower)로서의 전략에 기인한다.

음악의 예를 들어 보자. 일본은 이미 1970년대부터 아이돌이란 명칭을 사용해 우리나라보다 20년 정도 앞서 있다. 한국의 경우 1990년대 중반부터 SM이 기획한 H.O.T의 등장 이후 본격적으로 아이돌이라는 명칭이 사용되기 시작하였다. SM의 이수만 회장은 미국에서 유학하면서 터득한 것들을 토대로 북미, 중남미, 유럽에서 아이디어를 얻어 아이돌 사업에 투자하였으며, 음악제작사인 DSP는 일본의 쟈니스 아이돌 시스템을 벤치마킹하여 아이돌 사업을 시작하였다. DSP는 일본의 쟈니스 아이돌 시스템을 직수입하였는데, 쟈니스 그룹 중 하나인 V6을 벤치마킹하여 젝스키스를 데뷔시켰으며, 이후 쟈니스와 일본 아이돌과 마찬가지로 예능을 중요시하여 아이돌들의 예능출연에 적극적인 모습을 보였다.

SM이 음반 기획에서 홍보, 매니지먼트까지 한 회사에서 도맡는 가요계의 주먹구구식 운영을 탈피하여 음악 프로듀서와 비즈니스를 분리시킨 형태의 운영은 가수의 콘셉트 설정과 캐스팅, 트레이닝, 마케팅의 전 과정에 걸쳐 일본 '쟈니스 프로덕션'이나 미국 '자이브'의 철저한 전문화와 분업화를 벤치마킹한 결과였다.

한국의 문화산업이 후발주자로서 일본이나 미국 등 선진국을 캐치업하기까지 다음과 같은 3단계를 거쳤다. 첫 번째 단계는 외국 콘텐츠 주도단계이다. 이 단계는 한국전쟁 이후 많은 미국 콘텐츠와 일본 콘텐츠들이 한국에 들어와 국내 기반이 부족한 국내시장에서 대량으로 소비되는 단계이다. 미국의 음악이나 영화 등은 주한미군에 의해 한국에 소개되는 경우가 많았고, 미군을 위한 방송인 AFKN(주한미군방송)도 한국에서의 미국 콘텐츠 소비를 불러일으킨 미디어가 되었다.

반면, 일본 대중문화는 1998년 개방된 이후 단계별로 공식적으로 유입되기 시작하였으나, 개방 이전에 이미 원칙적으로는 일본 대중문화의 유입이 금지되어 있었음에도 불구하고 여러 가지 경로를 통해 많은 일본 대중문화가 한국에 유입되어 영향을 끼쳤다. 또한 일본 대중문화 개방 이전인 1970~1980년 서울 회현동 상가 등에서 불법복제된 일본 만화, 애니메이션, 음반 등이 유통되어 한국의 대부분의 청소년들 사이에서 소비되고 있었다.…58

두 번째 단계는 외국의 콘텐츠가 국산 콘텐츠 제작에 활용되는 경우이다. 이 단계는 외국 콘텐츠의 벤치마킹을 통해 조금씩 모방을 하고 자신의 콘텐츠로 갖추어 가는 모습을 보이는 단계이다. 한국의 아티스트들이 미군의 병영에서 음악활동을 하면서 자연스럽게 이러한 음악이 한국 음악에 영향을 주는 과정을 겪었고, 일본의 콘텐츠가 한국에서 음성적으로 표절되어 한국 콘텐츠 제작에 반영되었다. 말하자면 짝퉁이 나타난 것이다. 이러한 현상은 음악, 드라마, 연예프로그램, 만화 등 광범위하게 나타났는데, 모방을 통해 한국의 특징이 반영된 된 융합 콘텐츠를 개발하고, 해외의 기술과 제작방법을 배울 수 있는 기회를 제공했다는 긍정적인 요인도 있었다는 점을 인정하

58. 황달기, 2009, 한국의 일본 대중문화 수용: 1990년대 이후의 일본영화를 중심으로, 경영경제, 40(1), 151-166.

지 않을 수 없다.

세 번째 단계는 한국의 독자적인 콘텐츠가 주도하는 단계이다. 해외의 콘텐츠를 개량하고 응용하는 과정에서 제작기술과 마케팅 방법을 배우고, 이를 토대로 한국 소비자의 정서를 반영한 독자적인 콘텐츠가 개발되기 시작했다. 특히 네 차례의 일본 대중문화 개방조치에 따라 음성적 경로를 통해 유통되어 온 일본 대중문화가 양성화되었으며, 그에 따라 일본 대중문화의 모방이나 표절이 더 이상 불가능하면서 이러한 경향은 더욱 두드러졌다. 이와 같이 일찍이 일본 대중문화를 소비하던 세대들은 자국의 문화콘텐츠를 개발함에 있어 일본 기업과 문화의 장점을 빠르게 받아들이고 한국의 특성에 맞게 발전시키면서 일본 대중문화를 캐치업하며 한류의 기반을 다지게 된다. 이런 과정을 통해 경쟁력 있는 작품을 만들다 보니 자연스럽게 한류가 탄생한 것이다.

4) 기업의 시사점 및 응용

한국의 콘텐츠 기업들은 해외의 우수한 기술을 벤치마킹하면서 선진국과의 경쟁을 피하고, 기회를 찾는 전략을 추진하였다. 후발기업이다 보니 선발기업의 시행착오를 줄이면서 창조적 모방을 하지 않으면 안 되었다. 이러한 한류의 캐치업 전략을 통한 성공사례는 일반 기업에서는 어떻게 적용해야 하는가?

첫째, 우리보다 앞서간 일본을 철저하게 벤치마킹한다. 제조업의 경우에는 이미 일본을 벤치마킹하면서 추격하고 있지만 서비스 기업은 일본을 벤치마킹하는 경우가 많지 않다. 이는 일본의 서비스 산업이 아직 세계적인 위상을 확보하지 못하고 있기 때문이지만, 특정 분야에서는 일본도 이미 많은 성공사례를 가지고 있다. 일본과 한국은 미국을 비롯한 다른 국가와는 다르게 문화, 경영방식 등에서 공통적 특성을 가지고 있기 때문에 글로벌 서비스 시장에서 일본의 성공사례는 한국 역시 그 분야에서 성공할 수 있다는 가능성과 시사점을 보여 준다. 사실 우리나라 제조업의 경우에도 세계시장에서 일본 제품의 캐치업 과정이라고 해도 과언이 아니다. 일본제철의 철강이 포스코로, 과거 세계 1위의 일본 반도체가 삼성전자로, 일본 샤프의 LCD가 한국의 삼성과 LG로, 일본의 2차전지가 한국의 LG와 삼성으로 캐치업되는 등 사례는 매우 많다. 일본이 잘할 수 있는 분야는 한국도 잘할 수 있다는 개연성이 존재한다는 것이다. 따라서 일본이 과연 서비스의 어느 분야에서 세계시장에서 높은 점유율을 가지고 있는지 철저하게 조사하고, 이들이 세계시장을 넓혀 나간 전략을 벤치마킹한다면 성공가능성이 높고 최소한 시행착오를 줄일 수 있을 것이다.

둘째, 순차적 지역전략을 추진할 필요가 있다. 특히 우리나라와 같이 추격하는 입장에서는 선진국이 소홀히 하는 지역을 먼저 공략하는 전략이 요구된다. 서비스업의 경우에는 더욱 그렇다. 서비스 분야에서 우리와 문화나 경영방식이 비슷하고 지리적으로 인접한 이웃국가들에 먼저 진출하여 입지를 강화하는 것이 필요하다.

경제발전 단계에서 우리나라 제조업은 동아시아 등 신흥시장을 먼저 목표로 하였고 이후 서서히 세계 다른 지역으로 진출하였다. 냉전시대의 종식으로 브릭스(BRICS, 신흥경제5국)를 포함한 개발도상국의 경제가 빠르게 성장하며 신흥시장으로 부상하자, 미국, EU 등 선진국 중심의 수출보다는 중국, 러시아, 동구권 등 신흥시장을 주목한 것이다. 특히 중국은 개방정책 이후 평균 9%대의 고성장을 지속하면서 한국의 최대 수출시장으로 부상하였으며, 우회 수출기지의 역할을 하였다. 이와 같이 우리나라 기업들은 선진국에 비해 시장진입은 어려우나 상대적으로 경쟁강도가 낮은 신흥시장을 집중 개척한 것이다. 이를 기반으로 미국, EU 등에서도 브랜드 인지도를 쌓으면서 삼성전자나 현대자동차와 같은 글로벌 플레이어가 탄생하게 되었다.

사실 한류의 경우에도 마찬가지이다. 한국의 문화콘텐츠 기업도 선발기업이 이미 장악하고 있는 선진국 시장은 뒤로하고 시장이 작아 이들이 소홀히 하고 있는 지역을 먼저 진출하는 순차적 우회전략을 추진했다. 지역적으로 후발 개발도상국으로서 우리와 문화적 장벽이 낮은 중국, 동남아 등에서 먼저 한류가 형성된 것도 이와 맥락을 같이한다. 경제발전 정도가 미미한 시장 또는 제반 규제가 심한 시장 등에서 제품적응화의 필요성은 증가하며 이러한 시장에서 시장선도자들이 경쟁하기에는 유인이 존재하지 않기 때문이다. 따라서 동남아, 중국과 같은 이들 지역에서 선진국의 콘텐츠들이 상대적으로 신경을 쓰지 못했다. 그러나 우리나라는 이들 지역을 초기 거점시장으로 보고 적극적으로 진출했다. 반면 미국이나 유럽은 문화적 장벽이 높을 뿐 아니라 우리보다 경쟁력이 높은 콘텐츠를 제작하고 있어 침투하기 어려웠다. 따라서 지역적 우회 전략으로 먼저 중국, 동남아 지역을 진입한 이후 점차 유럽과 미국 등으로 지역을 확대한 것이다. 이는 우리나라 제조업에서의 해외진출 전략과 유사한 것이었다. K-POP의 경우 먼저 대만, 중국, 동남아 등에서 인기를 끌다가 일본에 이어 프랑스, 싸이를 통해 미국에까지 확대되는 경로를 보여 주었다. 이는 지역적 우회전략으로 추격자에서 선도자로 가기 위한 캐치업 전략의 일환인 것이다.

셋째, 변화하는 환경에서 기회를 포착하고 선취한다. 기술변화는 후발자에게 선발자(First Mover)를 추격할 수 있는 좋은 기회를 제공한다. 기업은 이러한 기회를 최대한 살리기 위해 많은 자원과 인력을 투입해야 할 것이다.

과거 산업역사를 보면 기술변화의 선두에 서서 이를 잘 이용한 기업이 있는가 하면, 알아채지 못하거나 알고서도 대응하지 못해 사라지는 기업이 많았다. 그동안 기술의 패러다임이 변화하는 과정에서 적응하는 자는 생존하고 그렇지 못한 자는 도태하면서 업계가 완전히 재편되는 경우를 우리는 많이 보아 왔다. 코닥사의 예를 보자. 코닥은 디지털 카메라 기술을 최초로 개발했음에도 불구하고 이 기술이 기존의 핵심 수익사업이었던 필름사업에 악영향을 미칠 것이라 자체 판단하고 이를 소홀히 했다. 그러나 캐논과 같은 일본 기업은 디지털 카메라라는 새로운 기술영역을 선취하여 막대한 이익을 실현하였다. 새로운 기술을 받아들이지 못한 코닥은 이제 디지털 카메라 시장에서 캐논, 니콘, 소니 등에 밀렸다.

우리나라도 기술변화에 빠르게 대응하였는데, 이는 역동성이라는 국민성에서 나온 것이다. '빨리빨리' 정신으로 무장된 한국만의 독특한 역동성이 있었기에 다른 나라보다도 빠르게 기회를 포착할 수 있었던 것이다. 최근 스마트, 디지털, 모바일, 유비쿼터스, 바이오 등 기술발전 속도가 과거보다 비교도 안 될 정도로 빠르게 변화하고 있다. 우리나라는 이러한 때일수록 변화를 기회로 삼아야 할 것이다. 우리는 새로운 기술변화에서 다른 기업이나 국가보다 미래형 기술을 빠르게 선취하는 전략이 필요하다. 이는 우리의 강점인 역동성을 잘 살릴 수 있는 전략이기 때문에 가능성이 높다. 이를 통해 우리나라는 선진국의 기술을 따라가는 단계에서 벗어나 기술을 선도하는 리딩(leading) 단계로 진입하는 진화를 거듭해야 할 것이다.

넷째, 창조적 모방을 하자. 창조는 모방에서부터 나올 수 있다. 단순한 카피가 아니라 창조적 카피가 필요하다. 단순한 모방은 지적재산권의 문제를 야기 시키지만, 창조적 모방을 하면 진화할 수 있다. 창조는 뇌에 있는 여러 가지 기억의 씨줄과 날줄의 조합이라고 한다. 선발국가와 기업의 제품을 재조합하고 융합함으로써 새로운 제품을 만들 수 있는 것이다. 모방을 두려워하지 말고 적극적으로 이용하는 자세가 필요하다.

다섯째, 소비자의 요구에 즉각적으로 대응하는 체제를 갖추어야 한다. 우리나라의 소비자들은 매우 까다롭고 참여와 개입을 좋아하는 민족 중의 하나이다. 빨리빨리 정신에 의해 모든 것이 신속하게 전개되지 않으면 만족하지 못한다. 이러한 소비자의 요구에 빠르게 대응하면서 자연스럽게 경쟁력을 축적해야 한다. 한국 드라마의 경우 선진국과 같이 한 시리즈를 모두 만들어 놓고 방송하는 사전제작제가 아니다 보니 네티즌들의 드라마에 대한 댓글 등을 반영하는 제작환경이 조성되었고 이를 실현하였다. 이러한 소비자 요구에 대한 즉각적인 반응으로 한국민의 까다로운 입맛을 맞추는 동시에 후발기업으로서 한국의 콘텐츠 산업이 선진국의 문화콘텐츠 산업을 모방하면서도 독자적인 특성을 보유하게 되었다.

여섯째, 캐치업의 역풍에 대비하자. 우리나라의 문화산업이 일본과 미국을 캐치업하여 현재까지 와 있지만 지금은 중국 등이 우리를 캐치업하면서 쫓기는 입장이 되고 있다. 중국은 미래 먹거리 산업 중의 하나로 창의 문화산업을 선정하고 적극적인 지원과 투자를 하고 있다. 거대한 내수시장을 기반으로 한국을 캐치업하여 한국을 추격한다면 우리는 중국 시장뿐만 아니라 세계시장에서의 입지가 좁아질 수밖에 없다. 추격자가 따라오면 우리는 더 빨리 달려야 한다. 항상 중국의 정책과 기업의 동향을 주시하고 추격을 피하면서 중국을 활용하는 전략이 요구된다고 하겠다. 여전히 중국 시장은 우리에게 기회이기도 하다.

6. 자발적 팬 전략

비틀스가 처음 미국을 방문했을 때 미국의 팬들이 열광적으로 환영했다. 이를 두고 미국의 신문들은 '브리티시 인베이션(british invasion)'이라고 기사화했다. 영국이 미국을 침공한 것으로 비유한 것이다. 그러나 공항 현장에서의 열광은 이미 미국 내 많은 비틀스의 팬들이 형성되어 있었고, 이들이 비틀스를 미국에 끌어들인 것이나 마찬가지였다. 이와 같이 한류도 이미 SNS 등을 통해 현지에서 자발적인 팬들이 형성되어 있다. 이는 푸시(push)형이 아닌 풀(pull)형 한류 확산공식을 설명해 주는 것이다.

1) 팬덤

팬덤(fandom)이라는 단어의 팬(fan)은 광신, 열광자의 의미를 가진 라틴어 파나티쿠스(fanaticus)라는 용어에서 유래되었고, 돔(Dom)은 영지(領地) 또는 나라를 뜻하는 접미사이다. 따라서 팬덤은 특정한 인물이나 분야를 열정적으로 좋아하는 사람들 또는 그러한 문화현상을 말한다. 이를 풀어 보면, 팬덤은 산업사회에서 대중문화의 보편적인 특징으로서 대량생산되고 분배되는 대중문화 가운데 특정인이나 장르 등을 선택하여 자신들의 문화로 받아들이는 자발적인 소비자들의 문화를 일컫는다. 여기서 팬덤의 행위는 단순히 문화를 소비하는 행위만을 일컫는 것이 아니라 특정 문화에 대해 능동적이고 주체적인 생산활동까지 포함한다는 것을 의미한다.

젠킨스는 팬은 수용방식에서 능동적이라고 강조하고, 자신들이 좋아하는 것을 접할 때 온전히 몰두하기 위해 노력을 아끼지 아니한다고 하여 일반 수용자와의 차이점을 두고 있다[59]고 말한다. 팬은 인터넷 등 디지털 미디어의 발달로 다른 팬들과 교류하며 감상을 공유하면서 자신의 느낌을 다시 한 번 합리화하는 경향이 있다. 따라

---

59. Jensen, J., 1992, *Fandom as Pathology: The Consequences of Characterization*, London, UK: Routledge.

서 능동적 수용자라고 할 수 있으며, 마케팅 용어로는 초기수용자(early adopter)와 도 연결되고 흔히 마니아라고도 한다. 이러한 용어는 약간씩 차이가 있으나 일반적으로 팬덤은 일종의 공동체로서의 특징을 가지고 있다. 팬덤은 '소속감을 고취시키는 멤버십(membership)', '멤버들의 개인적 생활을 통제하고 있다는 영향력(influence)', '필요를 충족시켜 주는 보상을 통한 결속력(integration)', '다양한 상호작용과 강력한 결속력', '공동체 의식을 통한 공유된 감정의 연결(shared emotional connection)' 등 네 가지 측면에서 만족감을 얻음으로써 지속된다고 한다(McMillan & Chavis, 1986).⋯→60

팬덤은 인터넷과 SNS 확산으로 그중요성이 높아지고 있다. 초기 인터넷 발전은 특정 연예인을 향한 불특정 다수가 참여하는 카페, 블로그 위주의 활동을 가능하게 하였다. 인터넷 카페를 통한 팬덤의 활동은 덜 개방적이며 댓글 또는 대댓글 수준의 상호작용 수준이었다. 반면 SNS를 비롯한 뉴미디어는 관계의 확장과 유대의 변환을 통해 소위 팬덤이 문화적 공감대와 함께 사회적 측면에서 참여의 외연을 확대하였다. 유튜브와 페이스북, 트위터, 인스타그램 등과 같은 SNS의 활용을 통한 온라인 팬덤은 문화적 응용과 가공, 변형과 재생산을 거듭하면서 다양한 영향력을 보여 주고 있다.⋯→61

온라인 팬덤 활동은 한 국가 내에서뿐 아니라 초국가적으로 확산되어 왔다. 최근의 온라인 팬덤은 사회연결망의 확대로 더욱 강화되고 다양한 형태를 나타내고 있으며, 그 하나의 중요한 결과는 인터넷 커뮤니티 등을 통하여 초국가적 공동체를 형성하고 있다는 것이다.⋯→62 결과적으로 온라인 팬덤은 특히 초국가적 문화의 수용에 많은 영향을 주고 있는데, 예를 들어 최근 미드를 좋아하는 팬들은 별도의 새로운 유형의 '초국적' 온라인 팬덤의 특성을 보여 주고 있다.

---

60. 박신의, 2012, 한류 글로벌 팬덤 현상을 통해 본 문화소통 및 교류의 전망, 문화예술경영, 2, 23-37.
61. 강장묵 · 송유진 · 최미경, 2013, 인터넷 팬덤문화의 사회적 현상과 과제, 한국인터넷방송통신학회, 13(1).
62. 손승혜, 2013, 디지털 네트워크 시대의 초국가적 온라인 팬덤: 2PM 팬포럼 Wild2Day 회원 인터뷰의 근거이론적 분석, 미디어, 젠더&문화, 2573-111.

그러나 팬덤은 스포츠, 엔터테인먼트 산업에만 국한되는 것은 아니라 일반 기업이나 제품의 경우에도 존재한다. 애플이 아이폰을 발표하고 출시할 때마다 줄을 서서 기다리는 것도 그 예 중의 하나이다. 온라인과 SNS의 등장은 엔터테인먼트 산업의 확산을 가져왔지만, 일반 제품이나 기업에 대한 정보도 신속하게 전달되고 온라인 팬덤이 형성되기 쉬운 환경을 조성하고 있다.

2) 한류의 확산과 팬덤문화

한류 확산에는 팬들의 역할이 컸다. 한국의 아이돌이 인터넷상에서 높은 국제적 주목도를 얻게 된 이유 중 하나는 국내의 열성적인 팬들이 반복해서 조회하고, 이로 인해 특정 동영상이 메인에 노출되는 과정이 있었기 때문이다.⋯[63] 팬은 연예인을 좋아하기 때문에 나타난 것이지만 한번 팬이 되면 다른 사람에게 좋아하는 연예인에 대해 입소문을 내고 팬들이 서로 커뮤니티를 형성하는 등 적극적인 활동으로 이어진다. 즉 팬은 제품의 인지도가 낮은 초기 단계에서 소비를 하는 초기수용자(early adopter)의 역할을 하면서 수요를 견인한다.

초기 한류는 드라마 속 현실에 공감하고 즐거움을 느끼는 아시아 여성들의 자발적 팬클럽 활동으로 주목받았다. 드라마 〈겨울연가〉의 주인공 배용준의 일본 팬클럽 B.S.J가 2004년 결성되어 5000여 명이 활동하며 독자적인 DVD 상영회와 배용준 미술전을 개최하는 등 회원들이 자체적으로 기획과 운영을 통한 팬덤활동을 구축하였다. 음악의 경우 초기 국내 아이돌을 좋아하는 한국의 10대 청소년 팬들은 인터넷 카페를 통해 결속력을 다지고 단체 행동을 통해 팬덤의 영향력을 행사해 왔다. 열광적인 10대 팬덤은 음반 혹은 디지털 음원 구매, 콘서트 관람, 스타상품, CF 상품 등 다양한 형태로 구매력을 행사하였고, 시간이 지나 20대, 30대가 되어서도 꾸준한 팬

63. 김호영·윤태진, 2012, 한국 대중문화의 아이돌(idol) 시스템 작동방식: 아이돌문화 생산·소비의 이중적 구조에 대한 탐색적 연구, 방송과 커뮤니케이션, 13(4).

심을 발휘하는 형태가 유지되었다. 아이돌을 둘러싼 팬덤현상은 국내에서만이 아닌 일본과 중국, 동남아시아에서 거의 동일한 형태로 나타나기 시작하였다. 드라마에 K-POP이 한류의 주역으로 떠오르며 아시아의 10대들에게서 국내 아이돌 팬들에게서 나타난 팬덤문화가 그대로 나타났으며, 이들 역시 스타 관련 상품에 대한 구매력을 행사하며 한류를 확산시키는 데 앞장섰다.

한류의 확산은 모든 미디어 콘텐츠가 디지털화될 수 있고 인터넷을 통해 국경 없이 소통될 수 있는 환경에서 가속화되었다. 인터넷 접속이 가능한 지구상의 어느 곳에서든 디지털화되어 온라인상에 유통되는 모든 문화콘텐츠를 접할 수 있게 되면서 세계 각국에서 한류에 대한 마니아들이 생겨났다. 그리고 팬들의 활동은 국제화되고 동시성을 갖게 되었으며 신속화되었다. 또한 인터넷의 보급으로 스타에 대한 맹목적인 추종이 아닌 스스로 즐기기 위해 조직을 만들고 아이디어를 제안하며 문화운동에도 적극적으로 참여하는 팬덤문화를 형성되었다.[64] 이와 같이 K-POP의 팬덤은 특정한 지역, 특정한 아티스트로 제한되지 않으며, 지리적 거리, 문화적 거리와 무관하게 온라인을 통하여 새로운 공동체를 형성하고 있다. K-POP의 뮤직비디오는 물론이거니와, 스타들이 출연한 버라이어티쇼나 드라마 등도 실시간으로 현지어 자막이 생성되어 유통되는 등 온라인 팬덤은 새로운 차원의 스타와 팬, 팬과 팬 관계를 보여 주고 있다.[65]

특히 소셜미디어의 등장으로 수용자의 능동적인 참여와 생산, 이로 인한 커뮤니케이션 양식의 변화가 전 지구적인 한류의 확장을 가져왔다고 볼 수 있다. 유튜브와 페이스북 등 디지털미디어와 SNS 서비스는 한류의 팬덤을 아시아를 넘어 전 세계로 넓혀 놓았다. 한류 콘텐츠의 세계적인 확산은 또한 한국의 우수한 인터넷 속도와 앞서가는 디지털 문화에 기인하고 있다. 한국의 우수한 디지털 환경과 팬들의 적극적인 활동, 조회 수 등으로 유튜브에는 랩, 레게 음악과 같이 K-POP이란 새로운 장르가

64. 윤유경·채지영, 2009, 팬덤의 심리학적 접근과 문화연구 제언: 여성 팬덤을 중심으로, 문화정책논총, 21, 227-249.
65. 손승혜, 2013, 앞의 글.

만들어지기도 했다. K-POP은 유튜브, 아이튠즈, 페이스북, 트위터, 블로그, 인스타그램 등과 같은 SNS가 주요 유통기반이 되어 한류의 발전에 중요한 역할을 했다.

동남아시아 지역에서는 대중문화만이 아니라 어린이 도서, 학습만화 등이 각광을 받으며 일부 국가에서는 생활의 일부로까지 자연스럽게 흡수되었다. 또한 한국 연예인들에 대한 관심과 동경은 K-beauty의 바람으로 이어져 한국 패션 및 뷰티업계에도 큰 영향을 미치고 있다. 따라서 한류의 팬덤이 이러한 한국의 뷰티상품을 구매하는 데 중요한 역할을 하게 되는 것이다.

SNS를 통한 팬덤의 역할이 이처럼 중요해지자, 기획사에서도 이의 활용이 일반화되었다. 이는 과거 기획사가 주도적으로 초국가적 마케팅 전략을 펼쳤던 것과는 본질적인 차이를 보인다. 해외시장에 진출하기 위해서 현지 회사를 섭외하고, 프로모션을 하고, 음반발매, 방송 출연 등을 통해 인지도를 제고하는 방식이 생산자 중심의 전략·문화라면, 팬 텍스트가 먼저 초국가적 네트워크를 통해서 확산되면서 자연스럽게 초국가적 팬덤이 형성되고, 이에 맞추어 아이돌 산업이 해외로 진출하는 최근의 양상은 소비자(팬) 중심의 전략·문화라 할 수 있다.⋯›66

3) 자발적 팬 형성에 의한 한류의 해외 확산 사례

(1) 코리안 커넥션(Korean Connection)

프랑스에서의 한국 문화콘텐츠 소비는 영화를 시작으로 2000년대 초 만화, 그리고 K-POP까지 그 범위가 확대되고 있었다. 디지털의 발달로 인한 국경 없는 디지털 문화 시대가 본격적으로 시작한 2000년대 중반 프랑스에서 인터넷을 통한 한국 드라마의 소비가 시작되었고, 프랑스의 인터넷 보급률 증가와 SNS의 등장은 그 소비영역이 K-POP으로 확대되었다. 그러나 본격적인 한류의 시작은 2010년 한류 커뮤니티와 코리안 커넥션의 출범으로 팬덤문화가 형성되면서부터라 할 수 있다.⋯›67 특히 코리

66. 김호영·윤태진, 2012, 앞의 글.

그림 6.9 SM타운 파리공연 연장 촉구를 위한 플래시몹

출처: http://blog.daum.net/parismadame

안 커넥션은 2011년 6월 SM타운의 파리 콘서트의 추가공연을 요청하는 플래시몹 활동으로 자발적 팬덤에 의해 한류가 확산되는 현상을 보여 준 사례이다.

코리안 커넥션은 한국 문화에 관심을 갖고 한국어를 배우거나 한국 문화에 대한 정보를 얻기 위해 파리 한국문화원을 활용하고 있는 프랑스인들에 의해 한국과 프랑스의 문화적 이해를 돕기 위한 목적으로 2009년에 설립되었다. 회원들은 한국어와 한국 문화를 배우고 소규모의 오프라인 모임을 만들어 함께 영화나 한국 드라마를 보며 토론하거나 한국 음식점을 방문하는 등 친목활동을 하였다. 2010년부터는 점차 발전하여 다양한 한국 문화 홍보와 교류사업을 목적으로 본격적인 코리안 커넥션이라는 이름의 온·오프라인 활동을 시작하였다. 초기에는 오프라인 활동을 중심으로 200여 명에 이르는 회원들이 자발적으로 다양한 문화교류 행사를 실행하였으며, K-POP에 대한 관심이 증가하면서 회원수가 폭발적으로 증가해 SM타운 라이브 콘서트 후에는 온

---

67. 민지은, 2013, 프랑스 내 한국대중문화콘텐츠 소비의 확산을 위한 연구, 28, 64-85.

라인 회원이 6,000명에 이르게 되었다. 이들은 한국문화원과 공동으로 한국 영화 상영과 토론, 한국 페스티벌 행사를 통한 공연과 음식 시식행사 등 다양한 프로젝트를 시행하였으며, 한국 단체방문 행사, 한국어 여름캠프 운영, SM타운 콘서트 성사 등의 성과를 회원들의 자발적인 참여로 이끌어 냈다. 자발적으로 활동을 기획하고 추진하며 조직화한다는 점에서 열린 시민단체(NGO)의 성격을 지니고 있다.[68]

코리안 커넥션의 회원 중 다수가 K-POP 팬이라는 점을 활용하여 한국 대중음악 가수들과 콘서트를 기획하기도 하고 콘서트를 요청하는 온라인 서명운동도 시도해 9,000명이 넘는 팬들의 참여를 이끌어 냈다.

이들은 2011년 프랑스에서 한류 스타들의 공연 연장을 요구하는 플래시몹 시위를 하는 데 주도적 역할을 하였다. 프랑스 한류 팬 300여 명은 파리 루브르박물관 입구에 모여 6월 10일 열릴 SM엔터테인먼트 소속 가수들의 공연을 하루 연장해 줄 것을 요구하였다. 프랑스 한류 팬들의 플래시몹 시위로 결국 SM타운 파리공연을 1회 추가로 개최하였다.

(2) 싸이의 미국 진출 사례

싸이의 '강남스타일'은 한국을 겨냥한 콘텐츠로 시작되었으나 미국 등 해외시장에서 의도치 않은 성공을 거두게 되었다.

초기에 싸이가 소속된 YG 소속 가수들의 팬을 중심으로 확산의 기초세력이 형성되고 '올케이팝' 등 트위터리언이 중심이 된 한류 팬들의 글로벌 네트워크가 작동하면서 '강남스타일'의 확산이 가속되었다. 싸이의 해외시장 진출은 유튜브라는 채널과 페이스북, 트위터 등의 SNS에 의한 팬덤 형성의 영향력이 컸다. 미국 유명 연예인들이 자신의 페이스북과 트위터를 통해 '강남스타일'의 감상후기와 평들을 게재한 것이 엄청난 속도로 팔로잉되면서 입소문을 탔고 이것이 각종 차트에 영향을 미치게 되었다.

68. 손승혜, 2012, 한류 수용 로컬 콘텍스트와 글로벌 팬덤의 특성 : 코리아 커넥션 사례 분석, 미디어경제와 문화, 10(1).

즉 해외 유명인들의 팬에 의해 싸이가 덕을 본 것이다. 미국 등 해외진출을 염두에 두고 제작된 콘텐츠가 아니었기에 세계적인 '강남스타일' 열풍에 국내 팬들은 물론 당사자인 싸이 역시 예상치 못한 결과였으며, 미국과 영국, 남미 등 세계 각국에서의 러브콜을 받아 해외진출이 이루어지게 되었다.

또한 '강남스타일'이 유튜브상에서 짧은 시간 안에 확산된 것은 기존의 소속사의 팬클럽의 역할도 컸다. 트위터 팔로우 3만 명을 가지고 있는 2NE1의 팬이 '강남스타일'의 뮤직 비디오를 자신의 트위터에 링크하였다. 그 후 해외의 유명한 연예인들을 포함한 많은 사람들이 이를 리트윗하면서 전 세계적으로 확산되었다. 싸이의 인기는 소속사의 팬덤에 의해서도 영향을 받은 것이다.

4) 일반 기업에의 시사점 및 응용

최근 삼성전자가 중국 샤오미 등의 추격으로 스마트폰에서의 시장점유율 하락을 경험하고 있다. 신제품이 점차 시간이 지나면서 혁신성보다는 가격에 의해 수요가 결정되는 일상제품화(commodity)되는 경향이 있다. PC가 그러한 과정을 겪어 왔다. 물론 애플도 일상제품화의 의해 영향을 받고 있지만 초기 수용자, 마니아가 존재[69]한다. 앞으로 우리나라 기업들도 자발적인 팬층을 확보하고 유지하기 위해서는 어떻게 해야 하나?

첫째, 혁신적 제품을 만들어 마니아층을 자극해야 한다. 팬덤을 활용하기 이전에 팬덤을 일으키는 요건을 갖추어야 한다는 것이다. 팬덤은 엔터테인먼트 산업의 경우 연예인이나 작품의 매력도일 것이고 일반제품에서는 제품의 혁신성일 것이다. 혁신성은 디자인, 기능, 가격 등 다양한 곳에서 나타나지만 그것이 기존의 것과는 비교되지 못할 정도로 차별화되어 있고 소비자의 마음을 움직여야 한다. 애플은 애플컴퓨터부터 시작해서 맥컴퓨터, 아이팟, 아이폰, 아이패드 등으로 이어지는 혁신적 제품으

69. 이들을 애플마니아라고 부른다.

로 애플마니아를 탄생시켰다. 애플은 소비자가 원하는 것을 만드는 것이 아니라 소비자를 새로운 길로 안내하는 선구자였다. 남들이 생각지도 못한 새로운 제품을 만들어 내는 애플의 창의성과 혁신성은 가장 큰 매력이자 경쟁력이었다. 이에 따라 제품의 혁신성이 소비자를 감동시켰으며, 충성도 높은 애플 마니아가 생겨난 것이다.

둘째, 수용자 단계별 전략을 추진한다. 일반적으로 수용자에는 탐색자(seekers), 확산자(amplifiers), 참여자(joiners) 등 세 가지 부류가 있다.…70 탐색자는 인터넷 등을 통해 정보나 오락거리를 찾는 수용자, 확산자는 정보를 알지 못하는 사람들에게 자신의 메시지를 유포시키는 수용자, 참여자는 회사의 제품을 사고, 회사와 같이 하며 회사가 제공하는 정보를 받기 위해 회원으로서 가입하는 수용자를 말한다. 팬, 즉 능동적 수용자들은 여기에서 주로 참여자를 말한다.

3단계의 수용자를 개발하고 관리하는 체계적인 전략이 필요한데, 최근 인터넷의 발달로 블로그, 트위터, 페이스북, 유튜브 등 다양한 방법이 동원될 수 있다. 기업에서는 탐색자와 확산자를 어떻게 참여자로 만드느냐가 중요하다. 수용자를 확보하고, 이들이 충성도 높은 고객으로 업그레이드하기 위한 장기적인 로드맵을 설정하고 이들의 발굴·개발·관리 등의 수용자 관리 시스템을 구축할 필요가 있다.

셋째, 제품을 평가, 개발하는 데 팬들을 활용한다. 팬들은 로열티가 높은 소비자이므로 제품에 대한 높은 안목과 애정을 가지고 있다. 이들은 제품에 대해 세심한 평가를 하기 때문에 이들을 회사 제품 개발이나 기획에 활용할 수 있다. 제품평가를 통해 팬들도 자신이 좋아하는 기업이나 제품에 기여를 한다고 생각하면 여기에 적극적으로 참여할 것이다. 나아가서 팬들은 자신이 참가한 제품에 대해 다른 사람에게 초기 사용자로서 알리고 홍보하는 데 앞장설 것이다.

넷째, 구전마케팅을 전개한다. 인터넷의 발달로 구전의 역할이 한층 중요해짐에 됨에 따라 제품에 대한 붐업을 일으키기 위해 팬덤을 조성하여 입소문을 일으키는 구전마케팅을 적극적으로 관리해야 할 필요성이 높아졌다. 구전을 인터넷상에서 새로운

70. Jeffrey, K. Rohrs, 2014, Audience – Marketing in the Age of Subscribers, Fans & Followers, Wiley.

커뮤니케이션 믹스 요인으로 고려해서 SNS 등을 통해 제품에 대한 여론의 동향을 파악하고 이를 적극적으로 관리한다. 또한 인터넷상에서는 구전이 어떤 경로를 통해 이루어지는지, 또한 구전에서 중요한 역할을 하는 의견 선도자는 누구인지를 파악하고 이를 효과적으로 관리해야 한다. 온라인 구전마케팅을 기획하는 기업은 소비자의 관여도와 소비자의 제품지식을 정확히 파악하고 있어야 한다. 관여도와 제품지식은 온라인 구전정보의 효과에 중요한 변인요소이다. 그 이유는 온라인 구전에 있어 소비자의 개인적 특성이 실제 가장 많은 영향을 받고 있으며, 그중에서도 관여도와 제품지식이 그 개인적 특성을 가장 잘 설명해 줄 수 있기 때문이다.

팬덤을 조성하는 방법 중에는 광고, 유튜브, 페이스북 등에 많은 사람들이 흥미를 끌 만한 자극적인 내용을 제공하여 구전을 자극하는 것이다. 이러한 수단은 많은 사람들이 동시에 접하기 때문에 이를 통한 구전은 빠르고 광범위하다. 그러나 아무리 좋은 매체를 선정했다 하더라도 재미가 없으면 관심을 끌지 못할 것이다.…[71]

다섯째, 팬들에 대해 소속감이 생길 수 있도록 철저한 관리가 필요하다. 팬들은 자신만이 아는 독점정보라는 인식을 가져야 이 정보를 구전시킨다. 따라서 영향력이 높은 계층인 여론주도자에게만 제한적으로 정보와 자원을 제공한다. 리스트 파악, 정보제공, 감사 표시 등의 과정을 통해서 여론주도자를 관리하고 구전마케팅에 활용해야 할 것이다.

애플사에서는 신제품을 출시되기 이전에 한 번 사용할 수 있는 기회를 주고, 출시 전에 이상은 없는지에 대해 피드백을 받는 등 기업의 마니아층에게 다른 사람과는 다른 특별한 혜택을 준다. 그러면 애플사의 유저들은 자신들만 특별하다는 소속감이 생겨나게 된다. 또한 이들은 SNS를 통해 구전으로 사람들에게 제품에 대해 홍보하고 소개한다. 이는 직접 회사에서 홍보하는 것보다 효과가 배가되기 때문에 자신의 고객을 홍보 마케팅으로 활용한다.

여섯째, 한류 팬들을 활용하기 위해 한류 팬과 일반 기업의 컬래버레이션 전략도 필

---

71. 고정민, 2007, 문화콘텐츠 경영전략, 커뮤니케이션북스.

요하다. 엔터테인먼트 기업이나 연예인들은 많은 팬들을 가지고 있기 때문에 일반제품의 홍보, 초기 수용자 확보 등을 위해 이들과 일반 기업이 공동이벤트 개최, 협찬, 광고 등의 컬래버레이션을 한다면 많은 초기 수용자를 확보할 수 있다. 특히 뷰티상품과 같은 한류와 연관성이 높은 산업에서 그 효과가 높을 것이다.

7. 리더십 전략

한류와 리더십은 부적합한 연결일지도 모른다. 그러나 한류를 개척한 기업의 리더들은 일찍부터 해외시장에 눈을 돌려 새로운 블루오션을 개척했고, 해외시장에 적합한 콘텐츠, 경쟁사에 뒤지지 않는 콘텐츠를 만들기 위해 각자 독자적인 리더십을 발휘하였다. 음악에서 SM, YG, JYP 등 3대 음악기획사들의 리더의 개성적인 콘텐츠 제작, 사업운영, 해외개척 방식이 한류를 만들어 냈고, 방송사들의 CEO 역시 해외시장에서 한류 붐을 위한 뛰어난 안목으로 리더십을 발휘하였다. 최근에는 영화감독들도 해외시장에서 직접 활약하는 등 남들이 하지 못하는 새로운 영역을 개척하는 리더십을 보여 주고 있다. 여기에서는 주로 K-POP 리더에 대해 보기로 한다.

1) 개념

리더십(leadership)이란 개념은 학자들마다 조금씩 다르게 정의되고 있으나 공통적으로는 집단 혹은 조직의 목표를 위해 구성원들의 동기, 행동 능력을 집중시키려는 개인의 행동으로 정의할 수 있다. 헴필(Hemphill)과 쿤스(Coons)는 리더십을 집단활동을 공유된 하나의 목표로 집중시키려는 개인의 행동으로 정의하였고,⋯72 하우스(House)는 조직의 목표를 향한 구성원들의 효과적 행동을 위해 그들의 동기, 능력과

72. Hemphill, J. K. & Coons, A. E., 1957, *Development of the Leader Behavior Description Questionnaire*, In R. M. Stodgill and A. E. Coons (Eds.).

만족에 긍정적으로 영향을 주는 것이라고 정의하였으며,⋯73 쿠제스(Kouzes)와 포스터(Posner)는 달성하고자 하는 목표를 다른 사람들이 원해서 하도록 만드는 것으로 정의하였다.⋯74 처음 리더 개인의 특성에서 시작된 리더십 연구가 점차 종업원의 자발적인 행동을 이끄는 종업원에 초점을 맞추는 연구로 발전되어 왔다.

1980년대 이후 경영환경이 급변함에 따라 새로운 리더십 이론이 개발되었다. 그 대표적인 이론으로 변혁적 리더십⋯75, 카리스마 리더십⋯76, 비전리더십⋯77, 문화적 리더십⋯78 등이 있다. 그러나 많은 학자들은 번스(Burns)⋯79에 의해 최초로 사용된 변혁적 리더십 이론을 주된 것으로 그리고 다른 이론들을 부수적인 것으로 거론한다.⋯80

전통적 리더십 이론에 의하면 리더십 성과를 제고시키기 위해 리더는 부하와 계약적 거래관계를 가지게 된다.⋯81 리더는 부하들이 원하는 보상을 제공하고 그 대가로 리더가 원하는 업무성과를 부하들로부터 제공받는다.⋯82 전통적 리더십은 리더와 부하의 교환관계, 부하에 대한 지시와 지원으로 묘사된다.

전통적 리더십에는 카리스마적 리더십, 거래적 리더십 등이 포함된다. 카리스마적

---

73. House, R. J., 1971, A Path–goal Theory of Leadership Effectiveness, *Administrative Science Quarterly*, 16, 321–338.
74. Kouzes, J. M. & Posner, B. Z., 1987, *The Leadership Challenge: How To Get Extraordinary Thing Done in Organizations*, San Francisco: Jossey–Bass.
75. Bass, B. M., 1985, *Leadership and performance beyond expectation*, New York: Free Press.
76. Conger, J. A. & Kanungo, R. N., 1987, Toward a Behavioral Theory of Charismatic Leadership in Organizational Settings, *Academy of Management Review*, 12(4), 637–647.
77. Sashkin, M. and Fullmer, R. M., 1988, Toward an Organizational Leadership Theory, In Bass, B. M. Bass & Stogdill's Handbook of Leadership, The Free Press.
78. Trice, H. M. & Beyer, J. M., 1991, Cultural Leadership in Organizations, *Organization Science*, 2, 149–169.
79. Burns, J. M., 1978, *Leadership*, New York: Harper & Row.
80. 문계완·최석봉·문재승, 2009, 리더십 유형과 조직문화가 혁신행동에 미치는 영향, 산업경제연구, 22(6), 3289–3320.
81. 김병문, 2010, 변혁적 리더십의 스포츠 분야에의 적용: 히딩크 감독의 사례를 중심으로, 스포츠와 법, 13(1).
82. 임창희, 2005, 리더십 영향력에 미치는 부하성향의 차별적 조절효과, 경영연구, 30.

리더십은 리더의 카리스마적 권위에 기초하고 있으며, 리더는 기회와 결점을 찾아내고 이해관계자들의 욕구를 고려하여 전략적 비전을 수립한다. 설정된 비전을 하급자에게 전파하고 현 상태가 왜 불만족스러운지 그리고 제시된 비전이 왜 가장 바람직한 대안인지 명확하게 전달하여 추종자들을 비전으로 인도하며, 기술적 전문성, 개인적 위험감수, 자기희생, 하급자들이 기대하는 이상적 행동을 보여 줌으로써 신뢰를 쌓게 된다.

거래적 리더십(transactional leadership)에 대해 배스(Bass)는 일련의 교환이나 협상과 순종(compliance)에 토대를 둔 리더와 부하 간의 사회적 교환관계를 통해 기대되는 노력을 발휘하도록 동기를 부여하는 리더십으로 정의하고, 그 특징으로 위험을 회피하려 하고 시간 제약과 능률에 관심이 많으며, 통제 유지를 위해 과정을 중시하는 경향이 있음을 들었다.[83] 거래적 리더십(transactional leadership)은 변혁적 리더십과 대비되는 개념으로 전통적인 보상과 처벌 또는 상호 교환관계에 근거하는 리더십 스타일이다. 리더는 하급자들을 업무에 몰입시켜 성과를 내도록 하기 위해 노력한 만큼 자신이 원하는 것을 가질 수 있다는 믿음을 주기 위해 노력하며, 잘한 일에 대해 보상을 제공한다.[84]

전통적 리더십과 다르게 현대적 리더십은 수평적 소통, 개인적 차원에서의 배려 등의 개념으로 주목을 받고 있다. 현대적 리더십, 즉 변혁적 리더십(transformational leadership)은 부하들의 신념(beliefs), 가치(values), 욕구(needs)의 변화를 통해 조직이나 집단의 성과를 향상시킨다.[85] 감정 및 가치관이나 상징적 행태의 중요성과 어떠한 사건을 부하의 입장에서 볼 때 의미 있게 만드는 리더의 역할을 강조하여 부하에게 자긍심을 심어 주고, 개인적 차원에서 부하를 존중한다는 것을 보여 주며, 창조적인 사고를 할 수 있는 여건을 마련해 주고, 부하에게 영감(inspiration)을 제공함으

83. 김재봉, 2006, 상사의 리더십과 조직시민행동에 관한 연구: 변혁적·거래적 리더십의 구성요소를 중심으로, 산업경제연구, 19(1), 353-371.
84. 문계완·최석봉·문재승, 2009, 앞의 글.
85. Tichy, J., Devanna, M. A., 1986, *The Transformational Leader*, New York: John Willey & Sons.

로써 기대 이상의 성과를 이끌어 낼 수 있다.⋯86 또한 종업원들의 태도나 공유가치를 변화시키고, 조직의 사명이나 목표 전략을 위한 구성원들의 몰입을 증대시키는 데 관리의 초점을 맞추고 있으며, 부하들에게 권한을 위양하여 부하들이 책임을 지고 그들의 창의력을 발휘하도록 하는 것이다.⋯87

변혁적 리더십에서 좀 더 종업원에게 배려를 하는 리더십을 섬김형(servant) 리더십이라 한다. 섬김형 리더십은 타인을 먼저 배려하고 섬기는 희생과 헌신을 통해, 그들의 창조적인 역량을 이끌어 내는 리더십이다. 섬김형 리더십의 조건으로는 자신의 육체적·정신적 에너지를 먼저 함양하고, 타인의 진정한 욕구를 파악해야 한다. 또한 봉사, 배려, 희생, 헌신을 바탕으로 타인의 성장과 발전을 목표로 해야 하며, 타인이 비전을 성취할 수 있도록 능력과 잠재력을 계발시키도록 힘쓰는 것이다.

이외에도 수많은 리더십이 있다. 학자에 따라 환경에 따라 다양한 리더십이 정의되고 있다. 또한 상황에 맞게 적당하게 리더십의 유형을 언급하기도 한다. 창의적 리더십, 감성적 리더십, 영감리더십, 비저너리 리더십 등 매우 다양한 리더십들이 언급된다.

2) 한류와 리더십

기업 내 전략수립은 최고경영자의 의지에 따라 좌우되는 경향이 있으며, 국제화 역시 최고경영자(CEO)가 어떤 생각을 가지느냐에 따라 달라질 수 있다. 기업이 글로벌화를 이루는 데 최고경영자의 경영스타일은 기업의 글로벌화 수준을 결정하는 기본적인 요인으로 작용한다는 것이다.⋯88 또한 해외시장에 대한 최고경영자의 몰입도

86. 이창원, 2005, 변혁적리더십 이론의 개념적·방법론적 문제에 대한 검토, 한국행정논집, 17(4), 1040-1041.
87. 김재봉, 2006, 앞의 글.
88. McDougall P. P., Shane S, Oviatt B. M., 1994, Explaining the Formation of International New Ventures the Limits of Theories from International-Buiness Research, *Journal of Business Venturing*, 9(6).

가 기업이 글로벌화를 진행하는 데 긍정적인 영향을 미친다.[89] 국제적 기업가 정신을 위험감수를 대하는 성향, 전략수립, 수요층의 니즈 파악, 혁신활동, 현실에 맞는 비전수립, 새로운 사업의 탐색 등 6가지 차원으로 정의되기도 하였다.[90] 이러한 글로벌 기업가 정신은 기업에게 비전을 제시하며 핵심역량을 일궈 내고 해외진출에 따르는 불확실성을 감소시키는 중요한 요소가 되는 것이다. 최고경영자의 글로벌 기업가 정신과 기업의 역량과의 상호작용을 통해 글로벌화 확장에 영향을 미친다고 볼 수 있으며, 기업이 해외시장에 진출하는 데 최고경영자로서의 역할과 그중요성은 매우 높다고 할 수 있다. 이처럼 국제화에 있어 최고경영자의 의지, 즉 해외시장에 도전하려는 결단과 리더십이 매우 중요하게 작용 한다.[91]

글로벌화의 성과와 리더십의 높은 관련성을 볼 때, 콘텐츠 기업 글로벌화의 산물로서 한류와 리더십 역시 밀접한 관련성을 가지고 있다고 추론할 수 있다. 현대와 같이 국제시장이 하나로 통합되고 국내시장이 규모의 한계를 보이고 있는 상황에서는 적극적인 국제화 전략만이 기업들이 생존하고 성장할 수 있는 방법이며, 이를 위해서는 최고경영자의 적극적인 기업가 정신의 발휘가 필요한 시점이다.[92] 이처럼 한류의 콘텐츠가 해외에 유통되기 위한 조직을 정비하고 인력을 양성하며 양질의 콘텐츠를 만드는 것은 리더 역할 중의 하나이다. 많은 경쟁기업에서 한류 붐의 주역이 된 회사가 있는 반면, 한류에 제대로 편승하지 못한 기업이 있는 것은 바로 리더십에 의한 결과이기도 하다. 특히 국내 엔터테인먼트 기업들의 경우 역사가 짧고 규모도 작기 때문에 최고경영자에 의해 많은 영향을 받는다.

---

89. Cavusgil, S. T., Bilkey, W. J. & Tesar, G., 1979, A Note on the Export Behavior of Firms: Exporter Profiles, *Journal of International Business Studies*, 10.
90. Hills, G. E. R. W. LaForge, 1992, Research at the Marketing Interface to Advance Entrepreneurship Theory, *Entrepreneurship Theory and Practice*, 16(3).
91. 조연성 · 원동환, 2010, 기업과 정신과 시장지향성이 수출성과에 미치는 영향에 관한 연구, 무역학회지, 35(1).
92. 박남규 · 한재훈, 2008, 중소기업의 기업가정신이 성장 및 국제화 전략에 미치는 영향에 대한 고찰, 중소기업연구, 30(2).

일반적으로 콘텐츠 기업에서 리더십 스타일에는 두 가지가 있다. 하나는 감성적이고 창의적인 스타일로 카리스마가 있는 CEO, 또 하나는 높은 수준의 업무 지향적인 스타일이다. 어떠한 스타일의 리더십이 가장 적합한지는 여러 가지 요인에 의해 결정된다. 잡지, 신문, 방송제작사 등 회사 내에서 창작콘텐츠가 제작되는 산업에서 창작자 그룹의 리더는 주로 관련 산업에 대한 지식이 풍부한 창의적인 리더이다. 콘텐츠 지식의 확보는 리더로서 인정받는 중요한 요소이기 때문이다. 한편 공중파 방송이나 문화콘텐츠 대기업의 CEO에게는 경영의 역할이 매우 중요하며, 창의적인 재능은 그다지 요구되지 않는다. 다만 이들의 역할은 창작자들이 자유롭게 행동할 수 있는 자율성의 범위를 정하는 것이다.

3) 한류의 사례

(1) SM 이수만 회장: 창의적 리더십, 카리스마 리더십, 비저너리 리더십

이수만 SM 회장은 2001년 보아의 일본 진출을 시작으로 글로벌 시장을 개척해 오며 국내 음악계에 극적인 변화를 불러일으킨 선구적인 인물로 평가받고 있다.

SM엔터테인먼트는 1995년 설립되어 연예 기획사 중 최초로 2000년 4월 코스닥 시장에 주식을 상장했고, 설립 당시부터 전문경영인 체제를 도입하여 경영과 창작의 영역을 분리하였다. 자본금 5,000만 원으로 시작된 SM은 2016년 7월 현재 약 8,000억 원의 시가 총액으로 성장하였다. 이는 보아를 시작으로 동방신기, 소녀시대, 슈퍼주니어, EXO 등 소속가수들의 전략적인 해외시장 진출로 얻은 성과였다.[93]

이수만 회장은 환경변화를 선취하는 리더십을 보여 주었다. 빠르게 변화하고 불확실성이 높은 국내 문화콘텐츠 산업의 환경은 이수만 회장이 해외진출이라는 새로운 시장 기회를 한 발 앞서 포착할 수 있도록 했다. 또한 신속한 의사결정으로 제때에 적절한 양의 자원을 올바른 곳에 분배하여 SM엔터테인먼트가 시장의 리더가 될 수 있

93. 박진영, “K-팝 열풍의 중심 빅4 집중분석”, 한국경제매거진, 2011년 10월 12일자.

는 기회를 제공하였다. SM은 환경변화를 다른 기업보다 한발 앞서 파악하고 변화에 적극적으로 대응한 기업이고, 새로운 한국 음악산업의 블루오션을 개척한 선도적 기업이다. 국내시장에서 시야를 넓혀 일본, 중국 등 아시아를 통해 유럽, 할리우드 시장으로 뻗어 나가는 글로벌 전략을 적극적으로 추진하고 있다. 특히 중국은 미래의 미국과 같은 거대시장이 될 것으로 예측하고 이 시장에 주목하고 있다.

이수만 회장은 흔히 비전과 도전의 경영자라고 불린다.→94 이와 같이 환경변화에 대해 대응하면서 회사의 갈 길을 제시한다는 점에서 비저너리 리더라고 할 수 있다. 중국 시장을 개척하고 SM공동체를 제안하며, CT에 대한 자신의 비전을 직원들과 공유하는 등 이수만 회장은 비저너리 리더라고 명명해도 이상할 것은 없다.

이수만 회장은 국내 엔터테인먼트 기업 중 가장 먼저 캐스팅–트레이닝–프로듀싱–매니지먼트로 이어지는 프로세스를 도입하였다. 당시 주먹구구식으로 스타를 발굴하고 데뷔시키던 시스템을 체계화된 프로세스로 바꿈으로써 세계화를 위한 발판을 마련하게 되었다. 이러한 '기업형 시스템'은 현재 대부분의 기획사들이 그대로 적용시키고 있다. 프로듀서 경영시스템으로 업무를 분업화·전문화시킴으로써 조직이 강력한 결집력을 갖게 하였다.→95 각자의 역할을 다하는 사람들을 단순이 모으는 것만으로는 큰 효과를 기대할 수 없다. 하지만 SM은 이수만 회장의 프로듀서형 '관계 구축'에 의해 팀 내에 강한 결집력이 형성되어 더 크고 좋은 결과를 이끌어 낼 수 있는 시너지 효과가 가능하게 되었다.

또한 이수만 회장은 환경에 대한 철저한 분석을 바탕으로 이른바 '현지화 전략'을 통해 일본 시장을 개척하였다. 일본어와 영어를 배우고, 국내와는 다른 일본의 라이브 환경에 맞게 연습을 거듭한 보아는 일본 오리콘 차트 1위라는 기록을 세우게 되었다. 불모지였던 일본 시장을 한국 가수가 개척하게 되면서 동방신기, 소녀시대 등 2세대라 부를 수 있는 아이돌 가수들이 일본 시장으로 지속적으로 진출하게 된다.

---

94. 유재혁, 2015, 컬처이노베이터, 클라우드나인.
95. 이장우·허재원, 2013, 리더십과 조직역량이 해외진출 전략에 미치는 영향: 한류 음악시장(K–POP)에서 SM엔터테인먼트의 사례, 한국경영학회, 17(1).

SM은 가수들의 트레이닝 시스템을 개발하였다. 가수가 되기 위해서는 연습생을 거쳐 데뷔하는 과정을 거쳐야 하는데, 이러한 과정을 통해 가수로서의 충분한 역량을 갖추게 됨으로써 데뷔할 때부터 성숙한 가수의 능력을 가지게 되는 것이다. 사전에 춤과 노래, 필요하다면 언어까지도 완벽하게 세팅된 상태에서 데뷔를 하게 된다. 일본 시장을 개척한 SM은 '보아'의 언어, 춤, 노래, 무대매너 등 모든 면에서 맞춤형 가수를 데뷔시킨 예이다.

이수만 회장은 아무도 간 적 없는 새로운 길을 만든다. 이와 같이 새로운 시스템을 개발하고 제안한다는 점에서는 창의적 리더라고도 할 수 있다. 창의적인 성과는 사실 창의적인 리더에게서 나오는 경우가 많다. 애플이 새로운 분야를 개척한 점도 스티브 잡스의 창의력에서 비롯된 것이다.

이수만 회장을 SM 내부 소속가수들이 부르는 호칭은 '선생님'이다. 이 호칭은 나이 차이가 많이 나기도 하거니와 연습생 시절부터 발굴해서 성장시켜 준 데 대한 존경의 표시이기도 하다. 하지만 외부적인 시각에서 바라본 이수만 회장은 가부장적인 리더, 때로는 조직의 보스에 가까운 모습을 보여 준다.[96] 이처럼 이수만의 리더십은 전통적 리더십의 하나인 카리스마적 리더십에 가깝다고 볼 수 있다. 이수만 회장의 카리스마적 리더십의 특징적인 모습에 의해 SM엔터테인먼트의 조직역량이 극대화되어 혁신적인 콘텐츠를 제작할 수 있게 되었다.[97] 열악한 한국의 내수 음악시장에서 새로운 해외시장을 개척하기 위해서는 강력한 리더십이 필요했을 것이다. 일본 시장 개척, 즉 새로운 시장 개척이라는 이상적인 목표를 달성하기 위해 이수만은 카리스마적 리더십을 발휘하여 조직 내 비전을 공유하고 이상적인 목표의식을 심어 주었으며, 동기부여를 통해 모든 스텝들이 공동의 목표달성을 위해 업무를 추진하도록 하였다. 이수만의 이러한 전통적 리더십은 일본 진출의 성공과 함께 동남아시아, 미국, 유럽에까지 진출하며 신한류라는 거대한 바람을 몰고 오는 데 큰 기여를 하였다.

---

96. 이초희, 'K-POP 삼국지, 천하통일은 누가 할까?', 아시아경제, 2012년 2월 2일자.
97. 이장우 · 허재원, 앞의 글.

(2) YG 양현석 대표: 변혁적 리더십, 창의적 리더십, 인간지향적 리더십

양현석 대표는 이수만 회장과는 다른 행보를 보이며 배려와 유대, 인간적 요소를 중시하는 리더십으로 주목받고 있다.

양현석 대표는 1996년 서태지와 아이들 해체 직후 '현기획'을 설립하였고, 이후 회사 이름을 YG엔터테인먼트로 바꾸었다. 힙합 듀오 지누션을 데뷔로 세븐, 거미, 렉시, 빅뱅 등 아티스트를 데뷔시키며 '스타 제조기'로 명성을 얻는다. 이수만 회장이 강한 카리스마를 토대로 트레이닝 시스템을 구축하고 일본과 미국 시장을 개척하는 데 앞장섰다면, 양현석 대표는 그 개척된 시장에서 창의적이고 개성 넘치는 아티스트들이 활동할 수 있도록 조력자로서의 리더십을 보여 주었다.

양현석 대표는 소속가수들과 돈독한 유대관계를 중시한다. 소속가수들에게 무슨 일이 생기면 밤잠을 설칠 정도로 인간적으로 끈끈한 유대관계를 강조한다. 따라서 YG는 타 기획사보다 소속연예인들의 의사를 존중해 주기로 유명하다. 그러다 보니 YG에서 데뷔한 지누션과 원타임은 오랜 기간 소속사에 남아 있다. 그 외에도 세븐, 빅뱅 등이 장기 계약을 하고 있다. 가수로서 인기가 떨어지더라도 작사, 작곡, 제작, 홍보 등의 역할을 맡기며 연예인에서 스태프로서 전환이 가능하도록 하여 불안한 '미래'를 대비할 수 있도록 하고 있다. YG는 YG패밀리라고 불릴 만큼 소속사와 소속연예인 간 패밀리십이 강한 집단이라는 데서도 이를 알 수 있다. 이에 따라 다른 엔터테인먼트사들이 소속연예인과 계약에 관련한 여러 가지 불협화음이 있었음에도 YG의 경우에는 소속사와 소속연예인간 갈등이 거의 없다.⋯98

양현석 대표는 대표와 소속연예인 간 상하관계를 구축하려 애쓰기보다는 소속연예인들을 동료로서 배려하며, 그들의 개인적인 의사를 존중하는 데 노력을 기울이고 있다. 아무리 좋은 프로그램에 출연섭외가 들어오더라도 소속연예인의 건강과 재충전을 위해 연예인 본인의 의사에 맡기고 있다. 또한 YG의 가수들은 각자의 목소리나 창법, 춤추는 스타일까지 다르게 만들어 개개인의 개성을 살려 줌으로써 획일화를 지양

---

98. 이홍표, "어떻게 최고가 되었나–양현석 YG 엔터테인먼트", 한국경제매거진, 2013년 6월 24일자.

하고 있다. 이와 같이 양현석 대표는 YG 구성원들에게 창조적인 사고를 할 수 있는 여건을 마련해 주고, 모든 것에 대한 간섭보다는 영감(inspiration)을 제공함으로써 기대 이상의 성과를 이끌어 낼 수 있었다. 빅뱅, 2NE1 그리고 싸이의 세계적인 성공은 보다 자유롭게 개인의 창작 역량을 발휘할 수 있도록 해 준 결과라고 볼 수 있다. 양현석 대표는 각 분야 담당자들의 능력을 믿고 신뢰하기 때문에 각 분야의 전문가들의 의견을 존중하는 형태로 의사결정을 하지만 사업에서는 자율과 그에 따른 책임을 강조한다.

따라서 다른 기획사에 비해 의사결정이 빠르고 사업진행 과정에서 속도를 낼 수 있는 특징을 보이고 있다.[99] 양현석 대표는 소속가수들이 녹음할 때 5분 이상 함께 있지도 노래를 지도하지도 않으며, 안무 역시 간섭 대신 안무가에게 맡긴 후 최종 점검만 한다고 한다. 노래와 춤 모두 회사 내 전문가에게 일임하여 각자 맡은 전문 영역에서 책임감 있는 역할을 이끌어 내고 있다.

종합해 보면, 양현석 대표의 리더십은 변혁적·창의적 리더십에 가깝고 전통적 리더십 기준으로는 인간지향적 리더십에 가깝다. 양현석 대표는 싸이와 같은 가수의 조력자가 된 것을 행운이라고 생각한다고 말하고 있다.[100] 양현석 대표가 보여 준 소속연예인에 대한 개인적인 배려와 각자 역할에 대한 책임감 부여, 따뜻한 카리스마는 변혁적 리더십이면서 인간지향적 리더십의 요소이다. 변혁적 리더십은 카리스마, 개인적 배려, 지적 자극 등의 하위요인을 포함하고 있다. 카리스마는 부하에게 비전을 제시하고, 자부심을 심어 주며, 존경과 신뢰감을 유발하는 것을 의미하며, 개인적 배려는 부하에게 개별적인 관심을 갖고 그들을 신뢰하며 존경하는 것을 의미한다. 지적 자극은 부하에게 새로운 아이디어를 제공하고 전통적인 관점에서 벗어나도록 하는 것을 뜻한다.

---

99. 주간한국, 2012년 9월 28일자, "스타제조기 별명 인간미·자율 강조 현석스타일".
100. 유재혁, 2015, 컬처이노베이터, 클라우드나인.

(3) JYP 박진영 대표: 섬김형 리더십, 인간지향적 리더십

박진영 대표는 1994년 내놓은 앨범 '블루시티(Blue City)'에서 '날 떠나지마'로 솔로 데뷔하여 가수로서 성공했다. 가수로 활발히 활동하다가 1990년대 후반부터 god, 비, 박지윤, 원더걸스, 주, 2AM, 2PM, Miss A, 쯔위 등의 가수를 발굴하였다. 박진영 대표는 우리나라 음악 매니지먼트 3사 가운데 하나인 JYP의 이사로서 최대주주이다. 동시에 박진영 대표는 영향력 있는 사업가이면서 제작자이다.

박진영 대표는 뛰어난 가수이면서 작곡가이지만 가수나 팬들에게 겸손할 줄 알고 후배 가수들을 교육하는 데 최선을 다하며 신뢰감을 심어 준다는 점에서 섬김 리더십, 인간지향적 리더십이라 할 수 있다. 박진영 대표는 가수들과 함께 연습하고 호흡하면서 먼저 그들에게 비전을 제시했다. 또 리더로서 역할을 수행하면서 JYP의 일원들과 이해관계가 아닌 사람과 사람의 관계, 친구로서 친해졌다. 그로 인해 JYP의 일원들은 박진영 대표를 더 신뢰할 수 있게 되어 그가 가르치는 것을 그대로 받아들이고, 하고자 하는 방향으로 믿고 따름으로써 실력을 더 키울 수 있고 숨겨져 있던 역량까지 끌어낼 수 있었던 것이다.

박진영 대표는 일찍부터 가수로서 작곡가로서 프로듀서로서 국내 정상급으로 전문성을 갖추고 있다. 그는 이런 전문성을 가지고 한국의 음악이 미국 시장에서 알려지지 않았다고 생각하여 흑인음악을 모방하지 않고 수준 높은 음악으로 미국 시장에 도전하였다. 초기 실패에도 불구하고 꾸준한 노력 끝에 미국 시장에 진입했고, JYP의 원더걸스는 미국 진출 4개월 만인 2009년 10월 빌보드 대한민국 가수 최초로 'HOT 100'차트에 오르게 되었다. 많은 사람들이 성공에 대해 의구심을 가지고 있음에도 미국 진출이야말로 한국 음악이 세계화하는 데 절대적으로 필요하다는 평소의 소신을 실현하기 위해 JYP USA를 설립하여 미국 시장에 진출하였다. 비록 나중에 철수하지만 미국 시장에 대한 끊임없는 도전과 노력, 리더로서의 사업감각은 차치하더라도 도전의식과 무모하리만큼 뜨거운 열정은 높이 살 만하다.

박진영 대표의 사람과 사람과의 관계는 배려와 친근함으로 표현될 수 있다. 편안한 이미지로 유명가수를 길러 냈고, 이들과는 지속적 신뢰관계를 유지하고 있다. 프로듀서 박진영 대표는 비와 결별 후 더욱 돈독한 사이가 됐다고 털어놓았다. 박진영 대표는 자신이 길러 낸 가수 비가 JYP와의 소속을 청산한 이후에도 가까운 관계를 유지하고 있고, "앞으로 비의 활동에 응원을 보내는 조력자로 충고를 해 주는 선배로서 최선을 다 할 것이다."라고 말하고 있다. 이러한 관계를 통해 god를 국민그룹으로, 카리스마 넘치는 정지훈을 월드스타로 만들었다. 원더걸스, 임정희, G-soul, 미스에이 등 그동안의 JYP 가수들은 박진영 대표의 인간적인 배려와 전문적인 안목에서 탄생된 것이다.

박진영 대표는 회의를 통해 의사결정을 하고 있다. 회의형 의사결정은 리더가 직면한 문제를 하급자들과 그룹미팅을 통하여 공유한다. 박진영 대표가 원더걸스를 배출하기까지 과정이 순수 단독 결정이 아닌 멤버들을 포함한 주변인들과의 끊임없는 회의를 통해 지금의 성공에 이르렀다. 박진영 대표는 중대 사안에서는 남의 말을 잘 듣고 심사숙고한 뒤 최종 결론을 내리는 스타일이다.

이상에서 볼 때 박진영 대표의 리더십은 섬김형 리더십이면서 인간지향적 리더십이라 할 수 있다. 이러한 리더십은 먼저 조직의 일원들에게 필요한 것이 무엇인지 살피고 그들이 정신적·육체적으로 지치지 않도록 배려해 결국은 부드럽게 영향력을 발휘하고 있다. 비록 최근 몇 년 동안 계속해서 적자가 쌓일 정도로 어려운 경영환경에 처해 있었지만, 이러한 리더십은 여전히 그 위력을 발휘하고 있다. 이러한 리더십하에서 쯔위 등 인기 있는 아티스트들이 등장하고 있다.

4) 일반 기업에의 시사점 및 응용

기업에서 리더의 역할은 매우 크다. 같은 업종이더라도 리더가 누구냐에 따라 실적이 달라진다. 즉 리더십은 리더의 성격, 회사의 성장배경, 업종 등에 따라 매우 다를 것이다. 그러나 어느 리더십이든 간에 그 리더십의 최고의 장점을 살리면 그것이 정답이다. 카리스마적 리더십은 오랜 구시대 리더십이라고 하지만 실제로는 많은 카리스마적 리더가 아직도 큰 성과를 이루고 지속가능한 회사경영을 하고 있다. 진정한 리더는 어떠한 유형의 리더십이든 간에 달성해야 할 목표를 향해 적절한 전략을 사용하는 데 있는 것이다.

한류를 일구어 낸 리더들은 비록 리더십의 유형은 다르지만 국제화라는 목표를 향해 공통적인 리더의 특징을 보여 주고 있다. 일반 기업, 특히 서비스 기업들은 해외시장 개척에 많은 난관과 장벽이 있지만 국제화를 추진하는 데 콘텐츠 리더들이 한류에서 해낸 경험을 벤치마킹할 필요가 있다. 콘텐츠 기업 리더들의 경험과 전략을 통해 일반 기업의 리더에 대한 시사점을 보기로 하자.

첫째, 산업의 특성에 적합한 리더십을 발휘하라. 모든 산업에 적용되는 리더의 전략은 교과서에 나오는 전형적인 전략이지만, 산업에 따라 변형되고 응용되어야 한다. 자신이 몸담고 있는 산업의 특성에 따라 적정한 전략을 리더는 채택해야 한다. 문화콘텐츠 산업의 경우 국내시장의 한계로 인한 해외시장 진출 전략, 매니지먼트 산업의 특성에 맞는 인간적인 조직관리 및 외부와의 유대관계 유지 등 같은 산업이기 때문에 방향은 모두 비슷하다고 할 수 있다. 특히 서비스 산업의 국제화를 위해서는 산업의 특성에 따라 적절한 리더십을 발휘할 필요가 있다.⋯→101

둘째, 리더는 미래에 대한 통찰력을 가지고 있어야 한다. 즉 회사의 미래를 책임지고 있는 리더는 산업과 기업의 미래를 읽을 줄 아는 높은 안목을 가지고 있어야 한다. 즉 미래의 환경변화를 잘 인지하고 이러한 환경을 선취할 수 있는 능력을 가지고 있어야 한다. 콘텐츠 리더들은 해외시장 개척, 인터넷과 모바일 시장에서의 대응 등 환경변화를 읽고 이에 선제적 대응으로 업계 리드를 지킬 수 있었다. 일반 기업에서도

---

101. 이러한 전략선정은 특히 서비스 산업의 국제화를 위한 리더들에게 많은 시사점을 줄 수 있다. 수출 관점에서 서비스 산업은 4가지로 유형화되는데, 이에 적합한 전략의 선택이 필요한 것이다. 첫째는 운송업, 도소매, 보관/창고 등 주로 물류 유통에 해당하는 물적 유통형 서비스(physical distribution service), 둘째는 게임소프트웨어 개발 및 공급업, 오디오·영상콘텐츠 제작 및 공급업, 컴퓨터 프로그램 개발업 등 콘텐츠형서비스(content service), 셋째는 호텔/숙박, 여행사, 병원/의원, 유사의료, 외식/프랜차이즈 등 매장중심형 서비스(shop serivce), 넷째는 건축/엔지니어링, 법무/세무, 디자인, 경영컨설팅, 광고 등 전문인력형 서비스(professional service), 다섯째는 인력공급, 경비보안, 일반학원, 인터넷 온라인, 교육지원, 방송 등 지식유통업 서비스(knowledge distribution service)로서, 각 유형의 특성에 적합한 수출전략을 추진해야 할 것이다.

환경변화에 예의 주시하고 미래의 사업기회를 포착하며, 위험요소를 감지하는 역량을 가지고 있어야 할 것이다. 한 발 더 나아가서는 위기를 미리 예측하는 것도 필요하지만, 위기 이후에 올 경영환경을 예측하고 불황기에 대응해야 한다. 위기를 기회로 삼아 미래시장을 선점하고 지속성장할 수 있는 기반을 마련하고 단기적인 재무성과에 집착하기보다는 장기적인 전략하에 사업 포트폴리오의 포석을 마련해야 할 것이다.⋯→102

셋째, 인력 양성에 전력을 다하고 종업원에 대한 배려를 아끼지 말아야 한다. 만사는 인사에서 시작된다는 말이 있다. 인력을 채용하고 양성하는 것이야말로 회사의 가장 중요한 경영 활동이며, 우수한 인력은 회사의 귀중한 자산으로 종업원에 대한 배려도 리더가 갖추어야 할 덕목이다. SM은 학습과 경험을 토대로 숨은 보석을 찾아내는 눈을 가지게 되었고, 스타가 되길 원하는 인재들이 실제로 행동할 수 있는 곳, 변화를 이룰 수 있는 곳에 스스로 도전하게 만든 것이다. 이런 강력한 인재 흡인력은 도전과 책임에 적극적으로 맞설 수 있는 원동력이 되었다.⋯→103

일반 기업에서도 인력 양성에 대한 중요성을 아무리 강조해도 지나치지 않을 것이다. 특히 서비스 기업은 대면적 접촉이 중요하므로 인력의 훈련과 양성은 매우 중요하다. 언어의 장벽을 넘어 해외에서 직접 영업할 수 있는 인력, 각국마다의 비즈니스 관행을 이해하고 현지에 인적 네트워크를 가지는 인력, 현지에서 활약할 수 있는 연예인 등 국제화를 위한 인력의 양성이 요구된다. 자체적으로 인력을 양성하는 것도 필요하지만 외부 현지의 인력을 활용해서 국제화하는 것도 대안이 될 수 있다. 또한 중요한 자산으로서 이들 인력을 배려하고 애정을 베푸는 것은 이들 인력이 오랫동안 충성심을 가지고 근무하게 할 수 있는 리더의 기본적인 덕목이다.

---

102. 삼성경제연구소, 2009, 위기에 빛을 발하는 CEO리더십, SERI 경영노트.

103. 이장우 · 허재원, 2013, 리더십과 조직역량이 해외진출 전략에 미치는 영향: 한류 음악시장(K-POP)에서 SM엔터테인먼트의 사례, KBR, 17(1).

8. 스토리텔링 전략

외국인에게 한국의 드라마를 좋아하는 이유에 대해 물어보면 '스토리가 좋다'라고 말한다. 흥미롭고 짜임새 있는 스토리 구성, 서민적이고 가정적이면서 현대감각을 잃지 않는 내용 구성, 극적인 감정처리와 드라마틱한 이야기 전개 등 스토리의 우수성을 들고 있다. 한류는 한국 스토리텔링의 해외진출이라고도 할 수 있다. 스토리텔링은 문화콘텐츠에만 적용되는 것은 아니다. 음식, 관광 등의 산업에도 활용 가능하고 일반 기업의 마케팅, 홍보, 커뮤니케이션 기법으로까지 사용된다. 이제 모든 산업에 스토리를 입히면 고품격의 상품으로 비쳐지고 구전을 유도할 수 있다.

1) 개념

스토리(Story)는 '이야기'라는 우리말의 영어적 표현으로서 아주 오래전부터 인류가 사용해 왔고 지금도 사용하고 있는 소통과 전달, 기록의 내용이자 기술이다. 인류는 역사적 사실이나 단순한 기록을 기법을 가미하여 이야기로 만들어 사람들에게 전달하거나 기록으로 남겼고, 이후 보다 효과적인 이야기의 기록과 전달을 위해 만들어 낸 이야기 기법을 통해 사실의 기록이 아닌 '인위적인 이야기'를 만들어 내기 시작했다.[104]

스토리텔링이란 '스토리(story)'와 텔링(telling)'의 합성어로 알리고자 하는 바를 재미있고 생생한 이야기로 설득력 있게 전달하는 것을 말한다. 스토리텔링의 사전적 의미는 '이야기를 들려주는 활동, 이야기가 담화로 변화는 과정, 즉 이야기하기 또는 이야기 전하기'이다.[105] 스토리텔링은 원래 문학용어로서 이야기를 들려주는 것 혹은 구전을 말하는 것으로 어떠한 사건과 사물에 대한 물리적 속성이나 사실에 대한 보도

104. 한국콘텐츠진흥원, 2013, 이야기산업 활성화 중장기 정책수립 연구.
105. 조각현, 2012, 스토리텔링기법을 활용한 광고에 관한 연구, 커뮤니케이션디자인학연구, 39.

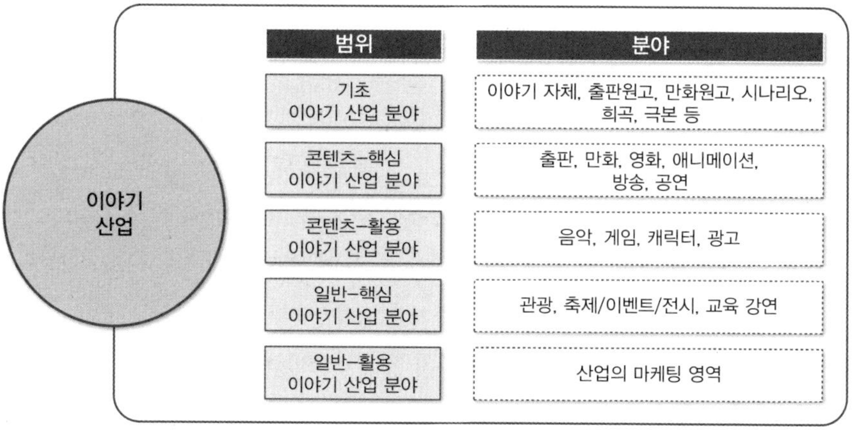

그림 6.10 이야기 산업의 범위

(Report)가 아닌 사물이나 인물이 가져다주는 개인적 의미로서의 이야기를 지어서 다양한 형식으로 말하는 것이다.

쉽게 설명하기 위해 스토리텔링과 단순한 이야기와 차이점은 무엇인지 알아보자. 예를 들어 한 사람이 태어나 죽을 때까지 이야기를 시간순으로 작성한 전기(biography)와 스토리텔링을 가미한 영화와의 차이점을 보자. 전기의 첫 내용은 부모와 태어난 해에 대해서 적을 것이지만 영화는 첫 장면이 관객의 관심을 끄는 장면으로부터 시작할 것이다. 이로부터 여러 가지 갈등, 반전 등의 플롯을 가지고 이야기가 전개될 것이다. 이것이 단순한 전기와 스토리텔링의 차이점이라 말할 수 있다.

따라서 스토리텔링에는 기본적으로 갖추어야 할 조건이 있다. 먼저, 스토리텔링에는 명확한 메시지(message)가 있어야 한다. 스토리텔링은 단순한 잡담이 아닌 참여하는 사람들이 특정한 경험을 할 수 있도록 유도하고, 그들에게 어떤 의도하는 바를 전달할 수 있는 메시지가 있어야 한다. 또한 목적을 달성하기 위해 맞서 싸우고 경쟁하고 고민하는 요소, 즉 갈등(conflict)이 있어야 하고, 스토리 속에서 갈등을 이끌어 가는 등장인물(character)이 있어야 한다. 또한 스토리텔링에서 중요한 것은 스토리의 흐름(plot)이 있어야 하는데, 도입과 배경을 갖추면서 시작되다가 갈등이 빚어지고 이 갈등이 점차 고조되어 가며, 결국 이 갈등이 해소되는 구조를 가지고 있어야 한다.

스토리텔링의 기저에는 서사(敍事, narrative)가 자리 잡고 있다. 소설은 물론 영화, 오페라 등 스토리가 있는 모든 이야기는 서사적 구조를 가지고 있다. 서사학(敍事學, narratology)에서는 스토리를 주요 대상으로 다루면서 학문체계를 수립하였다. 서사학에서 서사(敍事, narrative)를 스토리(story)와 담화(discourse)로 나누어 설명한다. 스토리를 서사의 내용이라 할 때 담화는 서사의 표현, 즉 스토리를 구현하기 위한 시점이나 해설 등의 내적 형식(form)을 일컫기도 한다.[106]

스토리텔링은 이야기 산업과도 연관되어 있다. 이야기를 산업화한 영역이 이야기 산업이다. 이야기산업은 이야기가 활용되는 산업분야와 이야기 활용의 비중 등을 고려하여 5가지로 분류될 수 있다.[107]

첫째, 기초 이야기 산업 분야로서 이야기 자체, 출판원고, 시나리오, 희곡 등 이야기 창작자들에 의해 만들어진 이야기 그 자체가 하나의 '상품'으로 유·무형의 형태를 가지고 독자적으로 유통 및 소비되는 분야이다. 둘째, 콘텐츠-핵심 이야기 산업 분야는 출판, 만화, 영화, 애니메이션, 방송, 공연 등 이야기가 콘텐츠의 창작에 핵심적인 요소로 기능하는 산업 분야를 말한다. 셋째, 콘텐츠-활용 이야기 산업 분야는 음악, 게임, 캐릭터, 광고산업 등 이야기가 콘텐츠 창작의 한 요소이나 창작과정에서 부분적 혹은 선택적으로 활용되는 산업 분야이고, 넷째, 일반-핵심 이야기 산업 분야는 스토리텔링 기법을 적용한 관광산업 영역과 축제/이벤트/전시 영역, 그리고 이야기 기법을 적용한 교육·강연 산업 등 이야기가 콘텐츠 산업이 아닌 타 분야의 중요한 요소로 활용되는 산업 분야이다. 마지막으로 일반-활용 이야기 산업 분야는 상품 마케팅이나 기업 브랜드 및 이미지 마케팅 등 이야기가 콘텐츠 산업 이외의 영역에서 상품 기획 및 제작에 부분적 혹은 선택적으로 활용되는 산업 분야를 말한다.

106. 김광욱, 2008, 스토리텔링의 개념, 겨레어문학, 41, 249-276.
107. 한국콘텐츠진흥원, 2013, 앞의 책.

2) 스토리텔링과 한류

중세 유럽에는 성을 돌아다니면서 시나 이야기를 들려주는 음유시인이 있었다. 이들은 기사의 사랑과 무용담을 시나 노래로 표현하면서 많은 이야기를 만들고 전달하였다. 이것이 근세 유럽 시의 근원이 되었다. 우리나라는 전통적으로 할머니들이 손자 손녀에게 옛날이야기를 전해 주는 풍습이 있었다. 이야기(영어로 표현하면 스토리)는 구전성을 가지고 있어 대를 이어 전수되었다. 현대에 와서 스토리에 텔링이 가미되어 소설, 영화, 드라마 등으로 만들어지면서 문화콘텐츠로 산업화되고 나아가서는 일반산업에까지 활용되고 있다.

한류는 한국 스토리텔링의 국제화로서 한국적 감수성과 스토리가 아시아 국가를 비롯한 세계 각국의 문화에 확산된 현상이다. 그렇다면 한류는 어떤 스토리텔링에 의해 외국 사람들을 매료시켰는가. 일본과 중국, 동남아시아인들은 한국의 드라마가 가진 효, 충, 사랑, 가족애와 같은 스토리 라인에 매력과 흥미를 느꼈다. 외국인들이 한국의 콘텐츠, 특히 드라마를 좋아하는 이유 중에는 연예인, 아름다운 장면 등도 있지만 역시 한국의 스토리텔링 때문이다. 구체적으로는 뚜렷한 캐릭터, 명확한 줄거리 전개, 순정만화와 같은 로맨틱한 상황설정, 복고적인 순애보 등 스토리 구성이 흥미롭고 탄탄하다고 말하는가 하면, 드라마틱한 대사와 아름다운 말 등 부가적인 요소도 소비자에게 어필하고 있다. 또한 서민적이고 가정적이면서 현대감각을 잃지 않는 내용구성을 들고 있다. 중국, 베트남 등에서는 이야기가 밝고 선악갈등 구조가 명확하며 인간의 감성에 호소하는 내용의 해피엔딩을 선호하고, 일상생활에서 흔히 있을 수 있는 일들을 소재로 하고 있어 시청자의 감정이입을 쉽게 유도하고 있다는 점을 들고 있다.

이와 같이 한류 콘텐츠에서 스토리텔링은 매우 중요한 역할을 하면서 그 의미도 확대되고 있다. 과거에는 구성이나, 주제, 이야기 등으로 부르던 용어가 콘텐츠의 가치와 중요성이 높아지면서 스토리텔링이라는 용어로 대체되고 있다. 영화는 촬영과정을 통해 스토리텔링을 완성하고, 뉴미디어 매체를 기반으로 한 게임은 공간을 탐험하면서 이야기를 만들어 나가는 형태의 스토리텔링을 구사한다.

그뿐만 아니라 문학에 기반한 스토리영역과 시각적 표현의 그래픽 디자인의 영역, 그리고 이를 디지털 미디어에서 작동하도록 구현해 내는 프로그래밍이라는 영역까지 게임 스토리텔링의 영역은 보다 융합적이고 통합적인 측면으로 확장되었다.…→108 스토리텔링은 정보의 통합성(integration), 네트워크(network), 쌍방향성(interactivity)이라는 디지털 매체의 특성을 수용함으로써 디지털 스토리텔링으로 발전하였다. 기존의 서사가 내용적 차원의 이야기나 그것을 형상화하는 담론 등의 텍스트의 구조 등에 중심을 두고 있었다면, 이를 토대로 스토리텔링은 스토리의 상호작용성을 강화하고, 네트워크성이나 복합성(통합성) 등 디지털 매체환경을 적극 반영한 디지털 스토리텔링의 개념으로 확장되고 있다.…→109

3) 스토리텔링 한류 사례

(1) <대장금>

〈대장금〉은 한류를 이끈 대표적인 스토리텔링 작품이다. 퓨전 사극 〈대장금〉은 2003년 9월 15일부터 2004년 3월 23일까지 총 54회에 걸쳐 방영되었고, 방영 기간 내내 평균 45%대의 높은 시청률을 유지하며 57.8%의 최고 시청률을 기록하기도 한 인기 드라마이다. 〈대장금〉은 진출 국가가 한정된 기존 한류 드라마와는 달리 이란·터키 등 중동권, 짐바브웨·르완다 등 아프리카권, 프랑스·헝가리·러시아 등 유럽권까지 60여 개국에 수출되었다.

〈대장금〉의 줄거리를 보면 다음과 같다. 장금의 부모는 연산군 당시 폐비 윤씨 사건에 휘말려 목숨을 잃는다. 총명한 장금(이영애 역)은 어머니의 소원대로 임금의 식사를 관장하는 수라간의 나인으로 들어가게 된다. 그곳에서 요리 스승인 한 상궁(양

---

108. 박기수 외, 2012, 문화콘텐츠 스토리텔링의 현황과 전망, 인문콘텐츠, 27.
109. 박기수, 2009, 문화콘텐츠 스토리텔링의 창의성 구현 전략 시론, 디지털스토리텔링 연구, 4, 36-58.

그림 6.11 〈대장금〉 주요 진출국

출처: 외교통상부

그림 6.12 〈대장금〉의 인물 관계도

출처: MBC 〈대장금〉 홈페이지

미경 역)을 만나 실력을 쌓은 장금은 경쟁자인 홍금영(홍리나)과의 끝없는 대결 끝에 결국 수라간을 관장하는 최고상궁의 자리에까지 오른다. 한발 더 나아가 '음식과 약이 다르지 않다'는 원리를 깨우쳐 조선 최고의 여의사로 거듭난 장금은 다양한 정치적 위협을 받지만 꿋꿋한 신념으로 이겨 내어 결국 임금 중종의 총애를 받아 당시로서는 파격적인 위치의 관직을 받는다. 하지만 사람을 살리는 일에 최선을 다하기 위해 고향에 돌아와 역병을 치료하다가 목숨을 잃고 만다.

한류 드라마를 대표하는 〈대장금〉의 스토리를 분석하면, 미천한 신분의 장금을 중심으로 궁중 내 하층민들인 무수리, 나인, 상궁, 내시, 의녀들의 갈등과 애환을 그려 시청자들에게 친밀감을 줬기 때문이고, 기존의 딱딱한 사극 대사와는 달리 작가의 상상력이 충분히 반영된 서정적인 대사가 한몫을 했다.⋯110

또한 이 드라마는 서장금(이영애 역)이라는 여성의 일대기를 전면에 부각시키며 〈대장금〉이라는 과거의 사실과 허구가 만나 과거의 영웅을 생생한 현실감으로 승화시킨 작품이라고 할 수 있다. 〈겨울연가〉가 누구나 받아들이기 쉬운 로맨스를 소재로 하여 많은 사람들의 사랑을 받았다면, 〈대장금〉은 한국의 전통적인 문화와 역사를 담고 있음에도 불구하고 세계적인 인기를 얻었다는 점에서 한류 드라마사에서 큰 의미를 갖는다.

또한 갈등의 요소도 돋보인다. 드라마 〈대장금〉의 등장인물들은 장금이를 돕는 이와 그렇지 않은 이들의 대립으로 구성되며, 이러한 양극화된 캐릭터들이 극의 긴장감을 만들어 낸다. 인간의 삶 속에서 공동체가 차지하는 중요성, 공동체 안에서 벌어질 수 있는 가능성 있는 모든 에피소드들이 드라마 〈대장금〉에 정치적으로 녹아들어 있다. 조선의 왕 중종과 그 신하들을 둘러싼 정치적 맥락, 친장금이 세력과 반장금이 세력의 음모와 극복 등은 스토리텔링의 갈등요소를 그대로 보여 준다.

---

110. MBC 〈대장금〉 홈페이지.

(2) <별에서 온 그대>

〈별에서 온 그대〉는 2013년 12월 18일부터 2014년 2월 27일까지 SBS에서 방영한 텔레비전 드라마이다. 1609년 9월 22일 강원도에서 미확인비행물체가 목격되었다는 『조선왕조실록』, 「광해군일기」의 기록을 소재로 한 SF 로맨스 드라마이다. 조선시대 지구를 탐사하러 온 외계인 도민준(김수현 분)이 일행을 놓치면서 지구에 머무르게 되는데, 도민준은 그때 자신을 죽이려는 가족으로부터 도망치는 한 여자아이를 만나고 끝내 그녀를 구하지 못한 채 시간은 흐르게 된다. 이후 몇백 년이 지나 그 여자아이가 환생한 것처럼 똑같이 닮은 천송이(전지현 분)를 만나면서 일어나는 일을 그린 드라마이다.

〈별에서 온 그대〉 박지은 작가가 홈페이지를 통해 밝힌 내용을 보면 이 드라마의 스토리를 어떻게 채택하였는지, 어떠한 콘셉트의 이야기를 만들었는지를 알 수 있다. 드라마의 출발은 '역사 속 기록이 현실로 나타난다면'이라는 가정에서 출발한 것이다.

〈별에서 온 그대〉는 중국에서 공전의 히트를 하였다. 〈별에서 온 그대〉에 나오는 치맥은 중국에서 없어서 못 파는 상품이 되었다. 이와 같이 중국에서 인기를 끈 스토리적인 요소를 보면, 〈별에서 온 그대〉의 근간이 되는 스토리의 배경이 중국의 도교적 정서와 밀접한 데에서 찾을 수 있다.[111] 도교는 중국인들이 모두 가지고 있는 종교이며, 그들이 기원하는 대상이고 인생의 지침으로 삼고 있는 종교이면서 동시에 상상력의 원천이다. 중국인들의 사상 깊숙한 곳에 있는 도교적인 마인드와 〈별에서 온 그대〉 드라마의 배경이 비슷하다는 것이다. 404년 전 조선으로 온 외계인과 2014년 여성 '천송이'와의 사랑, 위험한 순간마다 초능력으로 구해 준다는 설정도 도교문학에서 종종 등장하는 스토리 유형이다. 즉 시공간을 초월하는 서사적 구조와 작가의 동양적인 우주관은 도불적인 요소를 내포한 중국 고전문학의 전형으로 중국인들의 정서에 가장 부합하는 스토리 구조이다. 이와 같이 〈별에서 온 그대〉는 스토리적 측면에서 볼 때 중국의 도교적인 사상 및 스토리와 밀접한 연관을 가지고 있어 중국인들

111. 박영환, [기고] 중국 문화적 시각서 본 '별그대' 열풍, 서울신문, 2014년 3월 31일자.

<별에서 온 그대>의 탄생배경

"예능 작가 출신인 저는 2002년부터 2003년 사이에 방송된 SBS <깜짝스토리랜드>라는 프로그램에서 역사 속 놀랄 만한 이야기들을 묶어서 내보내는 '역사 속으로'라는 코너를 집필했습니다. 정사와 야사를 막론하고, 흥미롭고 재미있는 역사 속 이야기들을 15분에서 20분 정도로 재연 드라마화한 것이었는데, 그 과정에서 「광해군일기」 속 1609년의 이 사건을 만났습니다. 이후 아이템에 관련된 대략의 시놉시스 노트도 만들어 두었습니다. UFO나 외계인 관련 뉴스 기사들도 차곡차곡 모으며 준비도 했습니다. 2007년 드라마 작가로 데뷔한 후에도 이 아이템을 드라마화할 기회를 살폈고 수차례의 시도가 있었지만, SF 요소가 강한 소재라서 섣불리 시작할 수가 없었습니다. 그러나 최근 판타지 장르에 대한 대중 선호도가 높아지면서 본격적으로 작업을 시작하게 됐으며, 마침내 이번에 SBS에서 방송이 나가게 됐습니다.

드라마의 출발이 된 명확한 콘셉트는 '그때 조선에 온 게 진짜 UFO였다면? 그때 그것을 타고 지구에 온 외계인이 어떤 사건 때문에 자기 별로 돌아가지 못하고 계속 여기에 살고 있다면?'이었습니다. 그 후 본격적인 작업을 위해서 한국천문연구원, 국립과천과학관, UFO 조사분석센터를 비롯한 서울대 천문학과 교수 등 다양한 분야의 관련 전문가들을 만나며 자문을 구하고 취재를 했습니다. 만약 외계의 별에서 지구로 왔다면 그 외계인은 지구인과 수명이 다르고 지구에서 노화의 속도가 다르다는 설정을 할 수 있는지부터 지구의 쌍둥이별이 있다면 인간과 똑같은 외모에 특화된 다른 능력들을 가지고 있다는 설정을 할 수 있는지 등등. 출발은 판타지일 수밖에 없지만 어떤 식으로든 과학적인 근거를 많이 갖추고 싶어서 다양한 각도에서 취재했습니다. '시간을 멈추는 능력을 과학적으로 설명할 수 있는가?', '외계인은 인간과 같은 면역체계를 가지고 있을까?' 등과 같은 문제로 문답을 주고받기도 했습니다.

그런 과정을 통해 지구의 쌍둥이별에 대한 구체적인 정보도 알게 되었고, 지구와의 거리를 생각할 때 400여 년이 지난 지금 다시 한 번 그곳의 우주선이 지구에 방문할 수 있을 거라는 얘기도 듣게 되었습니다. 지금은 소멸하고 말았지만, 취재 당시 엄청난 크기의 '아이손'이라는 운석이 지구에 아주 근접하게 될 거라는 정보도 알게 됐습니다. 300여 년 만에 일어나는 특이한 일이라고 했습니다. 그래서 저는 '조선에 온 슈퍼맨이 지구를 떠날 날을 3개월 앞두고 운명의 여인과 우연히 만나 사랑하게 되는 이야기'라는 스토리의 큰 줄기를 잡게 되었습니다."*

* 〈별에서 온 그대〉 박지은 작가

이 좋아한 것이다.

(3) <겨울연가>

〈겨울연가〉는 2002년 1월 14일부터 3월 19일까지 두 달여 동안 KBS2 TV에서 방영된 월화 드라마이다. 준상(배용준 역)과 유진(최지우 역)을 비롯한 주인공들의 추억과 우정, 아름다운 영상과 변하지 않는 사랑을 보여 주었던 이 드라마는 한류 콘텐츠 중에서 해외시장에 가장 많이 알려진 드라마 중의 하나이다. 줄거리는 다음과 같다.

"자신의 아버지가 누구인지 알기 위해 춘천의 고등학교에 진학한 강준상(배용준)은 같은 학교 방송반원인 정유진(최지우)을 만나 사랑에 빠진다. 그러나 준상은 크리스마스에 트럭에 치여 기억을 잃어버리고 미국으로 향하여 이민형이라는 다른 사람이 되어 돌아온다. 그동안 (죽었다고 알고 있는) 준상을 잊지 못하고 있던 유진은 고등학교 때부터 자신을 짝사랑해 온 김상혁(박용하)과 약혼까지 하였지만, 이민형이 되어 자신의 앞에 나타난 준상을 만나 다시 사랑에 빠진다. 자신이 누구인지 기억하지 못하는 민형 또한 유진과 사랑에 빠진다. 하지만 우연한 계기로 기억을 되찾게 된 민형은 자신의 출생의 비밀을 알게 되고 그것이 자신의 어머니와 유진의 아버지 사이에서 벌어진 일과 관련이 있다는 사실에 괴로워한다. 결국 두 사람이 이복 남매임이 밝혀지지만 그 사실을 모른 채 유진은 프랑스로 유학을 떠나고, 교통사고 후유증으로 시력을 잃어 가던 준상은 뉴욕으로 떠난 후 돌아와 유진이 꿈꾸던 집을 짓고 그 속에서 살고 있다. 3년의 시간이 흐른 뒤 그들이 재회하며 막이 내린다."⋯▸112

일본 열도를 사로잡은 〈겨울연가〉는 한국 드라마 콘텐츠의 우수성과 가능성을 동시에 보여 주는 대표적인 작품이다. 일반적으로 한국 드라마의 콘텐츠는 가족, 애정, 정치, 역사 등 주제들을 다루고 있으며,⋯▸113 잘 짜여진 스토리와 플롯의 역동성 그리고 현대적인 구성이 여러 나라의 시청자들에게 매력적으로 다가간다. 그중에서 〈겨울연가〉는 고전적인 주제라고 할 수 있는 '첫사랑'이라는 테마를 가지고 일본의 70년대 감수성을 녹여내며 그 시대를 살아온 일본인들의 가슴을 파고들었다. 그러나

---

112. 노정태, 2007, 한국 드라마의 두 얼굴, 〈대장금〉과 〈겨울연가〉, 월간 〈드라마틱〉, 21(4).
113. 이문행, 2007, 아시아 8개국에 수출된 한국 드라마 특성에 대한 연구, 한국 콘텐츠학회논문지, 7(9), 34-43.

〈겨울연가〉의 성공은 이러한 단순 요소로만 가능한 것은 아니었다. 첫사랑의 모티브는 중·후반부에 '출생의 비밀'이라는 미스테리적 요소와 중장년층의 젊은 날의 사랑의 비밀을 스토리에 가미시켜 긴장감과 극적 흥미를 배가시켰다. 더하여 다양한 인간관계 속에서 볼 수 있는 따뜻한 인간애와 배려가 드라마 곳곳에 녹아들어 시청자들을 함께 웃고, 울고, 감동하는 소통에 끌어들인다.⋯▸114

준상과 유진, 두 남녀의 애틋하고 영원할 것 같은 사랑 모티브는 인류의 보편적 테마이지만, 갈등과 우정, 삶과 죽음, 출생의 비밀 등이 어우러져 감동적인 스토리를 구성하고 있다. 사회·경제·문화적 차이에 상관없이 일반적·보편적인 사랑을 소재로 하지만, 감동적인 스토리텔링의 구성으로 인해 〈겨울연가〉를 시청하는 많은 여성들의 감수성을 파고들었다. 이는 지고지순한 사랑의 로맨스가 갖는 여성들의 판타지를 자극시킨 것이다. 지고지순한 사랑과 강한 남성으로부터 보살핌 받고자 하는 여성의 본능을 자극하는 드라마 플롯이 전 세계 여성 시청자들의 마음을 사로잡았다.

4) 일반 기업에의 시사점 및 응용

최근 스토리텔링은 다방면에서 활용되고 있다. 스토리텔링은 콘텐츠뿐만 아니라 다른 분야에서도 소비자들을 감동시킬 수 있는 중요한 수단, 기업조직에서의 대화 기법⋯▸115, 그리고 제품이나 기업의 중요한 마케팅 전략의 일환으로 활용되고 있다. 스토리텔링은 뷰티, 환경, 교육 등의 산업 분야에서 상품의 효용과 가치를 증대시킬 수 있는 원천뿐만 아니라 광고나 기업 마케팅, 게임콘텐츠 홍보 등의 기업경영 분야에서도 활용되고 있다. 최근에는 관광과 지역브랜드 구축 및 홍보에도 활용되며 점차 그 영역을 넓혀 가고 있다.

콘텐츠 외의 타 분야에의 스토리텔링 적용 기법은 문화콘텐츠 산업과는 조금 다르

114. 정혜경, 2012, 〈겨울연가〉의 패러독스–삶과 죽음의 Text Coherence–, 일본문화연구, 41, 527–556.
115. Janis Forman, 2013, *Story Telling in Business*, Stanford, California: Stanford University Press.

다. 타 분야에서 스토리텔링 기법의 기본요소는 '테마설정–스토리 라인 설계–활용자료(자원) 탐색–스토리텔링' 등으로 구성된다.[116] 스토리텔링이 중요하다고 생각되는 몇 가지 분야에서의 스토리텔링 전략과 활용에 대해 알아보자.

(1) 마케팅

사람들은 논쟁적이거나 이론적 틀에 따라 생각하기보다는 이야기 형태로 자연스럽게 생각하는 경향이 있다. 이러한 소비자의 심리로 인해 스토리텔링 마케팅은 기업에서 활용되고 있으며, 최근에는 그 활용범위가 더욱 확대되고 있다. 고디바 초콜릿과 레이디 고디바 등 흥미 있는 스토리들은 길게는 1세기가 넘는 시간까지 긴 역사를 가지고 있다.[117] 코카콜라의 병도 여인의 잘록한 허리를 본떠 만들어졌다는 이야기가 소비자들의 입에서 입으로 전달되며 꽤 오랜 시간 제품판매에 영향을 주었다. 이처럼 스토리텔링 마케팅은 패키지 스토리, 광고 스토리, 브랜드 스토리 등 다양하게 활용되고 있다.

스토리텔링 마케팅은 스토리를 통해 소비자의 감성에 호소하여 전개하는 마케팅을 말한다. '물건을 파는 게 아니라 스토리를 팔아라'라는 말이 있듯이, 스토리는 구전을 일으키는 강력한 수단이 될 수 있다. 광고계의 거장 데이비드 오길비(David Ogilvy)가 어느 날 출근길에 만난 노숙자가 쓴 "저는 장님입니다. 제발 도와주세요"라는 표지판을 보고 "화창한 봄날인데, 저는 그것을 볼 수 없습니다"라고 고쳐 써 줘 많은 적선을 받도록 했다는 일화는 유명하다.[118]

최근 광고에서는 상업성에 주력하지 않고 사람의 주목을 이끄는 방법으로 스토리텔링, 즉 공감대 형성이나 드라마 같은 형식의 이야기를 입힌 광고가 주류를 형성하고 있다. 스토리텔링을 이용한 상품은 기능을 따분하게 설명하는 과거의 내용 중심 광고나 쉽게 의미를 파악할 수 없는 이미지 광고와는 달리 '스토리'를 제공해 줌으로

116. 김지현 · 정창무, 2011, 스토리텔링 마케팅 기법을 활용한 지역자원 활성화 연구, 국토계획, 46(5).
117. 김우성, 2011, 스토리텔링 마케팅의 효과와 활용, 한국마케팅연구원, 45, 41–47.
118. 이치한, 2014, 스토리텔링 마케팅의 성공조건 및 전략적 가치, 뉴스핌.

스마트폰 업체들의 스토리텔링 광고

애플 아이폰 광고

광고가 시작되면 크리스마스 분위기가 나는 배경음악과 함께 떨어져 사는 가족들이 하나둘 모이기 시작한다. 조부모님을 오랜만에 만나 쑥스러운 듯한 한 소년은 아이폰을 만지작거리며 속삭이듯 '메리 크리스마스'라고 말해 버리곤 가 버린다. 그렇게 크리스마스를 위해 모인 다른 가족들은 눈싸움을 하고 맛있는 음식을 먹고, 선물을 뜯으며 휴일을 즐기고, 어느 날 거실에 모여 앉아 티비를 튼다. 구석에서 항상 아이폰을 만지작거리던 소년은 티비 화면에 아이폰으로 찍은 영상을 보여 준다. 어울리지 못하고 핸드폰만 만지작거리는 것처럼 보이던 소년은 그동안 가족들의 소중한 추억을 담고 있었던 것이다. 그리고는 슬로건 하나가 나온다 . 'Happy Holidays', 그리고는 아이폰 회사의 로고인 애플의 사과 문양.

삼성 갤럭시

'이 세상 어딘가에 나와 꼭 닮은 또 다른 내가 살고 있진 않을까?'라는 설명글과 함께 두 명의 여성이 나온다. 어릴 적 각각 미국과 프랑스에 입양이 된 쌍둥이 자매 사만다와 아나이스는 25년 동안 그들이 쌍둥이인지 전혀 모르고 있었다. 그러던 어느 날, 아나이스는 친구로부터 단편영화에 너와 닮은 사람이 나온다는 얘기를 듣고, 페이스북을 통해 자기 자신이 거울에 비치는 것마냥 똑 닮은 쌍둥이 자매를 찾게 된다. 영상 속에서 나는 '또 다른 나(Another me)'를 찾는 과정이 인생이라는 것일지 모른다는 메시지와 함께 8,000km의 거리도, 25년의 시간도 아무런 장벽이 되지 않는 그들의 리얼 스토리를 삼성 갤럭시 기어가 만들어 낸다고 하고 있다.*

* 삼성 투마로우 25년 만에 재회한 쌍둥이 자매 사만다–아나이스, '삼성 기어2/기어 핏' 캠페인 '또 다른 나' 영상 출연.

써 몰입과 재미를 불러일으키며 주관적이고 감성적인 의사소통을 하게 한다. 따라서 스토리텔링 광고는 단순하게 상품에 이야기를 붙이는 것이 아니라 고객이 공유하고 있는 가치와 기업의 제품 및 브랜드의 특성과 연결되도록 설계하는 것이 중요하다. 그래야만 스토리를 통해서 소비자들의 감성에 호소하고 공감을 얻을 수 있기 때문이다. 스토리텔링으로 이루어진 메시지는 수용자의 적극적인 참여를 가능하게 하고, 현장감 있게 모든 감각을 자극하여 수용자를 몰입하게 하므로 차별화된 제품의 소개와 광고효과를 불러일으킬 수 있다.

단순한 정보제공보다 어떠한 스토리에 정보가 담길 때 정보를 흥미 있게 받아들인다. 또한 이런 정보는 인식이 빠르고 감성적 교류가 더해지며 오랫동안 기억된다. 이러한 특성 때문에 스토리텔링은 브랜드에 스토리를 부여하여 아날로그적 감성을 만족시키고 오랫동안 소비자의 머릿속에 브랜드를 각인시킬 수 있다. 특히 온라인 환경에서 브랜드의 이미지 제고에 스토리텔링은 좋은 대안이 될 수 있다.

(2) 관광

스토리텔링은 관광에도 사용할 수 있는데, 이를 관광 스토리텔링이라고 한다. 이야기를 포함한 흥미로운 관광자원이 있을 경우 관광객들은 국경을 초월하여 찾아간다. 관광에서의 스토리텔링은 관광지와 관광자가 정보와 체험을 공유하면서 하나의 공동 스토리를 만들어 나가는 과정이라고 할 수 있다. 즉 관광자의 체험과정상 접점에 따라 스토리가 다르게 형성되고, 그러한 스토리들이 합쳐져 하나의 통합적 스토리를 형성해 나간다는 의미이다. 이 과정에서 관광자, 관광지, 지역주민 참여에 의한 공유된 관광지의 스토리가 구성된다. 대중문화콘텐츠를 매개로 한 관광 스토리텔링이란 대중문화콘텐츠를 중심으로 한 관광객들의 체험이 만들어 내는 일련의 과정으로 볼 수 있다.…119

스토리텔링 관광의 사례로는 〈겨울연가〉를 들 수 있다. 일본에서 사회적 현상까지 일으킬 정도로 대단한 인기를 끌었던 〈겨울연가〉의 촬영지에는 일본인 관광객들의 방문이 이어졌다. 일본인을 비롯해 동남아시아 인들이 가장 많이 찾는 촬영지 중 하나인 남이섬은 〈겨울연가〉 속 주인공들이 만들었던 눈사람을 관광상품으로 개발하는

119. 최인호, 2007, 한류 콘텐츠를 활용한 관광 스토리텔링 활성화, 한국관광학회 학술대회 발표논문집, 332-339.

등 〈겨울연가〉를 통해 남이섬 자체가 하나의 관광상품이 되었다.

더욱이 관광지가 가진 스토리 속에 관광객이 개인적인 연관성을 부여하게 되면서 관광지에 대한 매력도가 상승한다. 외래방문객들에게 무엇을 해설할 것인지, 어떻게 설명할 것인지, 지역이 가진 매력요소에 어떠한 가치를 부여하고 감상의 초점을 맞출 것인지를 스토리텔링 체제에 맞춰 개발해야 한다.

관광과정을 스토리텔링과 연결해 보면, 먼저 관광객은 여행 전 스토리를 통해 그 지역에 대한 간접적인 체험을 한다. 이 체험에 관광 중 현실의 스토리 체험과정이 보태지고, 여행 후에는 스토리가 강화된다. 이러한 체험과정을 통해 스토리텔링을 활용한 관광은 재방문을 이끌어 낼 수 있다. 이처럼 스토리텔링은 새롭고 생소한 이야기를 쉽고 자연스럽게 전달하여 고객이 열정적으로 행동을 취하도록 하는 최적의 소통도구이므로 관광소비자에게 관광상품을 어떻게 어필하느냐에 따라 지속적인 관광으로 연결될 수 있는지가 결정될 것이다.[120]

(3) 음식

음식에 이야기가 있다면 음식문화를 이해하면서 음식의 고급적 포장도 가능하다. 최근 음식 개발 시 음식에 스토리텔링을 입히는 것이 유행하고 있다. 음식에 대한 'history'를 이해함으로써 'story'를 끌어내고, 재미와 흥미를 덧붙여 'telling'을 통해 적극적으로 스토리텔링을 활용한다.[121] 기존 음식 스토리텔링은 소재에 따라 인물 소재 음식, 장소 소재 음식, 식재료 소재 음식 등으로 구분될 수 있다. 인물과 관련된 이야기를 통해 음식을 소개하거나, 특정 장소에서만 자생하고 섭취되는 음식에 대한 이야기를 통해 음식 스토리텔링이 전개되고 있다.[122] 이와 같이 우리의 음식문화를 널리 알리고 수익을 창출하기 위한 전략에 스토리텔링은 중요한 역할을 할 수 있으며 앞으로도 더 확대될 것으로 보인다. 따라서 우리의 식문화를 알리기 위한 스토

---

120. 한강희, 2006, 문화콘텐츠와 '관광 스토리텔링'연구, 전남도립대학교 논문집, 8, 149-173.
121. 강근옥, 2012, 음식 스토리텔링의 이해와 활용, 동아시아식생활학회 학술대회논문집, 2012(4), 75-76.
122. 송영애, 2013, 음식 스토리텔링의 콘텐츠 구성 전략, 한국 콘텐츠학회논문집, 13, 120-130.

리텔링에 관심을 기울이고 양질의 콘텐츠를 제작하여 한국의 음식을 세계에 알리는 노력이 필요하다.

〈대장금〉은 궁중음식을 만드는 수라간 상궁 중심의 이야기를 담고 있어 드라마를 통해 한식에 대한 세계인들의 관심이 증가하였다. 〈대장금〉을 보고 한식당을 찾는 해외 현지인들이 증가하였으며, 한국 식품에 대한 소비가 늘면서 수출도 증가하는 효과를 얻었다. 〈대장금〉을 통해 한국의 전통요리에 많은 사람들이 관심을 가지게 되었듯이 한국 음식에 대해 끊임없는 흥미를 유발할 수 있도록 음식 콘텐츠가 만들어질 필요도 있다. 만화 『미스터 초밥왕』, 『신의 물방울』과 같이 음식을 소재로 한 콘텐츠는 그 음식을 알리고 확산시키는 데 크게 기여할 수 있다.⋯[123]

이와 아울러 음식의 스토리텔링 발굴에는 관련자료 연구가 필요하다. 고문헌 등을 통해 한식 스토리텔링의 밑바탕이 될 수 있는 기초자료 정리를 공고히 한다면 한식 식단의 다양화와 함께 한식 스토리텔링을 확대할 수 있을 것이다. 이러한 데이터베이스 구축을 통해 한식에 스토리를 입힐 수 있다. 이와 같이 마케팅 방법으로서 스토리텔링은 매우 효과적이지만 스토리가 과장되거나 인위적으로 만들어질 경우 일회성으로 끝나거나 오히려 효과가 반감될 수 있다는 점을 간과해서는 안 된다.

9. 체계적 트레이닝 전략

오바마 미국 대통령은 취임 이후 많은 연설에서 미국 교육 시스템의 문제점을 지적하면서 한국의 교육 시스템을 부러워했다. 사교육, 교육과열 등이 우리나라에서는 수많은 비난을 받고 있지만 미국에서는 이를 오히려 부러워하고 있다. 한류에서도 이러한 트레이닝 시스템이 작동하고 있다. K-POP 가수, 드라마 배우, 영화배우, 심지어 e-sports 프로게이머들이 세계적인 스타로 등극한 배경에는 한국의 교육 시스템이

123. 권윤경, 2012, 쿨재팬과 일본의 와쇼쿠 세계화 전략, 한식재단 스토리텔링소재발굴사업 학술대회.

있다. 특히 가수의 경우 매니지먼트사들이 한국적 교육훈련 시스템을 적용하여 성과를 거두고 있고, 다른 나라에서 이를 벤치마킹하고 있다. 이러한 교육 시스템은 넓은 의미에서 스타 시스템의 일환이다. 스타 시스템은 스타를 만들고 마케팅하는 시스템으로서 미국의 할리우드에서부터 시작되었다. 여기에서는 K-POP을 중심으로 하는 스타 시스템의 하나로서 트레이닝 시스템에 대해 알아보자.

1) 개념 및 과정

1920년대 할리우드 영화시장의 침체로 스타 시스템이 처음 나타나게 되었다. 1920년대 미국 경제의 악화로 인해 영화산업 역시 침체기에 들어서면서 안정된 수익확보를 위해 영화사에 독점된 자본인 영화배우의 대중적인 호소력을 집중적으로 조성하고 선전하면서부터 스타 시스템이 생겨났다. 스타 시스템은 체계적이고 조직적인 작업을 거쳐 스타[124]를 만들고, 스타를 체계적으로 이미지 메이킹하고 마케팅하여 스타의 이미지를 확대재생산하는 전 과정을 일컫는다. 연예인이 스타로 등극하기 위해 매니저, 에이전트 등 전문가들과 협력해 이미지를 구축하고 대중에게 인식되는 과정과 체계이다. 스타가 활용, 거래, 생산, 관리, 소비되는 전체적인 순환메커니즘을 의미하는 스타 시스템은 수요 유동성이 큰 산업에서 위험을 관리하는 양식의 한 형태이며 소비자에게 스타에 대한 감정적, 정서적 연결고리를 만들어 줌으로써 특정 상품에 묶어 두는 방식을 말한다.[125]

이러한 관점에서 볼 때 스타 시스템은 가치사슬상 스타를 만들어 가는 과정과 이를 마케팅으로 활용하는 과정으로 분류될 수 있다. 여기에서는 주로 만드는 과정, 특히 가수 양성 시스템을 중심으로 기획, 캐스팅, 트레이닝, 프로듀싱, 마케팅의 5단계 스타 시스템에 대해 알아보자.

---

124. 스타는 우상숭배와 유사한 방식으로 숭배의 대상이 되는 특정 개인의 가공적인 인물상(personality image)과 그 인물상을 구현하는 것으로 간주되는 인물을 가리키는 용어이다.
125. 헤럴드경제, 2010년 3월 31일자, "연예 매니지먼트업 법제화, 어떻게 해야 할까?"

① 기획 단계

기획의 과정에서는 철저한 시장조사와 회사의 노하우를 바탕으로 대중들이 원하는 스타를 만들기 위해 콘셉트를 정하는 단계이다. 타깃이 될 소비자층에서부터 스타의 콘셉트 및 해외진출 전략까지 기획 단계에서 고려되어 정해진다. 특히 아이돌의 경우 콘셉트가 매우 중요한 부분을 차지하고 있어 기획 단계에서의 철저한 사전조사와 분석이 이루어지고 있다.

② 캐스팅 단계

캐스팅 단계에서는 기획 단계에서 계획한 콘셉트와 타깃에 맞춰 스타를 발굴하는 단계이다. 콘셉트에 맞는 이미지와 연령별 자원을 캐스팅하는 것으로 오디션 등을 통해 캐스팅을 하게 된다. 신인 캐스팅의 경우 대부분의 기획사에서 좋은 신인을 발굴하면 '절반의 성공'이라는 인식을 가지고 인재 발굴을 위한 노력을 하고 있다.

③ 트레이닝 단계

트레이닝은 캐스팅된 연습생들을 데뷔시키기 전 교육시키는 단계이다. 아이돌의 경우 노래, 춤은 물론 발성, 연기, 외국어, 인성교육 등을 훈련 받으며 연습생 시기를 거치게 된다. 스타가 되기 위해 필요한 능력과 자질들을 전문 강사들로부터 교습 받아 연마하며 수년간의 연습생 기간을 거쳐 데뷔를 하게 된다.

④ 제작/프로듀싱 단계

트레이닝을 거친 연습생들을 데뷔시키는 단계로 아이돌의 경우 미리 정해놓은 콘셉트와 스타일에 맞추어 안무 습득, 음반녹음, 뮤직비디오 제작, 재킷 촬영 등이 진행된다. 트레이닝이 마무리된 후에는 본격적인 음원 프로듀싱을 하게 되는데, 회사의 자본력을 바탕으로 분야별 최고의 전문가들을 참여시켜 앨범의 완성도를 이끌어 내고, 분업화된 제작방식에 따라 전문성을 극대화시킨다.

⑤ 마케팅 단계

제작이 끝나고 나면 마케팅을 하는데, 방송사나 제작사에서 직접적인 홍보나 SNS 및 유튜브를 통한 온라인 마케팅을 진행하게 된다.

2) 한류에서의 트레이닝 시스템

콘텐츠는 한류를 만들어 내고 유지하는 데 중요한 역할을 하지만, 스타는 콘텐츠에 의해 만들어진 붐을 유지시키고 충성도를 높이는 역할을 한다. 따라서 한류의 스타가 한류에서 차지하는 비중은 매우 높다. 한류 스타는 드라마, 음악, 게임, 영화 등 대부분의 콘텐츠에서 탄생할 수 있다. 현재 한류 스타로서 가장 많은 인기를 끌고 있는 것은 드라마, 음악 분야이다. K-POP 가수들은 청소년을 중심으로 전 세계에 수많은 팬들이 있고, 한국 드라마 스타들은 청소년과 중년층 등 다양한 계층의 팬을 가지고 있다. 영화의 경우에도 해외에서 많은 인기를 받는 스타들이 있는데, 전지현은 2000년대 초에 〈엽기적인 그녀〉로 중국에서 인기를 끌었고, 다시 드라마 〈별에서 온 그대〉로 한류 스타로 거듭났다. e-sports의 경우에도 스타가 존재한다. 프로게이머 스타들은 신세대를 이끌어가는 아이콘으로 등장하여 해외에서까지 인기를 끌고 있다. 프로게임 스타들은 연예계 스타 시스템과 같은 방식으로 양성되면서 게임 한류를 이끌고 있다.

이와 같이 스타를 키우고 유통시키는 한국적인 스타 시스템은 한류 스타를 교육하고 생성하고 관리한다는 점에서 한류의 중요한 부분을 차지한다. 한국의 스타 시스템은 각 분야별로 약간씩 다르다. 방송의 경우 방송 엔터테이너 지망생을 대상으로 하여 방송연예 관련 제작시장에 참여할 수 있는 기본 자질과 역량을 발굴하고 육성하는 교육 시스템이 존재한다. 방송엔터테이너에 대한 사회적 인식이 지금처럼 높지 않았던 시절에는 대학의 연극영화과와 연예기획사의 자체 양성 프로그램에 따른 교육이 거의 전부였지만, 지금은 방송 엔터테이너에 대한 사회적 인식이 높아지면서 실용음악학원, 연기학원 등 다양한 교육기관이 설립되었고, 연예기획사 내부 교육 프로그

램도 독립된 교육기관으로 전환되는 등 방송연예인 양성 교육 시스템이 발전하고 있다.→126

음악의 경우 외부에 교육 시스템이 있지만 매니지먼트사의 기업형 가수양성 시스템(training system)의 역할이 크다. 2000년대에 들어서면서 한국 연예기획사들은 이전의 주먹구구 방식을 버리고 기업형으로 탈바꿈하면서 일본의 스타 시스템을 도입하기 시작하여, 점차 모든 제작 프로세스를 시스템화하면서 연습생 제도를 만드는 등 장기적인 육성 시스템을 통해 아이돌 및 연예인들을 배출하기 시작했다. 현재 K-POP 가수로서의 기본기를 구축하는 맞춤형 아이돌 양성 시스템은 한국의 독특한 시스템으로 평가되고 있다. 특히 SM엔터테인먼트의 일본 진출 성공 이후 이러한 스타 시스템이 자리 잡으면서 전문인력 참여 빈도가 증가하게 되었고, 한국만의 차별화된 체계적인 제작 시스템이 정확되었다.

우리나라에서 SM엔터테인먼트가 가장 먼저 도입한 이러한 기획사 트레이닝 시스템은 가수양성에 필요한 경비를 매니지먼트사가 제공하고 노래, 안무, 외국어 등 맞춤 교육을 통해 연습생 기간을 거쳐 가수로 양성하는 것이다. 이 시스템을 통해 아이돌 그룹 하나를 데뷔시키기 위해 전 세계의 젊은이들을 고려, 구성부터 그룹의 콘셉트까지 철저하게 기획한다. 해마다 1만 명의 후보자들이 지원을 하는데 치열한 오디션을 거쳐 선발한 후, 각자의 개성들을 극대화시키기 위해 훈련과정을 거친다. 각 그룹마다 콘셉트가 완성되는 데는 약 2년 정도 소요되는데, 20명 정도의 학생들을 눈여겨보다가 그중에서 시류에 일치하는 콘셉트를 극대화시킬 수 있는 멤버들을 선발한다.

우리나라 아이돌 산업은 일본의 아이돌 산업을 벤치마킹한 것이지만 좀 더 강력한 트레이닝 시스템을 도입하여 일본과 차별점을 두었다. 일본의 경우 길거리 캐스팅을 바탕으로 6개월 안팎의 훈련과정을 거쳐 아이돌 가수로 데뷔시키는 경우가 대부분이지만, 한국에서는 4~5년간의 트레이닝 기간을 통해 교육이 진행된 후 데뷔하는 점에

---

126. 이솔림, 2011, 연예매니지먼트기업의 아이돌 메이킹에 관한 연구, 중앙대학교 예술대학원 석사논문.

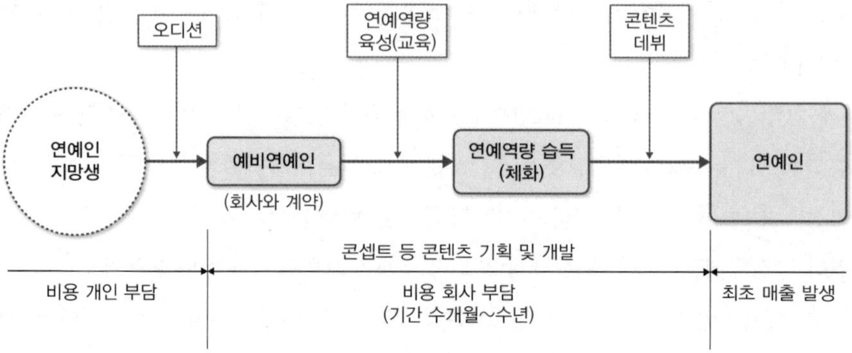

그림 6.13 연습생 시스템 과정

서 차이가 있다.

또한 한국과 일본의 차이 점은 한국은 기획 단계에서 모든 방향성이 정해지고 각 분업화에 따른 과정을 거치며 콘텐츠 생산을 한다. 또한 아직 다듬어지지 않은 연습생의 신분은 노출하지 않으며 완벽하게 생산과정을 마친 후에 미디어에 노출하기 시작한다. 그에 비해 일본은 트레이닝 과정에서부터 인지도를 확보하기 위해 데뷔 전에 연습생 신분으로 선배 가수들의 노래와 춤을 공연하여 대중들에게 지속적으로 보여 주기도 하며, 이러한 공연들은 각 연습생들에게 동기부여와 트레이닝에도 도움이 될 수 있어 일거양득의 효과를 누리며 대중들의 반응에 따라 방향성을 수정하기도 한다.⋯127

아시아 각국의 음악산업 종사자들은 '한국식 스타 트레이닝 시스템'에 주목하고 있다. 한국 기획사 고유의 트레이닝 시스템에서 생산된 K-POP 가수의 실력이 자국 가수보다 우월하고, K-POP의 신화가 그 차이에서 기인했다는 것이 이들의 시각이다. 무대 장악력, 퍼포먼스, 안무 등 한국 가수들이 갖는 차별화된 솜씨와 월등한 격차는 어느 한류 현장에서도 쉽게 확인된다. 데뷔 전 러닝머신에서 노래연습을 하는 등의

---

127. 조춘호·조인희, 2013, 국내 엔터테인먼트 기업의 해외진출에 관한 연구: 한국과 일본의 콘텐츠 생산을 중심으로, 한국엔터테인먼트산업학회논문지, 7(3).

방식은 무대에서 격렬한 춤에도 흔들리지 않는 가창력을 보유하기 위한 나름의 한국식 교육훈련 시스템이다.…→128

현재 한국 엔터테인먼트사들은 이러한 트레이닝 시스템을 구축하여 해외시장과 국내시장을 분류하여 장기적인 안목을 가지고 K-POP 가수들을 양성하고 있다. 특히 한류와 K-POP의 해외인기로 글로벌 트레이닝센터 설립의 붐이 일고 있다. SM 오디션에 참여하는 해외 청소년들이 늘면서 SM은 10년간 운영해 온 에스엠아카데미에서 방학 기간에 외국인 교육과정 '글로벌 프로젝트'를 성공적으로 진행했던 경험을 바탕으로 글로벌 아티스트 트레이닝을 추진하기에 이르렀다. 중국을 비롯한 여러 아시아 청소년들이 글로벌 오디션에 참여하고 트레이닝을 받기 위해 입국하면서 일정규모의 시장이 형성되었고, 이러한 추세로 글로벌 트레이닝이 여러 곳에서 추진 중이다.…→129

미국은 에이전시 시스템…→130에 의해 스타가 탄생하고 관리된다. 에이전시는 기존의 스타를 영입하거나, 가능성이 있는 인적자원을 발굴하여 스타로 성장시키고, 스타의 배역을 위해 제작사와의 협상, 출연계약 등 제작사와의 거래를 전적으로 담당하며, 스타의 이미지 메이킹 등 마케팅, 이외에 법무적인 부분까지 담당하며 스타의 대리인으로서의 역할을 한다. 또한 미국의 경우 에이전시 회사와 음악제작사가 법적으로 분리되어 있기 때문에 대부분의 가수들이 스스로 로컬 활동을 통해 상품성을 증명한 후 음악제작사와 계약을 맺는 것이 일반적이다. 따라서 음악제작사의 기획에 따라 가수를 장기간 육성하는 것은 사실상 불가능하다.

한국의 스타 시스템은 한류를 낳는 원동력이 되었지만 부작용도 낳고 있다. 첫째, 스타와 매니지먼트사의 분쟁이다. 신인을 캐스팅하여 스타로 성장한 경우, 이들이 스타가 되었는데도 불구하고 자신들의 활동을 통해 벌어들인 수익에 비해 크게 부족한

---

128. 김민규, 2012, 연예산업의 구조와 관계적 속성에 관한 연구, 인문콘텐츠, 26.

129. 한국문화산업교류재단, 2013, 한류백서.

130. 매니저는 스타가 별도로 고용하는데, 스타의 일정관리, 경력관리, 자문업무와 트레이닝 등 스타의 개인적인 관리를 책임지는 매니지먼트의 역할을 한다.

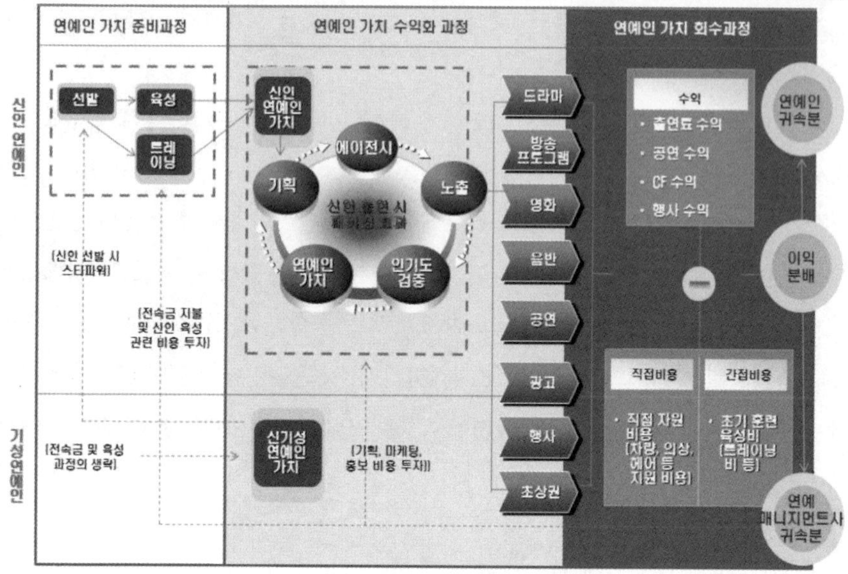

그림 6.14 연예 매니지먼트 가치사슬 구조

출처: 한국콘텐츠진흥원, 2011, 한국연애사업실태조사.

수익배분에 불만을 가지면서 매니지먼트사와 스타의 마찰이 심심치 않게 나타나고 있다. 매니지먼트사의 입장에서는 스타로 만들기 위해 소요된 비용을 회수하기 위해서, 또한 다른 신인들을 양성하기 위해서는 많은 비용이 소요되기 때문에 스타를 통해 벌어들인 수익이 적게 분배될 수밖에 없다고 설명하지만, 스타의 입장에서는 불공평하다고 토로며 탈퇴하려고 해도 계약상 일정기간이 묶여 있는 계약으로 인해 쉽지 않다고 주장하고 있다. 표준계약서 제정, 공정거래위원회의 제재 등으로 예전에 비해 논란이 줄어들긴 했으나 여전히 해결이 용이하지 않은 문제점으로 지적되고 있다.

둘째, 10대, 20대 초 이후의 아이돌 가수에 대한 대책이다. 아이돌 가수들은 주로 10대와 20대 초반으로 구성되어 있는데, 이 기간 동안에는 인기를 끌다가 이들이 더 나이가 들었을 때 과거의 아이돌 이미지를 유지하다가 인기가 사라지는 경우가 많다. 아이돌 가수는 나이가 어리다는 것을 장점으로 내세운 연예인이기 때문에 그 수명이 짧은 경우가 많은 것이다. 따라서 체계적이고 질 높은 교육 프로그램을 통해 향후 아이돌 가수들이 10대, 20대를 지나 30대 이후에도 지속적으로 아티스트 혹은 연기자로서 성장할 수 있는 별도의 교육 시스템을 마련해야 한다. 최근 아이돌 가수들은 인기가 줄어들고 그룹은 해체되어 개인활동을 하면서 배우로 전향하여 연예인 생활을 이어 가는 경우가 많다. 이처럼 아이돌 가수의 경험을 바탕으로 제작자나 작곡가 등의 미래를 준비할 수 있도록 하는 것도 좋은 방법이 될 것이다.[131]

셋째, 어린 스타에 대한 인성교육과 관련된 것이다. 현재 K-POP 스타들은 대부분의 연령대가 10대 청소년들과 20대 초·중반의 젊은 층으로 구성되어 있다. 자아와 인격이 형성되는 시기에 청소년들이 정규 학교교육보다는 아이돌 트레이닝 교육에 치중되면서 자아 형성 및 정체성 형성에 어려움이 있을 수 있으므로 인성교육 부분도 개선해 나아가야 할 점이다. 즉 어린 나이부터 끊임없는 무한경쟁 체제하에 살아야 하는 청소년들에 대한 인성교육이 시급하다는 것이다. 아직 나이가 젊은 K-POP 스타들의 재능과 소질을 지금보다 차원 높게 향상시켜 아이돌을 넘어 아티스트로서의 성장가능성을 계속 키워 주는 데 중점을 맞춰 지도해 나가는 것이 중요하다.

넷째, 획일화된 K-POP 스타의 문제점이다. 화려한 군무, 쉬운 멜로디와 리듬의 후크송은 K-POP의 강점이면서 동시에 콘텐츠의 획일성을 심화시키는 주요 요인으로 지적된다. 국내의 대중문화 산업이 지나치게 아이돌로 집중되면서 특정 장르의 음악만이 미디어에 노출되고 있으며, 특히 10대 청소년을 위주로 한 프로그램이 주를 이루고 있다. 이로 인해 아이돌의 패션뿐만 아니라 모든 것을 모방하고 있기 때문에 문화산업 전체가 '획일화'되고 있다는 우려도 나타나고 있다. 연예기획사들의 획일화된 스타양성 시스템에 의해 만들어진 아이돌 가수들이 가요계의 다양성을 해치고 쏠림 현상이 나타나게 하면서 영향력이 확대되어 결국 한국 사회 내 또 다른 권력집단 및 지배층의 탄생과 맞물려 있다는 점을 지적하며 우리 사회가 아이돌에 대한 우상화에 빠지는 부작용을 초래할 수 있다는 비판이다.[132] 하지만 대중들은 끊임없이 새로

131. 한국콘텐츠진흥원, 2011, 한국 연예산업 실태조사.
132. 이솔림, 2011, 앞의 글.

운 것을 갈망하고 있기 때문에 안전하다는 이유로 현재의 방식으로 비슷한 포맷을 계속 유지해 나갈 경우 K-POP은 결국 한계점에 다다를 것이다. K-POP이 발전해 나가기 위해서는 끊임없이 변화하는 콘텐츠를 생산해야 하며, 이를 위해서는 지금보다 더욱 많은 분야의 전문인력을 양성하여 새로운 다양한 시도들이 있어야 할 것이다.

3) 사례: SM

(1) 기획 단계

SM엔터테인먼트는 기획, 캐스팅, 트레이닝, 프로듀싱, 마케팅 등 다섯 단계 중 기획에 맞추어 인재를 캐스팅하여 트레이닝하는 방법이 아니라 먼저 연습생을 캐스팅하여 오랜 기간 동안 트레이닝한 후 기획에 알맞은 연습생을 뽑아 가수를 만드는 방법을 사용하고 있다. 이는 해외시장 진출이라는 대전제하에 기획을 하였지만, 현지에 진출할 가수는 능력이나 트레이닝 결과에 따라 선정한다는 전략이다. 이러한 과정에서 실력이 있고 시장성이 있는 가수는 살아남고 그렇지 않은 가수는 더 오랫동안 연습생 기간을 거쳐야 하는 철저한 경쟁 시스템을 도입하였다.

이와 같이 SM엔터테인먼트의 아이돌 기획은 사실 트레이닝 과정에서 필요한 멤버들을 그룹화하는 것이기 때문에, 각 아이돌 그룹의 기획은 트레이닝 과정과 프로듀싱 과정에서 이루어진다. 따라서 SM에서의 아이돌 스타 시스템 기획은 전사 차원에서의 아이돌 가수들이 진출할 지역, 이들의 음악 장르와 콘셉트의 설정 등을 중심으로 이루어지고, 아이돌별 기획은 트레이닝과 프로듀싱 단계에서 이루어진다.

SM엔터테인먼트는 한국의 댄스음악이 해외시장에서 가능성이 있는 사실이 H.O.T 등을 통해 입증되자 회사의 방향을 글로벌 시장 개척에 두고 지역적으로는 중국, 일본, 동남아를 타깃으로 하였다. 또한 장르상으로는 당시 해외시장에서 인기 있고 훈련을 통해 경쟁력 향상이 가능한 댄스음악을 설정하였으며, 주요 고객은 10대와 20대 초반이었다. 이러한 기획에 맞는 아이돌은 외모가 뛰어나고 춤과 노래를 잘 부르는 가수가 필요하다고 보았다. 이러한 기획의 대표적인 예가 일본에서 활동한 보아였다.

(2) 캐스팅 단계

캐스팅은 오디션과 기타 방법으로 이루어지는데, 오디션이 중심이다. SM이 실시하고 있는 오디션으로는 매주 정기적으로 실시하는 위클리 오디션(Weekly Audition)과 국내뿐 아니라 해외에서 비정기적으로 실시하는 글로벌 오디션(Global Audition)이 있다.…133 정기적 오디션의 경우 SM은 매주 토요일 SM 본사에서 정기적으로 개최하고 있다. 이러한 오디션은 연예인을 희망하는 청소년에게 많은 기회를 제공하고, 회사 입장에서는 다양한 재능을 가진 인재를 발굴하는 기회가 된다. SM이 실시하는 오디션에는 다양한 재능과 끼를 갖춘 인재들이 대거 참여하는데 경쟁률은 3만~10만 대 1의 비율로 매우 높다.

글로벌 오디션은 한국, 미국, 캐나다, 중국, 일본, 대만 등 세계 각지에서 비정기적으로 실시한다. 이러한 오디션을 통하여 외국에 거주하고 있는 교포뿐만 아니라 현지의 친밀감을 형성하기 위해 외국인을 캐스팅하기도 하는데, 슈퍼주니어-M과 Exo-M이 이러한 경우이다. SES의 슈와 유진, 소녀시대의 제시카와 티파니, F(x)의 크리스탈, 2PM의 재범(현재 탈퇴)과 택연, 지나 등이 해외교포 출신 가수의 대표적인

그림 6.15 카자흐스탄에서의 글로벌 오디션 장면

---

133. 이주리, 2013, 국내 연예 엔터테인먼트 산업의 스타 시스템과 활용 사례 분석-SM엔터테인먼트를 중심으로, 상명대학교 석사학위논문.

예이다. 2012년 기준으로 SM이 보유하고 있는 연습생 약 40명 중에서 일본, 카자흐스탄 등 외국인의 비율이 50%에 육박했었다.[134]

SM은 오디션 이외에 길거리 캐스팅, 타 매체를 통한 캐스팅 등 다양한 방법으로 인재를 발굴하고 있는데 대학 동아리 행사나 연기하는 학생들의 모임, 학교 등 수시로 인재를 캐스팅하고 있다.

(3) 트레이닝 단계

캐스팅 과정을 거쳐 선발된 인재들은 SM의 연습생으로서 트레이닝을 받게 된다. 이러한 연습생 제도는 일본의 연예 엔터테인먼트 회사들이 오래전부터 사용하고 있던 시스템이다. SM은 이러한 연습생 제도를 국내에 도입하여 국내 연예 엔터테인먼트 시장에 알맞게 수정하고 발전시켰다. 또한 1996년 H.O.T를 제작하던 시기부터 축적된 노하우를 바탕으로 체계적이고 효과적인 트레이닝 시스템을 구축하였다. SM의 연습생 제도를 시작으로 국내의 많은 기획사들이 이 제도를 도입하기 시작하였고, 이러한 연습생 제도를 통하여 연예 엔터테인먼트 회사들은 완성도 높은 스타를 배출할 수 있게 되었다.[135]

SM의 모든 트레이닝은 각 연습생이 가지고 있는 장점을 최대한 살리고 최대한의 트레이닝 효과를 얻을 수 있도록 개인별 맞춤식으로 진행하고 있다. 이를 통해 연습생들은 각자의 단점을 파악하고 부족한 분야는 집중 트레이닝을 통해 보완할 수 있게 된다. 이와 같이 SM은 체계화된 가수 육성 프로그램을 소유한 회사로, 가수로 데뷔하기까지의 각 과정이 철저히 분업화된 가운데 '아티스트 개발팀'이 트레이닝 업무를 전담한다. SM의 연습생은 보통 안무, 보컬, 연기, 언어 등 총 네 가지를 중심으로 교습이 이루어지며, 획일화된 교육보다는 맨투맨 형식으로 맞춤형 트레이닝을 꾀하는 편이다.[136] 청소년기에 발탁된 연습생들이 적게는 3년, 많게는 6년 이상의 긴 트레이닝

---

134. 헤럴드경제, 2012년 7월 6일자, SM, 매년 30만 명 오디션·스타육성에만 50억 투자.
135. 이주리, 2013, 앞의 글.
136. 강수진, "시스템의 교실에서 아이돌은 큰다", 경향신문, 2010년 11월 10일자.

기간을 거쳐야 하는 만큼, 트레이닝 과정 중에 겪게 될 슬럼프나 고민 등을 해결할 수 있도록 정기적인 상담과 필요에 따라서는 정신상담을 진행하고 있다.

이들 연습생은 어린 나이에 음악제작사에 발굴되어 수년간의 연습생 생활 속에서 데뷔를 위한 내부경쟁 과정을 거치며 표적시장과 기획콘셉트에 가장 적합한 가수로 육성된다. K-POP 가수들은 직접적인 음원 및 음반수익 외에 광고나 방송활동 등 다양한 수익창출 활동을 목표로 외모나 음악외적 재능 등을 모두 갖추어야 하기 때문에 철저한 선발과 장기적인 훈련과정이 필요하다. 이러한 과정은 독특한 한국 음악제작의 특성이자 경쟁력이 될 수 있다.[137]

(4) 제작/프로듀싱 단계

이 단계는 트레이닝을 거친 연습생들을 데뷔시키는 단계로 아이돌의 경우 미리 정해 놓은 콘셉트와 스타일에 맞추어 안무 습득, 음반녹음, 뮤직비디오 제작, 재킷 촬영 등이 진행된다. 트레이닝이 마무리된 후에는 음원 프로듀싱을 본격적으로 하게 되는데, 회사의 자본력을 바탕으로 분야별 최고의 전문가들을 참여시켜 앨범의 완성도를 이끌어 내고, 분업화된 제작방식에 따라 전문성을 극대화 시킨다.

신생그룹을 데뷔시키기 전, SM은 철저한 시장조사를 통해 타깃으로 하고자 하는 소비자층을 정하고 전반적으로 신생그룹이 가지게 될 기본 콘셉트을 결정한 뒤, 구성멤버에서부터 음악 장르, 의상, 안무 등 세부적인 콘셉트를 기획하고 제작한다. 또한 기획 단계에서는 정해진 콘셉트를 통해 어느 정도의 수요가 생기며 수익을 창출할 수 있는지 타진하면서 세부적인 기획과 제작에 들어가게 된다.[138] 기획 단계에서는 기획하는 신생그룹이 팬층을 공고히 하기 위하여 타깃으로 하는 소비자층에게 최대한 어필할 수 있는 콘셉트와 멤버, 음악 장르 등을 구성하며, 제작 단계에서는 전 단계인 기획에서 정해진 것들을 가시적으로 재현해 내는 것이다.

137. 임성준, 2013, K-POP의 글로벌 경쟁력과 성공요인, KBR, 17(2).
138. 이주리, 앞의 글.

SM은 가수의 경우 일관성 있는 전략 실행을 위해 조기발굴을 통해 내부적으로 육성하고 있는 반면, 해외시장을 겨냥하기 위해 작곡과 안무, 비주얼, 프로듀싱 등의 기능은 내부 스태프와 더불어 글로벌 음악시장에서 검증된 외부 전문가를 적극적으로 활용하는 글로벌 소싱(Global Sourcing) 전략을 병행하고 있다.[139] 이러한 전략은 해외 음악트렌드에 맞추고 가수들의 글로벌 음악 수준을 높이기 위한 것이다.

(5) 마케팅 단계

제작이 끝나고 나면 마케팅을 하는데, 방송사나 제작사에서 직접적인 홍보나 SNS 및 유튜브를 통한 온라인 마케팅을 진행하게 된다. SM은 신인가수를 데뷔시킬 때, 각각 목표로 하는 소비자층을 겨냥한 다양한 마케팅 전략을 세우고 데뷔 이후에도 끊임없는 홍보를 통해 이윤창출을 하고 있다. 보도자료를 통한 마케팅뿐만 아니라, 각종 방송 출연을 통한 마케팅, 유튜브, 페이스북 등 미디어를 통한 마케팅 등 여러 가지 매체를 통해 가수를 홍보한다.

방송활동의 경우에 SM은 기획 단계에서 정해 둔 콘셉트에 맞추어 가수가 출연할 TV 프로그램 및 행사를 선택하며, 방송 출연을 통해 가수들이 대중에게 어필할 이미지까지 사전에 모두 정해 둔다. 특히 SM은 방송 및 행사참여 시, 소속 그룹의 멤버들이 서는 위치까지 정하고 있는데, 이것은 그룹의 이미지를 대중에게 각인시키기 위하여 중요하게 작용하는 요소가 된다.[140]

SM은 SNS를 적극 활용한 마케팅을 하고 있는데, 유튜브에 SM Channel을 개설하고 신인가수나 소속가수의 앨범이 나오기 전에 홍보용으로 제작한 티저(teaser) 영상을 주기적으로 업로드하여 대중들의 관심을 집중시킨다. 그뿐만 아니라 프로모션, 콘서트, 뮤직비디오, 소속가수가 출연하는 광고 등 소속 가수들의 활동 근황 및 SM이 제작하는 드라마의 예고편, 하이라이트 장면 등 SM과 SM 소속가수들의 영상을 게재하

139. 임성준, 앞의 글.
140. 이주리, 앞의 글.

여 효과적인 온라인 홍보수단으로 이용하고 있다.

SM이 유튜브에 채널을 개설하기 전, 보아와 동방신기가 해외로 진출하던 시기에는 해외에서 그들의 인지도가 거의 없는 상태이기 때문에 해외진출을 하기 위해 타깃으로 하는 국가의 문화 및 정서와 음반시장의 특성에 맞추어 새로운 가공을 하여 진출하는 현지화 전략을 사용했지만, 유튜브가 활성화되면서부터 현지화의 과정 없이 국내에서 활동하고 있는 콘셉트와 음악 그대로 해외진출을 할 수 있게 되었다.[141]

SM은 유닛 활동을 통해 수익원의 다양화를 꾀하고 있다. 유닛 활동이란 한 그룹 내에서 일부가 나와 활동하는 것을 말한다. 기획 단계에서부터 유닛 활동과 개별 활동에 관한 멤버들의 활동영역을 염두에 두고 캐스팅을 하고 이에 따라 트레이닝을 한다. 이러한 과정을 거쳐 데뷔하면 이들 멤버는 많은 분야에서 활동을 하게 되고, 이에 따라 수익원을 다양화할 수 있다. 과거의 음반 수입에서만 수익을 창출하던 시대에서 이제는 이러한 유닛 활동과 개별 활동을 통해 공연, 행사, 방송, 드라마, 광고 등의 다양한 분야로 수익원을 확대하고 있다.

4) 일반 기업에의 적용

해외에 나가 있는 우리나라 운동선수에 대해 동료 외국 선수들은 한결같이 한국의 선수들은 성실하고 훈련을 열심히 한다고 말한다. 절대적 훈련시간이 그들보다도 훨씬 많다는 것이다. 비록 타고난 선천적인 능력은 부족하다고 하더라도 이를 훈련을 통해서 극복하고 세계적인 선수가 되었다. 축구, 골프, 야구 등 우리나라 선수가 해외에서 활약하고 있는 분야에서 훈련은 우리의 강점이다. 그뿐만 아니라 한국인의 교육열기는 대단하다. 한국의 교육 시스템은 사교육에 대한 폐해도 많지만 강점도 많다. 이는 물론 시스템의 강점이라기보다는 교육에 대한 열기의 결과일 것이다. 이러한 교육 훈련의 강점을 기업에서도 적용할 필요가 있다. 우리나라의 한류가 해외에서 성공

---

141. 이주리, 앞의 글.

한 것도 교육훈련 시스템에 기인한 바가 크다. K-POP의 성공경험을 통해 우리 기업들의 시사점을 살펴보기로 하자.

첫째, 훈련을 통해 획득할 수 있으면서 우리 민족이 강한 손끝기술을 찾는다. 즉 반복적인 일이더라도 남들보다 열심히 많은 훈련을 하면 글로벌 경쟁력을 확보할 수 있는 블루오션을 찾는 것이다. K-POP의 경우 타고난 자질은 부족하더라도 반복적인 훈련을 통해 글로벌 수준에 접근할 수 있는 분야는 댄스음악이었다. 우리는 열심히 하면 능률이 오르고 좋은 제품을 만들 수 있는 민족이다. 손끝기술은 어느 정도 지속적인 교육과 훈련으로 확보할 수 있는 것으로 이러한 예는 많다. 반도체, 줄기세포 기술 등 예전부터 우리의 손끝기술을 활용한 분야에서 높은 성과를 이루어 냈다. 따라서 기업은 우리나라가 열심히 교육을 받고 훈련을 하면 경쟁력이 강화될 수 있는 분야를 찾아야 할 것이다. 훈련을 통해 경쟁력을 확보할 수 있는 것이 있고 앞으로 어떠한 분야가 이를 활용할 수 있는지를 파악하는 것이다.

특히 서비스 분야는 사람이 직접 소비자와 만나는 경우가 많기 때문에 교육훈련이 중요하다. 우리나라가 서비스 분야에서 해외에 진출해 성공할 수 있는 분야는 교육과 훈련을 통해 경쟁력을 확보할 수 있는 분야가 될 것이다.

둘째, 글로벌 채용의 확대이다. 경영의 무대가 이제는 한국에만 그치지 않고 글로벌로 확장되었다. 글로벌 무대에서 활약하기 위해서는 한국인만으로는 한계가 있다. 외국과 비즈니스를 하기 위해 언어구사와 현지 관행에 익숙한 현지 인력, 교포 등을 잘 활용해야 한다. 한국의 경영 시스템에 잘 적응하도록 융화 프로그램도 중요하다. 뽑아놓고 단기간 내에 퇴직하는 사례가 많으나 이들을 관리할 수 있는 프로그램의 구축도 필요한 것이다.

K-POP이나 게임의 경우 글로벌 오디션을 통해 처음부터 가능성이 있는 우수한 인력을 캐스팅하여 활용하고 있다. 이들이 한국 시장을 대상으로 하여 활약하기도 하지만 그들 출신 지역에서 활동하면서 더 많은 인기를 얻고 있다. 일반 기업도 마찬가지로 우수한 해외인력을 채용하여 그들 지역에서 잘 활용한다면 회사의 글로벌화에 많은 도움이 될 것이다.

셋째, 기업의 스타인턴 제도를 도입한다. 한류에서 말하는 연습생 기간은 일반 기업에서는 인턴제도와 유사한 측면이 있다. 즉 체계화된 시스템을 토대로 직접 인력을 발굴하고 교육을 통해 스타, 즉 우수한 인재로 양성하는 트레이닝 시스템은 기업에서 이미 실행 중인 '임시적으로 직업을 수행하는' 인턴제 또는 인턴십과 유사하다. 하지만 단편적인 실무경험과 그저 보고 듣는 지식에 그치는 것과는 달리, 스타라는 목표를 위해 경험하고 체험하는 커리큘럼으로 교육·운영되는 연습생 제도는 차이를 가진다. 이러한 점에서 볼 때 스타인턴제도와 같은 새로운 제도의 도입도 필요하리라 본다. 물론 이들 가운데 경쟁을 통해 많은 사람들이 탈락하겠지만 회사에서 특정 전문영역에서 필요한 인력이나 미래 중요한 영역에서 근무하게 될 우수한 특정 인턴들을 대상으로 특수한 훈련을 통해 스타로 탄생시키는 것이다.

넷째, 철저한 경쟁 시스템을 작동하는 것이다. 텔레비전에 나오는 K-POP 가수들을 보고 '가수되기 쉽구나'라고 생각할지 모른다. 그러나 그들은 치열한 경쟁에서 살아남은 자들이다. 오디션이라는 치열한 경쟁을 거쳐 캐스팅이 되었고, 많은 연습생 중에서 데뷔하고 인기를 얻는 것도 역시 치열한 경쟁을 통과한 연습생에게만 주어지는 혜택이다. 사실 한류는 철저한 경쟁에서 살아남은 우수한 작품만이 성공한 것이다. 드라마의 경우에도 방송사가 치열한 시청률 경쟁으로 인해 좋은 작품이 만들어진 것이고, 작품이 좋다 보니 해외에서 인기를 얻은 것이다.

경쟁력은 항상 경쟁이 높은 환경에서 성장한다. 따라서 산업의 경쟁력을 높이기 위해서는 경쟁환경을 조성하는 것이 필요하다. 기업간 공정한 경쟁환경을 조성하면 소비자에게 이득이 돌아가고 기업도 자생력이 높아질 수 있다. 그 뿐만 아니라 기업에서도 공정한 룰에 의한 경쟁 시스템을 가동시킨다면 종업원의 양성만이 아니라 모든 기업활동에서 성과를 극대화할 수 있을 것이다.

다섯째, 멀티형 종업원을 교육·양성하는 것이다. 기업에서는 자신이 맡은 일 외에도 다양한 분야의 일을 하게 되고, 다른 분야의 지원하는 활동도 많다. 이때 자신의 고유분야 외에도 다양한 분야에 적응할 수 있는 종업원상을 갖추고 있어야 한다. 더욱이 최근에는 환경이 빠르게 변화하다 보니 다양한 분야에서 역량을 확보해야 하는 것이다. 또한 융합적인 일을 하기 위해서는 다방면의 인력이 모여서 작업하는 TF 조직을 가동하는 경우도 많다. 이런 상황에 대비하기 위해서는 멀티형 인력을 양성하고 교육해야 한다. 자신의 분야 외에도 다른 분야에서 역량을 확보하는 T자형 인간을 만드는 것이다.

K-POP의 경우 가수는 음반 외에도 공연, 연주, 드라마 등에 출연하여 능력을 발휘하는 유닛이 일반화되고 있다. 자신의 전공 분야인 음악 외에 다른 부전공 분야를 트레이닝하여 자신의 가치를 높이고 회사의 수익을 확보하고 있다. 이는 변화가 일상화되어 있는 현실에서 일반 회사에서도 적용할 수 있는 좋은 대안이 될 수 있다.

여섯째, 기본기를 갖춘 인력을 확보한다. 기본기를 갖추고 있으면 특별한 전문 분야를 제외하고 기업 내에서 얼마든 훈련을 통해 필요한 인재로 육성할 수 있다. 이때 필요한 인력채용은 기본적인 인성과 회사에 대한 올바른 태도를 가진 사람이다. 회사에서 필요한 지식 등은 나중에 경험이나 교육 훈련을 통해 육성할 수 있지만 성품이나 인간성은 변화시키기 어렵다. 그것은 교육과 훈련을 통해 육성되는 것이 아니고 스스로 변화하지 않는 이상 변화시키기 어려운 것이 사실이다. K-POP 트레이닝 시스템에서도 인간성과 조직 내 화합 등을 강조한다. 이러한 인성을 가지고 있어야만 스타가 되었을 때에도 뒤탈이 없이 오랫동안 인기를 누릴 수 있기 때문이다.

제7장

한류의
지속화 방안

1. 한류는 지속가능한가?[1]

1) 긍정적 측면

한류를 일시적인 현상(fad)이냐, 장기간 형성된 문화조류(trend)냐의 논란이 있어 왔다. 한류는 장기간 지속되지 못하고 일시적으로 나타나는 유행에 지나지 않는다는 의견이 있는가 하면, 한류는 한국 대중문화가 해외에서 장기적으로 지속되는 하나의 문화흐름이며, 장르로 인식될 수 있다는 의견도 있다. 한류 형성 초기에 한류의 지속가능성에 회의를 느끼면서 논란이 시작되었으나 현재는 20년 동안 이어 온 한류를 하나의 문화흐름으로 보는 시각이 우세하다.

첫째, 한류의 포트폴리오적인 지속가능성이다. 한류가 포트폴리오적으로 다양한 한류 영역을 포함하고 있어 시대에 따라 바통 받기식 지속 형태를 보여 주면서 한류가 확대되었다. 드라마, 게임, 음악, 영화 등의 콘텐츠 별 포트폴리오와 중국, 일본, 동남아, 유럽 등의 지역별 포트폴리오를 보여 주고 있다. 한류는 장르상으로 영화, 온라인 게임, 캐릭터, 애니메이션, 드라마, 음악 등의 한류 콘텐츠 중에서 어느 하나의 콘텐츠가 인기를 끌다가 시들해지면 다른 분야의 콘텐츠가 나와서 한류 붐을 이어 가고 있다. 신한류도 드라마에 이어 K-POP이 바톤을 이어받으면서 장르상으로 한류의 순환적 지속성을 보여 주고 있다. 또한 한류 콘텐츠의 지역적인 확장가능성을 보여 주고 있다. 사실 동남아와 일본에서의 한류 붐은 문화 및 정서적인 유사성과 지리적인 근접성에 기인한 것이기에 가능한 것이었다. 그러나 프랑스를 비롯한 유럽은 지리적인 근접성과는 너무 먼 우리가 진입하기 어려운 곳이지만 신한류는 이러한 장벽을 넘은 지역적 확장 가능성을 보여 주었다.

둘째, SNS와 같은 신규 미디어와 소셜커뮤니티 형성으로 오프라인상의 해외홍보와 유통이라는 장벽을 넘어서 적은 비용으로도 한류의 동시적 확산이 가능성하다는

1. 한국문화산업교류재단, 2011, 한류포에버.

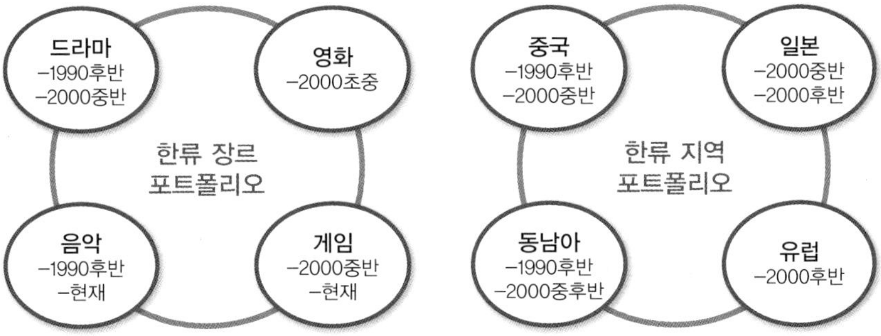

그림 7.1 한류의 포트폴리오

것을 보여 주었고, 또한 한류의 확산속도도 매우 빨라졌다. 이는 우리와 같은 문화적으로 변방에 있는 문화가 전 세계 문화 본류에 접근하는 데 과거보다 훨씬 유리해졌다는 것을 의미한다. 향후에도 SNS의 발달로 한류는 글로벌적 홍보가 가속화될 수 있고 선진국 시장에 대한 접근성도 제고될 것이다.

셋째, 문화의 지역화현상이 가속화되고 있다는 점이다. 세계 각 지역에서는 할리우드에 대항하여 지역적인 문화 블록을 형성하고 있다. 문화의 유사성과 근접성을 기반으로 문화와 정서가 비슷한 지역끼리 문화의 지역화 현상이 등장하고 있는데, 그중의 하나는 남미의 텔레노벨라, 그리고 아시아 지역에서의 한류라 할 수 있다. 이와 같이 문화가 할리우드에서 점차 지역의 문화적인 강세가 두드러지면서 일방적인 문화가 아닌 다양성을 기초로 한 문화지역화가 일반화되고 있다. 이러한 문화의 지역화, 지역문화의 글로벌화의 추세 속에서 소비자들도 문화의 다양성에 관심이 높아지고 있어 글로벌 한류의 입지는 점점 넓어지고 있다.

넷째, 한국 콘텐츠 산업의 경쟁력 강화이다. 그동안 한국 콘텐츠 산업은 빠른 성장과 지속가능한 경쟁력(sustainable competitiveness)을 확보하면서 콘텐츠에 대한 수출이 증가하고 있다. 한류의 내용물은 다양화되고, 한류의 지역이 다변화될수록 우리 문화상품을 찾는 외국인이 늘어나 문화콘텐츠 산업 수출은 계속 증가하고 있는 것이다.

이러한 한류 수출의 근저에는 콘텐츠 산업의 경쟁력 원천이 존재한다. 경쟁력 원천에는 여러 가지 요인이 있지만, 특히 국내시장에서의 치열한 경쟁과 소비자들의 까다로운 평가시스템이다. 유명가수가 되려면 연습생 기간 동안, 그리고 가수가 된 이후에는 경쟁사와 동료 간의 치열한 경쟁에서 살아남아야 한다. 또한 음악팬들이 가수와 노래에 대한 의견을 인터넷에 올리거나 평가하고 이 중에서 우수한 가수를 선택하는 소비자 평가시스템이 어느 나라보다도 잘 형성되어 있다. 또한 드라마가 생존하기 위해서는 드라마 3사와 종편, 케이블방송의 치열한 시청률 경쟁에서 두각을 나타내야 한다. 이러한 경쟁 시스템과 평가 시스템을 통해 콘텐츠의 경쟁력이 축적된 것이다. 이러한 한류 콘텐츠의 경쟁력 향상은 한류의 지속가능성을 보여 주고 있다.

다섯째, 아시아 시장의 성장이다. 아시아 지역은 소득의 증가에 따라 콘텐츠 시장이 크게 성장하고 있다. 특히 중국, 인도, 동남아시아 시장이 크게 성장할 것이다. 중국시장은 제조업에서와 마찬가지로 거대시장으로 성장하여 아시아 지역에서의 문화블록 형성이 가능할 정도가 될 것이다. 이와 같이 아시아 시장 확대에 따라 아시아 시장으로만도 한류시장의 경제규모에 도달하게 되고, 따라서 자생력이 확보될 수 있으며, 일본 의존도에서 벗어나 한류가 지역 포트폴리오적인 위험분산이 가능해질 것이다.

여섯째, 콘텐츠 유통의 해외진출 확대이다. 최근 우리나라의 콘텐츠 유통의 해외진출이 활발하다. CGV, 롯데 등은 해외에서 영화의 유통채널인 극장이 진출하고, 방송채널이 일본 등지에서 입점하고 있다. 또한 인터넷과 통신, 소셜미디어 등도 해외진출을 위해 부단한 노력을 기울이고 있다. 콘텐츠 분야에서의 유통 해외진출은 제작과 유통의 시너지를 극대화함으로써 한류의 형성에 도움을 줄 수 있다. 즉 극장, 방송채널, 방송국, 인터넷 모바일 플랫폼 등 유통부문이 해외에 진출하면 안정적인 비즈니스가 가능하고, 이러한 유통에 실려 국내 콘텐츠의 유통도 활발해질 수 있기 때문이다.

2) 부정적 측면

그러나 이러한 지속가능성은 앞으로도 계속 보장된 것은 아니다. 최근의 상황을 보면 더욱 우려가 된다. 지금 한류는 캐즘(chasm)의 덫에 빠져 있다. 한류는 K-POP을 중심으로 제3기의 한류를 이어와 그동안 굴곡을 거치면서 성장해 왔으나, 최근 K-POP의 성장 이후 정체가 이어져 한류 확산 여부가 불확실하다. 〈별에서 온 그대〉, 〈태양의 후예〉가 중국에서 인기를 끌었지만 우리의 한류잔치가 아니라 중국 내 잔치로 끝나는 것 같다. 한류는 라이프사이클상 급성장 후 침체에 빠지는 캐즘의 우려를 극복해야 한다. 창의적인 혁신으로 캐즘을 극복해야 할 것이다.

또한 한류는 언제든 대체가능하다. 한류를 자원관점에서 접근해보면, 일시적인 경쟁우위를 가지고 있으나 향후 대응에 따라 지속적 경쟁우위로 가느냐가 결정될 것이다. 과거 화려했던 영광을 잊고 초심으로 돌아가야 하고, 새로 시작하는 마음으로, 즉 창의성으로 거듭나야 한다. 과거의 영광에 함몰되어서는 중국 등 해외 타 문화에 의해 대체 가능성이 높다.

특히 중국의 콘텐츠 산업의 성장은 한류에게는 커다란 위협이다. 중국은 짧은 기간 동안에 우리나라를 추월하고 있다. 영화시장은 벌써 미국을 추월했다. 중국은 우리나

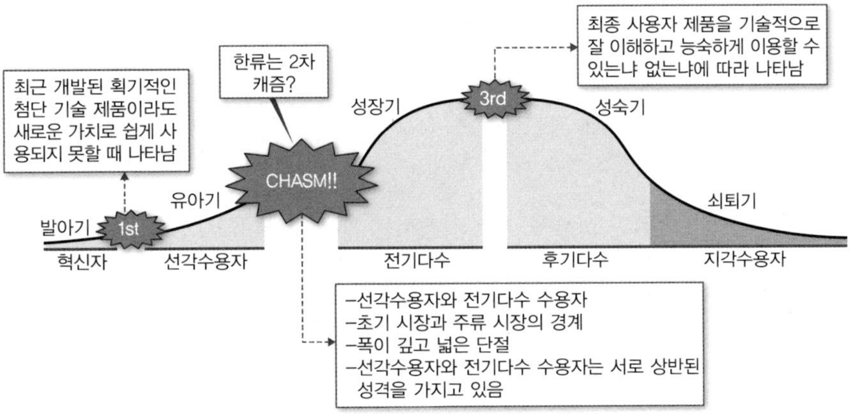

그림 7.2 한류의 캐즘현상

라가 그동안 온라인 게임에 구축했던 선점효과도 이제는 모바일 게임으로의 전환과정과 중국의 거대시장으로서의 이점으로 이미 우리나라를 추월하여 세계적인 기업으로 성장했다. 중국은 비록 콘텐츠만이 아니라 제조업, 서비스업 등 대부분의 분야에서 세계적 기업이 등장하고, 우리나라는 그 과정에서 점차 밀리고 있다. 한류도 그야말로 험난한 미래가 예견된다. 중국은 기본적으로 거대시장을 가지고 있어 과거 할리우드가 추구했던 규모의 경제를 실현하여 해외시장을 공략할 가능성이 높고, 더구나 해외에 많은 화교를 가지고 있어 기본적인 시장을 확보하고 있다. 앞으로는 중류의 파고가 만만치 않을 것이다. 한류는 중류로 대체될 위험도 존재한다.

3) 한류 생태계 조성

우리에게 중국은 위협만이 아니라 기회도 될 수 있다. 중국의 거대한 시장이 존재한다는 것 자체가 우리에게 기회이다. 현재는 많은 규제로 시장진출에 제약이 많지만 한중 FTA 등의 체결과 시장개방으로 기회는 점차 많아질 것이다. 이러한 기회를 활용하여 서양 중심의 글로벌 스탠다더에 대응하여 중국, 일본, 동남아 등을 아우르는 문화콘텐츠에서의 아시안 스탠다더를 만드는 데 우리나라가 중요한 역할을 해야 할 것이다. 또한 중국과의 관계를 미국과 영국과의 관계처럼 위상을 정립할 필요가 있다. 영국에서 창작적인 콘텐츠가 만들어지지만 상업화로 파이를 키우는 곳은 미국인 것처럼, 우리나라가 창의적인 콘텐츠를 만들고 중국에서 이를 유통시켜 파이를 키우는 모델이 바람직하다. 그렇게 되면 윈윈도 가능할 것이고 우리나라가 살길이 될 수 있을 것이다.

향후 한류가 지속적인 성장을 하기 위해서는 많은 노력이 필요하다. 연예기획자, 콘텐츠 제작자 등 국내 문화산업의 시스템 변화와 더불어 창의적인 아티스트를 탄생시키는 것이 필요하다. 새로운 한류 주자 발굴도 요구된다. 애니메이션, 뮤지컬, 캐릭터, 출판 등에서 새로운 주자가 탄생할 수 있을 것이다. 궁극적으로 해외 한류 콘텐츠의 한류 생태계를 조성하는 것이 궁극적인 대안이 될 수 있을 것이다. 해외에서 한류 콘텐츠에 대한 매출이 증가되면 기업의 수익이 증대되고 이는 다시 우수한 한류 콘텐츠 제작에 투자하는 구조이다. 우수한 콘텐츠를 제작하면 해외에서 수요가 확대되어 해외수출이 증가하고, 이는 곧바로 한류 붐 재확산으로 연결되는 한류 선순환 구조가 정착되면서 이러한 과정을 통해 한류의 생태계가 조성된다.

2. 지속화 방안

1) 콘텐츠의 경쟁력 강화

한류가 활성화되기 위해서는 무엇보다도 문화콘텐츠의 경쟁력이 제고되어야 한다. 일반 제조업에서도 상품의 경쟁력이 있으면 해외시장에서 잘 팔리듯이, 문화콘텐츠도 경쟁력이 있을 때 수출이 확대되고 현지 소비가 증가되어 한류 붐이 형성될 수 있는 것이다. 항상 좋은 물건은 잘 팔린다는 점을 명기할 필요가 있다. 다른 상품은 경쟁력이 낮다면 가격을 낮추어 박리다매를 하면 되지만 한류 상품에는 저가격이 의미가 없다. 예를 들어 아무리 저가격이라도 좋은 음악이 아니면 오히려 스트레스이다.

세계적으로 통할 수 있는 콘텐츠, 세계적인 유행을 만드는 콘텐츠, 누구나 다가갈 수 있는 한국적이면서도 세계적인 콘텐츠, 즉 킬러콘텐츠를 만드는 것이 필요하다. 특히 문화콘텐츠 상품은 다양성과 창의성이 담보되지 않으면 경쟁력 향상이 어렵다. 일률적인 대량생산에 의한 밀어내기식 상품 수출은 문화콘텐츠에서는 통하지 않는다. 다양한 소재, 탄탄한 스토리라인 및 우수한 탤런트 연기력 등 작품성과 상품성이 있는 콘텐츠 제작이 필요하다. 유교문화의 정서와 동양적인 가치관을 중심으로 서양문화를 재해석할 필요가 있고, 다양한 문화코드를 개발해 소비자들의 유행을 창조하고 소비행태를 선도해야 할 것이다.

한류 콘텐츠 경쟁력을 유지하기 위해 선결되어야 하는 것은 경쟁 시스템의 구축이다. 경쟁력은 항상 경쟁이 치열한 환경에서 성장하기 때문이다.

2) 쌍방향 교류

한류 초기에 일방적인 한국 대중문화의 확산으로 한류 지역에서의 반발을 야기했고, 이로 인해 한류에 대한 부정적인 인식이 퍼져 나갔다. 과거 할리우드의 문화제국주의 논란처럼 동아시아에서의 한국 문화침투에 대한 거부감이 나타나면서 이들 국가에서는 자국 문화의 보호와 경쟁력 강화에 나섰다. 문화는 산업경쟁력 차이에 따른 국가 간 상품의 이동이라는 국제교역의 원리가 적용됨에도 불구하고 일반 상품과는 달리 국가의 정체성과 연결된다는 점에서 그 특수성을 인정하지 않을 수 없다. 일방적 해외문화의 침투는 한 국가의 정체성 소멸이라고 생각하기 때문이다.

따라서 한류는 상호호혜적인 국제문화교류의 관점에서 쌍방향적인 접근이 필요하다. 과거 한국의 국제문화교류는 우리 문화의 존재를 알리기 위한 홍보 차원에서 시작되었다. 그러나 이제는 국제사회에서의 교류 증대와 활발해지는 민간교류, 인터넷을 통한 교류 확대 등에 따라 국제문화교류의 새로운 방향과 전략이 필요한 시점에 와 있다. 즉 글로벌 시대의 한국의 위상제고, 다문화사회의 확대 등으로 쌍방향 문화교류의 필요성이 날로 증가하고 있는 것이다. 이제 우리는 한류를 상호이해의 문화교류 관점에서 일방적이 아닌 쌍방적인 관계로 인식해야 한다. 세계인의 한국 이해가 아닌 한국인의 세계 이해로 전환되어야 할 시점에 와 있는 것이다.

문화의 쌍방적 교류는 한국인에게도 외국의 다양한 문화를 접할 수 있는 기회를 제공한다. 경제적으로 선진국에 들어서고 있는 우리나라는 이에 걸맞게 해외의 공연, 음악, 영화, 드라마 등 다양한 문화를 즐길 수 있는 성숙한 문화향유 기회가 조성되어야 한다. 최근 우리 정부에서도 이러한 필요성을 인지하고 세계 각국 전문가를 초청하여 일정 기간 한국에 머물면서 교류를 하는 문화동반자 사업, 한국 문화원을 통한 해외 문화예술의 국내 소개 등 쌍방향 교류에 발을 들여놓기 시작한 것은 다행이라 하겠다.

특히 쌍방적 문화교류는 해외의 문화와 융합되어 새로운 문화를 창출하는 용광로의 역할을 한다는 점에서 중요한 의미를 갖는다. 쌍방향 교류는 한류 확산뿐만 아니라 융합에 의한 문화의 창조적 발전, 그리고 문화교류와 동반한 과학, 사상 및 철학의 진보 등을 가져오는 새로운 창조경제 시대의 필수조건이라 할 수 있다. 인도 문화와 헬레니즘 문화가 결합한 간다라 문화는 새로운 문화를 창조하고 과학발전을 도모했다는 사실은 우리에게 시사하는 바가 크다.

이러한 쌍방향 교류를 통해 한류는 아시아 공통의 문화를 추구하는 아시아류, 장기적으로는 세계문화의 한 축으로서의 글로벌류로 진화해야 한다. 한류는 한국의 것이 아닌 전 세계 보편성과 상호성을 갖추어야 생존할 수 있는 것이다. 현재 정부에서는 아시아 각국의 문화홍보 및 상호교류의 기회를 확대하고, 해외국가와의 공동제작, 공동투자, 기술협력 네트워크를 구축해 현지지향의 콘텐츠 제작을 간접 지원하는 등 아시아류, 글로벌류 조성을 위한 많은 정책을 내놓고 있어 귀추가 주목된다.

쌍방향 교류가 활성화되기 위해서는 먼저, 문화의 과감한 개방과 상대국 문화에 대한 이해와 관심이 선행되어야 한다. 문화의 상호이해와 협력강화 등을 통해 공통의 지식, 기술, 문화 등을 개발해 새로운 가치를 창출할 수 있다. 그리고 외국의 문화를 이해하고 해석하는 교육과정이 필요하다. 외국인들은 타국 문화에 대해 관심과 이해가 많지만 우리는 그렇지 않다. 이는 외국 문화 이해에 대한 교육의 부재에서 나온 것이라 할 수 있다.

또한 민간문화외교도 활성화되어야 한다. 현재 해외에서의 메세나 운동뿐만 아니라 민간이 주체가 되어 해외문화에 대한 지원과 육성이 점차 늘어나고 있다. 앞으로도 민간 차원에서 다양한 상호 문화교류의 프로그램을 개발하여 쌍방향 교류에 민간이 적극적으로 동참해야 할 것이다.

3) 다양성 확보

반복되는 내용의 한류 드라마를 보고 2000년대 중반 중국 등 외국에서 출생의 비밀 등 한국 드라마 10대 법칙이라는 말이 나돈 적이 있었다. 미국 드라마는 드라마 추리, 호러, SF, 사랑 등 다양하지만 한국 드라마는 사랑, 사극 등 일부 장르에 한정되어 있다. 할리우드나 유럽의 콘텐츠는 풍부한 창의성, 거대한 제작비, 축적된 노하우 등의 뒷받침으로 스토리와 장르의 다양성을 보여 주고 있다. 반면 홍콩의 영화가 무협과 느와르 중심의 장르 편협성으로 관객을 잃으면서 아직까지 과거의 영광을 되찾지 못하고 있다. 이런 점들은 우리에게 시사하는 바가 크다.

음악의 경우도 마찬가지이다. 물론 우리가 경쟁력이 없었을 때에는 틈새시장을 잡기 위해 우리가 잘할 수 있고 열심히 연습해서 성취 가능한 댄스음악을 택했고, 이것이 주효했다. 그러나 이제는 댄스음악에 올인하기보다 다양성을 추구할 때이다. 모아니면 도가 되는 방식이라면 위험부담이 있고, 안정적이지 못하다.

또한 한류는 지역적 편중도 심하다. 수익의 창출 지역이 지나치게 일본과 중국에 편중되어 있다. 일본을 제외한 지역은 시장규모가 크지 않고 불법 다운로드가 성행하기 때문에 이러한 현상이 발생한다. 미국, 유럽 등은 시장규모가 크지만 아직 K-POP, 드라마를 기반으로 하는 한류가 미치지 못하는 곳이다.

다양성의 원천은 인디문화 등 언더그라운드나 순수예술, 전통예술 등 기초 문화예술에서 나올 수 있다. 이들 분야는 자생과 자립이 어렵기 때문에 정부의 지원과 육성정책이 필요하다. 인디음악은 다양성을 확보하고 실험적인 시도가 이루어지기 때문에 K-POP의 발전에 매우 중요한 역할을 한다. 다양성과 실험성으로 인디음악은 현재 아이돌 가수들로 이루어진 비슷비슷한 노래 스타일, K-POP의 획일성을 벗어날 수 있는 좋은 대안이 될 수 있다. 마찬가지로 대중문화를 뒷받침하고 있는 순수예술과 전통문화를 지원하는 정책이 필요하고, 이러한 문화예술, 서양 대중문화, 한국 문화가 혼합하여 신문화가 창조될 수 있도록 토양을 마련해야 할 것이다.

한류의 신규 분야 개척에도 관심을 가져야 한다. 드라마와 K-POP에 의존하는 한류에서 앞으로는 영화, 애니메이션, 캐릭터 등 다양한 분야로 확장되어야 하겠다. 〈이별계약〉, 〈넛잡〉 등의 영화, 〈라바〉 등의 애니메이션, 『엄마를 부탁해』 등의 출판서적과 같은 다양한 분야에서의 성공사례가 나오고 있어 이들이 한류 확산의 또 다른 원천이 되고 있다는 사실은 다행스럽다고 하겠다. 지금까지 드라마, K-POP 등이 한류를 이끌어 왔지만 점차 만화, 문학, 공연예술, 스마트폰의 어플 등으로 그 영역을 확대시켜야 할 것이다.

한편 기존 한류를 넘어서 디지털 한류[2]를 확산시킬 필요가 있다. 디지털 한류는 문화적 장벽이 기존 한류보다도 낮아 전 세계로의 확산이 용이하다. 즉 드라마나 영화 등 아날로그 한류는 문화적 장벽이 높지만 디지털 콘텐츠, 게임, 모바일 콘텐츠 등은 문화적 장벽이 낮아 그만큼 세계진출이 쉽다. 한국이 세계적인 경쟁력을 확보한 온라인 게임을 비롯하여 애니메이션, 인터넷 콘텐츠 등 디지털 콘텐츠를 통해 디지털 한류가 촉진될 수 있을 것이다.

4) K-Culture로의 진출

한류는 K-POP 중심의 한류에서 K-Style, K-Culture로 이동하고 있다. 한류 3.0의 중심에는 K-Culture가 있는데, 한류 3.0은 한국의 모든 것을 좋아하는 팬들이 생겨나고 자신의 라이프스타일을 한국에 맞추는 정도까지 발전하는 것을 말한다. 즉 한류가 드라마와 K-POP 위주에서 K-Culture로 변화되어 한류에 전통문화, 문화예술, 대중문화, 한류를 통해 만들어진 파생상품 등을 성장시키고, 나아가서는 현지인의 라이프 스타일을 바꾸는 것이다.

한류가 유행적인 성격을 가진 대중문화만으로 형성되는 것보다는 지속적인 성격을 가지는 한식이나 한글, 순수예술, 한국의 생활용품 등으로 확대되면 한류 지속화에 큰 의미를 가질 것이다. 한류 3.0에서는 한류가 자신의 라이프스타일로 되니 반한류의 감정은 줄어들고 경제적인 부가가치도 훨씬 높아질 것으로 생각된다.

패션이나 디자인, 성형 등의 유행이나 자동차나 스마트폰과 같은 일상생활에서의 생활용품 등의 소비는 소비자가 한국의 일상적인 삶을 따라가려고 한다거나 자신을 가수나 연예인과 동일화하려는 경향에서 나온 것이다. 이렇게 되면 한국에 대해 더

2. 디지털 한류란 '외국인이 디지털 제품과 디지털 콘텐츠를 사용하면서 이것이 생활문화로 자리잡고 동시에 한국을 좋아하는' 현상이다.

알려고 하는 경향이 나타나 한국적인 전통문화나 역사, 특히 한식 등 한국의 일상생활이나 역사 속의 한국을 경험하려고 할 것이다. 결국 전 세계적으로 한국형 라이프 스타일이 유행하는 시기가 도래할 수도 있다. 한국은 개도국보다 일찍 산업화 과정을 겪었는데, 개도국에서는 우리와 비슷한 트렌드를 따라가려는 요구들이 많다. 우리나라가 예전에 일본이나 홍콩의 유행을 따라하려고 했던 것처럼, 개도국들도 우리나라, 특히 대중문화에서 나타나는 다양한 유행이나 스타일을 따라하려는 경향들이 나타날 것이다.

K-Culture 한류로의 발전을 위해 다양한 분야를 개척해야 한다. 과거 영상미디어나 음악 중심의 한류에서 한 단계 진화해서 타 산업과의 연계를 통한 경제 한류, 비즈니스 한류, 국가적인 이미지를 제고시키는 국가 브랜드 한류, 국가 외교 한류, 외국인의 관광객을 끌어모으는 관광 한류 등을 개척해야 할 것이다.

싸이의 예를 들어 보자. 한국의 아이돌과 드라마 스타에 집중되어 있던 기존의 한류와는 다르게 싸이가 일으킨 '강남스타일' 열풍은 '글로벌 코리아'에 대한 관심으로 이동시키는 역할을 했다. '강남스타일'은 영어가 아닌 한국어로 영미권과 유럽에서 큰 반응을 얻고 있고, 한국의 '강남'에 대한 관심도 함께 상승했다. 실제로 2012년 9월 21일 미국의 CNN은 강남 거리를 "서울 중에서도 물가가 비싸고 인파도 많은 곳"으로 소개하였고, 시사주간지 『타임』은 9월 13일 인터넷판에서 '강남스타일'을 "서울 강남의 화려한 삶과 연관된 생활방식"이라며 주요 단어로 소개하고 있다. 싸이의 '강남스타일'은 한국의 도시인 '강남'에 대한 스타일을 분석하게 하는 현상을 일으킨 바 있다. 이를 통해 한국의 스타일을 K-Style로 전파할 수 있는 가능성을 보여 주고, 이는 다시 경제성장과 함께 국제적 위상이 높아진 '한국'이란 국가 자체에 대한 관심이 음악이라는 장르뿐 아니라 한국의 문화에 대한 한류로 이어질 수 있음을 시사하고 있다.

K-Culture에서 중요한 부문을 차지하는 것이 전통문화이다. 문화콘텐츠 산업과 전통문화가 시너지를 극대화하고 한국의 고급문화의 인식을 해외에 심어 주기 위해서는 전통문화 발전을 위한 지원 확대가 필요하다. 대중문화의 원천으로서 바로 전통문화예술에 대한 지원을 확대하고 대중문화와의 균형 있는 발전을 도모할 필요가

있다. 또한 전통예술의 국제교류를 넓힘으로써 한류, 한국 문화에 관한 긍정적인 이미지를 제고시킬 수 있고, 지역의 전통문화 자원, 문화원형을 발굴하여 순수예술 원형을 문화콘텐츠 산업에 이용함으로써 K-Culture의 글로벌화에 한걸음 나아갈 수 있다.

나아가서는 한국의 경제성장으로 한국이 원천인 비즈니스 모델이나 노하우가 세계적으로 확산되는 신개념의 한류현상들도 주목해야 한다. '온돌이 깔린 아파트'가 해외에서 인기를 끄는 것도 하나의 예가 될 수 있고, 우리의 고유문화를 제조업이나 서비스업 상품에 담아 해외에 수출함으로써 부가가치를 높이는 것도 K-Culture의 한류라고 명명할 수 있다. 문화의 산업화뿐만 아니라 산업의 문화화가 해외에서도 주요할 수 있는 것이다. 앞으로 한류는 해외시장에서 우리나라의 고유의 모델, 즉 한국형이라 할 수 있는 분야를 개척하면서 그 영역과 깊이를 더할 것이다.

5) 미국 시장에의 도전

미국은 시장규모가 거대할 뿐만 아니라 미국 시장에서의 인기는 세계시장의 평정을 의미한다. 미국 시장은 실력 있는 콘텐츠만이 살아남는 지역이다. 그동안 우리나라는 미국 시장의 문을 여러 번 노크하였다. 2009년 원더걸스는 'Nobody'로 미국의 음반시장에 진출하여 빌보드 Hot100 차트 78위까지 등극한 바 있다. 한국 영화(K-movie)도 감독과 배우 중심으로 미국 진출을 하고 있다. 박찬욱, 김지운, 봉준호 등의 감독이 할리우드에 진출하여 니콜 키드먼, 아놀드 슈왈츠제네거 등 유명스타와 영화 제작을 하고 있고, 할리우드 영화 및 드라마의 한류 스타 캐스팅을 통해 아시아 시장 진출 활성화를 모색하고 있다. 한국 문학이 미개척지였던 미국에 신경숙의 『엄마를 부탁해』 등을 통해 진출 가능성도 보여 주었다. 이후 싸이의 미국 진출은 인상적이었다. 그럼에도 불구하고 한국 엔터테인먼트 산업의 미국 시장 진출은 미미하다고 평가할 수 있다.

한류가 미국 시장에 진출하기 위해서는 점진적이고 풀(pull)형 진출이 필요하

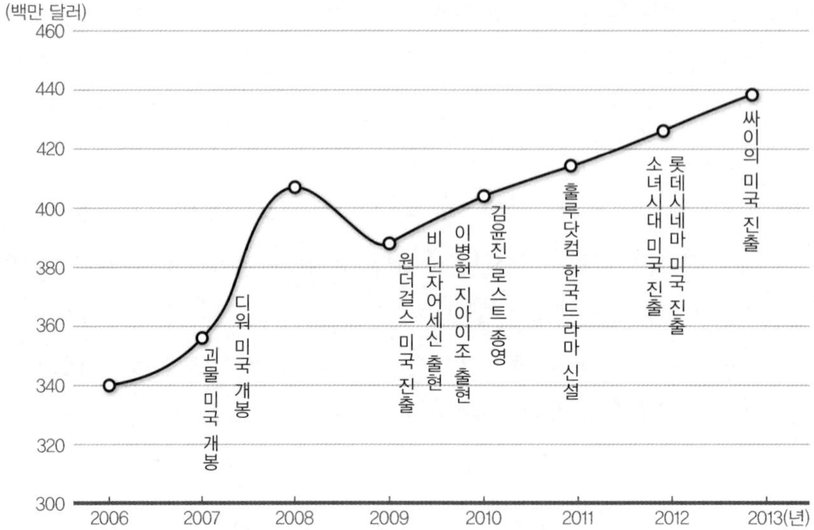

그림 7.3 북미 지역 콘텐츠 수출액 및 한류 진출 현황

다.[3] 미국 시장 진출은 치열한 경쟁, 콘텐츠의 경쟁력, 문화적 장벽 등 난관이 많아 점진적이고 장기적인 전략이 필요하다. 즉 미국 시장에서 자연스럽게 한국 콘텐츠에 대한 팬 층이 형성되게 하는 풀형 진출이 성공 가능성이 높다. 팬들은 미국에서 한국 콘텐츠를 확산시키는 데 구전전파자의 역할을 하기 때문에 한국 콘텐츠물에 대한 마니아층의 확보가 우선되어야 한다는 것이다. 실제로 일본의 재패니메이션과 영국의 팝이 미국에 진출할 때에도 풀형이었고, 한국 드라마 한류가 해외에서 처음 나타날 때 우리가 모르는 사이에 팬들이 형성되었던 것도 풀형 진출이었다. 여건이 성숙되지 않았는데도 우리의 콘텐츠를 미국 시장에 푸시(push)하는 전략은 한계가 있는 것이다. 다행이도 최근 SNS 등으로 풀형 진출 여건이 서서히 조성되고 있다. 과거에는 할리우드와 같은 막강한 메이저만이 글로벌 시장 개척이 가능했으나, 이제는 제3세계에서도 SNS를 통해 글로벌 시장 진출이 가능해졌다.

---

3. 한국문화산업교류재단, 2012, 한류-세계는 한류 스타일.

6) 해외 저작권의 보호 노력

한류 콘텐츠의 해외 불법유통 및 이용의 증가는 사회적 경제적 손실을 초래하고 있어 해외 각국과의 협력을 바탕으로 한 저작권 보호 전략이 필요한 실정이다. 불법유통과 저작권 문제는 한류 콘텐츠 진출 지역뿐만 아니라 국내에서도 낮은 사회적 의식으로 사회경제적 손실을 낳고 있으며, 불법복제 행위로 인한 피해액은 2010년 기준 약 4.0조 원에 이르고 있다.

이제는 불법 다운로드 단속을 통한 해외 저작권 보호와 이용환경의 활성화가 필요한 시점이다. 동남아 국가들의 소득수준도 점차 높아지고 있어 저작권 보호를 통한 콘텐츠 유료화의 분위기도 조성되어 있다. 전략적 관점에서도 잠금(lock-in)효과로 인해 한류 콘텐츠에 익숙해져 있는 외국 소비자들에 대한 합법적인 유료화 전환이 필요한 시점이다.

해외에서 저작권 보호는 국가별로 차별화된 접근이 필요하다. 저작권 제도의 정비 여부, 국민적인 정서, 콘텐츠 유통 정도, 정보통신 발달 정도에 따라 해외에서의 저작권 대응정책도 달라져야 한다. 특히 한류가 초기단계이거나 한국 콘텐츠 유통이 적을 경우 불법복제 대응보다는 문화의 상호교류 차원에서 한국 콘텐츠 무료 제공 등을 통해 한류 형성에 주력해야 할 것이다. 반면, 한류가 어느 정도 확산된 지역에서는 저작권 보호를 위한 적극적인 대응이 필요하다.

사실 해외에서 불법 다운로드의 단속은 상대국의 반감을 사거나 통상마찰의 소지가 있다. 따라서 해외 저작권 보호는 신중하면서도 효과적이어야 할 것이다. 구체적으로는, 첫째, 국제공조와 국제협력이 요구된다. 향후에는 진화하는 인터넷과 모바일 환경에 따라 국제적으로 통일된 기준에 의해 저작권을 보호하는 추세로, 국가 간 대응보다는 국제적 공조가 필요하다. 즉 다양한 국제 저작권 협정에 공동으로 가입하거나 FTA협정을 통해 지적재산권 보호를 강화할 수 있을 것이다. 둘째, 현지에 저작권 불법복제 모니터링 체제를 강화해야 할 것이다. 현재 일부 지역에서 운영되고 있는 해외 저작권센터를 여타 지역으로 확대할 필요가 있다. 또한 한류 콘텐츠 불법복제의 모니터링과 조사 대행을 위해 현지 업체를 활용하거나 비영리단체의 자율적인 감시 활동을 강화할 필요가 있다. 셋째, 저작권 연구센터를 설립한다. 연구센터에서는 저작권 보호기술의 개발, 새로운 스마트 환경에 대응한 저작권 기술 등을 개발하여 저작권 보호 인프라를 강화할 수 있을 것이다.

해외에서의 저작권 보호는 한류 콘텐츠 유료화를 통해 기업수익이 증대되고, 기업은 이 수익을 통해 우수한 한류 콘텐츠 제작에 투자하게 된다. 우수한 콘텐츠가 제작되면 해외 수요와 수출이 증가하고 이는 곧바로 한류 붐으로 이어진다. 결국 해외 저작권 보호를 통해 한류 선순환 구조가 정착되고 건전한 한류의 글로벌 생태계가 조성되는 것이다.

7) 지역별 차별화된 전략

지역별로 한류 인기의 정도가 다르고 문화적 특성들이 다르다. 각 권역별로 특징이 다른데도 불구하고 동일한 한류정책을 추진함으로써 지역에 따라 반한류가 나타나기도 한다. 한류 지역별로 라이프사이클상의 한류 붐의 위상이 다르고 특징이 다르므로 각 지역별에 맞는 차별화된 한류정책을 추진할 필요가 있다.

지역별 차별화된 전략을 수립하기 위해서는 지역을 유형화해야 하는데 그 기준은 여러 가지가 있을 수 있다. 먼저 지역별 문화적 유사성, 국가경쟁력, 한류 붐 등의 기준에 따라 한류 지역을 유형화하고 유형의 특성에 맞는 정책을 개발하는 방법을 생각해 볼 수 있다.[4] 여기서 문화적 유사성은 진출하는 국가와 이를 수용하는 국가의 문화적 유사성 정도이다. 국가경쟁력은 문화상품을 수용하는 국가의 경제력이 더 높은 경우, 부가상품이나 관광상품 등의 소비도 함께 확대되며, 수용 국가의 경제력이 낮은 경우 문화적 동경으로 인한 파급상품 판매 증가의 효과가 커지고, 잠재적 성장 가능성이 높은 데 근거한 것이다. 한류 붐은 현재 수용국가의 한류의 확산 정도를 말

---

4. 고정민, 2010, 한류의 국별 유형과 전략 방향, 언론학회 세미나 발표.

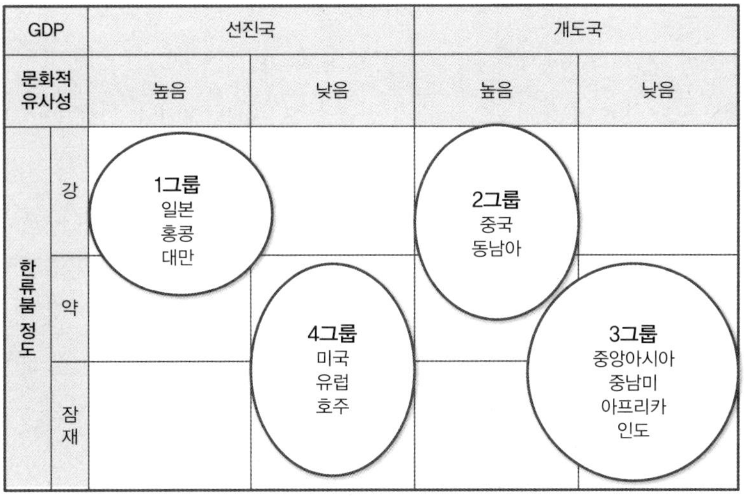

그림 7.4 한류의 지역별 유형화

한다.

이에 따라 한류 권역을 4그룹으로 나누어 보면, 제1그룹은 선진국이면서 문화적 유사성이 높고 한류 붐이 강한 나라로 일본, 홍콩, 대만 정도가 여기에 해당한다. 제2그룹은 개도국이면서 문화적 유사성이 높고 한류 붐도 높은 지역으로 중국과 동남아 지역이다. 제3그룹은 선진국이지만 문화적 유사성이 낮고 한류 붐도 약한 나라로 미국과 유럽 등지라 할 수 있다. 마지막으로 제4그룹은 개도국이면서 문화적 유사성은 낮고 현재 한류 붐도 낮지만 성장가능성이 있는 지역으로 중남미, 아프리카 등이라 할 수 있다.

4개의 그룹별 차별화된 한류 확산 전략이 필요한데, 지역 한류 전략을 감안하여 각 권역을 구분하면 제1그룹은 지속권역, 제2그룹은 심화권역, 제3그룹은 개척권역, 제4그룹은 틈새권역으로 볼 수 있다. 이와 같이 지속권역, 심화권역, 확산권역, 개척권역으로 구분하여 한류현상의 실태를 실증적으로 분석하고, 각 권역별 특성에 적합한 차별화된 지원 전략을 개발하여 추진해야 할 것이다.

또 하나의 방법으로 한류 콘텐츠의 경험률을 중심으로 지역을 구분할 수 있다.⋯5 해외의 소비자들의 한국 문화(전통문화, 드라마, 영화, 대중음악)의 경험의 정도에 따라 경험도는 구하고 이를 기준으로 지역 전략을 추진하는 것이다. 한류 콘텐츠의 경험률을 중심으로 그 정도에 따라 미개척 지역, 개척 지역, 진출 지역, 확산 지역, 성숙 지역으로 구분할 수 있다.

미개척 지역은 해당 지역에 대한 정보가 부족하고, 한류에 대한 접점이 전혀 없기 때문에 현지시장 파악을 위한 시장분석 전략이 필요하고, 개척 지역은 적극적인 소수층 마니아를 중심으로 한류의 시장이 성장하고 인지도가 높아질 수 있도록 전략을 추진한다. 한편 진출 지역은 소수의 산발적인 대상이 아닌 집중적인 타깃 집단을 선정

표 7.1 지역의 단계별 한류 전략

지역의 단계		지역 전략	내용	해당 지역
미조사 지역	➡	시장분석 전략	• 한류에 대한 수요가 발생할 수 있는 시장잠재 지역을 발견 • 문화적·제도적 진입장벽의 요소와 크기를 파악	필란드, 노르웨이, 포르투갈, 나이지리아, 케냐 등
개척 지역	➡	시장개척 전략	• 한류 관련 콘텐츠가 노출될 수 있도록 다양하고, 적극적인 채널 개발 • 의견 선도자(Opinion Leader)들을 파악하고 이들을 집중공략 • 다소 저렴한 가격으로 제시하여 접촉 포인트를 개발	독일, 스페인, 영국, 호주, 캐나다, 미국, 칠레, 이탈리아, 남아프리카공화국 등
진출 지역	➡	시장 확대 전략	• 한류를 선호하는 소집단의 공통적인 특징과 선호 형태를 살펴보고 이에 집중 • 광고와 홍보에 집중적인 투자	폴란드, 러시아, 멕시코, 아랍에미리트, 브라질 등
확산 지역	➡	시장특화 전략	• 현지화 전략을 통해 그 지역만이 요구하는 수요를 발견 • 기존에 성공한 콘텐츠를 다른 콘텐츠 영역으로 활용할 수 있는 지 분석	일본, 카자흐스탄, 이집트 등
성숙 지역	➡	시장유지 전략	• 콘텐츠에 대한 새로운 소비자를 찾거나 기존 소비자들의 사용빈도를 증가 • 충성도가 어느 정도 형성된 소비자들을 유지할 수 있는 전략이 필요	인도, 터키, 대만, 홍콩, 싱가포르, 말레이시아, 인도네시아, 베트남, 태국, 중국

5. KOTRA, 2011, 문화한류를 통한 전략적 국가브랜드 맵 작성연구, 국가브랜드위원회.

하여 이들을 중심으로 시장의 크기를 키워 가는 시장 확대 전략을 활용한다. 확산 지역은 한류에 대한 콘텐츠 수요의 비율이 가장 많이 증가하는 지역으로 시장특화 전략을 수립할 필요가 있다. 마지막으로 성숙 지역은 점차 포화상태가 되어 가는 시장이 되기 때문에 기존 시장에서 새로운 세분시장을 마련하고 콘텐츠의 질적 성장이 이루어 질 수 있도록 시장유지 전략을 추진한다.

8) 유통 플랫폼의 해외진출

한류하면 한국의 드라마, K-POP과 같은 콘텐츠를 떠올린다. 당연한 것이지만 콘텐츠는 한류 생성의 기본이다. 그러나 한류 콘텐츠가 해외 소비자에게 전달되기 위해서는 유통 플랫폼이 필요하다. 한류는 유통 플랫폼, 다시 말하면 미디어를 통해 해외에 전달된다. 미디어로서 인터넷 유통 플랫폼을 가지고 있다면 이를 통한 직접적인 수익뿐만 아니라 한류의 확산에도 크게 기여할 수 있다. 해외에서 네이버의 라인 네트워크가 구축되면서 여기에 실린 우리나라 모바일 게임 매출이 크게 확대되었다는 사실은 이를 잘 설명해 주고 있다. 이와 같이 콘텐츠뿐만 아니라 가치사슬상 콘텐츠 인터넷 플랫폼 부문에 진출함으로써 제작과 유통의 시너지를 확대시킬 수 있다. 인터넷 플랫폼에 진출하면 안정적인 비즈니스가 가능하고 국내 콘텐츠의 유통도 원활하게 될 것이다.

따라서 토종 인터넷 플랫폼의 해외진출을 적극적으로 해야 한다. 한류 콘텐츠의 지속적, 안정적 공급 및 수익모델 형성을 위해 글로벌 경쟁력 있는 플랫폼을 육성하고 한류 콘텐츠의 동반수출 및 판매루트를 개척할 수 있다. 이때 한류 콘텐츠 판매 가능한 플랫폼 사업자, 콘텐츠 업체와 플랫폼 사업자의 컨소시엄 등도 가능하다. 플랫폼 서비스는 시장 인지도 및 사용자 확보가 성패를 좌우하므로 초기 인지도 확산 및 소비자 유입을 위한 마케팅 활동이 필요하다.

아울러 앱(App)을 플랫폼으로 하는 유통 플랫폼 등장에 따라 콘텐츠 유통플랫폼으로 진화 가능한 스마트 콘텐츠의 해외진출을 도모할 필요가 있다. 즉 트위터, 페이스북과 같이 웹서비스, 게임, 영상, 뉴스서비스 등과 애플리케이션이 연동되는 소셜 플랫폼의 해외진출도 필요하다.

9) 대기업과 중소기업의 상생구조 구축

국내 경제규모는 선진국 반열에 올랐으나 콘텐츠 산업생태계는 아직 선진화되어 있지 못하다. 가치사슬상 제작과 유통, 소비 사이에 불균형과 불법이 존재하여 자생적인 산업생태계가 구축되어 있지 않다. 우리나라 콘텐츠 산업은 중소기업 중심으로 산업구조가 형성되어 있어, 투자가 활성화되어 있지 못하고 확대재생산이 정착되어 있지 않다. 그러나 콘텐츠 산업의 대기업과 중소기업은 서로 다른 핵심역량을 보유하고 있어 협력하면 시너지 창출의 극대화가 가능하고, 각자의 영역에서 역할분담 및 강점을 가지고 있는 자원의 공유로 새로운 가치창출이 가능하다.

한류 활용을 통한 한류 콘텐츠기업과 활용기업과의 상생발전을 통한 발전적 생태계를 조성할 수 있다. 한류를 대기업을 비롯한 일반 기업이 활용함으로써 기업의 이미지, 매출 향상 등에 기여하고 이들 기업이 그 대가를 콘텐츠업체에 지불함으로써 콘텐츠기업과 일반 기업은 상생발전구조가 형성될 수 있다. 해외에서 한류로 인해 한국 상품 애호가가 증가하고 한류 콘텐츠 및 스타 등 한류와 직접적인 상품의 수출이

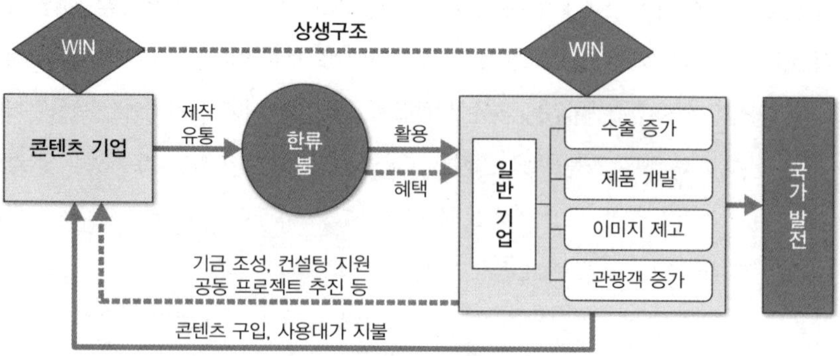

그림 7.5 바람직한 한류상생발전 구조

증가하며 관광, 성형, 화장품, 쇼핑 등 한류파생상품의 증가를 촉진시킨다. 일반상품의 경우에도 고가격의 한류 스타 등을 활용하지 않더라도 해외의 한류 팬들이 한국 일반상품에 호감을 보이며 한국 상품을 소비하게 된다. 즉 한류의 후광효과로 일반 기업들이 혜택을 보는 것이다.

그러나 이러한 기업들은 한류의 혜택을 누리지만 비용을 지불하지 않는다. 따라서 한류의 활용을 통한 상생뿐만 아니라 한류 콘텐츠 기업을 위한 수혜기업이 한류에 기여해야만 진정한 동반성장이 가능하다. 열악한 콘텐츠 기업을 위한 수혜기업의 기금 등의 자금조성이나 대기업과 콘텐츠 기업과의 공동 프로젝트의 개발 등이 필요하다. 이러한 한류 상생구조가 정립되어야만 한류도 지속가능할 것이다. 결론적으로 일반 기업의 콘텐츠 부문에의 투자와 공동협력과 한류 활용을 통해 한류 상생구조로 발전되어야 할 것이다.

10) 인력, 법, 제도 등 한류 인프라 구축

한류 확산을 위해 한류에 직접적으로 관련된 다양한 정책과 기업의 전략이 요구되지만 더불어 한류의 기초가 되는 인프라 구축도 필요하다. 정부 차원에서 해결해야 할 일과 간접적으로 연관되어 있으면서 한류에 장기적으로 도움을 주는 시설, 인력, 법제도적 정비 등이 필요하다.

첫째, 시장조사 및 상품 기획에서부터 유통과 판매까지 일관된 콘셉트로 마케팅 할 수 있는 글로벌 한류 인력을 육성해야 한다. 정부에서는 한류 콘텐츠 분야에서 활동하는 양질의 인재들이 자기계발 및 동기부여를 통해 업계에서 지속적으로 활동할 수 있도록 지원해야 하고, 순수예술의 경우에는 전문 마케터(퍼블리셔)를 육성하는 것이 효과적일 것이다. 또한 글로벌 수요조사와 해외 현지정서에 맞는 콘텐츠 개발을 담당하는 한류 프로젝트 매니저급 인력 육성도 포함된다. 이들은 특히 새로운 수출선을 개척하고 국제 비즈니스를 원활하게 할 수 있는 언어, 상관습 등에 정통한 글로벌 마케팅 능력과 국내외 전문가들을 활용할 수 있는 인적 네트워크 구축의 역량을 보유하고 있어야 한다.

또한 다양하고 창의적인 콘텐츠를 만들기 위해서는 그 기반이 되는 다양성과 창의성 있는 인력의 양성이 필요하다. 다양한 스토리텔링 확보를 위한 노력과 창의적인 인력의 유입을 위한 환경조성, 창작자에게 과실이 돌아가는 정당한 수익배분 구조의 확보 등이 필요한 것이다. 이와 함께 기획·마케팅력, 스토리 구성, 촬영기술, 후반 작업기술 등 제작 시스템의 경쟁력을 강화하는 것이 해법이다. 특히 외국의 소비자를 사로잡는 스토리텔링이 매우 중요하게 부각되고 있다. 한류 스타는 팬클럽, 마니아 등을 통해 인기가 유지되나 스토리는 과거와 비슷한 내용이면 쉽게 식상하기 때문에 연속적인 인기 유지가 어렵다. 스토리텔링을 강화하기 위해 다양한 작가를 양성할 수 있는 교육기관과 기존의 순수문학을 상업화로 연결시키기 위한 교육 커리큘럼이 필요할 것이다.

둘째, 법제도의 정비가 필요하다. 해외 지적재산권 침해 사례를 조사하고 지적재산권 침해로 인한 피해 규모를 발표하는 등 국내외 소비자들을 대상으로 지적재산권 보호에 관한 인식을 제고시켜야 할 것이다. 또한 국내 불법 복제품에 관한 단속을 강화하고 불법복제를 차단할 수 있는 보다 정교한 기술 개발이 필요하다. 우리나라만이 아니라 디지털 및 온라인 환경에 적합하도록 법과 제도를 정비하고 저작권 보호 및 감시 기구를 설치하는 등 동북아 국가 간 글로벌 수준의 지적재산권 보호 장치를 마련해야 그 효과를 극대화할 수 있다.

또한 스태프에 대한 처우 등 열악한 환경에서 일하는 약자들을 위한 표준계약서를 만들고 이를 준수하도록 해야 할 것이다. 콘텐츠의 합리적 유통 및 공정한 거래를 위하여 콘텐츠 분야 및 거래 유형별로 표준계약서 개발 보급을 확대하고 불공정거래 행위의 유형 및 기준, 거래조건의 적정성, 계약 이행, 저작권 귀속 등 불공정거래 방지를 위해 대기업이 준수해야 할 가이드라인을 마련해야 할 것이다. 부당한 계약의 후진성을 탈피하고 정산의 투명성 확보, 합리적 수익배분 등 공정 거래생태계를 조성해야 한다.

셋째, 내·외국인이 한류를 한곳에서 즐기고 생산하는 한류메카로서의 한류 클러스터 구축이 필요하다. 클러스터(cluster)란 '집적지'라는 뜻으로 실리콘밸리처럼 유사 관련업종이 집단을 이루는 형태를 의미하는 것이다. 한류 클러스터는 우수한 한류 콘텐츠를 제작하고 한류의 트렌드를 파악하여, 이를 유통이나 관광으로 연결시켜야 한다. 한류 클러스터는 개발·제작, 유통, 한류 관광으로 구성되어 있는 한류의 벨류체인에서 거의 모든 부문과 관련성을 가지고 있어 한류의 발전에 크게 기여할 수 있을 것이다. 특히 한류 클러스터는 인근 지역의 관광자원과 연계되어야만 한다. 외국 관광객은 한류 클러스터만이 아니라 우리나라를 관광하러 오는 경우가 많기 때문에 한류 클러스터 인접 관광자원을 연계하여 관광지의 매력도를 높여야 할 것이다.

참고문헌

1. 국내 문헌

강근옥, 2012, 음식 스토리텔링의 이해와 활용, 동아시아식생활학회 학술대회논문집, 2012(4), 75-76.

강남준 외, 2008, 과학기술과 인문사회과학의 융합연구 활성화 방안, 교육과학기술부.

강장묵·송유진·최미경, 2013, 인터넷 팬덤문화의 사회적 현상과 과제, 한국인터넷방송통신학회, 13(1).

강정인·김현아 외, 2005, 난 몇 퍼센트 한국인일까, 책세상, 198.

강준만, 2005, 지식의 세계화를 위하여, 인물과사상사.

고정민 외, 2005, 한류 지속과 기업의 활용방안, 삼성경제연구소.

고정민, 2002, 한국영화산업의 선순환구조와 발전전략, 삼성경제연구소.

고정민, 2003, 클러스터, 삼성경제연구소.

고정민, 2005, 한류 콘텐츠의 경쟁원천에 대한 연구, 문화산업연구, 5(2), 5-18.

고정민, 2006, 한류와 관광산업, 한국관광정책, 23, 55-60.

고정민, 2007, 문화콘텐츠 경영전략, 커뮤니케이션북스.

고정민, 2009, 드라마 대장금의 경제적 효과에 대한 연구, 문화산업연구, 9(1), 19-35.

고정민, 2009, 융합시대의 문화콘텐츠 글로컬전략, 제7회 전국 문화산업정책 워크숍 발표자료.

고정민, 2010, 한류의 국별 유형과 전략 방향, 언론학회 세미나 발표.

고정민, 2012, 한국 문화콘텐츠 산업의 국제화에 관한 연구, 인문콘텐츠, 27, 143-154.

고정민, 2012, 한류 확산과 백제기악 일본전파 유사점과 상이점에 대한 연구, 충청학과 충청문화, 15, 181-193.

고정민, 2012, 한류문화와 관광, 한국관광정책, 49, 33-40.

고정민, 2013, 국가 간 경제협력·통합에 있어 문화의 역할, 인문콘텐츠, 28.

고정민, 2014, 한류현상을 접근하는 연구영역에 관한 연구, 한류비즈니스연구, 1(1).

권대호, 2012, 한국 온라인 FPS게임 현지화에 관한 연구: 중국, 중동, 인도네시아를 대상으로, 홍익대학교 석사학위논문.

권연수, 2005, 한류 지속을 위한 현지화 전략 연구: 일본을 중심으로, 인문콘텐츠, 6, 137-161.

권윤경, 2012, 쿨재팬과 일본의 와쇼쿠 세계화 전략, 한식재단 스토리텔링소재발굴사업 학술대회.

김광욱, 2008, 스토리텔링의 개념, 겨레어문학, 41, 249-276.

김기덕·문만기, 2008, 동아시아 역사 소재 디지털게임의 세계관 분석 시론, 인문과학논총, 46, 1-19.

김명섭, 2003, 프랑스의 문화외교: 미테랑 대통령집권기(1981-1995)를 중심으로, 한국정치학회보, 37(2), 343-363.

김민규, 2012, 연예산업의 구조와 관계적 속성에 관한 연구, 인문콘텐츠, 26.

김민자, 2005, 청소년을 파고드는 한류의 마력–동아시아의 한류, 전예원, 95.
김범송, 2008, 중국의 한류 열풍과 혐한류 현상에 대한 담론, 한중인문학회, 25, 337–361.
김병문, 2010, 변혁적 리더십의 스포츠 분야에의 적용: 히딩크 감독의 사례를 중심으로, 스포츠와 법, 13(1).
김병수, 2011, SNS 활용기업의 성공전략, 삼성경제연구소 보고서.
김석순, 2014, 다양한 음악이 공존하는 미국 음악 시장, 한국 문화예술위원회 웹진 ARKO, 258.
김영덕, 2013, 한국콘텐츠진흥원 일본사무소 내부자료.
김우성, 2011, 스토리텔링 마케팅의 효과와 활용, 한국마케팅연구원, 45, 41–47.
김장현, 2012, 한류를 통한 국가이미지 제고방안, 제주평화연구원.
김재붕, 2006, 상사의 리더십과 조직시민행동에 관한 연구: 변혁적·거래적 리더십의 구성요소를 중심으로, 산업경제연구, 19(1), 353–371.
김지현·정창무, 2011, 스토리텔링 마케팅 기법을 활용한 지역자원 활성화 연구, 국토계획, 46(5).
김진영, 2013, 중화권 단일영화시장 형성과정에 관한 연구 – 중국 영화산업정책을 중심으로, 중앙대첨단영상대학원, 박사학위논문.
김호영·윤태진, 2012, 한국 대중문화의 아이돌(idol) 시스템 작동방식: 아이돌 문화 생산·소비의 이중구조에 대한 탐색적 연구, 방송과 커뮤니케이션, 13(4).
김효율·이찬근, 1995, 한국의류업체의 대중국 현지화전략, 중소기업연구, 17(1).
나고마리, 2014, 일본에서 인기 높은 한국 드라마의 연애스토리_일본의 연애스토리와의비교, 한국 콘텐츠학회논문지, 14(3), 69–79.
남애리, 2007, 일본인들의 한국어에 대한 의식 변화 연구: 한류 드라마의 언어적 영향을 중심으로, 중앙대학교 석사학위논문.
남영, 2011, 한국 온라인 게임 산업의 기원: '나비들'의 네트워크, 과학기술연구원, 11(2).
노전표, 2000, 서비스 전략 현지화 국제비교 연구–한국과 싱가포르에 진출한 외국인 투자 서비스 기업을 중심으로–, 신학경영연구, 13, 195–206.
노정태, 2007, 한국 드라마의 두 얼굴, 〈대장금〉과 〈겨울연가〉, 월간 〈드라마틱〉, 21(4).
노주현·정보민, 2013, 국가브랜드 가치제고를 위한 한류의 미디어 홍보 활용 방안, 지식엔진연구소, 시사상식사전, 박문각.
다키야마 스스무, 2001, 할리우드 거대 미디어의 세계 전략, 중심.
대외경제정책연구원, 2010, 중남미의 사회문화적 코드와 방송영상산업의 소비 패턴 연구.
마이클 L. 브린, 2011, 문화강국 코리아를 위한 제언, 한류 콘텐츠 글로벌 진출 활성화 컨퍼런스.
문계완·최석봉·문재승, 2009, 리더십 유형과 조직문화가 혁신행동에 미치는 영향, 산업경제연구, 22(6), 3289–3320.
문상현, 2005, 문화생산과 수용, 그리고 한류의 의미, 방송문화, 285, 12–15.
문성윤, 2013, 미국, 히스패닉을 주목하라, KOTRA Globalwindow.
문성준, 2008, 미디어 효과와 문화변용: 시카고 한인타운에서의 미디어 효과와 문화가치, 방송통신연구, 66, 161–185.

문화체육관광부, 2012, 한류 미래전략연구포럼1차.

문화체육관광부, 2012, 한류백서.

민지은, 2013, 프랑스 내 한국대중문화콘텐츠 소비의 확산을 위한 연구, 28, 64-85.

박기수, 2009, 문화콘텐츠 스토리텔링의 창의성 구현 전략 시론, 디지털스토리텔링 연구, 4, 36-58.

박기수 외, 2012, 문화콘텐츠 스토리텔링의 현황과 전망, 인문콘텐츠, 27.

박남규·한재훈, 2008, 중소기업의 기업가정신이 성장 및 국제화 전략에 미치는 영향에 대한 고찰, 중소기업연구, 30(2).

박상규, 2005, 문화상품의 해외진출 활성화 방안 연구, 대한민국국회.

박신의, 2012, 한류 글로벌 팬덤 현상을 통해 본 문화소통 및 교류의 전망, 문화예술경영, 2, 23-37.

박정수·김홍석·김숙경·이순학, 2012, 한국서비스 기업의 대중국 현지화전략, 산업연구원 정책자료, 2012-173.

박진식·김도연, 2013, 텔레비전 포맷을 통해 본 콘텐츠의 글로벌화와 현지화, 방송통신연구, 83, 9-37.

방송통신위원회, 2008, 한류 확산을 위한 로드맵 구축에 관한 연구.

백승혁, 2010, 일본 애니메이션 산업의 비즈니스 모델에 관한 조사연구, 한국콘텐츠진흥원, KOCCA 포커스 21.

변미연·이인성, 2008, 한류 스타 이미지가 중국 상해지역 여대생 패션에 미치는 영향, 한국디자인문화학회지, 14(4), 217-226.

삼성경제연구소, 2009, 위기에 빛을 발하는 CEO 리더십, SERI 경영노트.

삼성경제연구소, 2012, 2012 국가브랜드지수 조사 결과.

삼성경제연구소, 2012, K팝의 성공요인과 기업의 활용전략, 제841호.

삼성경제연구소, 2013, 新한류 지속발전을 위한 6大전략, 제899호.

성미나, 2011, 일본 애니메이션 산업의 경쟁력 분석: 제작위원회 방식과 미디어구스를 중심으로, 글로벌문화콘텐츠, 6, 101-137.

손승혜, 2009, 학술 논문의 메타 분석을 통해 본 한류 10년: 연구 경향과 그 정책적 함의에 대한 탐색적 연구, 성곡언론문화재단, 언론과사회, 17(4), 122-153.

손승혜, 2012, 한국 문화의 수용과 국가 이미지 형성에 관한 탐색적 연구, 문화정책논총, 27(1).

손승혜, 2012, 한류 수용 로컬 콘텍스트와 글로벌 팬덤의 특성: 코리아 커넥션 사례 분석, 미디어경제와 문화, 10(1).

손승혜, 2013, 디지털 네트워크 시대의 초국가적 온라인 팬덤: 2PM 팬포럼 Wild2Day 회원 인터뷰의 근거이론적 분석, 미디어, 젠더&문화, 2573-111.

송요셉, 2012, 웹툰의 발생 과정 탐색과 발전을 위한 제언, 한국정보기술학회지, 10(4).

송정은·장원호, 2013, 유투브(YouTube) 이용자들의 참여에 따른 한류의 확산, 한국 콘텐츠학회논문지, 13(4).

신원선, 2005, 일본의 한류 열풍 주도 드라마에 관한 연구: 겨울연가를 중심으로, 한민족문화연구, 17, 211-234.

양지연, 2011, 후발기업의 catch-up 전략 실행을 위한 최고경영자의 변혁적 리더십: 농심사례를 중심으로, 전문경영인연구, 14(2), 89-108.

영화진흥위원회, 2001, 일본 애니메이션 산업현황과 한일 공동제작 모델연구.

영화진흥위원회, 2001, 중국 영화산업백서 I, 연구보고 6.

오리콤 마케팅 컨설팅팀, 1995, 틈새 마케팅, 비봉출판사, 38-39.

원명심, 2010, 미국어패럴업계의 니치마켓 전략, 한국디자인트렌드학회, 29, 7-20.
유세경·이석·정지인, 2012, 중국 일간지의 "한류" 보도에 나타난 프레임 분석: 2001~2010년 기간에 보도된 기사 분석을 중심으로, 한국언론정보학보, 57, 202-226.
유수열, 2009, 한류의 화두는 스토리텔링(Story-Telling)이다, 한국엔터테인먼트산업학회지, 창간호, 48-60.
유신일, 2013, 중국에서의 한류, China 연구, 14, 333-354.
유재혁, 2015, 컬처이노베이터, 클라우드나인.
윤선경, 2013, 문학번역 연구 현황과 과제: 엄마를 부탁해 영역본 연구를 중심으로, 현대영어영문학, 57(3), 125-145.
윤선희, 2005, 지적재산권법(7정판), 세창출판사, 1-4.
윤유경·채지영, 2009, 팬덤의 심리학적 접근과 문화연구 제언: 여성 팬덤을 중심으로, 문화정책논총, 21, 227-249.
윤진아, 2007, Nippon Feel 패션이 우리나라 스트리트 패션에 끼친 영향, 패션과 니트, 5(2), 35-45.
은혜정, 2010, 라틴 아메리칸 텔레노벨라의 드라마 브랜드 특성화 전략 사례연구, 방송문화연구, 22(2), 121-147.
은혜정, 2012, 텔레비전 프로그램 포맷, 커뮤니케이션북스.
이공래, 2010, 청년실업 해소를 위한 대학의 1인창조기업 창업 촉진 방안, STEPI 인사이트 제54호.
이만제·김영덕, 2007, 국내 드라마 제작 시스템 개선 방안 연구, 한국콘텐츠진흥원, KOCCA연구보고서, 2007-07.
이문행, 2007, 아시아 8개국에 수출된 한국 드라마 특성에 대한 연구, 한국 콘텐츠학회논문지, 7(9), 34-43.
이성태·조옥희, 2012, 문화적 환경의 차이를 고려한 게임 현지화 연구, 한국컴퓨터게임학회논문지.
이성훈, 2005, 스페인권 문화 및 지역학: 세계화와 텔레노벨라의 변화, 스페인어문학, 36, 481-496.
이솔림, 2011, 연예매니지먼트기업의 아이돌 메이킹에 관한 연구, 중앙대학교 예술대학원 석사논문.
이수안, 2012, 유럽의 한류를 통해 본 문화혼종화: K-POP 열풍을 중심으로, 한독사회과학논총, 22(1), 117-146.
이용훈, 2012, 장르융합형 지식만화의 만화시장 창출과정에 관한 연구, 한국만화애니메이션학회 학술대회자료집, 99-122.
이윤경, 2009, 반한류 현황분석과 대응방안 연구, 한국문화관광연구원.
이은구, 2005, 동남, 남아시아: 10억의 마음을 사로잡는 인도 영화, 국제지역정보, 140, 20-21.
이인화 외, 2003, 디지털 스토리텔링, 황금가지.
이장우, 2007, 한류 드라마 콘텐츠의 국제경쟁력과 해외진출 전략, 경영학회지, 36(6), 1419-1447.
이장우·허재원, 2013, 리더십과 조직역량이 해외진출 전략에 미치는 영향: 한류 음악시장(K-POP)에서 SM엔터테인먼트의 사례, 한국경영학회, 17(1).
이주리, 2013, 국내 연예 엔터테인먼트 산업의 스타 시스템과 활용 사례 분석-SM엔터테인먼트를 중심으로, 상명대학교 석사학위논문.
이창원, 2005, 변혁적리더십 이론의 개념적·방법론적 문제에 대한 검토, 한국행정논집, 17(4), 1040-1041.
이치한, 2014, 스토리텔링 마케팅의 성공조건 및 전략적 가치, 뉴스핌.
이호영 외, 2012, 디지털 한류와 트랜스미디어 시대의 문화정책 방향, 정보통신정책연구원.
이홍재, 2011, 융합환경에 따른 콘텐츠정책 전환과 생태계 활성화, GRI연구논총.

이희승·조규화, 2002, 韓國 新世代 패션에 關한 硏究: 日本大衆文化의 影響을 中心으로, 한국패션비지니스학회, 6(1), 83-101.
임성준, 2013, K-POP의 글로벌 경쟁력과 성공요인, KBR, 17(2).
임창희, 2005, 리더십 영향력에 미치는 부하성향의 차별적 조절효과, 경영연구, 30.
장병희, 2005, 중남미 '텔레노벨라'의 동유럽 진출 성공사례, 해외방송정보, 2005-2, 48-51.
장석인 외, 2010, 주요 산업별 산업융합 여건 분석과 활성화 전략, 산업연구원.
장세길·김시백·변혜진, 2013, 전통문화의 산업화·세계화, 표준화가 먼저다: 전통문화산업 표준화의 의미와필요성, 추진방향과 활용방안, 전북발전연구원 이슈브리핑, 110.
장팔현, 2005, 한류분석 '아스카'에도 시대에도 한류 붐 있었다', 월간 말, 58-63.
정정숙, 2012, 국제문화교류 진흥방안, 한국문화관광연구원.
정혜경, 2012, 〈겨울연가〉의 패러독스-삶과 죽음의 Text Coherence-, 일본문화연구, 41, 527-556.
조각현, 2012, 스토리텔링기법을 활용한 광고에 관한 연구, 커뮤니케이션디자인학연구, 39.
조연성·원동환, 2010, 기업과 정신과 시장지향성이 수출성과에 미치는 영향에 관한 연구, 무역학회지, 35(1).
조인희·윤여광, 2013, 한류문화에 영향을 미친 YouTube 파급효과에 관한 연구, 한국엔터테인먼트산업학회논문지, 7(2).
조춘호·조인희, 2013, 국내 엔터테인먼트 기업의 해외진출에 관한 연구: 한국과 일본의 콘텐츠 생산을 중심으로, 한국엔터테인먼트산업학회논문지, 7(3).
조현순, 2008, 문화관광으로서 한류 관광 지속 방안연구, 문명연지, 8(2).
최돈일, 2008, 한국애니메이션의 사례분석을 통한 성공전략 연구, 한국컴퓨터게임학회논문지, 13, 93-98.
최인호, 2007, 한류 콘텐츠를 활용한 관광 스토리텔링 활성화, 한국관광학회 학술대회 발표논문집, 332-339.
최진아·김동원, 2010, 한국 온라인 게임업체의 국제마케팅 전략에 관한 연구, 한국유통학회 학술대회 발표논문집, 2010(8), 71-101.
하수진, 2010, 일본 대중문화 수용에 관한 연구: 일본 드라마 마니아의 팬덤현상을 중심으로, 경희대학교 언론정보대학원 석사학위 논문.
한강희, 2006, 문화콘텐츠와 '관광 스토리텔링'연구, 전남도립대학교 논문집, 8, 149-173.
한국문화산업교류재단, 2009, 한류포에버-한류 현주소와 경제적 효과분석.
한국문화산업교류재단, 2010, 한류-아시아를 넘어 세계로.
한국문화산업교류재단, 2011, 한류포에버.
한국문화산업교류재단, 2011, 한류포에버-일본편.
한국문화산업교류재단, 2012, 국내 한류 조사 결과 보고.
한국문화산업교류재단, 2012, 김자연 통신원.
한국문화산업교류재단, 2012, 한류포에버_세계는 한류스타일.
한국문화산업교류재단, 2012, 해외 한류 조사 결과 보고.
한국문화산업교류재단, 2013, 한류백서.
한국문화산업교류재단, Entertainment Report, 미국의 할리우드에서 바라보는 발리우드 영화산업의 현황, 김준희(http://www.kofice.or.kr/n_webzine/200804/03_report-1.asp).
한국방송영상산업진흥원, 2007, 남미의 드라마: 텔레노벨라의 분석과 전망.
한국수출입은행, 2012, 한류수출 파급효과 분석 및 금융지원 방안, 중점연구 2012-1.
한국정보화진흥원, 2011, 문화부문의 소셜미디어 활용 선진사례 연구.
한국콘텐츠진흥원, 2007, 세계의 소프오페라, 텔레노벨라의 마케팅 및 시장 개척 전략, 언론과 사회, 15, 6-32.
한국콘텐츠진흥원, 2010, 인도문화산업심층보고서.
한국콘텐츠진흥원, 2011, 방송콘텐츠 글로벌화 전략과 정책과제 개발연구.
한국콘텐츠진흥원, 2011, 한국연애사업실태조사.
한국콘텐츠진흥원, 2012, 문화예술 트랜드 분석 및 전망.
한국콘텐츠진흥원, 2013, 국가별 한류 콘텐츠 수출동향과 한국 상품 소비인식 분석.
한국콘텐츠진흥원, 2013, 이야기산업 활성화 중장기 정책수립 연구.
한국콘텐츠진흥원, 2016, 2015 콘텐츠 산업통계.
한승환, 2009, 학문간 융복합 연구지원계획 수립에 관한 연구, 한국연구재단.
현창희, 2008, 융합환경하의 중소기업 육성방안, 한국통신학회, 25, 48-52.
홍진환·김준호·임성준, 2007, 한국 온라인 게임사의 국제화 방식 및 해외시장 경쟁력에 관한 연구: 일본 시장을 중심으로, 경영학연구, 38(6), 1389-1409.
황달기, 2009, 한국의 일본 대중문화 수용: 1990년대 이후의 일본영화를 중심으로, 경영경제, 40(1), 151-166.
황동미·한승희, 2009, 한국 영화 미국 시장 진출 유형연구, 영화진흥위원회 연구보고서, 2009-1.
황선화, 2006, 국내 유통 기업의 성공전략과 외국계 유통 기업의 국내 철수 원인 분석, 한국 유통과학회동계학술대회 자료집, 한국 유통과학회, 613-650.
KOTRA, 2011, 문화한류를 통한 전략적 국가브랜드 맵 작성연구, 국가브랜드위원회.
KOTRA, 2012, KOTRA 글로벌 윈도우, "미국 콘텐츠시장을 해부한다(하)".
KOTRA, 2012, KOTRA 글로벌 윈도우, "한국 애니메이션, 유럽에서도 통한다".
KOTRA, 2012, 중국-중남미포럼, 동향/연구보고서.
KOTRA, 2013, 고일훈 뉴욕 무역관 리포트.

〈신문 및 잡지〉
CJ E&M, 콘텐츠 해외공동제작 본격 시동, 디지털케이블, 2014년 3월 26일자.
강수진, "시스템의 교실에서 아이돌은 큰다", 경향신문, 2010년 11월 10일자.
고정민, "돌솥비빔밥 세계음식 25에 뽑힌 까닭", 한국경제신문 시론, 2014년 2월 27일자.
김청중, [和流] "니폰필"스타일 거리를 누빈다, 세계일보, 2005년 3월 3일자.
동아일보, 2006년 12월 11일자, 日 "해외 일식당 요리 인증" vs 美 "초밥맛 떨어지는 소리".
디지털타임스, 2012년 9월 16일자, "중국인 의료관광객 잡아라".
박병곤, [금요칼럼] '스시'와 비빔밥, 입맛 전쟁, 부산일보, 2007년 3월 2일자.
박영환, [기고] 중국 문화적 시각서 본 '별그대' 열풍, 서울신문, 2014년 3월 31일자.

박진영, “K-팝 열풍의 중심 빅4 집중분석”, 한국경제매거진, 2011년 10월 12일자.
배국남, 한류 스타, “정상 외교의 윤활유 역할 한다”, 마이데일리, 2005년 11월 16일자.
신승일, 대한민국, 국가 브랜드를 높일 때다, 한겨레, 2006년 4월 14일자.
연합뉴스, 2012년 4월 24일자, “泰, 외국어로 중국어 일어 한국어 선호”.
이초희, ‘K-POP 삼국지, 천하통일은 누가 할까?’, 아시아경제, 2012년 2월 2일자.
이코노믹리뷰, 2012년 2월 17일자, 이재웅 전 한국콘텐츠진흥원장 인터뷰.
이홍표, “어떻게 최고가 되었나-양현석 YG 엔터테인먼트”, 한국경제매거진, 2013년 6월 24일자.
임희윤, [이사람] “스시 생명은 요리사의 기술·정신”, 헤럴드경제, 2010년 5월 26일자.
장지영, 일본의 한류뮤지컬 특집_뮤지컬 한류의 변화, 국민일보.
정인화, 2008, 한류에서 본 서구중심주의, 인문학연구, 12, 175-196.
조선일보, 2009년 4월 13일자, “日 스시는 왜 강한가”.
주간한국, 2012년 9월 28일자, “스타제조기 별명 인간미·자율 강조 현석스타일”.
중앙일보, 2007년 5월 14일자, ‘조선통신사 400년’ 역사의 그 길 다시 걷다 ③-“조선 문물 배우자” 학자·문필가들 몰려들어.
중앙일보, 2011년 1월 21일자, “K-POP 인베이전 4 한류, 디지털 날개를 달다”.
헤럴드경제, 2010년 3월 31일자, “연예 매니지먼트업 법제화, 어떻게 해야 할까?”
헤럴드경제, 2012년 7월 6일자, “SM, 매년 30만 명 오디션·스타육성에만 50억 투자”.

2. 국외 문헌

Apparel Industry, *Journal of Fashion Marketing and Management*, 10(4), 420-432.
Avila-Saavedrea, G., 2006, New Discoures and Traditional Genres: The Adaptation of a Feminist Novel into an Ecuadorian Telenovela, *Journal of Broadcasting & Electronic Media*, 50(3).
Bass, B. M., 1985, *Leadership and performance beyond expectation*, New York: Free Press.
Berry, J. W., 1997, Immigration, Acculturation, and Adaptation, The American Society of Missiology, *Applied Psychology: An International Review*, 46, 5-68.
Boyd, M. & Ellison, B., 2007, Social Network Sites: Definition, History, and Scholarship, *Journal of Computer-Mediated Communication*, 13(1).
Burns, J. M., 1978, *Leadership*, New York: Harper & Row.
Cavusgil, S. T., Bilkey, W. J. & Tesar, G., 1979, A Note on the Export Behavior of Firms: Exporter Profiles, *Journal of International Business Studies*, 10.
Chen, R. R. & Martin, M. J., 2001, Foreign Expansion of Small Firms: The Impact of Domestic Alternatives and Prior Foreign Business Involvement, *Journal of Business Venturing*, 16(6), 557-574.
Chetty, S., 1999, Dimensions of Internationalization of Manufacturing Firms in the Apparel Industry, *European Journal of Marketing*, 33(1/2), 121-142.
Conger, J. A. & Kanungo, R. N., 1987, Toward a Behavioral Theory of Charismatic Leadership in Organizational

Settings, *Academy of Management Review*, 12(4), 637-647.

Daniel Mato, 2003, The "Telenovela" Industry in the Production of Markets, and Representations of Transnational Identities, *Media International Australia*, February.

Diana I. Rios & Mari Castaneda, 2011, *Soap Operas and Telenovelas in the Digital Age*, Peter Lang.

Financial Times, Feb-08-2002, "Seoul music strives for a global audience", 12.

Gerbner, G., 1998, Cultivation Analysis: An Overview, *Mass Communication & Society*, 1(3/4), 175-195.

Ghoshal, S., 1987, Global Strategy: Anorganizing Frame Work, *Strategic Management Journal*, 8(5).

Havens, Timothy, 2005, Globalization and the Generic Transformation of Telenovelas-Thinking Outside the Box: Television Genres in Transition, 271-292.

Hemphill, J. K. & Coons, A. E., 1957, *Development of the Leader Behavior Description Questionnaire*, In R. M. Stodgill and A. E. Coons (Eds.).

Hills, G. E. R. W. LaForge, 1992, Research at the Marketing Interface to Advance Entrepreneurship Theory, *Entrepreneurship Theory and Practice*, 16(3).

Hitt, M. A., Ireland, R. D. & Hoskisson, R. E., *Strategic Management: Competitiveness and Globalization*, Cincinnati: Thompson Learning.

Hofstede G., 1984, *Culture's Consequences: International Differences in Work-related Values*, Newbury Park, CA: Sage Publications.

House, R. J., 1971, A Path-goal Theory of Leadership Effectiveness, *Administrative Science Quarterly*, 16, 321-338.

Janis Forman, 2013, Story Telling in Business , Stanford, California: Stanford University Press.

Jeffrey, K. Rohrs, 2014, *Audience - Marketing in the Age of Subscribers*, Fans & Followers, Wiley.

Jensen, J., 1992, *Fandom as Pathology: The Consequences of Characterization*, London, UK: Routledge.

Knight, G. A. & S. T. Cavusgil, 1996, The Born Global Firm: A Challenge to Traditional Internationalization Theory, In S. T. Cavusgil and T. *Madsen, Advances in International Marketing*, 8, 11-26.

Kotler, 2008, *Principle of marketing 12th edition*, Pearson Education.

Kouzes, J. M. & Posner, B. Z., 1987, *The Leadership Challenge: How To Get Extraordinary Thing Done in Organizations*, San Francisco: Jossey-Bass.

Lee, K & Kim, C., 2001, Technological Regimes, Catching up and Leapfrogging; Findings from the Korean Industries, *Research Policy*, 30, 459-483.

Madsen, T. K & P. Servais, 1997, The internationalization of Born Globals: An Evolutionary Process, *International Business Review*, 6(6), 41-62.

McDougall P. P., Shane S, Oviatt B. M., 1994, Explaining the Formation of International New Ventures the Limits of Theories from International-Buiness Research, *Journal of Business Venturing*, 9(6).

Michael Gubbins & Eleanor Kenny, 2008, *The Distribution Revolution Chapter 2: Over-Produc tion,* Screen Daily International.

Missiology, *Applied Psychology: An International Review*, 46, 5-68.

Moran, Albert, 1998, *Copycat TV: Globalisation, Program Formats and Cultural Identity*, University of Luton Press, Luton.

Nordman, E. R. & S. Melén, 2008, The Impact of Different Kinds of Knowledge for the Internationalization Process of Born Globals in the Biotech Business, *Journal of World Business*, 43(2), 171-185.

Parrish, E. D., Cassill, N. L. & Oxenham, W., 2006, Niche Market Strategy in the Textile and Apparel Industry, *Journal of Fashion Marketing and Management*, 10(4), 420-432.

Perlmutter, H., 1969, The Tortuous Evolution of the Multinational Company, *Columbia Journal of World Business*, January-February, 9-18.

Pieters, J. N., 2004, *Globalization and Culture: Global Melange*, Oxford: Rowan & Littlefield Publishes INC, 67-68.

Prahalad. C. K. & Lieberthal Kenneth, 2003, The End of Corporate Imperialism, *Harvard Business Review*, August.

Sashkin, M. and Fullmer, R. M., 1988, Toward an Organizational Leadership Theory, In Bass, B. M. Bass & Stogdill's Handbook of Leadership, The Free Press.

Straubhaar, J. D., 1991, Beyond media imperialism: Asymetrical interdependence and cultural proximity, *Critical Studies in Mass Communication*, 8, 39-59.

Tarun Khanna, Krishna G. Palepu and Jayant Sinha, 2005, *Strategies That Fit Emerging Markets.*

Tichy, J., Devanna, M. A., 1986, *The Transformational Leader*, New York: John Willey & Sons.

Trice, H. M. & Beyer, J. M., 1991, Cultural Leadership in Organizations, *Organization Science*, 2, 149-169.

Wellman. B., J. Salaff, D., Dimitrova, L. Gulla & C. Haythomthwaite, 1996, Computer Networks as Socail Networks: Collaborative Work, Telework and Virtual Community, *Annual Review of Socialogy*, 22, 213-38.

日本ㄴ動画協会, 2010, 日本Tのアニメの海外展開, 日本@動画協会.

3. 웹사이트

Kobiz(http://www.kobiz.or.kr)

KOTRA 해외비즈니스정보포털(http://&UPPER_MENU_CD=M10102&MENU_STEP=3&ARTICLE_ID=2084381)

네이버 지식백과(http://terms.naver.com/entry.nhn?docId=2083810&cid=44415&categoryId=44415)

네이버 지식백과(http://terms.naver.com/entry.nhn?docId=1625257&cid=3873&categoryId=3881)

네이버 지식백과(http://terms.naver.com/entry.nhn?docId=1833092&cid=3278&categoryId=3781)

두산백과(http://terms.naver.com)

문화콘텐츠닷컴(http://www.culturecontent.com/content/_id=cp05180152&content_id=cp051801520001&search_left_menu=,)

한국문화관광연구원 관광지식정보시스템

http://blog.daum.net/parismadame

http://poom.tistory.com/659